상담, 나를 고치고 너를 품다:
예수님의 길을 따르는 목회 상담

상담, 나를 고치고 너를 품다:
예수님의 길을 따르는 목회 상담

손철우 지음

초판 1쇄 발행	2025년 9월 15일
초판 2쇄 발행	2025년 10월 28일
편집	송혜숙
총무	곽현자
발행처	도서출판 이레서원
발행인	문영이
출판신고	2005년 9월 13일 제2015-000099호

경기도 고양시 일산동구 백석로71번길 46, 1층 1호
Tel. 02)402-3238, 406-3273 / Fax. 02)401-3387
E-mail: Jireh@changjisa.com Facebook: facebook.com/jirehpub

책값은 표지에 있습니다.

ISBN 978-89-7435-680-4 03230

신 저작권법에 의하여 한국 내에서 보호받는 저작물이므로 저작권자의 서면 허락 없이 이 책의 어떠한 부분이라도 전자적은 혹은 기계적인 형태나 방법을 포함해서 그 어떤 형태로든 무단 전재하거나 무단 복제하는 것을 금합니다.

예수님의 길을 따르는
목회 상담

상담, 나를 고치고 너를 품다

손철우 지음

이레서원

추천사

『상담, 나를 고치고 너를 품다』는 상처를 '리셋(reset)'하거나 지우는 법이 아니라, 상처를 '리페어(repair)'하고, 그 상처와 함께 살아가는 길을 보여 줍니다. 또한 다양한 상처와 우울, 절망과 상실 속에서도 희망을 발견하게 하고, 회복의 길로 나아가도록 따뜻하게 안내해 줍니다.

_ **노창수** 남가주사랑의교회 담임목사

목회 상담학 교수로서 10여 년 동안 체험한 한국 사회의 제반 이슈들과, 신학생들과 성도들의 삶의 여러 정황을 성경적이고 신학적인 관점에서 조명하며 반추하면서도 심리학적으로 잘 접목한 책입니다. 상담에 전문적인 지식이 없는 분들도 쉽게 이해할 수 있도록 친절하게 설명하며 따스하게 안내하는 책이라 여겨 기꺼이 추천합니다.

_ **이관직** 와싱톤중앙장로교회 상담목사, 총신대 신학대학원 은퇴교수

남의 이론을 무리하게 우리 현실에 도입하는 게 아니라, 우리 문제를 해결하는 과정에서 자연스럽게 이론이 정립된, 원숙한 학자의 글을 읽는 일은 큰 기쁨입니다. 목회와 신학의 자리에서의 고민을 하나씩

조곤조곤 풀어 주는 손철우 교수의 책을 차근차근 읽다 보면, 어느새 위로자 성령님이 나를 지긋이 지켜보고 계심을 느낄 수 있습니다. 사람의 마음을 배우고 싶은 분, 자신을 깊이 이해하고 싶은 분, 친밀하신 예수님을 만나고 싶은 분에게 이 책을 권합니다.

_ **장동민** 백석대학교 역사신학 교수

우리 모두에게는 상담이 필요합니다. 사람의 영혼을 돌보고 먹이는 목회자들과 리더들에게는 더욱 그러합니다. 스스로의 상처를 정직하게 인식하고 안전하게 다룰 수 있을 때 비로소 우리는 복잡한 목회 현장에서 예수님과 같은 순전한 긍휼의 사역을 감당할 수 있습니다. 『상담, 나를 고치고 너를 품다』에 대한 기대가 큰 이유가 바로 여기 있습니다. 목회자들과 리더들을 향한 손철우 교수님의 깊은 사랑의 호소가 책 제목이 주는 감동 이상으로 신실한 독자들을 그리스도의 심장으로 안내하고 있기에 이 책을 기쁜 마음으로 추천합니다.

_ **하재성** 고려신학대학원 목회상담학 교수

들어가면서

 필자는 학교에서 학생들과 지내며 종종 이런 이야기를 듣는다. "지난 학기 제 학점은 다 지워 버려 주세요." "내 인생의 흑역사는 생각도 하기 싫어요. 그냥 새로 태어나고 싶어요." 그럴 때마다 필자는 웃으며 말한다. "난 절대 너의 학점을 잊지 않을 거야. 그냥 너답게 살아."
 이들의 말에는 '처음부터 다시 시작하고 싶다'는 마음, 즉 '리셋'에 대한 갈망이 담겨 있다. 실수와 후회, 상처로 얼룩진 과거를 지우고 싶다는 욕구는 매우 인간적인 반응이며, 특히 삶을 송두리째 흔드는 사건을 겪은 후에는 더욱 강하게 나타난다.
 하지만 심리학적으로 볼 때, 리셋(reset)은 현실적인 해결책이 아니다. 과거를 지우는 것은 불가능하며, 그 시도는 오히려 자기 부정과 감정 회피로 이어질 수 있다. 진정한 회복은 '지우는 것'이 아니라 '다시 이어 붙이는 것'에서 시작된다. 즉 '리페어(repair)' 개념이다. 리페어는 상처 입은 자아를 있는 그대로 인정하고, 그 자리에 새로운 의미를 덧붙이는 과정이다. 상담에서는 이를 '자기 수용'과 '통합적 성장'이라고 부른다. 내담자가 자신의 결함과 아픔을 직면하고, 그것을 삶의 일부로 받아들이는 순간, 변화의 가능성이 열린다.
 성경에서 말하는 '온전함'도 이와 닮아 있다. 성경이 말하는 '온전함'은 단순히 흠이 없거나 완벽하다는 뜻을 넘어서, 상한 것을 회복하고 흐트러진 것을 다시 정돈한다는 깊은 의미를 담고 있다. 헬라어 καταρτίζω(katartizō)는 '수리하다', '정돈하다', '회복하다', '준비시키다'는 뜻으로, 마태복음 4장 21절, 갈라디아서 6장 1절, 누가복음 6장 40절 등에서 사용된다. 이 단어는 찢어진 그물을 깁는 행위를 묘사하며, 이는 곧 깨어진 마음이나 관계를 다시 이어 가는 회복의 이미지와 맞닿아 있다. 하나님은 찢어지고 흠이 있는 그물을 내다버리라고 말씀하지 않으신다. 오히려 그 그물을 들고 나오라고 부르신다. 그리고 그 자리에서, 상처 입은 우리의 삶을 하나하나 꿰매시며 '온전하다'고 말씀해 주신다. 성경이 말하는 온전함은 바로 그런 것이다—완벽함이 아니라, 회복되고 다시 쓰임받는 존재로서의 온전함이다.

하지만 우리는 자신의 찢어지고 깨어진 모습을 부끄러워하며 감추려 한다. 어릴 적부터 부정적인 감정을 드러내는 것은 나약한 사람의 행동이라 여겨졌고, "힘내라", "괜찮아", "새 출발하면 돼"라는 말들 속에서 감정을 억누르며 살아왔다. 그렇게 혼자 힘들어하다가 무너지는 이들도 많다. 결국 사태가 악화되고, 도저히 살아가기 힘들 만큼 무력해졌을 때에야 비로소 도움을 요청하게 된다.

상담학을 공부하면서 '나이테'에 관한 이야기를 들은 적이 있다. 나무의 나이테가 세월의 흔적을 고스란히 품고 있듯, 사람의 내면에도 살아오며 겪은 경험과 감정, 그리고 깊은 상처가 고스란히 새겨진다는 것이다. 우리가 살면서 마주하는 수많은 사건—기쁨과 슬픔, 상처와 회복—은 모두 우리 안에 하나의 나이테처럼 남는다. 그러나 많은 사람이 그중에서도 특히 부정적인 흔적을 외면한 채 살아간다. 아픔을 직면하기보다 덮어 두고, 상처를 마주하기보다 잊으려 한다. 이는 자신을 보호하기 위한 자연스러운 방어이며, 때로는 안전한 안식처처럼 느껴지기도 한다. 하지만 이러한 회피는 우리의 성장을 저지한다. 내면의 나이테를 제대로 인식하지 못하면, 우리를 한층 더 성숙시켜 주는 인생의 여러 두려운 경험을 온전히 겪지 못하게 되고, 결국 삶의 많은 부분을 왜곡하게 된다. 부끄러운 부분을 숨기려는 헛된 노력 속에서 우리는 진짜가 아닌 가짜의 모습으로 살아가게 된다.

이러한 모습은 교회 안에서도 쉽게 발견된다. 겉으로는 웃으며 인사를 나누고 예배에 참여하지만, 실제로는 깊은 아픔을 숨긴 채 살아가는 성도가 얼마나 많은지 모른다. 교회는 건강하고 아무 문제가 없는 사람들만 모이는 곳이 아니다. 다양한 아픔을 지닌 이들이 모여드는 공간이다. 육체적·경제적·관계적·심리적인 문제를 안고 매주 교회로 발걸음을 옮기는 성도들이 존재한다. 하지만 교회 안에서 상처를 드러내는 일은 여전히 쉽지 않다. 많은 이가 아픔을 표현하는 순간, 공동체로부터 멀어질까 두려워하며 침묵을 선택한다.

교회가 상처 입은 자의 피난처가 되지 못하는 현실을 더 이상 외면해서는 안 된다. 성도는 자신의 아픔을 안고 누구에게 가야 하는가? 교회가 고민과 아픔을 마음껏 털어놓을 수 없는 공간이라면, 상처가 드러나는 순간 더 이상 머물 수 없는 '거룩한 사람들만의 공간'이라면, 교회는 도대체 무엇을 하고 있으며, 왜 존재하는가? 최근, 성도들의 아픔을 들어주는 공간을 만들기 위한 다양한 노력이 이어지고 있다. 그러나 여전히 변화해야 할 부분이 많다. 목회자를 포함한 교회의 리더는 위기에 처한 성도를 위해 안전을 제공하고, 실질적으로 도울 수 있는 방법을 고민해야 한다. 그 고민이 실제적인 사역으로 이어져야 한다. 필요하다면 상담 전문가와 협력하고, 지역사회와 연계한 지원 네트워크도 구축해야 한다. 그래야만 교회는 말뿐이 아닌, 상처 입은 자들의 실질적인 피난처가 될 수 있다.

목회자는 성경을 해석하고 선포하는 사명을 지닐 뿐 아니라, 성도들의 고통을 듣고 돌보며 회복으로 이끄는 영적 돌봄의 역할을 감당해야 한다. 이는 예수 그리스도께서 몸소 보여 주신 목회의 모델이다. 병든 자를 고치고, 상한 자를 싸매며, 약한 자를 세우고, 잃은 자를 찾아 나서신 그분처럼, 목회자는 성도의 고통 가운데 함께 있어야 한다. 이것이 오늘날 교회와 목회자가 다시금 새겨야 할 모델이자 비전이다. 우리 모두는 예수님처럼 성도의 고통에 귀 기울이고, 공감하며, 회복을 위한 동반자가 되어야 한다. 그렇게 할 때, 교회는 상처 입은 이들을 위한 따뜻한 피난처가 될 수 있다. 그리고 그 안에서 진정한 치유와 소망이 피어나게 된다.

2014년, 필자는 한국으로 돌아와 목회 상담학을 강의하기 시작했다. 그때 학생들은 본질적인 질문을 던졌다. "목회 현장에서 왜 상담이 필요한가요?", "실제로 어떻게 적용할 수 있을까요?" 이 책은 바로 그 질문에서 출발했다. 사실 이 질문은 나 자신에게도 해당되었다. "내 삶에서 왜 상담이 필요한가?", "내 삶에 어떻게 적용할 수 있을까?" 필자는 첫 강의 때 가장 먼저 이렇게 말한다. "다른 사람을 돌보기 전에 먼저 자신의 내면을 돌보아야 합니다." 자기 성찰의 능력이 없는 사람의 섬김은, 마치 맹인이 맹인을 인도하는 것과 같다.

미국에서 석사 과정 중에 가족 치료 과목의 조교로 일한 적이 있다. 그 과목의 과제 중 하나는 자신의 가족에 대한 이야기를 쓰는 것이었다. 필자는 학생들이 제출한 가족 이야기를 읽으면서 다양한 역동을 마주하며 복합적인 감정을 느꼈다. 가족이 함께 어려움을 이겨 낸 감동적인 이야기, 어린 시절의 상처를 끌어안고 서로 용서하며 회복해 나가는 이야기도 있었지만, 해결되지 못한 아픔과 상처로 인해 가족과 단절할 수밖에 없었던 이야기도 있었다. 대부분이 여전히 아파하고 힘들어하는 내용이었다. 이들의 이야기를 읽으며 필자는 이런 상상을 해 보았다. 만약 이들이 신학교를 졸업한 후에, 가족 안에서 해결되지 못한 문제를 숨긴 채, 자신의 삶이 무너져 가는 사실을 외면한 채, 목회자라는 가면을 쓰고 사역을 이어 간다면, 그들이 리더로 있는 교회는 어떤 모습일까. 결국 가족 안에서 반복되던 상처의 패턴이 교회 안에서도 반복되지 않을까.

그때 필자는 목회자에게 가장 중요한 질문은 다음과 같다는 확신을 갖는다.

"나는 내 내면을 충분히 들여다보고 있는가?" "나의 상처는 안전하게 다루어지고 있는가?"

자기 성찰 없이 타인을 돕는 일은 오히려 해가 될 수 있다. 교회에서, 상처 입은 자의 치유자가 되기 위해서는, 먼저 자신의 상처를 인식하고 안전하게 다룰 수 있어야 한다. 그래야만 교회를 건강하게 이끌 수 있고, 성도들을 효과적으로 도울 수 있다. 자기 돌봄은 사역의 시작점이며, 회복은 공동체를 향한 첫걸음이다.

다시 처음 질문으로 돌아가 보자. "상담이 왜 필요한가?" 이 질문을 자신에게 적용하고, 정직하게 대답해 보아야 한다. 그렇다. 우리 모두는 상담이 필요하다. 우리 모두는 자신의 내면을 들여다보고, 그 속에 숨겨진 상처와 상실, 두려움과 불안, 부끄러움과 열등감의 이야기를 꺼내 놓을 수 있는 안전한 공간이 필요하다. 그 공간에서 사람들을 만나고, 나와 같은 이들과 함께 울고 웃으며, 회복의 공동체, 상처 입은 자의 피난처를 함께 만들어 가야 한다.

이 책은 이러한 질문을 통해 다듬어진 응답이자 제안이다. 단순히 이론이나 학자들의 논의에 머무르지 않고, 목회자가 실제로 마주하는 현실적인 문제들을 중심으로 구성했다. 심리학적·상담학적 틀을 넘어, 신학적 관점에서 문제를 해석하고 평가하는 방법도 고민했다. 비록 "목회 현장에서 상담이 필요한가?"라는 물음에서 시작했지만, 집필을 이어 가며 이 책이 목회자만을 위한 것이 아니라, 삶의 현장에서 사람들을 돌보는 모든 이에게 도움이 되는 실용적인 핸드북이 되기를 바라는 마음이 커졌다. 그래서 누구나 쉽게 읽고 적용할 수 있도록 문체와 구성에도 공을 들였다.

삶의 수많은 문제 속에서 진지하게 고민하고 씨름하는 독자들에게 실질적인 도움이 되기를 소망하며 이 글을 썼다. 물론 이 책 한 권에 모든 정서적·관계적·심리적 문제를 다 담는 것은 불가능하다. 따라서 필자가 중요하게 여기는 주제와, 교회·학교·가정 등 다양한 현장에서 반드시 다루어야 한다고 판단되는 주제를 중심으로 내용을 구성했다.

이 책은 크게 두 부분으로 나뉜다.

1부(1-6장)에서는 교회 안에서 상담이 왜 필요한지, 인간을 이해하는 다양한 관점, 자신의 내면을 돌아보는 것의 중요성, 그리고 사람들의 여러 문제를 신학적 해석의 틀로 어떻게 이해할 수 있는지를 다룬다. 목회 상담의 본질과 실천을 탐구하며, 그 신학적 기반을 정립하는 데 중점을 둔다.

2부(7-13장)에서는 다양한 삶의 현장에서 발생하는 정서적·관계적·심리적 문제들을 실제 사례와 함께 제시한다. 이를 통해 목회자와 교회 리더들이 성도들의 아픔을 깊이 이해하고, 실질적으로 도울 수 있는 방법을 제안한다.

1장에서는 교회 상담이 왜 필요한지, 상담의 넓은 정의, 예수 그리스도와 베드로의 숯불 대화를 통해 상담의 핵심 가치를 살펴본다.

2장은 죽기를 원했던 엘리야를 회복시키신 하나님의 처방을 통해, 인간 이해에 필요한 다섯 가지 균형 잡힌 요소를 제시한다.

3장은 자신의 내면을 정직하게 바라보아야 하는 이유와 그 구체적인 방법을 다룬다.

4장은 목회 상담의 역사적 배경, 목회 사역 내에서의 위치, 그리고 상담에 활용할 수 있는 목회적 자원을 정리한다.

5장은 다양한 이슈를 심리학적 분석을 넘어서 신학적인 틀에서 어떻게 해석하고 평가할 수 있을지를 여덟 가지 신학적 평가 기준과 함께 설명한다.

6장은 건강한 교회 공동체의 모습과, 그 공동체를 세우기 위한 실천적 노력을 소개한다.

　7장과 8장은 '경청'과 '공감'을 주제로, '들리는 말'이 아니라 '보이는 말'을 듣는 경청의 중요성과, 공감의 의미와 실천 방법을 구체적으로 다룬다.

　9장은 상실과 애도의 주제를 다루며, 다양한 상실 경험과 그에 따른 정서적 반응, 그리고 건강한 애도의 과정을 설명한다.

　10장은 용서의 본질을 다룬다. 용서가 아닌 것이 무엇인지, 진정한 용서란 무엇인지, 용서의 과정과 그 신학적·심리적 의미를 탐색한다.

　11장은 교회에서 자주 접하는 우울증의 문제를 살펴본다. 특히 목회자가 반드시 알아야 할 우울증의 원인, 진단 방법, 그리고 함께 살아가는 방안을 설명한다.

　12장은 중독 현상의 본질과 주요 특성, 중독의 영적 측면과 회복의 여정을 정리한다.

　13장은 현대 사회에서 점점 중요해지고 있는 '셀프 리더십'을 다룬다. 자신을 이끌고 돌보는 능력이 공동체에 얼마나 중요한지를 강조하며, 실천 방법도 제시한다.

　이 책을 집필하는 동안, 많은 사람의 얼굴이 떠올랐다. 그들의 격려와 사랑, 그리고 함께 나눈 시간들이 문장 사이사이에 자연스럽게 스며들었다. 무엇보다 백석대학교에서 학생들을 가르칠 수 있도록 기회를 허락하시고, 늘 따뜻한 말로 격려해 주신 장종현 목사님께 깊은 감사를 드린다. 또한 지금은 고인이 되신, 박사 과정 시절의 지도교수 데이비드 옥스버거(David Augsburger) 교수님을 기억하며 감사의 마음을 전한다. 교수님은 늘 아버지처럼 필자를 품어 주셨고, 예리한 지성과 따뜻한 인격, 학문에 대한 열정으로 필자의 길을 이끌어 주셨다. 그리움과 존경을 담아, 이 글을 통해 다시 한번 마음을 전한다.

　삶의 여정에서 함께 걸어준 사랑하는 아내 선영, 그리고 두 자녀 승준과 유은에게도 깊은 감사를 전한다. 늘 묵묵히 곁을 지켜 주었고, 그들의 희생과 사랑, 그리고 기도는 필자가 흔들릴 때마다 다시 일어설 수 있도록 붙잡아 주었다. 부족한 남편이자 아빠인 필자를 응원해 준 그들의 존재는 가장 큰 위로이자 용기였다. 또한 미국 캘리포니아에 거주하시며 부족한 아들을 늘 자랑스러워해 주시고, "너를 위한 기도는 내 생명과 같다"고 말씀하신 어머니께도 깊은 감사의 마음을 전한다. 어머니의 기도는 필자의 삶의 가장 든든한 울타리였고, 이 책을 쓰는 동안에도 그 기도의 힘을 여러 번 느낄 수 있었다.

학문과 사역의 길에서 함께 고민하고 신학적 통찰과 삶의 질문, 그리고 기도와 위로의 순간들을 함께 나눈 선배 교수님들, 동료들, 그리고 제자들에게도 진심으로 감사한다. 함께 던진 질문들, 함께 흘린 눈물과 웃음은 이 책의 깊이를 만들어 주었고, 필자의 시야를 넓혀 주었다.

무엇보다도, 이 책의 시작과 끝, 그리고 지금까지의 모든 여정이 하나님의 은혜였음을 고백한다. 그분의 도우심으로 이 글을 시작할 수 있었고, 그분의 은혜가 필자를 끝까지 붙들어 주셨다. 부족한 글이지만 하나님의 영광을 위해 사용되기를 간절히 기도하며, 이 책이 목회자뿐만 아니라 상담학에 관심 있는 모든 이에게 현장에서 실제로 도움이 되는 핸드북이 되기를 바란다.

마지막으로, 이 책을 통해 많은 독자가 삶의 현장에서 치유와 회복을 경험하고, 다른 이의 아픔에 귀 기울이며 함께 걸어가는 동행자가 되기를 기도한다.

2025년 방배동 연구실에서
손철우

차례

추천사 … 4

들어가면서 … 6

1부 _ 목회 상담의 본질과 토대

1. 상담은 정말 시간 낭비인가?:
예수님과 베드로의 숯불 대화에서 배우는 회복의 원리 … 17

2. 한 사람을 향한 하나님의 시선:
엘리야의 회복을 통한 다섯 가지 통합적 이해 … 38

3. 너를 위해 나를 고친다:
축복의 사람이 되기 위한 필수 작업 … 57

4. 목회 상담의 뿌리를 다시 묻다:
심리학과 무엇이 다른가? … 94

5. 상담, 신학으로 읽다:
목회 상담자가 가져야 할 여덟 가지 평가 기준 … 114

6. Better Together:
우리가 함께 있어야 하는 이유 … 137

2부 _ 치유와 회복의 현장

7. 경청의 기술:
우리는 무엇을 듣고 어떻게 듣는가? ··· 159

8. 공감:
"못하는" 것이 아니라 "안 하는" 것이다 ··· 189

9. 우리는 슬퍼할 능력이 있는가?:
상실과 애도에 대한 통합적 접근 ··· 219

10. 무엇이 용서이고, 무엇이 용서가 아닌가?:
관계 회복을 위한 진정한 용서의 여정 ··· 305

11. 우울증을 다시 이해하다:
우울증과 함께 살아가기 ··· 362

12. 중독을 다시 이해하다:
중독, 가족, 그리고 공동체 ··· 387

13. 셀프 리더십:
나를 이끄는 능력이 나와 너, 우리를 살린다 ··· 414

참고문헌 ··· 450

1

목회 상담의 본질과 토대

1장

상담은 정말 시간 낭비인가?:

예수님과 베드로의
숯불 대화에서 배우는 회복의 원리

말씀과 기도면 충분하지 않습니까?

학교에서 목회 상담학을 가르치다 보면, 때때로 학생들로부터 도전적인 질문을 받는다. "목회하면서 상담이 정말 필요합니까? 말씀과 기도면 충분하지 않습니까? 상담은 시간 낭비가 아닙니까?" 언뜻 보기엔 무례하게 들릴 수도 있지만, 좋은 질문이다. 왜냐하면 이 질문은 단지 "상담이 필요한가?"라고 묻는 것을 넘어서, 말씀과 기도의 역할, 그리고 그리스도인의 삶에서 인간 이해가 차지하는 자리에 대한 근본적인 성찰을 요청하기 때문이다. 그리스도인은 말씀과 기도 위에 삶을 세운다. 누구도 부정할 수 없는 사실이다. 그러나 모든 영적 문제나 심리적 갈등이 말씀과 기도만으로 자동으로 해결된다고 말할 수는 없을 것이다. 상담은 말씀과 기도만으로는 다가가지 못하는 자신의 내면을 만나게 하며, 그 말씀과 기도가 자신의 삶 속에 뿌리내릴 수 있도록 돕는 통로가 된다. 말씀은 방향을 제시하고 기도는 힘을 공급하지만, 상담은 그 사람이 실제로 서 있는 자리를 이해하게 만들며, 그 길을 함께 걸을 수 있도록 이끈다.

우리 모두가 인정하듯, 목회 현장은 단순한 권면이나 기도로는 풀리지 않는 복잡하고 미묘한 감정의 현장이다. 성도는 말씀을 들으면서도 여전히 외로움을 느끼고, 기도하면서도 깊은 상처를 품고 있다. 이럴 때 상담은 성도의 아픔을 이해하고, 그것을 있는 그대로 존중하면서, 진정한 치유의 길로 이끌어 가는 섬세한 돌봄의 도구가 된다. 무엇보다 중요한 것은, 상담이 신앙과 대립하는 것이 아니라, 오히려 신앙을 구체화하고 실천하게 만들 수 있다는 점이다. 상담은 하나님께서 인간을 얼마나 복합적이고 정서적인 존재로 창조하셨는지를 인정하며, 그분의 형상대로 지음받은 사람을 전인적으로 돌보는 실제적인 노력이다. 따라서 나는 단언한다. 상담은 시간 낭비가 절대 아니다. 상담은 사랑의 실천이며, 말씀의 적용이고, 기도의 연장선이다. 상담은 성경적 진리를 성도의 삶에 밀착시킬 수 있는, 매우 실제적이고 유익한 수단이다.

이상한(?) 사람이 많은 교회

교회 안을 둘러보면 모두 괜찮아 보인다. 미소 짓고, 예배에 성실히 참여하며, 신앙적으로도 대부분 문제가 없어 보인다. 그러나 조금만 마음을 열고, 진솔한 대화를 나누다 보면 곧 깨닫게 된다. 우리 모두는 겉보기와 다르게 결함과 아픔을 안고 살아간다는 점을 말이다. 목회자이자 심리학자인 존 오트버그(John Ortberg)는 이를 통찰하며 *Everybody is normal until you get to know them*이라는 책을 썼다. 제목을 직역하자면 "우리가 어떤 사람을 잘 알기 전까지는 그 사람이 정상처럼 보인다"라는 뜻이다. 바꿔서 말하자면, 조금만 깊이 알게 되면 누구든 '정상'이라는 단어로는 설명되지 않는 부분이 있다는 것이다.

예전에 한 목사님의 설교에서 이런 이야기를 들은 적이 있다. "교회에는 이상한 사람들이 많습니다. 만약 여러분이 지금까지 그런 사람을 한 번도 못 봤다면, 그 이상한 사람이 바로 여러분일 겁니다." 우스갯소리처럼 들렸지만, 꽤나 통찰력 있는 말이었다.

현실이 그렇다. 누구나 죄로 인해 마음 어딘가가 망가져 있다. 겉은 멀쩡해 보여도, 속에는 말 못 할 외로움과 두려움, 분노와 상처가 숨겨져 있다. 내가 만나 온 많은 이가 그러했다. 육신이 건강한 사람은 마음이 아팠고, 마음이 강한 사람은 몸이 약해 고생했다. 몸과 마음이 건강한 이에게는 자녀 문제나 부부 갈등이 있었고, 경제적으로 넉넉한 이들에게는 오히려 깊은 공허감이 자리 잡고 있었다. 모든 영역이 완벽한 사람은 단 1명도 없었다. 나 역시 예외는 아니다.

목회자에게 가장 중요한 사역은 말씀과 기도에 전념하는 일이다. 동시에, 목회자는 다양한 아픔을 지닌 성도의 삶을 돌보고 함께 걸어가야 한다. 교회는 그저 신앙이 좋고 삶이 안정된 사람들의 모임이 아니다. 교회는 상처 입은 자들이 모여 치유를 경험하고, 깨어진 마음이 회복되는 공동체다. 교회 안에는 참 다양한 사연이 있다. 가족과 단절된 채 외로움 속에 살아가는 사람, 자녀 문제로 잠 못 이루는 부모, 우울과 중독으로 고통받는 성도, 이혼의 아픔을 겪은 가정, 직장을 잃고 생계를 걱정하는 이들, 건강을 잃고 삶의 의욕마저 꺾인 이들까지—모두가 우리와 함께 예배드리는 한 몸 된 지체들이다. 그들은 겉으로는 웃지만 속으로는 눈물을 흘린다. 입은 다물고 있지만 마음은 도와 달라고 외친다. 목회자를 찾아와 이야기하는 이들은 그래도 용기 있는 사람들이다. 더 많은 이는 그 고통을 혼자 짊어진 채 조용히 살아간다. 말 못 하는 짐을 마음 깊은 곳에 숨긴 채 예배당에 앉아 있다.

과연 우리는 이렇게 말할 수 있는가? "우리 교회에는 아무런 문제가 없습니다", "우리 성도들의 가정은 모두 행복합니다." 그런 교회가 정말 존재할까? 존재한다고 해도, 그것이 과연 진짜일까?

예수님께서는 말씀하셨다. "건강한 자에게는 의사가 쓸 데 없고 병든 자에게라야 쓸 데 있느니라 나는 의인을 부르러 온 것이 아니요 죄인을 부르러 왔노라"(막 2:17). 이 말씀처럼, 교회는 '병든 자', '문제 있는 자'가 모여드는 곳이어야 하며, 그래서 더욱 은혜가 흐르는 공간이 되어야 한다. 교회는 완전한 사람들의 모임이 아니다. 오히려 불완전한 이들이 모여 진리 앞에 서고, 하나님의 은혜 아래에서 회복되어 가는 공동체다. 우리는 모두 상처 입은 존재이기에, 교회가 더욱 필요하다.

성도의 아픔을 다루는 목회자의 현주소

교회 안에는 참 이상한(?) 사람들이 많다는 사실을 인정해 보자. 아니, 이를 당연히 여겨 보자. 그렇다면 목회자는 이런 사람을 만날 준비가 되어 있는가? 분노로 인해 삶과 가정을 스스로 무너뜨린 이를 어떻게 도와야 하는지, 그런 내면의 어두움과 동행하는 법을 배운 적이 있는가? 자신의 내면에 자리 잡고 있는 분노를 다루어 본 적이나 있는가? 타인의 고통을 다룰 지식도, 경험도, 기술도 없이 목회 현장에 뛰어든다면, 마치 아무런 보호 장치 없이 번지점프를 하는 것과 같다. 무모하고 위험하며, 너무나 무책임한 일이다.

오늘날 많은 목회자가 그 무모함 속에서 사역하고 있다. 한국 교회 대부분의 목회자는 성도의 내면의 상처와 복잡한 삶의 문제를 다룰 수 있는 체계적인 훈련을 거의 받지 못한 채 목회 일선에 나선다. 신학교에서 상담에 관한 한두 과목을 들은 것이 전부인 경우도 많다. 그조차도 깊이 있는 실습이나 지속적인 훈련 없이 이론 중심으로 끝나는 수업이 대부분이다. 그러다 보니 목회자는 성도의 삶의 문제를 접할 때 무의식적으로, 혹은 방어적으로 그 주제를 회피하게 된다. 이 말을 오해하지 말라. 목회자가 성도의 고통에 관심이 없다는 뜻이 아니다. 다만, 그 복잡한 문제를 어떻게 다루어야 할지에 대한 준비가 되어 있지 않을 뿐이다. 조금 더 깊이 들여다보면, 목회자는 자신의 돌봄이 실제로 도움이 될지 자신감이 없다. 자칫 말 한마디가 상대에게 해가 되진 않을까, 혹은 오히려 문제를 더 악화시키진 않을까 하는 두려움을 품고 있다.

그래서 결국, 익숙한 영역으로 회귀하게 된다. 설교와 성경 공부를 통해 '성령 충만' 하라고 강조하고, 기도와 회개를 통해 모든 것이 해결될 것이라고 말한다. 물론 성령의 충만함은 신앙의 본질이다. 그러나 문제는 여기에 있다. 신앙의 언어만으로 모든 현실의 문제를 해석하고, 그에 대한 유일한 해답으로 제시한다는 점이다. 우울증으로 고통받는 사람에게는 "기도하고 성경을 읽으면 낫는다"고 제안하고, 가정 폭력을 겪는 이에게는 "기도하고 참아라, 하나님이 해결해 주신다"고 조언한다. 자녀 문제로 눈물 흘리는 부모에게는 "끝까지 기도하면 자녀가 돌아온다"고 위로하며, 수십 년간 가해자에게 시달린 이에게는 "결단하고 용서하면 자유로워질 수 있다"고 말하는 식이다.

물론 이 모든 말 속에는 진리가 담겨 있다. 하지만 그것이 '전부'일 수는 없다. 이런 단순화된 해석은 성도의 고통을 가볍게 여기게 만들고, 문제의 본질을 외면하게 한다. 솔직히 말해 보자. 우리는 교회에서 이런 이야기를 얼마나 자주 들어왔는가? 그리고 지금도 얼마나 자주 반복하고 있는가? 진심으로 도우려는 마음이지만, 준비되지 않은 돌봄은 때로 상대를 더 깊은 절망으로 내몬다.

그렇기에 오늘날의 목회자는 새로운 질문 앞에 서야 한다. "나는 상처 입은 사람을 이해할 준비가 되어 있는가?", "내가 전하는 복음이 그의 상처 위에 실제로 스며들고 있는가?", 그리고 "나는 그의 고통과 함께할 수 있는가?" 목회자의 언어는, 말씀과 기도뿐 아니라 삶의 파편과 무너진 마음을 들여다볼 수 있는 사랑의 언어여야 한다. 그렇지 않다면, 복음의 능력을 이론과 교리로만 남겨 두게 될 뿐이다.

한순간의 기적을 바라는 우리

우리가 오래도록 짊어져 온 문제는 단 한 번에 해결되지 않는다. 상처가 회복되기 위해서는 반드시 시간이 필요하다. 시간 없이 이루어지는 회복은 회피일 수 있고, 진짜 치유가 아닌 착각일 가능성도 높다. 우리는 종종 고통을 빨리 지나가고 싶어 하고, 상처가 즉시 아물기를 기대한다. 그러나 진실한 회복은 그 상처를 충분히 마주하고 통과할 때 시작된다. 상처가 회복되기 위해서는 슬퍼할 시간이 필요하다. 그 상처로 인해 충분히 울어야 한다. 그 고통으로 인해 절망의 골짜기를 지나야 한다. 이 과정을 건너뛰고 회복만을 기대하는 것은 병을 더 깊이 키울 수 있기에 위험하다.

이런 이야기를 들으면, 누군가는 반문할 수도 있다. "성령께서 모든 상처를 단번에 고치실 수 있지 않은가? 성령의 능력을 왜 과소평가하는가?" 그 말도 옳다. 필자 역시 성령의 능력의 손길을 믿는다. 실제로도 단 한 번의 성령의 만지심으로 수십 년간 간직해 온 상처가 치유되었다고 고백하는 사람을 여러 차례 만난 적이 있다. 필자도 그런 은혜를 경험한 바 있다.

그러나 문제는 성령의 능력이 부족한 것이 아니라, 우리가 어려운 일을 당할 때마다 '기적'만을 기대하며 현실을 부정하려는 태도에 있다. 우리는 성령의 능력으로 한순간에 삶의 모든 어려움이 다 사라져 버리기를 바란다. 단 한 번의 뜨거운 철야 기도로 오랫동안 나를 괴롭혀 왔던 상황과 상처가 싹 해결되기를 원한다. 설교 한 편, 안수 한 번, 눈물 한줄기로 삶이 완전히 바뀌기를 기대한다. 물론 하나님은 그런 기적을 이룰 수 있는 분이시다. 그러나 언제나 그렇게 하시지는 않는다.

그렇다면, 기적이 우리의 삶에 일어나지 않는다면 어떻게 할 것인가? 계속해서 기적만을 기다리며 현실의 고통을 방치할 것인가? 환란과 핍

박에서도 믿음을 지켜 온 수많은 신앙의 선배는 기적이 아니라 인내로, 한순간의 회복이 아니라 동행으로 하나님의 은혜를 누렸다. 지금도 우리 주변에는 해결되지 않는 문제 때문에 힘겹게 하루하루를 버티는 성도들이 있다.

기적이 일어나서 단번에 문제가 회복되면 좋겠지만, 때로는 고난을 통과해야만 체험할 수 있는 성령의 능력과 평안이 있다. 성령은 그 어려움 속에서 하나님의 백성을 거룩하게 만들어 가신다. 그 과정에서 우리는 깎이고 다듬어지며, 좀 더 성숙해진다. 우리의 상처가 회복되는 데는 반드시 시간이 필요하다. 이 책에서는 이 회복의 시간을 어떻게 건너야 할지, 누구와 함께해야 할지, 그리고 어떤 태도로 그 과정을 견뎌야 하는지를 다양한 주제를 통해 계속 다룰 것이다.

지금 이 글을 읽고 있는 당신에게 아직 해결되지 않은 상처가 있다면, 혹은 회복이라는 단어에 조급함을 느낀다면, 이 말로 대신 위로하고 싶다. 괜찮다. 금방 회복되지 않아도 된다. 그저 이 시간이 잘 지나가고 있다면, 이미 회복은 시작되고 있다.

예수님과 베드로의 "숯불" 대화에서 만나는 상담의 본질

'상담'은 한자로 '서로 상(相)'과 '이야기 담(談)'으로, 말 그대로 서로 이야기를 나눈다는 뜻이다. 그런데 이 '서로 상'을 조금 더 들여다보면, 흥미로운 의미가 담겨 있다. 이 한자어에는 '눈 목(目)' 자가 포함되어 있는데 이는 서로를 바라본다, 나아가서 마치 나무를 오랫동안 지켜보듯 관찰하고 돌본다는 의미를 지니고 있다. 이처럼 상담이라는 행위는 단지 대화를 나누는 것을 넘어서서 나무기 잘 자라도록 곁에서 세심하게 살피듯이 상대를 도와주는 것과 같은 섬세한 동행이다.

이 단어의 뜻을 곱씹던 중, 자연스럽게 성경의 한 장면이 그려졌다. 부활하신 예수님께서 베드로를 다시 찾아오시는 요한복음 21장의 내용이다. 예수님은 베드로를 기다리며 숯불을 피웠고, 그 위에 생선과 떡을 놓으셨다. 제자들과 아침 식사를 한 후, 베드로에게 진짜 하고 싶었던 이야기를 꺼낸다. 우리에게 너무나 잘 알려진 질문이다.

"요한의 아들 시몬아, 네가 이 사람들보다 나를 더 사랑하느냐?"

예수님의 이 질문에서 상담의 본질을 발견할 수 있다. 상담자의 관점으로 바라볼 때, 예수님은 참으로 위대한 상담자이시다. 상담이란 서로를 바라보며, 상대가 건강하게 자라도록 관심을 기울이는 대화라고 한다면 이 장면에서 예수님은 바로 그 일을 하고 계신 것이다.

지금 예수님은 숯불을 피워서 따뜻함이 필요한 자리에 먼저 열을 지펴 놓으신다. 밤새 물고기를 잡느라 지쳐 있는 제자들에게, 말이 아닌 불빛과 향기로 온기를 전하신다. 그런데 그 숯불의 냄새는 또 다른 장면을 떠오르게 한다. 베드로의 기억 한가운데 각인된, 가장 쓰라린 순간이다. 예수님을 세 번 부인하던 그날 밤, 베드로는 불가에서 몸을 녹이고 있었다. 그 자리에 있던 불도 숯불이었을 가능성이 크다.

예수님은 단지 따뜻한 식사를 준비하신 것이 아니다. 베드로의 내면에 아직 치유되지 않은 죄책감과 슬픔의 상처를 다루기 위해 정교한 장면을 연출하신 것이다. 숯불의 온기와 냄새는, 베드로로 하여금 외면하고 싶었던 기억을 다시 마주하게 만든다. 그리고 그 기억이 꺼내어진 그 자리에서 예수님은 조심스럽게 그에게 묻는다.

"요한의 아들 시몬아, 네가 이 사람들보다 나를 더 사랑하느냐?"

예수님은 베드로의 사랑을 확인하고 싶어서 물으신 것이 아니다. 또한 "왜 나를 부인했느냐?"고 따져 묻고 계신 것이 아니다. 이는 베드로의 실패와 그에 얽힌 수치심을 은혜로 다시 품는 질문이다. 예수님은 과거를 억지로 드러내려 하지 않으면서도, 동시에 그가 부딪쳐야 할 기억을 피해 가지 않게 하신다. 이 순간, 예수님은 위로하려는 분이면서 동시에 상담자의 모습으로 베드로 앞에 서 계신다. 강요하지 않고 기다리며, 판단하지 않고 질문하신다. 상처를 정면으로 바라볼 수 있는 용기의 공간을 숯불 곁에 마련하신 것이다.

상처가 회복되기 위해서는 직면의 시간이 필요하다. 예수님은 그 고통의 기억 한가운데로 베드로를 데려오되, 사랑이라는 방식으로 접근하신다.

이 장면을 더욱 깊이 이해하게 만든 한 목사님의 설교가 떠오른다. 그는 아들과의 관계에서 상처를 경험한 적이 있었다. 크게 화가 났고 마음이 아팠지만, 풀이 죽은 아들을 바라보면서 이렇게 물었다고 한다.

"아들아, 너 아빠를 사랑하니?"

그 질문은 질책이 아니었고 아들을 꾸짖고자 함도 아니었다. 오히려 다음과 같은 선언이었다.

"아들아, 네가 어떤 잘못을 했어도, 나는 여전히 너를 사랑한다. 네가 나를 사랑한다는 것도 나는 안다. 그러니 괜찮다. 다시 시작하자."

이 선언은 베드로에게 하신 예수님의 마음과 다르지 않다. 베드로는 자신의 부끄러운 과거 앞에서 낙심하고, 소명도, 자신도 모두 놓아 버린 채 고향으로 돌아간다. 아마 그의 마음은 죄책감, 수치심, 절망으로 꽁꽁 얼어 있었을 것이다. 그런 베드로를 예수님은 포기하지 않으신다. 친히 찾아와서 따뜻한 숯불 곁에 앉히고, 다시 한번 그와 대화를 나누신다. 예수님이 베드로와 나누신 이야기를 통해 상담의 진가를 보게 된다. 예수님은 베드로의 아픔을 들추지 않고, 그 아픔을 품으신다. 실패에 대한 수치스러운 기억을 무시하지 않고, 그 실패를 통과해 그의 사랑을 다시 확인하신다. 그 대화 끝에 베드로는 작지만 분명한 음성으로 고백한다.

"주님, 내가 주를 사랑하는 줄 주께서 아시나이다."

그 순간, 베드로는 회복되었다. 예수님의 그 사랑 앞에, 베드로는 다시 사명자로 일어선다. 이것이 상담의 본질이다. 상처 입은 영혼에게 다가가, 따뜻한 온기와 진심 어린 대화를 나누며, 그 사람이 다시 살아날 수 있도록 기다려 주는 것. 위대한 상담자는 다그치지 않는다. 기다리고, 바라보고, 묻는다. 그리고 함께 걸어간다.

위대한 상담자, 예수 그리스도

예수님과 베드로의 숯불 대화는 몇 번을 읽어도 감동적이다. 그 장면에서 예수님은 베드로의 과거 실수를 용서하고, 그에게 새로운 사명을 부여하신다. 따뜻한 숯불 앞에서 주고받은 두 사람의 대화는 단순히 과거의 일이 아니다. 지금도 성경을 읽으며 이 이야기를 접하는 우리 모두에게 새로운 소망과 회복의 메시지를 전하는 은혜의 공간이다. 이 장면을 그릴 때마다, 성도들과 깊은 대화를 나누고 그들의 상처를 세심하게 돌보는 목회자의 사역이 겹쳐서 보인다.

예수님은 최고의 상담자이셨다. 그분의 마음은 깊고 따뜻하며, 그분의 사역은 상처 입은 영혼을 회복시키는 상담의 자리였다. 예수님의 상담자적 모습을 구성하는 세 가지 핵심 가치는 환대, 긍휼, 그리고 화해의 정신이다.

환대: 있는 그대로 맞이하는 열린 마음

우선, '환대(hospitality)'란 타인을 따뜻하고 친절하게 맞이하며, 그의 필요를 채워 주는 것이다. 단순한 예의 바름을 넘어서서, 상대방에게 진정한 관심과 배려를 나타내는 행위로 확장된다. 환대는 그 사람이 누구든지 간에 조건 없이 수용하겠다는 사랑의 표현이다. 예수님은 모든 사람을 있는 그대로 사랑하시며, 부족함과 연약함까지도 기꺼이 받아들이신다. 세리들과 죄인들과 함께하시며 그들에게 사랑과 용서를 베푸신 모습에서 그분의 환대를 깊이 느낄 수 있다.

누군가에게서 환대를 받아 본 적이 있는가? 그 경험은 어떤 감정을 남겼는가? 누군가를 따뜻하게 맞이하는 행위는 상대방에게 '당신은 소중한 존재'라는 인식을 심어 준다. 환대를 받은 사람은 존재 그 자체로 존중받는 경험을 하게 되며, 있는 그대로의 자신이 받아들여진다는 위로를 얻는다.

그러나 안타깝게도 현대 사회는 점차 환대를 잃어가고 있는 듯하다. 타인을 환대하기보다 내가 타인보다 더 잘난 사람이 되겠다는 경쟁심이 앞선다. 이런 환경에서 누군가를 있는 그대로 환영한다는 것은 결코 쉬운 일이 아니다. 그럼에도 예수님의 환대는 관계를 치유하는 시작이자 끝이다.

마태복음 11장 28-29절에서 예수님은 따뜻한 마음으로 우리를 초청하신다.

> "수고하고 무거운 짐 진 자들아 다 내게로 오라 내가 너희를 쉬게 하리라 나는 마음이 온유하고 겸손하니 나의 멍에를 메고 내게 배우라"

예수님은 지적하지 않고 두 팔을 벌려 우리를 맞이하신다. 그분의 '겸손함'은 우리에게 언제든지 다가갈 수 있는 길을 열어 주는 초대이며, 그 앞에 서기 위해 별다른 준비나 자격은 필요하지 않다. 그저 "수고하고 무거운 짐 진 자들"이면 된다. 인간의 연약함과 고단함을 외면하지 않고, 그 상태 그대로 초대하시는 예수님의 깊은 자비와 온유를 보여 주는 구절이다. 곧, 예수님 앞에 나아가는 데 어떤 특별한 사격이나 준비는 필요하지 않다. 무거운 짐을 지고 있다는 사실 자체가 주님 앞에 설 수 있는 충분한 이유가 되기 때문이다.

예수님의 환대는 사람들을 돕고자 하는 진심에서 비롯된다. 그분의 온유함과 겸손함을 본받아, 나 또한 타인을 따뜻하게 맞이하고 그들의 고통에 공감하며 함께할 수 있는 공간을 만들어 가야 한다. 특히 상처받고 지친 이들이 다가올 때, 그들이 안심하고 마음의 짐을 내려놓을 수 있도록 포용하는 자세가 절실하다. 환대와 공감은 상담의 본질이며 치유의 시작점이다. 단번에 모든 문제가 해결되지는 않더라도, 누군가가 마음의 짐 하나를 내려놓을 수 있도록 돕는 것만으로도 큰 의미가 있다.

예수님의 삶은 우리에게 본이 된다. 그분의 겸손과 온유는 우리의 일상에서 따뜻한 환대의 태도로 이어져야 한다. 환대의 마음으로 타인을 돌보는 삶은 누군가의 마음에 깊은 울림을 남기며, 세상을 조금 더 따뜻하고 안전한 곳으로 만든다. 이러한 그리스도인들이 많아질수록 이 세상은 서로를 더욱 진심으로 맞이하는 공동체로 변화할 것이다. 당신의 삶 가운데에도 환대와 공감의 공간이 하나쯤은 꼭 있기를 바란다.

긍휼: 함께 아파하는 마음

예수님의 상담자적 정신 중 두 번째는 긍휼(compassion)이다. 긍휼은 타인의 고통이나 어려움을 이해하고, 그의 감정에 공감하며, 실제로 도움을 주고자 하는 마음에서 비롯된다. 긍휼의 핵심은 단지 동정에 그치지 않고, 따뜻한 마음과 자비로 타인의 아픔에 동참하고 이를 덜어 주기 위한 구체적인 행동으로 이어진다는 데 있다.

마태복음 9장 36절은 예수님께서 긍휼의 마음을 어떻게 나타내셨는지를 보여 준다.

> "무리를 보시고 불쌍히 여기시니 이는 그들이 목자 없는 양과 같이 고생하며 기진함이라"

'불쌍히 여기시니'에 사용된 'compassion'은 단순한 동정을 넘어선 깊은 내적 고통과 공감의 감정을 포함한다. 이 단어는 라틴어 compati에서 유래했고, 다음과 같은 구성으로 이루어진다.

com-: '함께'라는 뜻이다.

passion: '고통' 또는 '고난'을 의미하며, 라틴어 passio는 내장이 끊어질 듯한 심한 고통을 뜻한다.

따라서 compassion은 '함께 고통을 느낀다'라는 뜻이다. 예수님은 군중을 보며 단순히 불쌍히 여기신 것이 아니라, 그들의 고통을 마음 깊이 공감하며, 그들과 함께 아파하셨다. 이 창자가 끊어지는 듯한 아픔이 예수님을 십자가의 길로 인도한 긍휼의 동력이다.

긍휼은 상담의 핵심이자 시작점이다. 이는 타인의 감정을 이해하고, 그의 입장에서 생각하며, "내가 저 상황이라면 얼마나 힘들까?"라고 자문하며 그 고통에 참여하는 태도에서 비롯된다. 진정한 긍휼은 감정적 동조를 넘어 실제 행동으로 이어진다. 고통받는 이를 향한 긍휼의 마음은 곧 도움을 주고자 하는 마음으로 자라나며, 그 고통을 덜어 주기 위한 구체적이고 실질적인 행동으로 발현된다.

예수님의 삶은 긍휼의 본보기라 할 수 있다. 그분은 언제나 사람의 고통에 귀 기울이며 함께 아파하셨다. 히브리서 4장 15절은 그분의 긍휼을 이렇게 증언한다.

> "우리에게 있는 대제사장은 우리의 연약함을 동정하지 못하실 이가 아니요 모든 일에 우리와 똑같이 시험을 받으신 이로되 죄는 없으시니라"

예수님은 우리의 고통과 연약함을 멀리서 바라보신 분이 아니다. 그분은 스스로 인간의 몸을 입고 이 땅에 와서, 우리가 겪는 아픔과 시련,

유혹과 눈물을 친히 경험하셨다. 그분이 우리와 함께 고통을 겪으셨기에, 그분의 긍휼은 단지 이론이 아닌 살아 있는 공감의 힘으로 다가온다.
이런 면에서 예수님의 긍휼은 다음과 같은 세 가지 차원을 포함한다.

- 공감: 예수님은 인간이 되어 인간이 느끼는 고난을 똑같이 경험하셨기에 우리의 아픔을 깊이 이해하시며, 우리와 함께 아파하신다.
- 동참: 예수님은 우리의 고통에 직접 참여하시며, 우리가 외롭거나 무너지는 순간에도 곁에 계신다.
- 위로와 소망: 긍휼은 감정적 연민에 머무르지 않고, 우리를 치유하며 새 삶의 소망으로 이끄는 적극적인 힘이다.

예수님의 긍휼의 마음을 본받아, 우리 또한 타인의 고통에 공감하고, 그 아픔에 동참하며, 진정한 위로와 소망을 나눌 수 있는 상담자적 삶을 살아가야 한다. 긍휼의 삶은 누군가에게는 생명을 살리는 손길이며, 이 세상을 더욱 따뜻하게 변화시키는 복음적 힘이다.

화해: 복음의 실천

예수님의 상담자적 정신 중 세 번째는 화해(reconciliation)다. 영어 단어 'reconciliation'은 라틴어 'reconciliatio'에서 유래되었고, '다시'를 의미하는 접두사 re-와 '함께'를 뜻하는 con-, 그리고 '부르다'를 뜻하는 calare에서 파생되었다. 즉, 화해는 "다시 함께 부르다", "다시 합치다", "다시 친구가 되다"라는 뜻이다. 이 어원은 화해가 갈등을 중지시키는 것을 넘어서, 관계를 회복하고 다시 함께함으로써 새롭게 여정이 시작되고 있음을 시사한다.

사도 바울은 우리에게 맡겨진 화해 사역을 다음과 같이 설명한다.

> "모든 것이 하나님께로서 났으며 그가 그리스도로 말미암아 우리를 자기와 화목하게 하시고 또 우리에게 화목하게 하는 직분을 주셨으니"(고후 5:18)

예수님께서 우리를 위해 죽으심으로 하나님과 화해하게 되었다는 복음의 중심 진리는, 신앙생활의 핵심이며 동시에 삶의 모든 영역에 적용되어야 하는 메시지다. 이 화해의 사역은 그리스도인들에게 맡겨진 사명이다.

그러나 현실에서 진정한 화해를 이루는 일은 결코 쉽지 않다. 갈등이 발생하면 이를 진지하게 직면하기보다는, 대부분의 사람은 상황을 덮어두려 하며 회피하는 경향을 보인다. 겉으로는 문제가 해결된 듯 보일 수 있지만, 마음 깊은 곳에는 여전히 응어리진 감정이 남아 있는 경우가 많다. 다시 전처럼 진실한 관계로 회복되기가 쉽지 않다. 특히 자기 자신과의 화해는 가장 어렵고도 복잡한 과제로 남는다. 타인의 실수는 비교적 관대하게 받아들이면서도, 자신의 실수에는 냉정하게 반응하며 스스로를 용납하지 못하는 일이 흔히 벌어진다.

우리에게 맡겨진 화해의 사역은 우리의 가정, 교회, 그리고 사회 전반에서 관계를 회복시키는 데 핵심적인 역할을 한다. 예수님의 화해 정신을 본받아, 우리는 다음과 같은 세 가지 차원의 화해를 이루어 나가야 한다.

- 하나님과의 화해: 자신의 죄를 회개하고 하나님의 용서와 사랑을 받아들여야 한다. 그분과의 관계가 회복될 때, 비로소 우리는 하나님과 동행하며 그 뜻에 순종하는 삶, 즉 하나님과 화목한 삶을 살아갈 수 있다.
- 이웃과의 화해: 인간관계에서 갈등은 불가피하지만, 진심 어린 사

과와 용서를 통해 회복하려는 노력이 필요하다. 마음을 열고 서로의 아픔을 나누며, 갈등 너머로 나아가는 삶이 이웃과의 화해를 가능케 한다.
- 자기 자신과의 화해: 자신을 돌보고, 과거의 실수를 있는 그대로 받아들이는 훈련이 필요하다. 매일의 삶을 성찰하며, 자신을 판단이 아닌 사랑의 시선으로 바라보는 태도가 중요하다. 자기 수용은 단순한 자기 위로가 아니라, 존재에 대한 존중이며 회복의 출발점이다.

다시 한번 강조하건대, 화해의 사역은 갈등을 외면하거나 감정을 억누르는 일이 아니다. 상처 입은 관계를 다시 마주하고, 정직한 대화로 더 깊은 신뢰와 사랑의 연결로 나아가는 여정이다. 이 화해를 통해 우리는 서로를 다시 친구로 부르며, 진정한 화목의 공동체를 이루어 간다. 이것이 그리스도인들이 화해의 사역자로 부르심을 받은 이유이며, 우리가 실천해야 할 복음의 본질이다.

기독교 상담자의 소명: 예수님의 삶을 따라가는 이들

지금까지 나눈 내용을 정리해 보면, 예수님께서 보여 주신 사랑과 긍휼은 모든 사람을 향한 것이며, 그분은 죄인들조차도 불쌍히 여기신다. 예수님은 인간의 모든 고통과 아픔을 품으시고, 창자가 끊어지는 듯한 고통을 감내하시며 십자가에 달리셨다. 그분의 모습은 그리스도인들이 상담자의 삶을 실천해 나가는 데 있어 강력한 본보기가 된다.

기독교 상담자인 게리 콜린스(Gary Collins)는 자신의 저서 『훌륭한 상담자』(How to be a people helper)에서 상담자가 지녀야 할 아홉 가지 특징을 제시하며, 이 자질들이 그리스도인에게도 동일하게 적용된다고 강조한다. 그의 견해를 간략히 정리하면 다음과 같다.

- 깊은 통찰력(Deep insight), 자신과 타인에 대한 넓고 깊은 이해
- 진정으로 사람을 사랑하는 마음(Genuine love of people)
- 선한 이웃 됨(Being a good neighbor)을 삶으로 보여 주기
- 정확한 공감(Accurate empathy), 상황을 바라보는 지혜(Situational wisdom)
- 적절한 때에 올바른 말을 하는 능력
- 성령의 인도하심(The guidance of the Holy Spirit)에 민감하게 반응
- 자신의 실수로부터 배우는 자세
- 애매한 상황을 견디는 능력(Tolerance of ambiguity)
- 신뢰하는 법과 신뢰받는 존재가 되는 삶을 실천하기

결론적으로, 예수님이 보여 주신 기독교 상담의 주요 측면은 네 가지로 정리할 수 있다.

- 무조건적인 사랑: 누구든지 조건 없이 사랑하시고, 그들의 죄와 고통을 기꺼이 감싸 주신다.
- 깊은 긍휼의 마음: 인간의 고통에 공감하시며, 그 아픔에 함께 참여하신다.
- 온유하고 겸손한 태도: 강요하거나 정죄하지 않으시고, 온유하고 겸손한 모습으로 사람을 초청하신다.
- 화해와 회복의 사역: 하나님과의 관계뿐 아니라 이웃, 그리고 자기 자신과의 관계 회복을 이끌어 내신다.

이러한 예수님의 모습을 따르는 것은 단지 한 분야의 전문가로서의 사명이 아니다. 우리 모두에게 주어진 복음적 부르심이며, 우리가 세상에서 살아가야 할 거룩한 여정이다.

목회자에게도 상담자가 필요하다

　내 이야기를 오해하지 않고 진심으로 들어 줄 누군가가 있다는 것, 나조차도 외면하고 살아온 내 안의 고통을 꺼내 놓을 수 있는 누군가가 있다는 것은 참 귀하고 감동적인 일이다. 어쩌면 그것만으로도 충분히 감사할 이유가 된다.
　상담실을 찾아오는 내담자들은 종종 이렇게 말하곤 한다. "더 이상 내 인생의 이야기를 써내려 갈 힘이 없어요. 이 비참한 서사를 더는 견딜 수가 없어요." 어떤 이는 "내 삶에 앞으로 희망이 있긴 할까요?" 하고 절박하게 묻기도 한다. 그러나 그렇게 한줄기 희망조차 없어 보이는 상황일지라도, 천천히 그리고 솔직하게 그 속에 있는 이야기를 꺼내 놓을 수 있도록 도와주면 내담자들은 답답하고 절망적이기만 했던 삶의 이야기 너머에 새로운 내용이 펼쳐지고 있음을 발견해 나간다.
　가족 치료 이론 중 '이야기 치료(narrative therapy)'는 스토리텔링을 핵심적인 치유의 도구로 삼는다. 이야기를 꺼내는 행위 자체가 곧 치료의 시작이 된다는 것이다. 자신의 이야기를 하는 행위는 마치 몸속에 고여 있던 고름을 짜내는 것과도 같다. 몸 안에 고름이 생겼는데 그대로 방치한다면 어떻게 될까. 고름이 온몸으로 퍼져 나가 결국은 전신을 병들게 만들 것이다. 마찬가지로, 내 속에 담긴 고통스러운 이야기 역시, 어디에도 말하지 못한 채 마음에 담아 두면 몸과 영혼을 썩게 한다.
　목회자는 상처 입은 성도들의 이야기를 듣는 데는 익숙하지만, 자신의 이야기를 솔직히 나눌 수 있는 기회는 거의 없다. 목회 현장에서 겪는 수많은 오해와 비난을 묵묵히 참고 견디면서, 하나님 앞에서 그 아픔을 털어놓는 것으로 위로를 삼는 이들이 많다. 이들에게도 자신의 이야기를 편안하게 나눌 수 있는 '사람'이 절실히 필요하다. 그 시간이야말로 목회자 자신에게 치유의 시간이 된다.

이러한 치료적 관계를 통해 목회자는 다시 버틸 힘을 얻게 되고, 상처 입은 성도들을 감싸 안을 여유를 회복하게 된다. 목회자의 회복은 곧 교회와 성도의 회복으로 이어진다. 그렇기에 목회자에게도 자신의 마음을 읽어 주고, 귀 기울여 줄 친구가 반드시 필요하다.

이야기에는 치유의 힘이 있다. 그리고 내 이야기를 기꺼이 들어 줄 사람이 있다는 것, 그 사실만으로도 하나님의 큰 은혜이며, 삶의 축복이다. 누군가의 삶의 이야기를 묵묵히 들어 주는 일은 목회자의 역할이기도 하며, 모든 그리스도인이 품어야 할 태도이기도 하다. 우리는 모두 전문 상담자가 될 필요는 없다. 하지만 이웃의 이야기에 귀 기울이고, 그들의 아픔에 공감하며, 따뜻한 마음으로 그들을 받아들이는 사람은 될 수 있다.

가족, 친구, 그리고 성도의 이야기에 넉넉한 마음으로 응답할 수 있는 삶이 그리스도인의 상담자적 소명이다. 그런 의미에서 우리 모두는 상담자다. 서로의 이야기를 들어 주고, 진심으로 공감하며, 그 치유의 과정을 함께할 때, 우리는 비로소 더 단단하고 따뜻한 공동체를 만들어 갈 수 있다. 당신의 삶 속에도 그런 좋은 만남과 깊은 이야기가 끊임없이 이어지기를 진심으로 바란다.

2장

한 사람을 향한 하나님의 시선:
엘리야의 회복을 통한 다섯 가지 통합적 이해

우리는 종종 누군가가 어려움을 겪는 상황에 직면할 때, 그 사람에게 어떤 잘못이 있다고 단정 짓는 경향을 보인다. 성격의 결함이나 인간관계의 미숙함, 신앙의 부족이나 말씀 생활의 소홀함 등이다. 이러한 접근 방식은 하나의 원인으로 복잡한 상황을 설명하려는 환원론적 사고에 해당한다. 이와 같은 사고가 널리 받아들여지는 이유는, 복잡하게 얽힌 상황을 단일한 원인으로 정리함으로써 심리적 안정을 얻을 수 있기 때문이다.

목회자 또한 이러한 환원론적 사고에 빠지기가 쉽다. 목회자는 교인의 고통을 듣는 자리에서, 그 원인을 오직 영적인 측면으로만 귀결시키려는 경향을 보인다. 예를 들어, 부부 갈등을 기도 생활의 부족으로 해석하거나, 사업의 어려움을 신앙의 결핍으로 판단하는 식이다. 물론 영적인 요소가 일정 부분 영향을 미칠 수 있으나, 모든 갈등의 원인을 영적인 틀 하나로만 이해하고 해석하려는 시도에는 분명한 한계가 존재한다. 이러한 시각은 문제의 본질을 축소시키며, 성도에게 위로보다는 소외감과 불신을 심어 줄 수 있다.

그 결과, 성도는 다음부터는 자신의 고통을 솔직하게 드러내기보다, 아무렇지도 않은 듯 교회에 출석하게 된다. 이는 목회자가 진정한 공감과 위로를 제공하지 못했기 때문에 발생하는 안타까운 현실이다. 목회자는 문제의 원인이 다양하고 복합적일 수 있음을 인식하고, 더 넓은 시야로 성도의 상황을 이해해야 한다. 그렇게 할 때 비로소 성도는 마음을 열고 자신의 고통을 나눌 수 있는 안전한 환경을 경험하게 되며, 이것이야말로 목회자의 중요한 사명이라 할 수 있다.

인간은 단지 영과 육으로 구성된 존재가 아니다. 정서적·관계적·지적인 측면까지 종합적으로 고려되어야 하는 복합적인 존재다. 이에 본 장에서는 인간 존재를 온전히 이해하기 위해 반드시 고려해야 할 다섯 가지 핵심 요소를 소개하고자 한다. 이 요소를 바탕으로 한 사람을 이해하고, 그 사람이 겪는 어려움을 해석하고 평가할 수 있다면, 우리는 더욱 폭넓고 통합적인 관점에서 그 사람의 삶을 바라볼 수 있게 될 것이다. 이제 그 다섯 가지 요소를 하나씩 살펴보자.

1. 신체적 측면

한 사람이 겪는 아픔과 어려움은 신체적 건강에 지대한 영향을 미친다. 실제 상담 현장에서 접하는 고민들을 살펴보면, 상당수가 물질적 문제와 신체적 문제에 뿌리를 두고 있다. 목회자는 종종 이 부분을 간과하지만, 성도에게는 매우 현실적이고 절실한 고민임이 분명하다.

신체적 건강을 유지하고 돌보는 일은 삶의 질을 향상시키는 데 필수적이다. 이를 위해서는 충분한 휴식, 꾸준한 운동, 그리고 균형 잡힌 식습관이 반드시 필요하다. 운동은 단순히 신체적 건강을 위한 것에 그치지 않는다. 정신적·정서적 건강에도 영향을 미치며, 스트레스를 해소하고 기분을 상승시키는 데 큰 역할을 한다. 규칙적인 운동은 전반적인 웰빙(well-being)을 증진시키며, 삶에 활력을 불어넣는다.

이처럼 신체적 건강은 단순한 육체의 상태를 넘어, 정신과 감정, 그리고 영적 삶에도 긍정적인 영향을 미친다. 우리는 건강한 신체를 통해 하나님의 뜻을 더욱 온전하게 세워 갈 수 있으며, 건강한 관계와 사역 역시 그 위에서 이루어진다. 따라서 신체적 건강을 소홀히 여기지 않고 주의 깊게 관리하는 것은 믿음의 여정에서도 매우 중요한 실천이라 할 수 있다.

2. 정서적 측면

한 사람을 온전히 이해하기 위해서는 그의 내면에서 일어나는 다양한 감정, 곧 긍정적인 감정뿐 아니라 부정적인 감정과 왜곡된 생각까지도 섬세하게 다루는 노력이 필요하다. 감정과 정서는 외면으로 쉽게 드러나지 않기 때문에, 그의 이야기를 귀 기울여 듣고 그 안에 담긴 내면의 흐름을 주의 깊게 살펴야 한다. 특히 부정적인 감정은 외로움, 두려움, 분노, 슬픔 등 다양한 형태로 나타나며, 이러한 감정이 일상에 어떤 영향을 미치는지를 인식하는 것이 중요하다.

가족 치료사 버지니아 사티어(Virginia Satir)는 그녀의 책 『아이는 무엇으로 자라는가』(The New Peoplemaking)에서 감정을 온도계에 비유하면서, 감정이 개인의 내면 상태를 나타내는 지표라고 설명한다. 온도계가 체온을 측정하여 건강 상태를 보여 주고, 기온을 알려 주어 우리가 어떤 옷을 입어야 할지 도와주듯이 우리가 느끼는 감정은 심리적·정서적 상태를 드러내는 신호가 된다. 감정은 억누르거나 회피해야 할 대상이 아니라, 내면에서 어떤 일이 일어나고 있는지를 알려 주는 중요한 단서다. 특히 부정적인 감정을 안전하게 표현하는 것은 정서적 건강을 위해 결정적으로 중요하다. 감정을 억제하거나 무시하기보다는, 이를 인식하고 건강하게 표현하는 과정을 통해 정서적 안정을 회복할 수 있다. 따라서 정서적 건강을 유지하려면 감정을 인식하고, 그것을 표현하고, 적절하게 다루는 방법을 배워야 한다. 이는 목회자뿐 아니라 모든 이에게 필수적인 과제이며, 정서적 성숙으로 나아가기 위한 출발점이다.

이와 함께 중요한 요소는, 내 감정을 잘 들어 주고 진심으로 공감해 줄 수 있는 존재다. 누군가가 내 감정을 진지하게 듣고 이해해 주면 정서적 안정감을 느끼게 된다. 그 대상은 목회자일 수도 있고, 친구, 배우자, 가족, 혹은 신뢰할 수 있는 상담자일 수도 있다. 또한 신앙 공동체와의 연결 역시 정서적 지지 기반을 형성하는 데 도움이 된다.

3. 관계적 측면

인간은 결코 혼자 살아갈 수 없는 존재로 창조되었다. 우리는 관계를 통해 서로 연결되고, 그 속에서 의미와 정체성을 형성해 간다. 한 사람을 온전히 이해하고 돌보기 위해서는, 그가 맺고 있는 관계가 현재의 어려움을 더욱 복잡하게 만들고 있지는 않은지, 또 다른 이들과의 연결이 얼마나 건강하게 이루어지고 있는지를 세심하게 살펴야 한다.

인간은 본질적으로 사회적 존재이며, 건강한 대인 관계는 정신적·정서적 안녕에 결정적인 역할을 한다. 만약 누군가가 교회에서 소외되고 있다면, 반드시 그가 다시 믿음의 공동체와 연결될 수 있도록 도와야 한다. 이러한 관계적 연결은 정서적 지지와 안정감을 제공하며, 외로움과 단절에서 벗어나는 중요한 통로가 된다. 필자가 미국에서 방문한 한 교회의 모토는 '아무도 혼자 있는 사람이 없는 공동체'였다. 이러한 비전은 공동체가 지향해야 할 모습이 무엇인지 분명히 보여 준다. 모두가 연결되고, 누구도 소외되지 않는 공동체야말로 복음의 본질을 실천하는 장이라 할 수 있다.

우리가 맺고 있는 건강한 관계는 감정을 솔직하게 표현하고, 이해받을 수 있는 안전한 공간을 제공한다. 이러한 관계는 심리적 안정감을 형성하고, 자아 존중감을 높이며, 하나님의 나라라는 더 큰 공동체 안에서 소속감을 누리게 한다. 친밀하고 신뢰할 수 있는 관계는 육체적·정서적·심리적·영적 건강을 지켜 주는 중요한 기반이 된다. 그러므로 우리는 지금 맺고 있는 관계를 소중히 여기고, 그 관계를 꾸준히 가꾸며, 신뢰를 바탕으로 지속적인 연결을 유지하려는 노력을 게을리하지 말아야 한다. 건강한 관계는 우리 존재의 깊은 차원을 회복시키며, 더불어 살아가는 삶의 가치를 일깨워 준다.

4. 지적 측면

한 사람을 온전히 이해하기 위해서는 그의 생각, 신념 체계, 인식, 그리고 태도를 깊이 들여다보는 과정이 필요하다. 인간의 지적인 측면은 삶의 방향과 선택, 더 나아가서 일상의 작은 행동까지도 결정짓는 중요한 기반이 된다. 인간은 자신이 믿고 있는 신념과 가치관에 따라 사고하고 행동하며, 이러한 신념은 대부분 과거의 경험과 배움을 통해 형성된다. 예를 들어, 어린 시절 긍정적인 경험을 하면 자연스럽게 긍정적인 신념을 갖게 되고, 그 결과 더 자신감 있는 태도로 행동할 가능성이 높다. 반면, 반복적인 실패나 부정적인 메시지를 경험하면 자신을 낮게 평가하고 방어적이며 부정적인 방식으로 행동할 가능성이 크다. 이처럼 인간의 사고방식과 행동 양식은 현재의 의지만으로 형성되지 않으며, 오랜 시간에 걸친 지적·경험적 영향 속에서 형성된 신념 체계에 크게 좌우된다. 따라서 누군가를 온전히 이해하고 도우려면, 그가 어떤 신념을 가지고 있으며, 그 신념이 그의 삶과 행동에 어떻게 영향을 미치고 있는지를 면밀히 살펴야 한다. 조언이나 훈계보다, 그의 사고와 태도 뒤에 놓인 내면의 논리와 세계관을 이해하고 존중하는 태도가 우선되어야 한다.

지적인 성장은 지식의 축적을 넘어서, 새로운 시각을 받아들이고 기존의 왜곡된 신념을 재해석할 수 있는 유연함으로 이어질 수 있다. 그런 점에서 목회자는 성도가 스스로에 대한 비판적이거나 제한적인 믿음에서 벗어나, 하나님의 진리 속에서 새로운 사고와 태도를 형성할 수 있도록 도와야 한다.

5. 영적 측면

한 사람을 온전히 이해하기 위해서는 그의 영적인 상태를 깊이 들여다보는 것이 무엇보다 중요하다. 현재 하나님과 어떤 관계를 맺고 있는지를 정직하게 점검하며, 하나님을 피하고 있지는 않은지, 분노와 원망에 사로잡혀 있지는 않은지, 또는 죄책감에 매몰되어 영적으로 고통받고 있지는 않은지를 면밀히 살펴야 한다. 이는 영적 상태가 한 개인의 삶 전체에 지대한 영향을 미치기 때문이다.

영적인 불안감, 무력감, 그리고 침체의 상태에 빠지게 되면, 기도해도 하나님의 위로가 멀게 느껴지고, 하나님의 사랑 자체를 의심하게 되거나 오해하게 된다. 이런 상태가 장기화될 경우, 마음은 불안과 근심으로 지쳐 가고, 깊은 시름 가운데 평안한 잠조차 이루지 못하게 된다. 이처럼 영적인 문제는 곧 정서적·심리적 문제로 이어지며, 신체적 건강에도 부정적인 영향을 미칠 수 있다. 예를 들어, 하나님과의 관계가 단절된 상태에 있는 사람은 삶의 목적과 의미를 잃어버리기 쉽고, 중요한 선택을 할 때나 일상생활에서 부정적인 방향으로 흐르게 된다.

따라서 한 사람의 영적 상태를 살필 때는 특히 그가 스스로의 부정적인 생각 속에 갇혀 있지 않은지를 살펴야 한다. 이러한 시기에는 기도와 묵상을 통해 하나님과의 관계를 회복하고, 영적인 평안을 되찾는 과정이 필요하다. 기도와 묵상은 마음을 평온하게 하고, 하나님의 뜻을 새롭게 깨닫게 하며, 내면의 혼란을 정리하는 데 중요한 역할을 한다.

신앙 공동체 역시 영적인 회복을 위한 귀한 자원이 된다. 공동체는 고통과 어려움을 나누고, 서로를 위해 기도하며, 지지하는 공간이 되어 준다. 예배와 기도 모임, 성경 공부와 같은 공동체적 실천은 개인에게 영적인 힘을 공급하며, 신앙의 성장과 성숙을 이끌어 낸다. 더불어 영적 지도자나 신뢰할 수 있는 이들과 정직하고 깊이 있는 대화를 나누는 것도 중요하다. 영적 상태를 감추지 않고 솔직하게 나눌 때, 이해와 지지, 그리고 실제적인 도움을 받게 된다. 이러한 진실한 대화는 하나님의 임재를 다시 경험하고, 그분과의 관계를 새롭게 회복하는 결정적인 계기가 될 수 있다.

결국, 한 사람의 영적인 상태를 깊이 이해하고 돌보는 일은 그가 하나님 앞에 다시 정직하게 서도록 돕는 본질적인 사역이다. 하나님과의 관계가 회복될 때, 영적인 평안을 되찾고 삶의 방향을 바로잡으며, 하나님의 사랑과 은혜를 더욱 깊이 경험하게 된다.

요약하자면, 지금까지 살펴본 다섯 가지 요소—신체적·정서적·관계적·지적·영적 측면—는 한 사람의 삶과 고통을 종합적으로 이해하고 해석하는 데 매우 유용한 도구다. 이 다섯 가지 차원을 통합적으로 살펴볼 때, 우리는 한 사람의 문제를 더 넓고 깊은 시각에서 바라볼 수 있고, 예수 그리스도의 마음으로 그에게 진심으로 다가갈 수 있다.

하나님께서는 인간 존재의 모든 차원을 귀하게 여기신다. 우리의 신체적·정서적·관계적·지적·영적 건강 가운데 어느 하나도 그분의 관심 밖에 놓이지 않는다. 목회자를 비롯한 모든 사역자는 이러한 통합석 접근을 통해 성도들을 섬기며, 그들이 하나님의 사랑과 은혜를 더 깊이 경험하도록 돕는 사명을 감당해야 한다. 이러한 통합적 이해는 사역자들에게 더 넓은 시야를 제공하고, 성도들의 다양한 필요에 민감하게 반응하며, 그들의 신앙 성장에 실제적인 도움을 줄 수 있는 토대를 마련해 준다. 나아가서, 목회자뿐만 아니라 모든 그리스도인도 자신을 바라볼 때, 신체적·정서적·관계적·지적·영적 차원을 균형 있게 돌보는 일이 필요하다. 이러한 통합적 관점을 삶 속에서 실천할 때, 우리는 더욱 건강하고 균형 잡힌 신앙 공동체를 함께 세워 가게 된다.

하나님께서 엘리야를 다루신 방식: 온전한 돌봄의 본보기

열왕기상 18-19장에 나오는 선지자 엘리야의 이야기는 하나님께서 한 인간의 존재 전체를 얼마나 온전하게 다루시는지를 생생하게 보여 준다. 잘 알려진 바와 같이, 엘리야는 하나님을 향한 열정이 뜨거운 인물이었다(왕상 19:10, 14). 그는 아합 왕에게 이스라엘의 고통이 왕 자신에게서 비롯되었음을 거리낌 없이 지적했고, 기도로 3년 반 동안 비를 멈추게 했으며, 다시 비가 내리게 하기도 했다. 특히 갈멜산에서 850명의 이방 선지자와 대결한 장면은 그의 믿음과 담대함을 잘 드러내 준다. 하나님께서 불을 내려 주시는 기적을 경험한 그는, 이후 이방 선지자들을 처단하며 그 누구보다 열정적으로 하나님의 뜻을 행하였다.

그러나 아합의 아내 이세벨이 엘리야를 죽이겠다고 협박하자, 그는 두려움에 사로잡혀 광야로 도망치고 로뎀나무 아래서 죽음을 간구하는 절망의 기도를 올린다. 그토록 강력한 영적 체험을 했던 인물이 어떻게 이처럼 무기력한 상태로 무너져 버렸을까?

실제로 목회 상담학 수업에서 "만약 당신이 이런 엘리야를 만난다면 어떻게 반응하겠는가?"라는 질문을 던지면, 많은 학생이 "왜 그렇게 믿음이 약하냐", "힘내라", "실망이다" 등의 반응을 보인다. 엘리야의 내면적 고통을 충분히 이해하지 못한 데서 비롯된 판단이다. 엘리야의 감정, 생각, 신념, 경험을 종합적으로 살펴보는 것이 아니라, 내 기준으로 평가

하려 하기 때문이다. 이러한 반응은 결국 우리에게 중요한 도전을 남긴다. 즉, 한 사람을 온전히 이해하고 돌보는 일에는 단순한 판단이 아니라 깊은 공감과 통합적 시각이 필요하다는 것이다.

하나님께서 엘리야를 돌보신 방식

엘리야의 이야기를 통해 하나님께서 한 사람을 어떻게 돌보시는지를 살펴보면, 매우 흥미로운 사실들이 드러난다.

신체적 돌봄

하나님은 일단 엘리야를 재우셨다. 신체적 피로와 육체적 한계를 가장 먼저 돌보신 것이다. 밤새 이방 선지자들과 씨름하며 극도로 지쳐 있었던 그의 상태를 아셨다. 하나님은 엘리야를 책망하지 않으셨고, 믿음 없다고 나무라지도 않으셨다. 오히려 그에게 충분한 수면을 허락하셨고, 그가 잠에서 깨어난 후에도 한 번 더 쉴 수 있도록 하셨다(왕상 19:6).

필자는 이 지점에서 하나님의 세심하고 인격적인 돌보심에 너무나 놀랐다. 하나님은 엘리야가 호렙산까지 갈 체력이 충분하지 않다는 사실까지 고려하며, 그의 회복을 인내심 있게 기다려 주신다. 육체적 소진 상태를 이해하고, 회복을 위한 여지를 넉넉히 허락하신다. 까마귀를 보내 엘리야의 허기진 배를 채워 준 장면은, 그의 신체적 필요를 실제적이고 구체적으로 돌보신 하나님의 인격적 돌봄을 보여 준다. 이처럼 하나님의 돌봄은 매우 세밀하고 인격적이며, 신체적 회복에서부터 시작된다는 점은 오늘날 우리에게 깊은 시사점을 던진다. 때로 하나님은 '영적인 해답'보다 먼저 우리의 육체적 피로와 한계를 이해하시고, 그 필요를 돌보신다.

정서적·심리적 돌봄

하나님은 이어서 엘리야의 내면의 정서를 따뜻하게 보듬으셨다. 엘리야는 외로움과 고립감에 사로잡혀 있었지만, 하나님은 아직 바알에게 무릎 꿇지 않은 7천 명이 남아 있다고 말씀하심으로써, 그가 결코 혼자가 아님을 알려 주셨다(왕상 19:18). 이 말씀은 정보 전달을 넘어, 엘리야의 고립감과 절망을 이해하시고, 그에게 깊은 위로와 격려를 건네시는 하나님의 정서적 돌봄이자 공감의 표현이라 할 수 있다.

또한 하나님께서 엘리야의 실망을 다루시는 방식 역시 주목할 만하다. 엘리야는 하늘에서 불이 내려오는 기적을 통해 아합과 이스라엘 백성이 회개하며 하나님께 돌아오리라 기대했으나, 현실은 정반대로 흘렀다. 이세벨의 살해 위협에 직면하면서 그는 큰 충격과 절망에 빠졌다. 이스라엘 백성에 대한 실망과, 자기 자신에 대한 자책감과 좌절감을 경험했다. "나는 내 조상들보다 낫지 못하니이다"(왕상 19:4)라는 그의 고백은, 자신의 한계를 인정하며 모든 것을 내려놓고 싶은 절박한 마음의 표현이었다.

그러나 하나님은 엘리야의 절망과 실망을 책망하지 않으시고, 그의 상한 감정을 있는 그대로 받아 주시며, 정직하게 표현할 수 있도록 품어 주셨다. 하나님은 엘리야의 슬픔과 좌절조차도 외면하지 않으시고, 그 감정의 진실을 인정하며 조용히 동행하셨다. 하나님께서 우리의 정서적 상처와 연약함을 얼마나 인격적으로 돌보시는지를 보여 주는 감동적인 장면이다.

영적 돌봄과 회복

마지막으로, 하나님은 호렙산에서 엘리야를 직접 만나 주셨다. 강풍이나 지진이 아니라 또한 불꽃같은 위력도 아니라, "세미한 소리"(왕상 19:12)를 통해 조용하고도 부드러운 방식으로 엘리야의 내면 깊숙한 곳에 다가오셨다. 하나님은 외적인 표적이나 물리적인 현상보다, 엘리야의 마음과 내면 상태에 더 큰 관심을 두고 계셨다.

하나님이 엘리야에게 "엘리야야 네가 어찌하여 여기 있느냐?"(왕상 19:9, 13)고 물으신다. 지리적인 위치를 물으신 것이 아니다. 엘리야의 내면 상태를 향한 하나님만의 섬세한 접근이다. 하나님은 그가 겪고 있는 두려움과 절망, 실망과 고통을 이해하고 계셨고, 그 마음을 회복시키고자 속삭이듯 다가오신 것이다.

하나님께서 엘리야에게 들려주신 그 '세미한 소리'는 불안과 두려움에 잠식된 그의 상한 심령을 일깨우는 가장 적절한 위로였다. 그리고 다시 사명을 향해 나아갈 수 있도록 하는 회복의 음성이자, 하나님의 따뜻한 임재의 징표였다.

통합적 돌봄으로의 회복

하나님은 한 영혼의 전 존재를 깊이 살피시는 참된 상담자시다. 하나님은 엘리야의 지친 육체를 가장 먼저 돌보셨고, 정서적 고립과 깊은 실망 속에 있는 그의 마음을 따뜻하게 위로하신 뒤, 마침내 그의 영적인 상태를 회복의 자리로 이끄셨다. 더불어, 엘리야가 결코 혼자가 아니며 여전히 믿음의 공동체와 연결되어 있다는 사실을 일깨워 주심으로써, 관계적 지지 속에서 안정을 되찾게 하셨다.

그리고 바로 그 회복의 자리에서 새로운 사명을 맡기셨다. 하사엘과 예후에게 기름을 부어 각각 아람과 이스라엘의 왕으로 세우고, 엘리사를 엘리야의 후계자로 세우는 중대한 소명을 위임하신 것이다(왕상 19:15-16). 이처럼 하나님은 무너진 영혼을 회복시키신 후, 그를 다시금 사명의 자리로 부르신다.

하나님은 고통스러운 문제로 인해 힘들어하는 한 사람을 향해 단순히 "믿음이 약하다"라고 꾸짖지 않으신다. 오히려 그의 삶을 전인적으로—신체적·정서적·관계적·지적·영적 측면까지—깊이 이해하고, 세심하게 돌보신다. 하나님의 돌봄은 단편적인 조언이나 일시적인 위로에 그치지 않으며, 인간 전체를 품는 통합적 사랑으로 나타난다.

목회 현장에서도 우리는 한 사람을 섣불리 판단하거나 영적인 해답만을 제시하는 등 단일한 관점으로 접근하지 말고, 그의 전인적 존재를 바라보며, 신체적·정서적·관계적·지적·영적 측면을 함께 고려한 통합적 접근을 실천해야 한다. 그래야 더 깊이 공감하면서 진정한 회복으로 사람을 인도할 수 있고, 하나님의 돌보심을 이 땅에 반영할 수 있게 된다.

정답보다 정서가 먼저다

필자는 상담학 강의 시간마다 "정답보다는 정서를 먼저 다루라"는 말을 자주 강조한다. 이는 정답을 말하지 말라는 뜻이 아니다. 지치고 힘들어하는 사람에게 "실망하지 마", "힘을 내", "믿음으로 이겨 내자" 하며 격려와 희망의 메시지를 전하는 일은 분명 중요하다.

그러나 문제는, 정답을 너무 빠르게 제시한다는 것이다. 논쟁과 판단의 프레임으로 답을 제시하기보다는 그 사람의 정서를 알아차리고 공감하는 과정이 반드시 선행되어야 한다. 그가 무너진 자리에서 함께 머물러 주고, 빨리 일어나라고 말하기 전에 실패를 통해 느끼는 감정에 귀를 기울여야 한다. 정답을 제시하고 싶다면, 그 사람의 감정을 충분히 이해한 후에 말하는 것이 훨씬 효과적이다. 자신의 감정이 충분히 이해받고 있다는 확신이 생길 때, 그는 다시 일어설 내면의 힘을 되찾게 된다. 이것이야말로 상담자가 지녀야 할 진정한 공감과 지지의 첫걸음이다.

한 의학 드라마에서 의사가 "환자들에게는 어디가 아프냐고 묻기보다는, 얼마나 아프냐고 묻는 것이 더 필요할 때가 있습니다"라고 말한 적이 있었다. 우리는 종종 상대가 어디가 아픈지, 무슨 문제가 있는지를 파악하고 이를 해결해 주려는 데 집중한다. 그러나 그 과정에서 그가 '얼마나 아픈지'에 대해 충분히 관심을 기울이지 못한다.

문제를 해결하고자 하는 의도 자체는 잘못이 아니다. 필요한 일이기도 하다. 다만, 문제 해결에 앞서 상대의 감정과 마음의 상태를 먼저 살펴보는 것이 중요하다. 그 감정을 알아봐 주고 공감해 줄 수 있을 때, 비로소 그 해결책이 진정한 의미를 가질 수 있기 때문이다. 이처럼 '정답'보다 '정서'를 먼저 다루는 태도는, 진정한 치유와 회복을 위한 시작점이다. 공감 없는 해결책은 때로는 사람의 마음을 더 닫히게 만들 수 있다. 반면, 이해와 공감으로 하는 조언은 상대의 마음을 여는 문이 되고, 다시 살아갈 용기가 될 수 있다.

하나님의 방법은 시간을 요구한다

즉각적 해결에 대한 예수님의 응답

우리의 영적인 성장은 한순간에 이루어지지 않는다. 마치 전구 스위치를 켜듯 단번에 일어나는 변화가 아니다. 오랜 시간 동안 쌓여 온 상처와 아픔이 온전히 회복되기까지는 반드시 시간이 필요하다. 그 상처를 충분히 슬퍼하고, 아파할 수 있는 시간이 필요하다. 어느 날 갑자기 모든 고통이 사라시는 일은 없다. 진정한 치유는 "시간이 지나면 낫는다" 하면서 그저 꾹꾹 참으면서 인내하는 것이 아니라, 오랜 시간 동안 누군가가 곁에서 함께 울어 주고 지지해 주는 돌봄에서 이루어진다.

그럼에도 우리는 종종 기적과 같은 갑작스러운 변화를 원한다. 자고 일어나면 모든 문제가 사라지고, 관계가 회복되며, 미음에 들지 않았던 내 모습이 완전히 바뀌어 있기를 기대한다. 하지만 그런 급격한 변화는 일어나지도 않을뿐더러 설령 일어났다 해도 진정한 성장으로 이어지기가 어렵다. 불안정한 토대 위의 변화는 다시 무너지기 쉬우며, 때로는 더 깊은 상처를 남기기도 한다. 진정한 회복과 성장은 점진적이고 지속적인 과정에서 이루어진다. 상대에게 충분한 시간과 공감을 제공할 때, 뿌리 깊은 변화의 열매를 맺을 수 있다.

예수님의 광야 경험은 이러한 진리의 본보기다. 공생애를 시작하기 전 40일 동안 금식하신 예수님은 사탄에게 세 가지 시험을 받으셨다(마 4:1-11). 그 유혹은 공통적으로 '즉각적인 해결'을 제안한다: 돌을 떡으로 바꿔 당장의 허기를 채우라는 유혹, 높은 곳에서 뛰어내려 하나님의 보호를 시험하라는 유혹, 그리고 세상의 영광을 단번에 얻으라는 유혹. 그러나 예수님은 그 모든 제안을 단호히 거절하셨다. 예수님의 거절은, 우리 또한 급한 해결책이나 즉각적 만족을 추구하기보다, 하나님의 시간과 방식에 신뢰를 두어야 함을 보여 준다.

오늘날에도 우리는 다양한 형태의 '즉각적 만족'의 유혹에 둘러싸여 있다. 성적인 관계나 소비문화는 빠르고 강렬한 친밀감을 제공할 것처럼 다가온다. 다이어트 제품이나 피트니스 광고는 짧은 시간 안에 드라마틱한 변화를 약속하지만, 그 변화는 대개 잠깐만 지속되고 다시 원점으로 돌아오고 만다. 때로는 고통스러운 현실을 마약이나 알코올 같은 도피 수단을 이용해서 회피하고 싶다. 하지만 이러한 일시적인 해방은 더 큰 공허와 후회, 심지어 파멸로 이끈다.

하나님은 성급한 변화를 원하시기보다, 사랑과 신뢰가 축적되는 과정을 소중히 여기신다. 단단한 회복은 하루아침에 이루어지지 않는다. 건강한 삶을 위해 식습관과 생활 패턴을 서서히 바꾸어야 하듯, 믿음의 여정에서도 느리고 성실한 반복이 필요하다. 그래서 먼저 자신에게 질문해야 한다. "나는 지금 무엇을 사랑하고 있는가?" 내가 무엇을 사랑하는지에 따라 삶의 방향이 결정되고, 습관이 형성되며, 결국 나의 존재가 빚어진다. 즉각적인 만족은 일시적인 쾌감을 줄 수 있지만, 영원한 만족을 주지는 못한다. 진정한 변화는 '시간이 걸리는 사랑'에서 시작된다. 하나님은 이를 아시기에 인내와 끈기를 요청하신다.

신앙의 여정에서 우리는 분명 고통과 시련을 겪게 된다. 그러나 그 경험은 헛되지 않다. 하나님은 우리의 고통을 연단의 도구로 사용하신다. 때론 우리를 멈추게 하고, 돌아보게 하며, 더 깊은 내면의 성장을 이끌어 내신다. 그렇게 하나님은 시간을 들여 우리를 빚으신다. 빠름보다 깊이, 성공보다 성숙을 추구하시는 그분의 방식은 절대 실패하지 않는다. 진짜 변화는 단숨에 오지 않는다. 하나님의 방식은 시간을 요구한다는 사실을 절대로 잊지 마라.

우리는 지금 '공사 중'입니다

요즘 내가 살고 있는 동네를 걷다 보면 곳곳에서 공사가 한창이다. 현장은 늘 시끄럽고 어질러져 있으며, 길이 막혀 돌아가야 할 때도 많다. 그럴 때면 하나의 표지판이 눈에 띈다. "공사 중입니다. 통행에 불편을 드려 죄송합니다." 이 안내 문구는 불편을 감수하게 만드는 납득의 언어가 된다. 어느 날 그 표지판을 보며 문득 이런 생각이 들었다. "공사가 끝난 후, 이 자리에 얼마나 멋진 무언가가 세워질까?" 그곳에는 멋진 건물이 들어서고, 꽃과 나무가 심어지고, 쉼이 있는 공간이 마련될 것이다.

이와 마찬가지로, 그리스도인의 삶 역시 '공사 중인 현장'과도 같다. 변화와 성장은 소란스럽고, 때로는 정리되지 않으며, 불편과 혼란을 동반한다. 하지만 인내하며 계속 나아간다면, 완공 후의 건물처럼 우리의 삶도 아름답게 빚어질 것이다. 우리는 아직 완성되지 않은 존재이며, 하나님은 우리를 '공사 중' 상태로 두신 채 점진적인 회복과 성장을 이루어가고 계시다. 건물을 급하게 지으면 구조적 위험이 발생하듯, 사람의 성숙도 조급하게 강요해서는 안 된다.

가끔 교회에서도 이런 말을 듣곤 한다. "은혜받았다더니 왜 저렇게 안 변하지?" 하지만 우리는 기억해야 한다. 그리스도인은 본질적으로 죄 없는 완전한 존재가 아니라, '자신이 죄인임을 인정하는 죄인'일 뿐이다. 은혜를 통해 새롭게 된 존재들이지만 여전히 완성되어 가는 과정 속에 있다는 사실, 우리는 모두 '공사 중'이라는 진실을 잊지 말아야 한다.

작은 변화가 만드는 큰 변화

예전에 한 글에서 읽었던 장미 이야기가 떠오른다. 누군가 장미 한 다발을 선물받았다. 그 장미를 꽃병에 꽂아 책상 위에 올려 두자, 갑자기 책상이 어수선하게 느껴져서, 정리를 시작했다. 책상을 정돈하고 나니 방이 지저분해 보였다. 그래서 옷가지와 책장을 정리하고 방바닥도 청소기로 닦았다. 방이 말끔해지고 나니 이번에는 커튼도 바꾸고 싶고, 벽에 그림도 걸고 싶어졌다. 작은 변화 하나가 공간 전체를 바꾸는 연쇄 반응을 일으킨 것이다.

이처럼 삶의 변화도 작고 사소한 움직임에서 시작된다. 도미노처럼, 하나의 긍정적인 변화가 연속적인 움직임을 만들어 낸다. 그래서 우리는 큰 그림만 바라보다가 지치는 대신, 오늘 시작할 수 있는 작은 변화에 집중해야 한다. 결국 공사란, 매일 조금씩 이어지는 과정에서 완성을 향해 나아가는 것이다.

하나님의 걸작이 되기 위한 시간

"우리는 하나님의 걸작이다"라는 말을 들으면 감사함과 기쁨이 먼저 밀려온다. 그러나 동시에 그 말이 주는 책임감과 부담감도 느끼게 된다. 왜냐하면 걸작은 결코 쉽게 만들어지지 않기 때문이다.

걸작이 되기 위해서는 수많은 시행착오와 실패, 인내의 시간이 필요하다. 견디기 어려운 고통과 좌절의 여정을 통과한 뒤에야 비로소 진짜 걸작이 된다. 당신도 하나님의 걸작이 되고 싶은가? 그렇다면 그 과정을 피하거나 건너뛰려 해서는 안 된다. 실패해도 괜찮다. 오히려 멋지게 실패해 보자. 중요한 것은 우리가 실패를 하느냐 하지 않느냐가 아니라, 실패 가운데서도 계속 성장하고 있느냐는 점이다.

하나님은 우리가 자라나기를 오래 참고 기다리시는 분이다. "여호와께서 그의 앞으로 지나시며 선포하시되 여호와라 여호와라 자비롭고 은혜롭고 노하기를 더디하고 인자와 진실이 많은 하나님이라"(출 34:6). "주의 약속은 어떤 이들이 더디다고 생각하는 것같이 더딘 것이 아니라 오직 주께서는 너희를 대하여 오래 참으사 아무도 멸망하지 아니하고 다 회개하기에 이르기를 원하시느니라"(벧후 3:9). "혹 네가 하나님의 인자하심이 너를 인도하여 회개하게 하심을 알지 못하여 그의 인자하심과 용납하심과 길이 참으심이 풍성함을 멸시하느냐"(롬 2:4). 하나님은 우리가 그분의 걸작으로 완성되기까지 기꺼이 기다리신다.

다시 돌아보는 한 사람을 온전히 이해하는 하나님의 시선

지금까지 우리는 한 사람을 온전하고 총체적으로 이해하기 위한 다섯 가지 통로를 함께 살펴보았다. 엘리야의 이야기를 통해 무너진 영혼을 세우는 하나님의 섬세한 돌보심을 보았고, 예수님의 삶을 통해 회복과 성장은 시간이 걸리는 여정임을 확인했다. 그리고 마지막으로, 우리의 현재 모습이 여전히 '공사 중'이라는 사실을 되짚었다.

누군가의 아픔과 어려움을 이해하기 위해서는 그들의 신체적 상태를 살펴야 한다. 동시에, 내면에서 일어나는 부정적인 감정과 왜곡된 사고를 섬세하게 다루어야 하며, 그 사람이 맺고 있는 관계와 공동체 내에서의 연결 상태 또한 중요하다. 무엇보다, 그 사람이 지금 하나님과 어떤 관계에 있는지를 정직하게 점검해야 한다. 영적인 삶이 무너진 상태에 있는지, 죄책감과 고립 속에서 허덕이고 있는지는 반드시 살펴야 할 지점이다.

이러한 통합적 접근을 통해서만이 우리는 그 사람의 아픔을 더 넓고 깊은 시야로 이해하고, 예수 그리스도의 마음으로 그에게 다가갈 수 있다. 하나님은 우리의 신체적·정서적·관계적·지적·영적 건강을 모두 귀하게 여기신다. 그렇기에 우리도 사람을 볼 때 전인(全人)의 모습으로 보아야 한다.

그래서 우리는 고백한다. 우리는 여전히 '공사 중'이다. 하지만 그 공사는 결코 혼자가 아니라, 하나님과 함께하는 프로젝트다. 하나님은 지금 이 순간에도 우리의 삶을 빚으시고, 거친 공사 현장 한가운데서도, 우리를 걸작으로 만들어 가고 계신다.

3장

너를 위해 나를 고친다:

축복의 사람이 되기 위한 필수 작업

만남은 변화다

삶에는 셀 수 없이 많은 소중한 것이 있지만, 그중에서도 '만남'만큼 결정적인 축복은 없다. 미국 유학 시절, 한국을 잠시 방문했을 때, 친구들과 웃음꽃을 피우며 즐거운 시간을 보내던 중, 한 친구가 갑작스럽게 질문을 던졌다. "미국에서 공부하면서 하나님께 받은 가장 큰 축복은 뭐라고 생각하니?" 순간 당황하여 얼버무린 채 넘어갔는데, 그 질문이 쉽게 잊히지 않았다. '하나님이 내게 주신 가장 큰 축복은 무엇이었을까?' 며칠간 마음에서 그 질문이 떠나지 않았다. 마침내 하나의 단어가 선명히 떠올랐다. 바로 '사람'이었다. 유학 생활 내내 만났던 다양한 사람과의 관계를 되돌아보니, 그들이야말로 하나님께서 내게 주신 가장 큰 축복이었다. 그들과의 만남은 위로였고, 격려였으며, 새로운 통찰과 도전의 기회였다. 삶을 풍요롭게 만든 것은 다름 아닌 사람과 사람 사이의 관계였다.

나는 강의 중 학생들에게 "만남을 한 단어로 정의한다면 무엇이 떠오르니?"라고 묻곤 한다. 그때마다 돌아오는 대답은 다양했다. 누군가는 '한숨'이라고 말했고, 또 다른 이는 '원수'라 답했다. 누군가는 '새 출발'이라 표현했고, 또 어떤 학생은 '축복'이라고 했다. 이처럼 각자의 경험에서 비롯된 대답을 통해, 만남이 단순한 사건이 아닌 감정과 의미의 다층적 축적임을 실감하게 된다.

그렇다면 나에게 만남이란 과연 무엇일까. 나는 지금도 '변화'라고 확신 있게 말한다. 왜냐하면 진정한 만남은 사람을 그저 스쳐 지나가지 않고, 삶의 방향을 수정하게 하고, 굳게 믿던 가치관을 흔들며, 때로는 오래된 상처를 드러내고 회복하게 하는 힘이 있다고 믿기 때문이다. 그런 만남을 통해 우리는 낡은 자아를 벗고 새 옷을 입는다. 반대로, 아무런 흔적도 남기지 못하는 만남이라면, 이는 생명력을 잃고 기능을 멈춘 관계일지도 모른다.

나는 지금도 부모, 스승, 목회자와의 소중한 만남을 기억한다. 그들은 나의 삶에 깊은 흔적을 남겼고, 때로는 말 한마디로 나를 일으켜 세우기도 했다. 그들의 존재는 우연이 아니라 하나님의 세심한 섭리였음을 믿는다. 하나님은 이러한 만남을 통해 나를 다듬으셨고, 내가 알지 못했던 성장의 계단으로 이끌어 주셨다. 그렇기에 나는 확신한다. 만남은 단순한 인연이 아니라, 하나님의 손길이 닿는 은혜의 현장이다. 만남은 곧 변화요, 변화는 곧 축복이다.

고린도후서 7장 6절은 그러한 하나님의 방식을 놀랍도록 선명하게 보여 준다.

"낙심한 자들을 위로하시는 하나님이 디도가 옴으로 우리를 위로하셨으니"

이 구절의 주어는 하나님이시다. 즉, 위로의 근원은 하나님이시라는 것이다. 그러나 우리가 주목해야 할 점은 하나님의 위로가 '디도'라는 사람을 통해 현실에서 구체화되었다는 것이다. 하나님은 전능하신 분이시기에 언제든지 우리를 직접 위로하실 수 있다. 그럼에도 불구하고, 하나님은 사람을 통해 일하시기를 기뻐하신다. 바울에게 디도를 보내셨듯이, 오늘날 우리 삶에도 위로의 통로가 되어 줄 디도를 보내신다.

그렇다면 당신의 삶에 찾아왔던 '당신의 디도'는 누구인가? 절망과 눈물로 살아갈 때 묵묵히 곁을 지켜 주며 마음을 감싸 준 사람이 있었는가? 그 사람이 하나님께서 당신을 위해 보내신 디도다. 만약 그런 존재가 떠오르지 않는다면, 이제 당신이 가장 먼저 해야 할 일은 그 디도를 삶 속에서 '찾고 만들어 가는 것'일지 모른다. 물론, 누군가를 기다리는 것만으로는 충분하지 않다.

이제는 우리 자신이 누군가에게 디도가 되어야 한다. 지금도 수많은 사람이 삶의 무게에 지쳐 조용히 무너지고 있다. 하나님은 그런 사람을 돕기 위해 당신을 준비시키신다. 당신이 다가가야 할 누군가는, 이미 당신 곁에서 기다리고 있을지도 모른다. 손을 내밀고, 마음을 열고, 기꺼이 함께 울어 줄 때, 우리는 누군가의 삶에 다시 빛이 들게 하는 하나님의 도구가 된다.

하나님은 오늘도 만남이라는 신비로운 방식을 통해 우리를 위로하고, 회복시키며, 더 깊은 성숙으로 이끌어 가신다. 그분은 만남을 통해 우리의 내면을 어루만지고, 서로를 통해 그 사랑을 증명하신다. 그래서 나는 오늘도 기도한다.

"내가 만나는 사람을 통해 날마다 새로워지게 하소서. 그리고 언젠가 나 또한 누군가의 기억 속에 '디도'로 남게 하소서."

축복이 되는 사람, 그 삶의 조건

우리 모두는 누군가의 축복이 되는 삶을 꿈꾼다. 누군가에게 힘이 되고, 존재만으로도 따뜻한 울림을 주는 사람이 되기를 바란다. 하지만 현실은 그리 단순하지 않다. 어떤 이는 이웃에게 선한 영향력을 끼치며 빛과 같은 존재로 살아가지만, 어떤 이는 무심코 한 행동이나 말 때문에 남에게 상처를 주고 짐이 되기도 한다. 그렇다면, 도대체 이런 차이는 어디에서 비롯되는 것일까? 분명한 것은, 누군가에게 축복이 되는 삶은 단순한 바람이나 뜨거운 열정만으로는 이루어지지 않는다는 사실이다. 진정한 변화는 오히려 조용하고도 깊은 작업에서 시작된다. 그것은 자신의 내면을 정직하게 마주할 수 있는 용기에서 비롯된다.

내면을 들여다보는 일은 결코 쉽지 않다. 오히려 불편하고 두려운 과정일 수 있다. 그러나 그 과정을 생략한 채 외부 문제만 탓한다면, 우리는 끊임없이 누군가를 원망하며 삶을 살아가게 된다. 반면, 진심 어린 자기 성찰은 관계를 회복시키고, 타인의 삶에 선한 영향을 미칠 수 있는 힘을 길러준다. 자기 자신과의 깊은 대화를 체험한 사람만이, 다른 이에게 진정한 위로와 축복을 주는 사람이 될 수 있다.

자기 성찰의 여정은 때때로 오래된 상처와 마주하게 하고, 감추고 싶었던 내면의 연약함을 드러내기도 한다. 그러나 바로 그 자리에서 변화가 시작된다. 겸손은 그 문을 여는 열쇠가 되고, 진실함은 끝까지 포기하지 않게 하는 동력이 된다.

특히 목회자와 같은 영적 리더, 혹은 사람들을 인도하는 자리에 서 있는 이들에게 이 작업은 선택이 아닌 필수다. 리더 한 사람의 말과 태도는 개인의 차원을 넘어서, 공동체 전체에 영향을 미치며 한 사람의 인생 방향을 바꿔 놓을 수도 있다. 그렇기에 리더는 끊임없이 자신을 성찰하고, 더 나은 사람으로 빚어지기를 멈추지 말아야 한다.

물론 이 여정은 결코 쉬운 길이 아니다. 오랜 시간과 인내를 요하며, 고통과 외로움을 감내해야 하는 순간들도 있다. 그러나 이 과정을 거치며 리더는 더욱 견고해지고, 결국 더 넓고 깊은 은혜의 통로로 쓰임받는 사람으로 서게 된다. 그리고 그 변화는 자신에게서 끝나지 않는다. 그의 성숙은 주변 사람들에게 고스란히 흘러가 공동체 전체에 선한 영향과 축복을 나누게 된다.

시편 139편의 위험한 고백: "나를 살펴주세요"

나는 시편 139편의 고백을 무척 사랑한다. 그러나 이 고백은 단지 아름다운 시어나 감성적인 찬양으로 머물지 않는다. 진정한 용기를 요구하는 동시에 도전을 안겨 주는 '위험한 기도'이기도 하다.

"하나님이여 나를 살피사 내 마음을 아시며 나를 시험하사 내 뜻을 아옵소서 내게 무슨 악한 행위가 있나 보시고 나를 영원한 길로 인도하소서"(시 139:23-24)

시편 기자는 하나님께 자신의 삶을 영원한 길로 인도해 달라고 간구하기에 앞서, 몇 가지 놀랍고도 깊은 청원을 드린다. 그는 자신의 내면을 하나님 앞에 온전히 드러내며, 철저하게 살펴봐 달라고 요청한다. 여기서 '살피사'는 영어 성경에서 'search'로 번역된다. 이는 바라보는 것을 넘어, 구석구석 샅샅이 뒤지는 것, 즉 감춰진 부분까지 들여다본다는 의미를 담고 있다.

내 마음을 비추시는 하나님: 나를 살피사

나는 예전에 지갑을 집안에서 잃어버렸던 경험이 있다. 분명 책상 서랍에 두었다고 생각했지만 아무리 찾아도 보이지 않았다. 그 지갑 안에는 중요한 신분증과 카드들이 들어 있었기에 마음이 조급하고 초조했다. 나는 침대 밑, 책상 아래, 소파 틈 등 집 안 구석구석을 30분 넘게 온 힘을 다해 뒤졌다. 어두운 구석까지 손전등을 비춰가며 수색하던 그 과정은, 지금 생각해 보면 시편 기자의 기도와도 닮아있다.

"하나님, 제 삶의 책상 밑을 비추어 주십시오."

당신도 그런 기도를 해 본 적이 있는가? 내 마음의 구석구석, 빛이 닿지 않는 깊은 내면까지 철저히 비춰 달라고, 감춰진 연약함과 고집, 자각하지 못한 죄까지도 드러내 주시길 구해 본 적이 있는가?

또 하나의 장면이 떠오른다. 감옥을 탈출한 죄수를 찾기 위해 서치라이트가 밤하늘을 가르며 사방을 비추는 영화 속 장면이었다. 탈옥한 죄수는 강한 빛을 피해 숨으려 했지만, 결국 서치라이트 아래에서 그 실체가 드러났다. 나는 그 장면을 떠올리며, 하나님의 빛도 그렇지 않을까 생각해 보았다. 하나님의 서치라이트는 우리 내면 가장 깊은 곳까지 비추며, 단 한 점의 어둠도 감출 수 없게 한다.

만약 하나님의 빛이 나의 마음을 비춘다면, 나는 과연 무엇을 숨길 수 있을까? 숨기고 싶은 죄책감, 외면하고 싶은 열등감, 하나님 앞에서도 꺼내기 꺼려지는 오래된 상처들—그 모든 것이 그분의 빛 앞에서 선명하게 드러날 것이다. 물론, 이는 매우 두렵고 불편한 일일 수 있다. 그러나 그 빛이 우리를 치유하고 회복시키는 은혜의 시작점이 된다.

하나님의 서치라이트는 우리의 어두운 내면을 폭로하려는 것이 아니다. 우리로 하여금 자신을 진실하게 바라보게 하고, 궁극적으로는 변화와 치유의 은혜로 이끌어 가기 위한 빛이다. 그 빛 앞에 서는 순간, 우리는 도망치는 존재가 아니라, 용기 있게 자신을 내어놓고 새로워질 수 있는 존재가 된다. 이것이 시편 기자가 '나를 살피사'라고 기도할 수 있었던 이유다.

이제, 나는 왜 이 기도를 '위험한' 고백이라고 표현했는지 더 잘 이해할 수 있다. 하나님의 시선 앞에 자신을 온전히 드러내는 일은 아무것도 숨길 수 없기에 떨리는 일이지만, 동시에 가장 깊은 자유로 나아가는 시작이기도 하다. 그래서 나도 이 기도를 드릴 때면 여전히 두려움과 떨림을 느낀다. "하나님, 부디 나를 살펴 주십시오."

이 고백은 한 번으로 끝나는 외침이 아니다. 날마다 반복되는 여정이다. 다시 스스로를 돌아보고, 다시 그분 앞에 나아가 내면을 열고, 다시금 그 빛을 비추어 달라고 요청하는 삶의 태도다. 시편 기자의 이 기도는 곧 하나님이 우리를 부르시는 초대이며, 변화와 회복이 시작되는 은혜의 문이 된다.

내 마음을 아시는 하나님: 숨겨진 동기의 고백

시편 기자는 두 번째로 이렇게 고백한다: "나를 아시며."

영어 성경은 이 구절을 "Know my heart(내 마음을 아소서)"라고 표현한다. 여기서 '마음(heart)'은 단지 감정의 영역을 가리키는 것이 아니다. 우리 존재의 중심, 곧 행동의 뿌리와도 같은 내면 깊숙한 동기, 갈망, 욕망까지를 포함하는 단어다. 그리고 시편 기자는 그 가장 은밀하고 중심적인 자리를 하나님께 온전히 열어 보이고자 한다.

그러나 정직하게 말하자면, 우리는 이 기도를 드리는 것이 쉽지 않다. 우리의 마음은 복잡하게 얽혀 있다. 겉으로는 사랑과 헌신, 섬김처럼 보이는 행동일지라도, 그 아래는 인정받고자 하는 갈망이나 비교에서 오는 열등감, 해결되지 않은 결핍이 자리할 수 있다. 우리 스스로도 때로는 자신의 진짜 동기를 분명히 알지 못한다. 그래서 이 기도는 단순한 형식이 아니라, 하나님 앞에 진실하게 나아가는 가장 근본적인 믿음의 태도를 요구한다.

그런 면에서 겉으로 보기에는 모범적인 신앙인이었고 교회를 위해 헌신적으로 봉사했던 한 권사님의 이야기는 매우 인상 깊었다. 그러나 깊이 있는 대화 속에서 드러난 그녀의 내면은 나에게 중요한 질문을 던져 주었다. 그녀는 어린 시절부터 '사랑받기 위해 무언가를 해야 한다'는 메시지를 반복해서 받아왔고, 그것은 곧 그녀의 신념이 되었다. 그 결과, 교회 사역마저 자발적 섬김이라기보다, 인정받기 위한 몸부림이 되어버렸다. 그녀는 누구보다 열심히 사역했고, 많은 사람에게 칭찬받았다. 그러나 정작 그녀는 마음 깊은 곳에서 말할 수 없는 압박과 불안을 느끼고 있었다. "잠시 쉬어 보시는 건 어떨까요?"라고 제안했을 때, 그녀는 단호히 고개를 저으며 이렇게 말했다.

"내가 교사를 그만두면, 사람들은 나를 더 이상 인정하지 않을 거예요. 난 쓸모없는 사람이 될 거예요. 아직 난 사랑받기엔 부족한 사람이에요. 그러니 더 열심히 해야만 해요."

그녀의 말은 단지 개인적인 고백이 아니었다. 우리 모두의 마음 깊숙이 존재할 수 있는 결핍의 외침이었고, 동시에 하나님 앞에서 정직하게 묻고 돌아보아야 할 질문이었다.

나는 묻고 싶다. 지금 당신은 무엇을 원해서 그렇게 열심히 사역하고 있는가? 혹시 인정받고자 하는 마음이, 실패에 대한 두려움이, 또는 버림받지 않으려는 불안이 당신의 열심 뒤에 숨어 있지는 않은가? 그 질문 앞에 정직해질 수 있다면, 우리는 비로소 하나님 앞에서 '나의 마음을 아소서'라고 기도할 수 있다. 그때, 하나님의 빛은 우리의 동기와 의도를 부드럽게 비추시고, 우리조차도 알지 못했던 내면의 속삭임들을 드러내 주신다. 그리고 그 순간부터 진짜 자유가 시작된다. 하나님은 우리의 약함과 결핍을 책망하지 않으신다. 오히려 그러한 우리의 내면마저 받아들이시고, 회복시키시고, 새롭게 하신다. 그렇게 될 때, 우리의 섬김은 '해야만 하는 일'이 아닌, 하나님을 향한 진실한 사랑의 표현으로 변화된다.

"나를 시험하소서": 나의 진짜 모습을 드러내는 용기

시편 기자는 이어서 이렇게 기도한다: "나를 시험하사."

이 표현에서 '시험한다'는 말은, 단순히 검증한다는 의미를 넘어, 마음 깊은 곳을 드러내고 그 진실함을 가려 달라는 간절한 요청이다. 이는 위험하지만 용기 있는 기도다. 누구나 자신의 진짜 모습을 드러내는 것을 두려워한다. 우리는 종종 겉으로는 괜찮아 보이는 '가면'을 쓰고 살아간다. 그러나 그 안에는 불안과 욕망, 그리고 남들에게 보이기 싫은 연약함이 숨어 있다.

시편 기자는 그 모든 것을 하나님 앞에 드러내고자 한다. '시험해 달라'는 기도는 자신도 몰랐던 내면의 민낯까지 하나님께 맡기겠다는 신뢰의 고백이자, 자기 존재의 근원을 점검받고자 하는 순전한 용기에서 나온 말이다.

우리의 진짜 모습은 언제 드러나는가? 모든 것이 순조롭고 평탄할 때가 아니라, 삶이 흔들리고 예기치 못한 상황 앞에 서 있을 때다. 돈의 유혹, 건강의 위기, 관계의 갈등, 실패의 상처 앞에서—우리는 우리 안에 무엇이 있었는지를 비로소 깨닫는다. 사람 앞에 서 있을 때는 가면을 쓸 수 있지만, 하나님 앞에서는 그 어떤 위장도 통하지 않는다.

시편 기자는 그 진실의 자리를 피하지 않고, 그곳으로 나아가기를 선택한다. '시험해 달라'는 이 고백은, 본질적으로 신앙의 진정성과 순수성을 하나님 앞에서 점검받고자 하는 간구다. 단지 '나의 상태를 확인해 주세요'가 아니라, '내 중심이 어디를 향하고 있는지를 밝혀 주세요'라는 요청이다.

믿음도 시험을 통해 드러난다. 평안한 시기에는 누구나 쉽게 감사할 수 있다. 그러나 하나님의 선하심을 의심하고 싶어지는 순간에도 감사할 수 있는가? 이것이야말로 믿음의 본질을 보여 주는 시험의 자리다. 시편 기자는 그 자리로 기꺼이 나아가고 있다.

이 기도는 또한 우리의 동기와 열망이 하나님 보시기에 정결한지를 살피고자 하는 열망을 담고 있다. 하나님께서 우리를 시험하실 때, 우리는 드러날까 두렵지만, 동시에 가장 깊은 깨달음과 정결함의 기회를 마주하게 된다. 우리가 감추고 있던 죄성, 상처, 미숙함이 드러나면서도 그 모든 것을 하나님 앞에 놓을 때, 참된 변화가 시작된다.

'시험해 달라'는 기도는 감정의 발현이 아니라, 진정한 회복과 성숙을 향한 신앙의 고백이다. 시편 기자의 이 기도는 단순한 성찰에 그치지 않고, 내면의 동기를 정화하며 하나님 앞에서 새롭게 살고자 하는 믿음의 결단으로 이어진다.

우리 역시 그와 같은 기도를 배워야 한다. 진정으로 누군가의 축복이 되는 삶을 살기 위해서는, 나 자신의 내면을 들여다보는 '시험의 시간'을 하나님과 함께 감당해야 한다. 그리고 그 자리에서 드러난 진실을 하나님 앞에 정직하게 올려드릴 때, 우리는 새로운 믿음과 새로운 사람으로 거듭나게 될 것이다.

내 뜻을 아옵소서: 불안의 뿌리를 하나님께 여는 기도

시편 기자는 이렇게 기도한다: "내 뜻을 아옵소서."

영어 성경에서는 이 구절을 "Know my anxious thoughts"로 표현한다. 이는 단순히 '내 마음을 알아주세요'가 아니라, 나를 불안하게 하고, 혼란스럽게 하며, 삶의 방향을 흔드는 근본적인 생각의 뿌리를 하나님 앞에 드러내는 기도다.

우리는 종종 평온한 외모와 밝은 표정 너머로 숨겨진 불안과 두려움을 품고 살아간다. "나는 왜 이렇게 불안한가?" "무엇이 나를 자꾸 움츠러들게 만드는가?"—그 질문에 답하려면, 우리는 과거의 기억과 내면에 자리 잡은 자신만의 신념을 마주해야 한다. 예컨대, "나는 모든 사람에게 사랑받아야 한다"는 신념을 가진 사람은, 누군가의 거절이나 무심한 반응 앞에서 곧바로 불안을 느낄 수밖에 없다. "나는 늘 성공해야 한다"는 생각을 가진 이는 작은 실패에도 자신을 무가치하게 여긴다. 이러한 신념들은 대부분 어린 시절의 관계에서 형성되고 내면화된 것들이다. 그리고 그 무의식적 신념은 삶의 중요한 순간마다 우리를 조종하듯 작동한다.

좋은 대학을 졸업했고 안정적인 직장에 다니고 있었던 한 청년은 자신감 부족과 만성적인 우울감에 시달렸다. 그는 어린 시절 아버지로부터 "그건 쓸데없는 짓이야", "해봤자 아무 소용없다"는 말을 반복해서 들으며 자라났다. 그 말은 그의 마음속에 "나는 무가치한 존재다"라는 내면의 목소리로 뿌리내리게 되었고, 그는 그 신념 아래 오랜 시간 고통받고 있었다.

우리를 괴롭히는 불안은 우연히 생겨나지 않는다. 대부분은 과거의 경험에서 시작되고, 그 경험이 형성한 왜곡된 믿음이 현재의 삶을 잠식한다. 그래서 시편 기자는 단순히 "마음을 평안하게 해 달라"고 기도하지 않는다. 그는 불안을 일으키는 생각의 근원, 그 뿌리를 밝혀 달라고 기도한다. 그것이 진정한 회복의 시작이기 때문이다.

이 기도는 용기를 요구한다. 내 안에 무엇이 있는지 솔직하게 마주하지 않으면, 불안은 점점 더 커지고 무력해진다. 그러나 하나님께 내 생각의 뿌리를 드러내고, 그분의 시선으로 다시 바라볼 때, 우리의 신념은 변화되고 내면은 새롭게 조율된다. 하나님의 진리는 우리를 자유롭게 하고, 내면 깊은 곳의 불안을 평안으로 바꾸어 주신다.

이 기도는 감정을 다독이는 차원에 머물지 않는다. 그것은 우리 존재 전체를 새롭게 구성하기 위한 은혜의 시작이다. 내 안에 무엇이 있는지 하나님께서 밝히 드러내실 때, 우리는 비로소 평안한 삶, 흔들리지 않는 믿음, 그리고 누군가의 축복이 되는 존재로 한 걸음 더 나아갈 수 있다.

내게 무슨 악한 행위가 있나 보소서: 감추어진 공격성의 성찰

시편 기자는 마지막으로 이렇게 기도한다: "내게 무슨 악한 행위가 있나 보시고."

영어 성경에서는 이 구절을 "See if there is any offensive way in me"로 표현한다. 이는 단순한 행동의 평가를 넘어서, 내 안에 감춰진 파괴적인 성향이나 왜곡된 반응을 하나님께서 밝혀 주시기를 바라는 깊은 자아 성찰의 요청이다.

우리 모두는 때로 누군가의 말이나 행동으로 인해 마음이 상할 때, 속으로 강한 분노나 반발심을 품을 수 있다. 어떤 경우에는 그 분노가 외부로 표출되기도 하지만 때로는 자기 자신을 향해 화살을 쏘기도 한다. 특히 아이였을 때 비난이나 꾸지람을 들으면 스스로를 향해 '내가 잘못했구나', '나는 문제야'라고 판단하며 내면에 자책과 자기 비하의 패턴을 형성하게 된다. 이러한 감정은 이후 그 사람의 행동에 영향을 미쳐서 성인이 되어서도 쉽게 지워지지 않으며, 자신을 평가절하하고, 때로는 반복적으로 자신을 다그치고 짓누르는 방식으로 나타난다. 겉보기에 온화하고 성실해 보일지라도, 그 내면에는 자신을 향한 공격성과 상처가 도사리고 있는 것이다.

시편 기자의 이 기도는 그런 내면의 어두움까지 하나님께 비추어 달라는 요청이다. 단지 눈에 띄는 외적 행동이 아니라, 내 삶의 깊은 뿌리 속에 자리한 분노와 파괴성, 그 연원을 밝혀 주시고 회복시켜 달라는 간구인 것이다. 이 기도는 자신의 결점을 노출하는 데 그치지 않는다. 오히려 하나님 앞에서 정직하게 자신을 내어놓고, 어린 시절부터 형성된 왜곡된 신념과 상처를 치유받고자 하는 믿음의 표현이다. 우리는 종종 그러한 내면의 고통을 인식하지 못하고 살아간다. 하지만 무의식적으로 우리의 관계와 삶에 영향을 미치고 있다면, 더 이상 외면할 수 없다.

그래서 우리는 기도해야 한다.

"하나님, 제 안에 다른 이에게 상처를 주는 마음이 있습니까? 제 자신을 끊임없이 정죄하고 괴롭히는, 오래된 음성이 제 안에 있습니까? 그것이 어디에서 시작되었는지, 무엇이 그것을 키웠는지 하나님, 비추어 주십시오."

이러한 기도는 무섭고 불편할 수 있다. 하지만 그 자리에서 하나님의 치유가 시작된다. 하나님은 단지 우리를 꾸짖는 분이 아니라, 우리 내면의 파편을 하나하나 어루만지며 새롭게 빚으시는 분이다. 시편 기자의 기도는 그 믿음을 바탕으로 한 용기의 고백이며, 진정한 회복과 영적 성장으로 이끄는 은혜의 관문이다.

영원한 길로 인도하소서: 성찰에서 동행으로

시편 기자는 모든 기도를 마친 후에야 마침내 "나를 영원한 길로 인도하소서"라고 고백한다. 이는 우리가 종종 드리는 기도와는 매우 대조적이다. 우리는 자주 내면의 정직한 성찰 없이, 곧바로 "주님, 저를 바른 길로, 영원한 길로 인도해 주세요"라고 외치곤 한다. 그러나 시편 기자는 자기 인식과 회개, 내면의 동기 탐색이라는 치열한 과정을 거친 끝에 이 기도를 올린다. 하지만 시편 기자는 먼저 하나님께 간청했다:

"나를 살피사", "나를 아시며", "나를 시험하시고", "내 뜻을 아옵소서", "내게 무슨 악한 행위가 있나 보소서."

이 모든 기도는 영원한 길로 나아가기 위한 준비이자 전제 조건이었다. 그렇다면 시편 기자가 말하는 '영원한 길'은 무엇인가? 시편 16편 11절은 그 답을 제시한다:

> "주께서 생명의 길을 내게 보이시리니 주의 앞에는 충만한 기쁨이 있고 주의 오른쪽에는 영원한 즐거움이 있나이다"

'영원한 길'은 죽음을 넘어가는 저 너머의 길이 아니다. 하나님의 임재와 함께 걸으며, 기쁨과 생명, 그리고 진정한 만족을 누리는 길이다. 이 길은 외적인 성공이나 도덕적 정결로만 다다를 수 없다. 하나님 앞에서 나 자신을 철저히 돌아보며, 모든 내면의 어둠까지도 하나님께 드러내는 정직한 성찰의 여정을 통해 비로소 진입할 수 있다.

요한복음 4장에서 예수님은 '영원한 생수를 주세요'라고 말하는 사마리아 여인에게 뜻밖의 말씀을 하신다. "네 남편을 불러 오라."

예수님은 그녀의 진짜 갈망—사랑받고 싶고 채워지고 싶은 마음—이 어떻게 잘못된 방식으로 표현되어 왔는지를 짚어 내신다. 그리고 그 감춰진 내면이 드러난 자리에서 비로소 그녀는 영원한 생수로 채워지는 기쁨을 누릴 수 있었다.

시편 기자의 기도도 마찬가지다. 우리는 하나님께 나아가기 전에 먼저 삶의 그림자를 인정하고, 감춰진 동기와 상처, 왜곡된 신념까지도 하나님께 내어놓아야 한다. 이 기도의 진정한 아름다움은, 하나님께서 우리의 불완전함에도 불구하고 우리를 그분의 길로 초대하신다는 점이다. 우리가 정직하게 자신을 들여다보고, 담대하게 하나님 앞에 나아간다면, 하나님께서는 그 영원한 길을 밝히 보이시고 동행해 주실 것이다.

나를 '살펴본다'는 말의 진짜 의미

그렇다면, '자신을 잘 살펴본다'는 말은 무엇을 의미하는가? 이는 단순한 자기 점검을 넘어, 존재의 본질을 깊이 성찰하는 행위라 할 수 있다. 종교 개혁자 장 칼뱅(Jean Calvin)은 그의 대표작 『기독교 강요』(Institutes of the Christian Religion) 서문에서 참된 지혜는 하나님을 아는 것과 자신을 아는 데서 비롯된다고 설명한다. 그는 하나님에 대한 인식과 자기 인식이 서로 긴밀하게 연결되어 있으며, 이 둘이 상호 작용할 때 진정한 지혜가 점차 깊어지는 연속적 과정으로 발전한다고 강조한다.

하나님을 깊이 알면, 우리는 자신의 존재가 얼마나 귀한지 깨닫게 된다. 겉으로 보기엔 소심하고 두려움이 많으며 불완전한 존재처럼 보일지라도, 하나님이 어떤 분이신지를 깨달을 때, 우리는 하나님 안에서 자신의 정체성과 가치를 새롭게 발견하게 된다.

반면, 자신의 내면을 인식하지 못한 채 상처를 직면하지 못한다면, 하나님에 대한 인식조차 왜곡될 위험이 있다. 많은 청년이 "하나님을 아버지라고 부르기 어렵다"고 고백한다. 이는 어린 시절 부모와의 관계에서 받은 상처가 하나님 이미지에 투영된 결과일 가능성이 크다. 부모에게 받은 감정의 왜곡이 하나님을 멀고 무서운 존재로 인식하여 하나님을 왜곡된 시각으로 이해하게 된다.

칼뱅의 말은 우리에게 한 가지 명확한 진리를 일깨운다. 하나님을 깊이 아는 여정은 곧 자기 자신을 들여다보는 여정과 맞닿아 있다. 자신의 상처와 두려움을 정직하게 바라보고 하나님께 맡길 때, 우리는 진정한 치유를 경험하며 하나님을 올바르게 이해하게 된다. 이러한 여정은 쉽지 않지만, 신앙과 삶을 변화시키는 본질적 과정이라 할 수 있다.

그림자 인식: 내면의 어두움을 직면하는 용기

자신을 깊이 알아 가는 과정은 자신의 어두운 측면까지 마주하는 능력을 요구한다. 이를 '그림자 인식'이라고 한다. 칼 융(Carl Gustav Jung)은 사람이 고통스럽고 부끄러운 부분을 무의식의 그림자 속에 숨긴다고 말한다. 이 그림자는 억압된 욕망과 상처의 응어리이며, 우리는 그 위에 가면을 덧씌우고 살아간다. 그림자는 우리 자신의 억압된 욕망, 인정하고 싶지 않은 상처나 고통의 흔적들이다. 겉모습이 화려할수록 그림자는 더 깊고 어둡게 자리 잡는다. 그림자와 대화하고 그것을 이해하며 하나님 앞에 드러내는 용기를 가져야 한다. 그림자를 직시하고 수용하는 작업은 우리 모두에게 영적 성숙을 가져다주는 필수적인 여정이다.

자신의 그림자를 마주하는 것은 어쩌면 자신의 진짜 모습을 확인하고 성장해 가는 과정이 된다. 하나님은 우리 내면의 그림자를 있는 그대로 받아 주신다. 그림자를 자기 일부로 인정할 때, 우리는 자유와 평안이라는 귀중한 선물을 경험하게 된다.

안데르센의 『그림자』: 내면의 통찰을 향한 은유

안데르센의 동화 『그림자』는 인간 내면의 어두움과 가면의 이중성을 극적으로 드러낸다. 학자가 자신의 그림자를 건너편 집으로 보냈는데 그 그림자가 독립된 인격으로 성장하여 결국 학자를 지배하는 이야기 구조는, 우리가 그림자와 대면하지 않으면 그 그림자가 삶의 주인이 될 수 있음을 상징적으로 보여 준다.

동화 속 그림자는 학자의 이상과 진실을 조롱하며, 부패와 이중성을 활용해 권력을 쌓는다. 이는 억압된 내면이 통합되지 않고 방치될 경우, 삶 전체를 비틀 수 있다는 위험성을 경고한다. 그림자는 학자를 제거하고 공주와 결혼함으로써 절대적 권력을 쥐게 된다. 이 결말은 그림자의 통제력이 얼마나 위협적인지, 내면과 대면하는 작업이 얼마나 중요한지를 절절히 일깨운다.

학자는 페르소나를 상징하고, 그림자는 내면의 숨겨진 욕망과 상처를 나타낸다. 누구나 그림자를 품고 살아가며, 이는 우리 삶에 강력한 영향을 미친다. 특히 지도자로 부름받은 목회자는 자신의 그림자를 더 섬세하게 살펴야 한다. 그림자와의 대화는 내면의 동기와 의도를 직면하며, 하나님께 헌신한 사역인지 아니면 두려움이나 욕망에 뿌리내린 사역인지 분별하는 과정을 의미한다.

이 여정은 때로 불편하고 고통스럽지만, 이를 통해 목회자는 자신의 사역에 더욱 순수한 동기를 부여받게 된다. 동시에, 그들이 섬기는 성도들에게도 진정성과 신뢰를 전달할 수 있다. 그림자와 마주하는 작업은 우리를 더욱 진실한 존재로 빚어 가며, 하나님 안에서 자유와 평안이라는 결실을 맺게 한다.

우리 자신의 그림자를 마주하는 것이 불편해서
선택하는 세 가지 방식

자신의 어두운 그림자를 정직하게 마주하는 일은 결코 쉬운 작업이 아니다. 많은 사람은 이를 직면하기보다는 외면하거나 회피하는 방식을 선택한다. 필자 역시 그러한 경험을 직접 체험한 바 있다. 2년에 한 번 건강검진을 받아야 하는 상황에서, 필자는 아내에게 5월 중 병원 예약을 부탁하였다. 그러나 검진 날짜가 가까워질수록 이유를 알 수 없는 불안과 두려움이 엄습하였고, 결국 예약을 8월로 미루게 되었다. 그 사이, 살을 빼고 운동을 하면서 건강한 상태에서 검진받겠다는 핑계를 댔으나, 8월이 되자 마음의 준비가 되지 않았다는 이유로 다시 미루었다. 이렇게 11월, 12월로 연기한 끝에, 겨우 연말이 되어서야 검진을 받을 수 있었다.

왜 그렇게까지 검진을 미루었는가? 답은 단순했다. 자신의 몸속을 들여다보는 것이 두려웠기 때문이었다. 혹여나 종양이나 심각한 질병이 발견되지 않을까 하는 걱정 속에, 검진 자체를 피함으로써 불안을 회피하려 했다. 나쁜 결과만 마주하지 않으면 지금처럼 평온하게 살아갈 수 있으리라는 착각 때문이었다. 다행히 실제 검진 결과는 심각하지 않았기에 안도할 수 있었다.

건강검진을 앞두고 불안해하는 것은 누구에게나 자연스러운 일이다. 여행을 앞두고 설레는 마음으로 검진을 기다리는 사람은 거의 없다. 마찬가지로 우리는 자신의 그림자, 즉 내면 깊숙한 곳의 두려움과 불안을 마주하는 것을 꺼린다. 억눌린 기억이나 불편한 감정이 드러날까 두려워하며, 본능적으로 이를 회피하려는 경향을 보인다.

그럼에도 불구하고, 이 내면을 들여다보는 일은 매우 중요하다. 건강검진을 해서 육체의 상태를 점검하듯이, 내면의 그림자를 들여다보고 이해하는 과정은 정신적·영적 건강을 위한 필수적인 작업이다.

첫 번째 선택: 외적인 이미지에 집중한다

많은 사람은 그림자와 마주하기보다는 외적인 이미지를 극대화함으로써 이를 감추려 한다. 현대 사회는 이러한 경향을 더욱 강화한다. 스펙, 외모, 이력서, SNS 상의 화려한 게시물 등은 모두 외적인 인정 욕구를 반영하는 장치로 작동한다. 특히 SNS를 통해 사람들은 웃는 얼굴, 멋진 식사, 여행지에서의 사진 등을 공유하며 자신이 얼마나 성공적이고 행복한 삶을 사는지를 보여 주려 한다. 마치 하나의 공연 무대처럼 구성된 모습은 '카페인 중독'이라는 표현으로 비유되기도 한다. 여기서 '카페인'은 카카오톡, 페이스북, 인스타그램 등으로, 이는 유머러스하면서도 본질을 꿰뚫는 표현이라 할 수 있다.

사람들은 외적으로 완벽해 보이는 이미지를 통해 인정받기를 갈망하며, 이로 인해 내면의 그림자를 더욱 깊이 숨기려 한다. 그러나 외적인 성공으로 그림자를 덮으려 할수록, 그림자는 사라지는 대신 더욱 강력한 영향력을 갖고 내면에 작용한다. 결국, 외적인 것만 강조하는 삶은 진정한 자기 인식의 기회를 놓치게 하며, 그림자를 마주할 용기를 회피하는 방편이 될 수 있다. 내면을 정직하게 들여다보며 그림자를 수용할 때, 비로소 우리는 더욱 온전한 삶으로 나아갈 수 있다.

두 번째 선택: 긍정의 가면 뒤에 숨는다

두 번째로 사람이 선택하는 방식은 자신의 긍정적인 면만을 바라보는 태도다. "나는 착한 사람이다", "나는 좋은 부모다", "나는 헌신적인 성도다"와 같은 자기 정의는 때때로 자기기만으로 이어진다. 이러한 이상화는 불안한 내면을 감추기 위한 일종의 방어 장치로 작동한다. 자신을 긍정적으로 믿어야만 마음이 안정된다고 느끼는 태도는 근본적인 문제를 안고 있다. '좋은 사람이 되고 싶다'는 바람과 '반드시 좋은 사람이 되어야만 한다'는 신념은 본질적으로 다르다. 전자는 성장의 방향성을 제시하는 내면의 소망이지만, 후자는 그렇지 못할 경우 벌을 받게 될 것이라는 두려움에서 비롯된다. 필자는 학생들이 발표를 두려워하면 이렇게 말해 준다. "네가 발표를 잘하고 싶다는 마음은 너무나 당연한 마음이야. 하지만 발표를 잘해야만 한다는 마음은 완전히 달라. 왜냐하면 발표를 잘하지 못하면 다른 동료들과 교수님 앞에서 부끄러움을 당하고, 나는 가치가 없는 사람이 된다는 신념에서 비롯되었기 때문이야." 그러면 학생들의 얼굴이 금방 여유로워진다. 물론 여전히 벌벌 떨면서 발표를 하지만 말이다.

"잘해야만 한다"는 신념은 자신의 내면에 자리한 어두운 그림자를 직면하지 못하게 막는 심리적 장벽으로 작용하게 되고, 결국, 자신을 있는 그대로 바라보지 못하게 하며, 진정한 자기 이해와 성장을 방해하므로 자신의 그림자를 바라보는 것은 아주 중요하다.

진정한 변화와 성장은 자신의 약점과 한계를 정직하게 마주하는 데서 비롯된다. 우리는 모두 불완전한 존재이며, 이를 인정하고 받아들이는 용기야말로 개인적 성숙과 신앙적 성장을 위한 필수적인 과정이다. 그림자를 숨기기보다 직면하고, 그것을 통합하며 살아갈 때, 우리는 더 높은 차원의 삶으로 나아갈 수 있는 기회를 얻게 된다.

세 번째 선택: 영성이라는 이름으로 포장한다

사람이 자신의 그림자를 마주하는 것을 회피하기 위해 택하는 세 번째 방식은 '영성'이라는 이름으로 포장하는 것이다. 겉으로는 경건하고 신앙적인 모습을 유지하지만, 실제로는 내면의 상처와 문제를 직면하지 않은 채 살아가는 모습이다. 이는 교회 공동체 내에서도 쉽게 발견되는 현상이다. 겉으로는 예배에 열정적이며, 기도에 헌신적인 모습을 보이지만, 일상에서는 그와는 전혀 다른 모습을 드러내곤 한다.

필자가 사역 중 만난 한 중학생의 고백도 그와 같은 사례다. "아빠는 교회에서는 항상 웃으세요. 그런데 집에서는 괴물이 돼요. 이 말을 절대 비밀로 해 주세요." 이 짧은 한마디는 아이의 두려움과 혼란을 고스란히 담고 있으며, 교회에서의 거룩한 모습 뒤에 숨겨진 폭력적인 실체를 드러낸다. 이러한 모습은 그 가정에 깊은 상처를 남기며, 영적인 이중성과 내면의 분열을 심화시킨다.

우리는 얼마나 자주 내면의 열등감과 상처, 그리고 교만을 정직하게 바라보지 않고 '영성'이라는 포장으로 덮고 살아가고 있는가? 진정한 영성은 자신의 연약함을 하나님 앞에 숨김없이 드러내고, 실패와 부끄러움의 모습 그대로 주님께 나아가는 데서 비롯된다. "이런 모습을 드러내면 하나님께 실망을 드릴까 봐 두렵다"는 생각은 하나님과의 진실한 관계를 가로막는다. 정직한 기도는 자신의 내면을 있는 그대로 고백하는 행위이며, 그 과정을 통해 우리는 그림자를 하나님께 맡기게 된다. 바로 그 지점에서부터 회복과 변화의 여정이 시작된다. 하나님은 우리의 그림자를 외면하지 않으시며, 이를 통해 우리를 빚어 가신다.

여러분은 어떤 방식을 선택하고 있는가. 내면의 그림자를 외면하거나 포장하는 것은 일시적인 평안을 줄 수 있지만, 진정한 자유와 회복으로 나아가지는 못한다. 신앙은 외적인 열정과 형식에 있지 않다. 이는 내면의 진실을 정직하게 직면하고, 그것을 하나님 앞에 올려 드리는 데서 진가를 발휘한다. 그림자는 숨겨야 할 수치가 아니라, 하나님의 은혜로 치유받을 수 있는 성장의 통로임을 기억해야 한다.

자기 이해(self-understanding) vs 자기 수용(self-acceptance)

나 자신을 올바르게 이해하기 위해서는 어떤 과정을 거쳐야 하는가. 많은 사람이 "자기 이해를 시작하려면 먼저 자신을 제대로 알아야 하지 않겠는가"라고 말하곤 한다. 이 주장은 일견 타당해 보인다. 분명 자신에 대해 명확히 이해하는 것은 자기 수용에 도움을 주기 때문이다. 그러나 현실에서는 자신을 이해한다고 해서 곧바로 자신을 받아들이게 되는 것은 아니다. 자기 이해와 자기 수용은 분명히 다른 차원의 과정이다.

자기 이해란, 자신의 감정과 생각, 행동의 패턴을 분석하고, 왜 그런 방식으로 반응하는지를 논리적으로 파악하는 인지적인 탐구 과정이다. 이러한 탐색을 통해 우리는 자신에 대한 통찰을 얻게 된다. 하지만 이 인지적 통찰만으로는 충분하지 않을 때가 많다. 반면, 자기 수용은 분석의 결과를 감정적으로 있는 그대로 받아들이고, 나아가 자기 자신을 긍정하고 사랑하는 정서적 행위다. 이 과정에는 감정적 공감과 연결이 필수적이며, 단순한 인식을 넘어선 깊은 포용의 태도가 요구된다.

필자는 개인 분석을 몇 년씩 받아도 끝내 자신을 받아들이지 못하는 이들을 여럿 보아 왔다. 이는 나 자신의 경험을 돌아보아도 다르지 않다. 자신을 이해한다는 것과 그것을 받아들인다는 것은 완전히 다른 영역이다. 오히려 자기 수용의 능력이 선행될 때, 더 깊은 자기 이해가 가능하다는 생각도 든다. 이는 곧, 자신을 있는 그대로 수용하는 행위가 진정한 자기 이해의 출발점이 될 수 있음을 시사한다. 자기 수용이란 자신의 결점과 약점뿐 아니라 강점과 가능성까지 온전히 인정하는 것이다. 이러한 태도를 기반으로 할 때, 우리는 비로소 내면에 대한 탐구를 더욱 깊고 입체적으로 진행할 수 있다. 나아가 이 과정을 통해 우리는 자신을 끊임없이 비판하거나 외면하는 태도에서 벗어나, 진정한 의미의 자기 수용과 자기 사랑으로 나아갈 수 있다. 이것이야말로 성숙한 자기 인식의 여정이자, 온전한 존재로 살아가기 위한 본질적인 과정이라 할 수 있다.

당신은 충분히 멋있다: 나만의 색깔과 향기를 사랑하라

하나님께서는 우리 각자를 독특하고 특별하게 창조하셨다. 각자의 취향, 성격, 외모, 그리고 삶의 방향과 태도는 모두 다르다. 하나님께서는 모든 사람에게 맞는 고유한 길과 소명을 주셨으며, 우리는 이 사실을 기억하며 자신의 독특함을 인정하고 감사해야 한다. 그러나 우리는 자주 다른 사람과 자신을 비교하면서 자신만의 고유한 색깔과 향기를 잃어버린다. 비교가 시작되는 순간, 우리는 자신을 있는 그대로 받아들이지 못하고, 더 나아 보이는 누군가를 흉내 내고자 한다. 그 결과로는 불안, 결핍, 자존감의 손실까지 경험하게 된다. 비교는 우리를 불행하게 만드는 수준을 넘어서, 하나님께서 우리 각자에게 부여하신 진정한 아름다움을 서서히 소멸시킨다.

'마스터 셰프'라는 TV 요리 경연 프로그램에서 전국의 뛰어난 셰프들이 모여 실력을 겨루었다. 결승전에서 두 팀이 각축을 벌였는데, 심사위원들은 두 팀의 요리 모두 훌륭하다고 평가하며 쉽사리 우승자를 결정하지 못했다. 하지만 최종 승자는 명확한 차이를 통해 결정되었다. 한 팀은 최고의 맛을 추구하기 위해 요리 본연의 향을 희생했다. 반면, 우승한 팀은 재료의 고유한 향기와 맛을 그대로 살리면서도 완성도 높은 요리를 선보였다. 그 팀의 승리는 자신만의 정체성과 본질을 유지한 채 탁월함을 드러낸 결과였다.

본질을 포기하기보다는, 자신의 고유한 색깔과 향기를 지켜 내는 것이 중요하다는 것이다. 다른 사람처럼 보이는 것은 일시적으로 매력적일 수 있으나, 진정한 성공은 자신만의 정체성을 유지하면서 자신의 가치를 드러낼 때 이루어진다.

누군가를 부러워하는 감정은 자연스럽다. 이는 성장 욕구의 표현일 수 있다. 그러나 그 감정이 스스로에 대한 왜곡된 인식을 낳고 자존감을 해치는 순간, 슬픔과 열등감을 불러오고, 자기 고유의 아름다움과 가치를 흐리게 만든다. 자신을 있는 그대로 받아들이고 사랑하는 일은 결코 쉬운 일이 아니다. 하지만 그것은 우리 삶에 행복과 평화를 가져오는 유일한 길이다. 자신의 독특함을 정직하게 받아들이고 드러낼 때, 우리는 진정한 자아를 발견하고 내면의 만족감을 경험하게 된다.

각자는 고유한 재능과 성격, 감정과 열망을 지닌 특별한 존재다. 그 다름이야말로 우리를 특별하게 만들어 주는 요소다. 다른 사람의 길을 모방하기보다, 자기만의 길 위에서 진정성과 용기를 가지고 살아가는 것이 진정한 행복의 길이다. 하나님께서는 우리 모두를 창의적이며 고유한 존재로 디자인하셨다. 우리의 성격, 재능, 열정 안에는 하나님께서 계획하신 특별한 부르심이 담겨 있다. 자신의 고유한 모습으로 충실히 살아갈 때, 우리는 그 부르심을 온전히 이루게 된다. 진정한 행복은 비교에서 오는 것이 아니다. 하나님께서 나를 위해 준비하신 여정을 따르며 살아갈 때, 기쁨과 평화를 얻게 된다. 그러므로 자신을 있는 그대로 수용하고 사랑하는 법을 배워야 한다. 그 여정은 자아를 긍정하는 차원을 넘어, 내면의 자원과 가능성을 깨워 가는 길이기도 하다. 당신은 이미 충분히 멋지고 귀한 존재다. 당신은 존재하는 것만으로도 아름답다. 이 진리를 믿고, 당신만의 색과 향기를 이 세상 속에 펼쳐 가기를 바란다.

마지막으로 친구 목사의 이야기를 전하고 싶다. 얼마 전, 해외에서 사역 중인 친구 목사의 설교를 온라인으로 들을 기회가 있었다. 그날 그는 예배 후 있었던 특별한 에피소드를 소개했다. 예배가 끝난 후 한 아이가 다가와 "목사님, 정말 멋져요"라고 말했다는 것이다. 친구 목사는 그 말을 듣고 인생에서 처음으로 '멋지다'는 칭찬을 들었다며, 너무나 기뻤다고 고백했다. 그렇게 환하게 웃는 그의 모습은 이전에는 본 적이 없을 정도였다.

그 이야기를 들으며, 나는 마음속으로 이렇게 외쳤다. "이 바보 같은 사람아, 당신이 얼마나 멋진 사람인지 아직도 모르다니. 당신은 정말 멋진 사람이야. 과거에도 그랬고, 지금도 여전히 그래."

우리는 너무 자주 자신의 소중함을 망각한 채 살아간다. 일상에 매몰되어, 다른 이들의 인정과 칭찬을 통해서만 자신의 가치를 확인하려고 한다. 하지만 여러분은 이미 충분히 귀한 존재다. 누군가의 인정이 없어도, 당신의 존재 자체가 빛나는 이유다. 자신을 사랑하고 존중하며, 자신의 가치를 스스로 인정하는 연습을 통해 우리는 더욱 찬란하게 빛날 수 있다. 우리 각자가 지닌 고유한 빛은 서로 비교할 수 없는 독특함을 담고 있다. 그러니 오늘, 조용히 자기 자신에게 이렇게 말해 보라. "나는 이미 멋진 사람이다. 나는 존재만으로도 소중하다." 그리고 그 진실을 믿고, 당신만의 귀한 삶을 성실히 걸어가기를 진심으로 응원한다.

성경이 말하는 사랑의 반대말

사랑의 반대말은 무엇일까? 흔히 '미움'이나 '무관심'을 떠올린다. 특히, 누군가를 미워한다는 것은 최소한 그에 대한 관심이 존재함을 의미하기에, 무관심이야말로 사랑의 진정한 반대말이라는 주장도 설득력이 있다. 그러나 성경은 이 질문에 대해 조금 다른 시각을 제시한다. 요한일서 4장 18-19절은 사랑의 반대말이 '두려움'이라고 선언한다.

> "사랑 안에 두려움이 없고 온전한 사랑이 두려움을 내쫓나니 두려움에는 형벌이 있음이라 두려워하는 자는 사랑 안에서 온전히 이루지 못하였느니라 우리가 사랑함은 그가 먼저 우리를 사랑하셨음이라"

이 말씀은 두려움이 관계를 막고, 사랑이 온전하게 자라나는 것을 방해한다는 진리를 알려 준다. 처벌을 받을까 두려워하거나 자신의 부족함이 드러날까 두려워하는 관계에서는 진실한 사랑이 뿌리내릴 수 없다. 우리가 자신의 약점과 연약함을 숨기려 할수록 두려움은 커지고, 사랑은 점점 멀어진다. 이 원리는 아이들의 양육 환경에서도 드러난다. 부모가 자녀 있는 모습 그대로 받아들이기보다 '착한 모습'만 칭찬한다면, 아이는 사랑받기 위해 자신의 진짜 모습을 감추게 된다. 결국 두려움이 자리 잡은 관계에서는 자유롭고 깊은 사랑이 자라날 수 없다. 온전한 사랑은 두려움을 몰아내며, 서로의 존재를 있는 그대로 받아들이는 데서 시작된다.

하나님께서 우리를 사랑하신 방식은, 이 진리를 가장 분명하게 보여 주는 본보기다. 요한일서는 하나님께서 우리가 그분을 사랑하기도 전에 먼저 우리를 사랑하셨다고 선언한다. 그렇다면 우리가 하나님의 선행적 사랑을 받았을 때의 상태는 어떠했는가?

"우리가 아직 죄인 되었을 때에 그리스도께서 우리를 위하여 죽으심으로 하나님께서 우리에 대한 자기의 사랑을 확증하셨느니라"(롬 5:8)

이 구절에서 '아직(still)'이라는 표현은, 하나님께서 과거뿐 아니라 지금 이 순간의 부족함과 앞으로도 반복될 연약함까지도 아시면서 우리를 사랑하셨음을 말해 준다. 우리의 최악의 모습조차도 하나님의 사랑을 가로막을 수 없다. 하나님의 사랑은 완전하고 조건이 없는 사랑이며, 그 사랑은 두려움을 몰아내는 능력을 지닌다.

"사랑 안에 두려움이 없고 온전한 사랑이 두려움을 내쫓나니"
(There is no fear in love. But perfect love drives out fear)(요일 4:18)

처벌이나 거절에 대한 두려움이 존재하는 관계에서는 온전한 사랑이 완성될 수 없다. 두려움은 우리가 자신을 있는 그대로 드러내지 못하게 하며, 결국 진실한 사랑의 흐름을 막는다. 예수님은 이런 우리에게 있는 모습 그대로 나아오라고 초대하신다.

"수고하고 무거운 짐 진 자들아 다 내게로 오라 내가 너희를 쉬게 하리라"(마 11:28)

우리는 예수님 앞에서 스스로를 포장하거나 연약함을 감출 필요가 없다. 그분은 우리의 과거와 현재, 그리고 앞으로의 모든 모습을 이미 아시며, 그럼에도 불구하고 변함없이 우리를 사랑하신다. 이 사실을 마음 깊이 받아들일 때, 우리는 두려움에서 자유로워진다. 자기 자신을 숨기려는 강박에서 해방되고, 더 이상 타인의 시선을 두려워하지 않게 된다. 그러한 자유는 진실한 사랑의 토양이 되어, 자신을 있는 그대로 받아들이고 또 다른 이도 온전히 품어 낼 수 있는 사랑으로 나아가게 한다.

취약함이란 단어를 사랑하게 된 이유

강의를 마치고 연구실로 돌아오는 길에, 문득 나 자신이 너무도 부끄럽게 느껴진 적이 있었다. 강의를 망쳤다는 자책감이 들었고, 학생들의 반응도 무겁게만 느껴졌다. 책상에 앉아 한참 동안 자신을 비난하며 시간을 흘려보냈다. 잘하고 싶다는 간절함과는 달리, 결과가 좋지 않다는 생각이 들면서 불안과 두려움이 마음속 깊이 남아 있었다. 그런데 그 순간, 문득 떠오른 단어가 있었다. vulnerable(취약한)이라는 단어였다. 이 단어는 본래 '깨지기 쉬운', '약한', '쉽게 상처받는' 상태를 의미한다. 처음에는 이 말이 너무 무겁고 부정적인 느낌으로 다가왔지만 시간이 흐를수록, 이 단어를 곱씹고 받아들이는 과정에서 예상치 못한 자유를 경험하게 되었다.

"I am vulnerable. 나는 깨지기 쉽고 실패하기 쉬운 사람이다."

이 고백을 마음에 담으며, 나는 더 이상 부족함을 숨기지 않아도 된다는 사실을 깨닫게 되었다. 완벽함을 추구하며 실패를 두려워했던 집착에서 조금씩 벗어나기 시작한다. 연약함을 인정하는 그 순간부터 비로소 진정한 자유가 시작된다. 취약함을 인정하면 두려움에 얽매이지 않게 되고, 그 연약함이 자랑이 되며, 타인의 약점 또한 넓은 시선으로 품을 수 있게 된다. 이 깨달음은 사도 바울의 고백과 맞닿아 있다.

> "나에게 이르시기를 내 은혜가 네게 족하도다 이는 내 능력이 약한 데서 온전하여짐이라 하신지라 그러므로 도리어 크게 기뻐함으로 나의 여러 약한 것들에 대하여 자랑하리니 이는 그리스도의 능력이 내게 머물게 하려 함이라 그러므로 내가 그리스도를 위하여 약한 것들과 능욕과 궁핍과 박해와 곤고를 기뻐하노니 이는 내가 약한 그 때에 강함이라"(고후 12:9-10)

이 말씀에서 바울은 약함이 그리스도의 능력이 머무는 자리임을 고백한다. 그는 더 이상 약함을 숨기거나 수치스러워하지 않고, 그 약함을 기쁨으로 자랑한다. 왜냐하면 그 약함을 통해 하나님의 능력이 역사하기 때문이다. 우리 역시 이 진리를 마음 깊이 받아들여야 한다. 취약함은 부끄러운 것이 아니라, 성장의 특권이고 성숙의 문이다.

이런 면에서, 취약함은 삶에 자유를 가져다주는 문이 된다. 실패하지 않으려 몸부림치는 인생에서 벗어나, 실패를 통해 배우고 다시 일어설 수 있다는 진리를 받아들이는 순간, 우리는 더욱 성숙한 인간으로 성장한다. 취약함은 나를 있는 그대로 사랑하고 수용할 수 있는 용기를 길러 주는 자산인 것이다. 하나님 앞에서도 우리의 취약함은 숨겨야 할 결함이 아니다. 그 취약함은 하나님과 깊이 연결되는 통로가 된다. 하나님은 우리가 강할 때뿐 아니라, 연약할 때도 동일하게 우리를 사랑하시며, 그분의 능력은 우리의 약함에서 온전하게 드러난다.

취약함을 드러내는 것은 용기를 요구하는 일이지만, 그것은 관계의 진정성과 친밀함을 열어 주는 출발점이 된다. 자신을 있는 그대로 드러내고자 한다면, 가장 가까운 사람들로부터 시작하는 것이 좋다. 신뢰할 수 있고, 안전하다고 느끼는 관계에서 자신의 부족함을 표현해 보고, 수용받는 경험을 하게 되면, "이 모습 그대로도 괜찮다"는 자신감을 얻게 된다. 이때, 삶은 더욱 진솔하고 단단해진다.

반드시 기억해야 할 사실이 있다. 당신의 불완전함과 취약함은 당신을 부족한 존재로 만드는 요소가 아니라, 더 깊고 가치 있는 존재로 빚어 가는 자양분이다. 연약함을 숨기기보다 인정하고 받아들이는 그 길 위에서, 우리는 진정한 자아와 회복의 자유를 발견하게 된다.

자기를 '있는 모습 그대로' 받아들인다는 말의 오해

"자신을 있는 모습 그대로 수용하라"는 말은 많은 사람에게 위로가 되기도 하지만, 때로는 오해의 여지를 남긴다. 어떤 이는 자기 변화의 필요성을 부정하거나, 현재의 모습에 안주하려는 변명의 수단으로 사용하기 때문이다. "나는 원래 이런 사람이니까, 이대로 살아도 괜찮아"라는 태도는 겉보기엔 자기 수용처럼 보이지만, 실상은 자기 자신을 과거의 틀에 가두는 일이다. 그 틀은 삶의 변화를 막고, 반복되는 부정적 패턴에서 벗어나지 못하게 한다. 심지어는 부모로부터 받은 상처를 다음 세대에게 그대로 전하기도 한다. 이런 삶의 방식에는 진정한 성장과 성숙이 자리할 수 없다.

그렇다면 진정한 자기 수용(self-acceptance)은 무엇인가? 이는 먼저 자신의 현재 모습을 있는 그대로 바라보고, 인정하는 데서 출발한다. 자신의 약점과 강점, 상처와 가능성을 정직하게 직면하는 자세가 필요하다. 그러나 이것만으로는 충분하지 않다. 진짜 자기 수용은 여기에서 멈추지 않고, 변화로 나아가는 두 번째 걸음을 포함한다. 즉, 지금 있는 자리에서 새로운 방향을 모색하고, 작지만 성실한 실천을 통해 자신을 가꾸어 가는 것이야말로 온전한 자기 수용이다. 약점과 상처를 인정한 뒤 그것을 발판 삼아 더 나은 자신으로 나아가는 과정이 중요하다.

우리는 흔히 자기 수용을 "지금의 나를 사랑하라"는 단순한 명제로 받아들여 왔다. 물론 이는 건강한 자기 이해의 출발점으로서 반드시 필요하다. 진정한 자기 수용은 '있는 그대로의 나'를 사랑하는 데에서 끝나는 것이 아니라, 그 자리에서부터 변화하고 성장하는 여정을 포함할 때 비로소 완성된다.

자신을 인정하는 태도는 변화와 성숙을 향한 중요한 디딤돌이 된다. 나의 부족함을 있는 그대로 수용하되, 거기서 멈추지 않고 다음 단계로 나아가려는 의지가 진짜 자기 사랑으로 이어진다. 그렇게 나를 정직하게 마주하고, 변화의 가능성을 품을 때, 우리는 더 건강하고 풍요로운 삶의 방향으로 나아갈 수 있다. 자기 수용을 생각할 때, 기억해야 할 것은 하나다. 현재의 나를 받아들이는 것으로 끝나는 것이 아니라, 그 수용을 바탕으로 더 나은 나를 향해 한 걸음씩 나아가야 한다는 점이다. 이 여정을 통해 우리는 더 단단한 자아와, 더 깊은 내면의 평안을 얻게 된다.

'온전하다'는 말의 진짜 뜻

'온전하다'는 단어의 의미를 우리는 얼마나 정확히 이해하고 있을까. 많은 이는 이 단어를 '완벽함'이나 '흠 없음'으로 오해한다. 그러나 성경에서 말하는 '온전함'은 그보다 훨씬 깊고 따뜻한 의미를 품고 있다. 이 말은 헬라어 원어에서 '찢어진 그물을 수선하다'는 그림 언어로 표현되며, 우리의 삶에 은혜의 본질을 드러낸다. 주님께서는 우리에게 완전히 새로운 그물을 가져오라고 요구하지 않으신다. 오히려 찢어진 그물을 그대로 들고 나아오라고 초대하신다. 그리고 그분은 찢어진 그 부분을 꿰매어, 다시 사용 가능한 온전함으로 회복시켜 주신다. 이것이야말로 성경이 말하는 '수선된 온전함'이다. 우리의 부정적인 면을 없애야만 온전해지는 것이 아니라, 그 부정적이고 연약한 부분을 주님께 솔직히 내어놓는 것 자체가 온전함을 향한 여정이라는 것이다. 얼마나 놀랍고 감사한 은혜인가.

우리는 흔히 변화와 성장을 위해 자신의 약점이나 부정적인 부분을 제거해야 한다고 믿는다. 어떤 집회에서는 자신이 미워하는 성격이나 실수를 종이에 적어 불태우는 의식을 하기도 한다. 물론 그 행위 자체는 자칫 우리 본연의 상태를 부정하고, 온전함을 곧 완벽함으로 착각하게 만들기도 한다. 만약 우리의 모든 부정적인 면들을 제거한다면, 우리는 더 이상 인간다움을 유지할 수 없을지도 모른다. 약점과 상처는 우리가 성장하고 성숙해지는 출발점이다. 온전함은 니의 연약함을 부정하거나 감추는 것이 아니라, 그것을 있는 그대로 인정하고, 그 자리에서부터 예수님을 닮아 가려는 태도에 있다.

삶을 살아가다 보면 그물은 누구나 찢어진다. 중요한 것은, 그 찢어진 상태를 숨기지 않고 주님께 들고 나아가는 일이다. 주님은 기꺼이 그 찢어진 부분을 꿰매어 주시고, 다시 사용 가능한 그물로 회복시키신다. 그렇게 우리는 반복적으로 온전함으로 나아가는 은혜의 과정을 살아간다.

또한 우리는 자주 자신을 뛰어넘기 위해 '치열함'을 추구하지만, 사실 더 중요한 것은 '꾸준함'이다. 치열한 열정은 단기적인 변화를 가능하게 하지만, 쉽게 지치거나 탈진하게 만들 수 있다. 반면 '꾸준함'은 지속 가능한 성장을 만들어 내며, 자신을 포기하지 않고 성실히 다듬어 가는 힘이 된다. 이 꾸준함은 자신의 한계를 인정하고도 그 자리에 머물며 하나님을 기다릴 수 있는 신앙의 여유이기도 하다.

예수님을 닮아 가는 여정도 마찬가지다. 매일의 기도와 말씀 묵상, 자기 성찰, 사랑의 실천이 쌓여 진정한 영적 성숙에 이른다. 우리의 온전함은 거대한 사건에서 오는 것이 아니라, 작은 일상에서 조용히 빚어지는 변화의 결과다. 다시 한번 강조하고 싶다. '온전함'은 완벽함이 아니다. 그것은 수선된 연약함에서 이루어진다. 우리는 찢어지고 흔들리면서도 예수님의 손에 붙들릴 때, 비로소 더 깊은 온전함으로 이끌림을 받는다. 당신의 여정에서도 이러한 은혜의 온전함이 지속되기를 진심으로 기도한다.

너를 위해 나를 고친다: 나의 부끄러운 이야기: "아버지처럼 살고 싶지 않아요"

내 삶에는 한 가지 확고한 다짐이 있었다. 아버지처럼은 살지 않겠다는 것이었다. 부산 사나이였던 아버지는 무척 호탕한 분이셨다. 그러나 그 호탕함은 때로 폭력과 분노로 변모했고, 나의 어린 시절은 그로 인한 두려움으로 가득했다. 내가 유치원에 다니던 무렵, 어머니는 이웃의 전도로 교회에 다니기 시작하셨다. 그때부터 아버지의 폭력은 본격화되었다. 수요일 저녁이면 우리 삼 남매는 옥상에 올라 집 앞 골목을 바라보았다. 어머니가 먼저 골목 끝에 모습을 드러내면, 우리는 춤을 추듯 기뻐했다. 그러나 아버지가 먼저 나타나는 날이면, 그날 밤은 공포와 눈물 속에 잠겨야 했다.

나는 어릴 적부터 아버지가 무서웠다. 그래서 수없이 다짐했다. 절대로 아버지처럼 살지 않겠다고. 물론 아버지에게도 좋은 면은 많이 있었다. 언제나 성실하게 일하시고, 늘 가족을 위해 헌신하셨으며, 주변 사람을 도울 줄 아는 분이었다. 하지만 어머니를 향한 폭력은 그런 장점을 무색하게 만들었다. 나는 아버지를 닮고 싶지 않았고, 아버지와 같은 사람이 되는 것이 가장 두려웠다.

결혼 후, 나는 아버지처럼 되지 않기 위해 정말 많은 노력을 기울였다. 어느 날, 아내와 사소한 말다툼 끝에 내가 목소리를 높이자 아내가 이렇게 말했다. "당신, 아버님이랑 너무 닮았어요. 당신은 아버님과 별로 다르지 않아요." 그 말은 나에게 날벼락처럼 다가왔다. 온몸이 얼어붙었고, 이내 집을 뛰쳐나갔다. "그럴 리가 없어. 나는 아버지처럼 살지 않기 위해 얼마나 노력했는데…."

하지만 그토록 미워했던 아버지의 모습이 내 안에 존재한다는 사실을 마주한 것은 참혹한 일이었다. 나는 아버지를 원망했고, 나 자신을 미워했으며, 심지어 하나님께조차 실망감을 토로했다. 그러나 상담 공부를 시작하면서 내 삶에도 변화의 불씨가 피어났다. 나의 멘토이자 지도 교수였던 데이비드 옥스버거(David Augsburger) 교수님과의 상담은 나에게 커다란 축복이었다. 내 안의 불변함을 이야기할 때마다 교수님은 언제나 같은 질문을 던지셨다.

"당신과 아버지의 관계는 어땠습니까?"

나는 회피했고, 다른 이야기로 넘어가려 했다. 그러나 교수님은 포기하지 않으셨다. 아버지와의 관계는 하나님과의 관계, 아내와 자녀와의 관계에 깊고도 치명적인 영향을 끼치고 있었다는 사실을 깨달았다. 그 상담은 무려 3년간 이어졌다. 그 과정을 통해 나는 한 가지 중요한 진실과 마주했다. 아버지를 부정하려고 할수록, 내 안의 아버지의 모습은 더 강하게 자리를 잡는다는 것이다. 그 모습을 피하고 거부할수록, 그 그림자는 내 내면 깊은 곳에서 더욱 강력한 괴물로 자라났다.

그때부터 나는 도망치는 대신, 아버지의 모습을 직면하는 고통스러운 여정을 시작했다. 솔직히 말해, 차라리 죽는 것이 더 나을 것 같은 시간들이었다. 그러나 나는 확신했다. 이 과정을 회피한다면, 결코 좋은 남편도, 아빠도, 그리고 그리스도인도 될 수 없다는 사실을 인정할 수밖에 없었다. 나는 아버지의 일부를 내 안에 품고 살아가고 있었다. 그러나 그 사실을 정직하게 받아들이는 순간부터 변화는 시작되었다. 자신을 있는 그대로 마주하고 수용하는 것, 이 고백은 나와 가족들과의 관계 속에 놀라운 변화를 불러왔다.

어느 날, 딸아이가 환하게 웃으며 나에게 말했다. "아빠, 아빠 안에 있던 '버럭이'가 요즘 안 보여요. 어디 간 것 같아요." 그 말을 들은 순간, 눈물이 날 뻔했다. 내가 얼마나 감추려 애썼는지, 얼마나 부끄러워했는지… 그런데 아이는 이미 알고 있었다. 그 말을 들으며 내 변화가 실제였음을, 가족이 이를 알아보고 있음을 깨달았다. 딸아이는 장난스럽게 말을 덧붙였다. "근데 비밀이에요… '버럭이'가 엄마한테 간 것 같아요." 그 순간 웃음이 터졌지만, 마음 깊은 곳에서는 잔잔한 기쁨이 올라왔다. 그토록 닮고 싶었던 아내의 따뜻한 모습을 향해 내가 서서히 가까워지고 있다는 확신이 들었기 때문이다.

변화의 또 다른 증거는 결혼기념일에 아내가 써준 손 편지에서 발견되었다. "따뜻하고 자상한 남편이자 아빠가 되어 주어서 고마워요." 이 한 문장은 내 가슴 깊이 새겨졌다. 그 말을 읽고 한참 동안 울음을 멈출 수 없었다. 나는 평생 이 말을 듣고 싶어 했다. 아버지를 닮지 않기 위해 몸부림치며 살아온 날들, 내 안의 거친 면모를 부끄러워하고 회개하던 시간들. 모든 노력의 결실이 이 한 문장 안에 담겨 있었다.

이 변화는 나 자신뿐만 아니라, 가족들에게도 큰 축복이 되었다. 나는 여전히 완벽하지 않다. 실수도 하고, 연약한 부분도 많다. 그러나 나는 인정한다. 내 안에 아버지의 그림자가 있음을, 나는 실패하기 쉬운 사람임을. 그 자리에서, 하나님의 은혜는 나의 가장 약한 지점을 통과해 흐르기 시작했다. 이는 단순한 감정의 회복이 아니라, 사랑과 온전함을 향해 나아가는 치유의 여정이었다.

그리고 그 여정의 중심에서 나는 이렇게 외친다. "너를 위해 나를 고친다." 과거의 나는 늘 이렇게 생각했다. "당신이 바뀌면 나는 행복해질 수 있어." 그러나 이제는 안다. 진정한 변화는 상대방이 아니라 나로부터 시작된다는 것을. 내가 먼저 바뀔 때, 상대방도 변화할 가능성이 열리게 된다. 물론 그 변화가 반드시 일어난다고 보장할 수는 없다. 그러나 이제 나는 더 이상 상대방의 반응에 매여 살지 않는다. 나는 피해자가 아니라, 내 삶의 주체로 살아간다. 그리고 그 선택은 곧 내 삶의 자유요, 회복의 선언이 된다.

이제 나는 '나쁜 사람'을 바라보며 분노하는 대신, 그를 '아픈 사람'으로 바라보는 눈을 가지게 되었다. 그들을 이해하려는 이 마음은 내가 먼저 변화했기에 맺어진 열매다. 결국 '너를 위해 나를 고친다'는 이 외침은 내 삶을 새롭게 조율하고, 내가 사랑하는 사람의 삶에도 선한 영향으로 흘러 들어간다. 나는 지금도 여전히 배우는 중이다. 그러나 이제는 분명히 말할 수 있다. 나는 변화될 수 있고, 그 변화는 나로부터 시작된다. 그리고 그 변화는 나만을 위한 것이 아니라, 내가 사랑하는 이들을 위한 사랑의 실천이며, 하나님께서 주신 은혜에 응답하는 삶의 모습이다.

못생긴 항아리 이야기: 우리의 깨어짐을 통해 피어나는 은혜

깨어진 못생긴 항아리가 하나 있었다. 주인은 매번 물을 길을 때면 이 항아리를 들고 다녔다. 세월이 한참 지나도 그는 새 항아리로 바꾸지 않았다. 자신이 금이 간 것을 알고 있었던 항아리는 주인에게 늘 미안한 마음을 품었다. '내가 금이 가서 귀한 물이 새어 나가는데도, 주인은 나를 버리지 않는구나. 참 고마운 분이야….'

어느 날, 견디다 못한 항아리가 주인에게 물었다. "주인님, 왜 저를 바꾸지 않으시나요? 저 대신 온전한 새 항아리를 쓰시는 게 낫지 않겠습니까? 저는 쓸모없는 존재인걸요."

주인은 아무 말 없이 조용히 웃기만 했다. 그리고 며칠 후, 물을 긷고 돌아오는 길에 부드럽게 말했다. "얘야, 우리가 늘 걸어왔던 이 길을 한 번 돌아보렴."

그제서야 항아리는 뒤를 돌아보았다. 놀랍게도 그 산골 길가에는 온갖 예쁜 꽃들이 만발해 있었다. "주인님, 이 외진 길에 어떻게 이렇게 많은 꽃이 피어 있을 수 있죠?"

주인은 조용히 웃으며 이렇게 말했다. "그건 말이지… 네 깨어진 틈으로 흘러나온 물을 먹고 자란 꽃들이란다."

이 이야기가 말해 주는 진리는 단순하면서도 깊다. 많은 이가 자신이 금이 갔다는 사실을 부끄러워한다. 그래서 어떻게든 그 틈을 감추고, 메우고, 들키지 않으려 애쓴다. 그러나 정작 삶을 황폐하게 만드는 것은 금이 간 존재가 아니라, 완전한 척 살아가려는 마음이 아닐까?

조금 금이 가면 어떤가. 좀 부족하면 어떤가. 그 깨어짐이 곧 은혜의 통로가 될 수 있다면, 숨길 이유는 없다. 우리의 연약함과 부족함을 통해서도 하나님은 생명을 일으키신다. 주님은 오늘도 금이 간 우리의 틈을 통해 일하신다. 우리의 깨어짐을 통해, 우리의 눈물과 실패를 통해 그분의 사랑은 흘러 나간다. 그 사랑은 우리가 모르는 사이에 누군가의 삶에 꽃을 피우는 물줄기가 된다. 그러므로 우리는 더 이상 연약함을 부끄러워할 필요가 없다. 나의 금이 간 틈을 하나님께 드릴 때, 그 틈은 단순한 결함이 아니라 누군가의 마음에 다가가는 은혜의 길이 된다. 우리의 삶이 완전하지 않아도 괜찮다. 깨어진 나를 하나님은 여전히 사용하신다. 그리고 그분은, 나의 틈새로 흘러나오는 물방울 하나까지도 의미 있게 사용하신다.

4장

목회 상담의 뿌리를 다시 묻다:
심리학과 무엇이 다른가?

많은 이가 오늘날의 목회 돌봄과 목회 상담이 근대 이후 발전한 인간 이해, 심리학, 그리고 상담학의 성과에서 비롯된 것으로 여긴다. 그러나 실제로 목회적 돌봄과 상담은 기독교 공동체의 태동기부터 존재해 온 깊고 오래된 목회적 실천이다. 윌리엄 클레보쉬(William Clebsch)와 찰스 재클(Charles Jaekle)은 그들의 책 *Pastoral Care in Historical Perspective*(역사적 관점에서 본 목회 돌봄)에서 목회 돌봄의 본질을 네 가지 주요 직능으로 체계화한다. 치유(Healing), 양육(Sustaining), 지도 및 안내(Guiding), 그리고 화해(Reconciling)다. 이 네 가지 역할은 목회적 돌봄의 핵심을 형성하며, 기독교 목회의 역사 전반에 뿌리내린 고유한 기능으로 자리 잡는다. 이를 통해 우리는 목회 돌봄의 전통적 의미를 재조명하고, 현대적 관점에서 그 가치를 새롭게 해석할 수 있다.

시대의 흐름에 따라 특정 기능이 다른 기능보다 강조되는 현상이 나타나기도 했지만, 목회적 돌봄과 상담은 항상 위의 네 가지 직능을 토대로 실천되어 왔다. 고전 정통주의를 대표하는 목회신학자 토마스 오덴(Thomas Oden)은 *Classical Pastoral Care*(고전적 목회 돌봄)에서 교부 시대부터 이어진 방대한 목회 문헌을 연구하며, 교회 역사에서 목회적 돌봄과 상담이 어떤 역할을 수행해 왔는지 분석한다. 그는 20세기의 목회 상담 운동이 초대 교회로부터 중세, 종교 개혁, 근세 교회에 이르기까지 이어진 목회 전통을 외면했다고 강하게 비판한다. 그는 현대 목회 상담이 심리 치료 이론과 기법에 지나치게 의존함으로써, 교회가 축적해 온 영적 지혜와 역사적 뿌리를 상실하고 있다고 지적한다.

이러한 비판은 목회 상담이 현대 심리학과 상담학이라는 틀에 갇혀서는 안 되며, 기독교 신앙의 전통과 그 안에 담긴 역사적 통찰을 반드시 통합해야 함을 환기시킨다. 목회 돌봄은 인간의 마음을 달래는 심리적 안정에 그치지 않으며, 영혼을 어루만지고 회복시키며 믿음과 소망, 그리고 화해를 바탕으로 참된 치유를 실현하는 데 그 목적을 둔다.

오늘날 목회자들과 목회 상담자들은 토마스 오덴의 통찰과 정직한 비판에 귀를 기울여야 한다. 현대 교회는 목회 상담을 심리 치료사나 가족 상담 전문가, 또는 전문 상담가의 영역으로 한정하는 경향이 강하다. 그 결과, 교회 공동체에서 아픔을 겪는 성도들이 목회자로부터 직접적인 영적 돌봄을 받지 못하고 외부 전문가에게 의존하는 일이 잦아지고 있다. 이는 곧 목회 돌봄과 상담에 대한 교회의 이해가 얼마나 피상적이고, 전통에 대한 학문적·실천적 관심이 부족한지를 반영한다.

특히, 오늘날 목회 상담은 목회적 정체성을 희석시킨 채 현대 심리이론과 상담 기법에 과도하게 의존하는 경향을 보인다. 이에 대해 이관직 교수는 그의 책 『개혁주의 목회상담학』에서 목회 상담은 약 2000년에 이르는 교회의 역사에서 축적된 목회 돌봄의 연장선이며, 20세기에 이르러 심리학의 발전과 함께 보다 풍성하고 전문화된 목회 사역으로 자리 잡아야 한다고 주장한다. 그의 주장은 목회 상담이 심리학적 프레임을 수용하는 데 그치지 않고, 기독교 전통에서 발전한 영적 지혜와 신학적 깊이를 적극 통합해야 한다는 데에 방점을 둔다.

이러한 현실에서, 목회 상담학을 가르치는 신학교 교수로서 나는 오늘날의 목회 상담이 지닌 본래적 의미와 정체성을 다시금 회복해야 할 필요가 절실하다고 본다. 우리는 그 뿌리를 깊이 성찰하며 목회 상담의 역사를 재구성하고, 그 위에 현대적 상담 기법과 전문성을 조화롭게 접목시켜야 한다. 이를 통해 목회 상담은 단순한 심리적 조력의 차원을 넘어, 신앙과 소망에 기반한 영적 돌봄의 본질적 사명을 회복하고, 교회에서 핵심 사역으로 자리매김하게 될 것이다.

찰스 거킨을 통해 본 목회적 돌봄의 기원과 정체성

찰스 거킨(Charles Gerkin)의 저서 『목회적 돌봄의 개론』(An introduction to pastoral care)은 목회적 돌봄과 목회 상담의 역사적 뿌리를 통찰하는 데 있어 중요한 길잡이가 된다. 그의 연구에 따르면, 목회적 돌봄의 기원은 고대 이스라엘의 종교 공동체에서 비롯되며, 이 공동체를 이끈 지도자들은 제사장(Priest), 선지자(Prophet), 지혜자(Sage)라는 세 가지 핵심 역할을 수행한다.

- 제사장(Priest)은 예배와 종교 의식을 주관하며, 하나님 앞에서 백성을 대표하여 제사를 드리는 중보자로서 역할을 담당한다. 이들은 공동체의 영적 삶을 보전하고, 신앙의 본질적 요소가 지속적으로 실현되도록 섬긴다.
- 선지자(Prophet)는 도덕적·사회적 문제에 대해 하나님의 뜻을 대언하며, 개인과 공동체를 경책하고 인도하는 책임을 감당한다. 그들은 하나님의 음성을 전하는 대변자로서 경고와 위로의 메시지를 전달하며, 때로는 미래에 대한 예언을 통해 백성의 방향을 제시한다.
- 지혜자(Sage)는 공동체의 윤리적 성숙과 삶의 방향성을 위해 실천적 지혜를 제공한다. 이들은 구체적인 삶의 문제에 조언하고, 도덕적 판단과 올바른 선택을 위한 통찰을 길러 주며, 전 생애에 걸쳐 성숙을 돕는 영적 동반자가 된다.

거킨은 이 세 가지 전통적인 역할 외에도, 목회적 돌봄의 중심에 '목자(Pastor)'의 사명을 강조한다. '목회적(pastoral)'이라는 용어 자체가 '목자'에서 비롯되었으며, 이는 신약성경 에베소서 4장 11절의 구절, "그가 어떤 사람은 사도로, 어떤 사람은 선지자로, 어떤 사람은 복음 전하는 자로, 어떤 사람은 목사와 교사로 삼으셨으니"라는 말씀에 기초한다.

고대에서 현대에 이르기까지 '양 떼를 치는 목자'의 이미지는 목회자가 감당해야 할 사역의 본질을 상징적으로 드러낸다. 목회자는 상처받은 이들을 찾아가 그들을 돌보고 치유하며, 믿음의 길에서 이탈하지 않도록 보호하는 책임을 진다. 누가복음 15장에 등장하는 "잃어버린 양"의 비유는 이 목회적 역할의 진정성과 헌신을 잘 보여 준다. 예수께서 제자들에게 "내 어린 양을 먹이라 … 내 양을 치라 … 내 양을 먹이라"(요 21:15, 16, 17)고 명하신 것도 이러한 맥락에서 이해된다.

결국, 목회 상담은 심리적 문제 해결을 위한 방법론에 그치는 것이 아니라, 보다 넓은 틀인 목회적 돌봄의 전통에서 비롯된 사역이다. 이 사역은 기독교 신앙의 깊은 역사와 영적 유산 위에 뿌리내리며, 인간 존재의 전인적 회복을 추구한다. 목회 상담은 개인의 심리적 안정뿐 아니라 영혼의 깊은 치유와 공동체의 신앙 회복을 도모하는 신학적·목회적 사명으로서 이해되어야 한다.

목회 상담은 나아가 믿음의 공동체를 건강하게 세우는 핵심 동력이다. 성도의 내면 깊은 상처를 헤아리고, 그들을 영적으로 성숙하게 이끄는 과정은 교회의 본질적 역할 중 하나다. 이는 목회적 돌봄이 단순한 개인 돌봄을 넘어, 삶과 신앙을 통합하고 개인과 공동체를 함께 세워 가는 성령의 사역임을 의미한다. 성도들이 아픔을 극복하고 진정한 영적 성숙에 이르도록 이끄는 일이야말로 현대의 목회 상담이 회복하고 이어가야 할 본래의 사명이다.

다시 찾아야 할 목회 상담자의 정체성

목회 상담을 바르게 이해하기 위해 반드시 기억해야 할 사실은, 목회 상담은 목회자와 성도들 사이의 관계에서 이루어진다는 점이다. 성경은 예수님과 우리 사이의 관계를 언제나 '관계적 메타포'로 설명한다. 예컨대, 양과 목자, 신랑과 신부, 아버지와 자녀, 주인과 종의 비유이다. 이는 관계가 단순한 개념이나 관념이 아니라, 삶에서 실재하는 실제임을 보여 준다.

목회 상담에서 관계가 중요한 이유는, 그것이 단순한 문제 해결을 위한 도구가 아니기 때문이다. 목회자와 성도 사이의 관계에서 존중과 신뢰가 형성되어야만, 성도는 자신의 문제를 직면하고 이해하며 변화로 나아가는 용기를 갖게 된다. 이때 목회자는 성도가 혼자서는 감당하기 어려운 인생의 과제를 함께 짊어지고 걸어가는 진정한 동반자로서 존재하게 된다. 이처럼 치유적 관계를 이루기 위해 필요한 핵심은 목회자의 인격, 가치관, 태도, 성품이다. 목회자의 존재 자체가 치유의 수단이며, 그의 성숙함은 성도와의 관계를 깊이 있게 만들고 성장의 여정을 함께할 수 있는 든든한 기반이 된다. 다시 말해, 치유적 관계의 본질은 목회자의 존재 그 자체에 달려 있으며, 이는 단순한 상담 기술로 대체될 수 없는 영역이다.

존재로 동행하는 목회 상담자: 성숙한 임재와 성육신적 사명의 회복

목회 상담자의 정체성은 단지 사역의 기술이나 방법론에 있지 않다. 참된 정체성은 '존재로부터의 출발'에 있으며, 이는 곧 내면에서 우러나는 인격성과 관계적 성숙함으로 실현된다. 목회 상담은 무엇을 어떻게 잘하느냐의 문제보다, 어떤 존재로 내담자 곁에 서 있는가의 문제다.

심리학자 C. H. 패터슨(Patterson)은 *Theories of Counseling and*

Psychotherapy(상담과 심리 치료의 이론들)에서 가장 효과적인 상담자가 되기 위해서는 기법보다 먼저 진실하고 성실한 인간관계를 맺고자 하는 사람이 되어야 한다고 강조한다. 이는 목회 상담의 핵심이 단순한 테크닉에 있지 않고, 상담자의 존재 자체가 가장 근본적인 치유의 통로임을 말해 준다. 존재는 곧 신뢰이며, 신뢰는 치유의 첫 문을 여는 열쇠다.

목회자는 단지 기술적 도구로서 기능하는 사람이 아니다. 그는 진정성 어린 인격으로 성도의 상처를 함께 지고 걸어가는 영적 동반자다. 따라서 목회자에게 '나는 누구인가'라는 존재의 질문은 '무엇을 할 것인가'라는 행위의 질문보다 앞서야 하며, 이는 목회 상담의 시작점이자 끝점이다. 존재의 깊이가 마련되지 않는다면, 어떤 탁월한 기법도 공허한 울림에 그칠 수밖에 없다.

물론 목회 상담의 기술이나 기법도 일정 부분 중요하지만, 이는 내담자와의 관계 위에 견고히 구축될 때에만 진정한 효과를 발휘한다. 목회자의 영적 성숙도와 관계 형성 능력은 내담자에게 직접적인 영향을 끼치며, 상담의 전반적인 분위기와 과정의 질을 좌우한다. 반면, 목회자의 미성숙함이나 자기 인식의 부족은 역전이(countertransference)를 유발할 수 있다. 여기서 말하는 역전이는 상담자에게서 발생하는 것으로, 상담자가 과거의 중요한 관계—예컨대 부모, 교사, 권위자 등—에서 형성된 감정이나 갈등, 기대 등을 무의식적으로 내담자에게 전이시키는 심리적 반응을 의미한다. 다시 말해, 목회 상담자가 내담자를 통해 과거 해결하지 못한(unresolved) 정서적 경험을 재현하는 것이다. 그러나 목회 상담자가 성숙한 존재로서 자신의 내면을 정직하게 성찰할 수 있다면, 역전이는 상담 관계의 깊이를 더하는 기회로 전환될 수 있다. 이는 상담자의 자기 이해를 더욱 정교하게 하고, 내담자에게 신뢰의 공간을 제공하는 계기가 된다. 상담자의 존재 상태는 상담 전반에 영향을 미치는 핵심 동력이며, 이를 통해 치유와 회복의 문이 열린다.

이처럼 목회 상담자는 정돈된 내면을 지닌 존재로서, 내담자의 혼란 속으로 담대하게 들어가 안정감과 수용의 공간을 형성할 수 있어야 한다. 그리하여 내담자가 자기 삶을 다시 바라보고 재구성할 수 있도록 돕는 안전한 관계의 틀을 제공해야 한다. 이는 기법 이전의 사명이며, 존재를 기반으로 한 영적 돌봄의 본질이라 할 수 있다.

이러한 존재적 사명은 예수 그리스도의 성육신에서 그 궁극적 모델을 발견할 수 있다. 하나님께서는 고통받는 인류의 한복판으로 들어오시기 위해 그의 아들 예수 그리스도를 이 땅에 보내셨다. 예수님은 하늘의 보좌를 내려놓고 인간의 몸을 입으셨으며, 사람들과 함께 살며 그들의 슬픔과 고통을 친히 경험하셨다. 이는 단지 함께하는 것을 넘어서, 함께 아파하시고, 함께 희망을 주신 하나님 사랑의 극치였다.

예수님의 성육신은 목회 상담자가 따라야 할 가장 완전한 본보기다. 상담자는 예수님처럼 내담자의 삶의 현장에 깊이 들어가야 한다. 그들의 아픔을 외면하지 않고, 그 고통 속에 온전히 함께하며, 말보다 행동으로, 기술보다 존재로 하나님의 사랑을 실현해야 한다. 이것이 '더불어 존재하는(being with)' 목회 상담자의 본질이다. '함께 있어 줌의 능력(power of presence)'은 곧 치유의 능력이다. 그 존재적 임재 속에서 내담자는 자신이 결코 혼자가 아님을 깨닫고, 상담자의 수용과 사랑 안에서 회복의 가능성을 발견하게 된다. 이는 하나님의 언약적 사랑이 삶에서 구현되는 실천적 증거이자, 목회 상담자가 감당해야 할 거룩한 소명이다.

'존재가 행위보다 먼저'라는 원리는 목회 상담의 사역 전체를 이끄는 중심축이며, 성육신적 사명의 실천적 토대이다. 목회 상담은 사람이 사람을 온전히 받아들이는 깊은 관계에서, 하나님의 임재를 체현하는 사역이다. 여기서 존재는 더 이상 하나의 상태가 아니라, 치유와 회복을 이끄는 능동적인 돌봄의 방식이 된다. 이는 목회 상담자가 회복해야 할 진정한 정체성이며, 성도를 향한 하나님의 마음을 삶으로 살아 내는 여정이다.

정원사로 부름받은 목회 상담자:
회복은 토양을 갈아엎는 것에서 시작된다

목회 상담은 심리 상담의 연장선에 있지 않고 그 본질부터가 다르다. 일반 상담이 주로 개인의 심리적 건강에 초점을 맞춘다면, 목회 상담은 단순한 문제 해결을 넘어 신앙 공동체에서 일어나는 삶과 관계, 영성의 회복을 목표로 하기 때문이다. 다시 말해, 상담이 이루어지는 '문맥' 자체가 다르다. 교회라는 살아 있는 유기체, 그 속에서 흘러가는 영적 흐름이 곧 목회 상담의 무대이자 대상이다. 기독교 공동체는 단순한 종교 집단이 아니다. 그것은 성도들이 서로를 세우고, 위로하며, 함께 성장해 가는 치유 공동체다. 신약성경이 반복해서 강조하는 "서로서로"라는 표현은, 믿음의 공동체가 개인의 내면을 넘어서 관계적 성숙과 하나님 나라의 가치 실현을 촉진하는 현장임을 웅변한다.

이러한 맥락에서, 목회 상담자는 단순히 '영혼의 치료자'로서 개인의 내면을 치유하는 존재가 아니라, 공동체 전체를 건강하게 가꾸는 '정원사'로 이해되어야 한다. 마거릿 콘필드(Margaret Kornfeld)는 그녀의 저서 *Cultivating Wholeness: A Guide to Care and Counseling in Faith Communities*(온전함을 가꾸기: 신앙 공동체에서의 돌봄과 상담 안내서)에서 목회 상담자를 정원사에 비유하며, 정원사의 역할은 식물 하나하나를 직접적으로 변화시키는 것이 아니라, 그들이 자라날 수 있는 토양과 환경을 돌보는 데 있다고 강조한다. 이 비유는 목회 상담의 본질을 공동체적 관점에서 재조명하게 한다.

정원사는 흙을 고르고, 잡초를 제거하며, 햇빛과 물이 적절히 공급되도록 환경을 조성한다. 식물은 그 속에서 스스로 자라난다. 마찬가지로, 목회 상담자는 개인의 문제를 직접 해결하려 하기보다는, 신앙 공동체 안에서 각자가 온전함을 향해 나아갈 수 있도록 안전하고 지지적인 공간을 마련하는 데 집중한다. 이는 상담자가 '치료자'라는 권위적 위치에서 벗어나, 함께 살아가는 공동체의 일원으로서 섬김과 돌봄의 자세를 갖는 것을 의미한다.

상담자는 내담자의 상처와 고통만을 다루는 사람이 아니라, 그가 살아가는 공동체의 구조와 영적 생태계 전체를 돌보는 사람이다. 공동체라는 '토양'이 병들어 있다면, 아무리 정성스럽게 상담해도 온전한 회복이 일어나기 어렵다.

나 역시 연구실에서 경험한 소박한 일화를 통해 이 사실을 실감한 바 있다. 정성껏 물을 주고 햇볕을 쬐어 주며 키우던 식물들이 좀처럼 자라지 않았다. 그러던 어느 날, 한 학생의 조언으로 '흙'을 갈아 주자 놀랍게도 식물들이 되살아나기 시작했다. 겉으로 보기엔 아무 이상이 없어도, 그 뿌리가 닿는 토양이 건강하지 않으면 생명은 자랄 수 없는 법이다. 이 작은 경험은 큰 통찰을 안겨 주었다. "환경이 변해야 생명은 다시 자란다." 이는 곧 목회 상담의 본질과도 맞닿아 있다.

기독교 상담학자 래리 크랩(Larry Crabb)은 그의 책 *Effective Biblical Counseling: A Model for Helping Caring Christians Become Capable Counselors*(효과적인 성경적 상담: 사랑으로 돌보는 그리스도인을 유능한 상담자로 세우는 모델)에서 인간의 문제를 단순한 '자아 손상'이 아닌, 하나님과 타인으로부터의 관계적 단절, 곧 '영적 소외'의 결과로 보아야 한다고 주장한다. 그는 진정한 회복은 어떤 치료 기술보다도 공동체의 연합과 연결, 돌봄의 힘에서 비롯된다고 강조한다. 목회 상담의 사명은 여기서 출발한다. 우리는 내담자를 고립된 존재로 바라보는 것이 아니라, 그가 신앙 공동체와의 연결에서 어떻게 다시 뿌리내리고, 회복되며, 자랄 수 있을지를 질문해야 한다.

목회 상담자는 단지 '증상을 제거'하는 치료자(cure)가 아니다. 그는

'고통 속에 함께 머무는 동행자(care)'며, 내담자의 영혼을 '토양부터' 돌보는 정원사다. 그가 다루는 것은 단순한 문제 해결이 아니라, 삶 전체의 회복을 향한 여정이다. 오늘날의 개인주의 사회는 사람으로 하여금 고통을 개인의 문제로 여길 것을 강요한다. "왜 나만"이라는 물음은 인간을 더욱 고립시키고, 자가 치유에 대한 강박으로 몰아넣는다. 그러나 기독교 상담은 말한다. "회복은 언제나 관계 안에서 일어난다." 목회 상담자는 내담자와 공동체 사이를 연결하는 영적 가교이며, 상처 입은 자들이 다시 하나님의 몸 된 교회의 돌봄과 연대의 지체가 될 수 있도록 도와야 한다.

이러한 이유로 목회 상담은 단순한 사적인 문제 해결을 넘어서 공적이고 실천적인 거룩한 사명으로 확장된다. 성도의 회복은 공동체의 회복으로, 공동체의 성숙은 하나님 나라의 확장으로 이어진다. 따라서 목회 상담은 교회 내부의 사역을 넘어 세상에서 진리와 정의, 회복과 생명을 이루어 가는 일이다. 목회 상담자는 곧 정원사다. 그는 생명을 회복시키기 위해, 흙을 갈고, 토양을 살피며, 침묵 속에서 생명을 기다리는 자다.

목회 상담자의 정체성과 인격적 특성:
신뢰로 이끄는 영적 동반자의 세 가지 자질

앞서 강조한 대로 목회 상담자는 단순한 기술자가 아니다. 그는 하나님의 형상으로 창조된 존재와 마주하며, 그들의 삶과 신앙, 그리고 관계 회복을 돕는 거룩한 동반자다. 상담자의 인격과 태도는 단순한 배경이 아니라, 상담 그 자체의 본질적 요소다. 기독교 상담학자 게리 콜린스(Gary Collins)는 그의 저서 『훌륭한 상담자』에서 상담자가 지녀야 할 세

가지 핵심 특성을 제시한다. 지금부터 그가 말한 진실성, 비소유적 따뜻함, 정확한 공감의 자질이 목회 상담에서 어떻게 영적인 돌봄과 연결되는지를 살펴보고자 한다.

1. 진실성: 신뢰의 문을 여는 투명한 존재

목회 상담자의 첫 번째 핵심 자질은 진실성(Genuineness)이다. 이는 단순히 정직하거나 성실하다는 윤리적 차원의 덕목을 넘어선다. 진실성이란 상담자가 자신의 내면을 숨김없이 드러낼 수 있는 용기, 그리고 자신의 삶과 신앙, 감정과 행동, 말과 태도가 서로 충돌하지 않고 조화를 이루는 통합성(integrity)을 포함한다. 여기서 말하는 통합성이란, 상담자가 자신의 정체성과 신앙적 가치, 그리고 인간적 연약함을 분리된 영역으로 취급하지 않고, 하나의 일관된 인격으로 살아 내는 태도를 의미한다. 즉, 상담자가 내면의 진실을 외면하지 않고, 자신의 한계와 상처마저도 하나님 앞에서 정직하게 인정하며, 그 모습 그대로 내담자와 마주할 수 있는 상태다. 진실성은 결국, 상담자가 자기 자신과 화해한 사람이라는 증거다.

목회 상담자는 내담자와의 관계에서 어떤 역할을 연기하거나 자신을 과장하려는 유혹을 경계해야 한다. 그는 겸손하면서도 솔직하게, 자신의 감정과 한계, 신념과 태도까지도 투명하게 드러낼 수 있어야 한다. 진실한 말, 꾸밈없는 행동, 일관된 삶을 통해 상담자는 내담자에게 신뢰를 얻을 수 있기 때문이다.

목회 상담자는 누구보다 자기 자신을 깊이 알고, 그 내면과 화해한 사람이어야 한다. 자기 인식이 결여되었거나, 해결되지 않은 내면의 갈등에 흔들리는 상담자는 어느 순간 상담 관계에서 진실성과 일관성을 잃게 되고, 이는 내담자에게 그대로 전달된다. 누가 신뢰할 수 없고 투명하지 않은 상담자에게 자신의 가장 연약한 내면을 열 수 있을까? 신뢰는 상담의 문을 여는 유일한 열쇠다. 그 문은 상담자의 유창한 말보다 먼저 그의 '존재'가 열어야 한다. 내담자는 '말'보다 '사람'을 보고, 상담자는 자신의 인격 전체로 그 문 앞에 서야 한다.

미국에서 목회하던 시절, 한 신앙 선배가 필자에게 들려준 한 문장이 아직도 마음에 깊이 남아 있다. "목회자는 변명이 필요 없는 사람이 되어야 한다." 이 말은 단순히 도덕적으로 완벽한 사람이 되라는 요구가 아니다. 자신의 말과 행동, 태도와 삶을 감출 필요 없이 드러낼 수 있는 존재로 서야 한다는 요청이다. 변명할 필요가 없는 사람은 꾸미지 않아도 신뢰가 생기고, 숨기지 않아도 존중을 받는다.

진실성은 목회 상담자의 윤리적 자질을 넘어서, 치유와 회복의 공동 여정에 동반할 수 있는 신뢰의 발판이 된다. 진정성 없이 맺어진 관계에서는 내담자가 결코 자기 자신을 충분히 드러낼 수 없으며, 상담은 표면적인 대화에 머무르고 만다. 진실성은 성경이 강조하는 삶의 태도이기도 하다. 시편 기자는 "주께서는 중심이 진실함을 원하시오니"(시 51:6)라고 고백했고, 바울은 그의 사역을 하나님 앞에서 떳떳하게 행하는 삶(고후 4:2 참조)으로 정의했다.

목회 상담자는 내담자의 고통을 다루기에 앞서, 먼저 자기 자신의 고백과 약함을 품을 수 있는 존재로 서야 한다. 그래야 내담자 역시 자신의 가장 취약한 내면을 용기 있게 꺼낼 수 있다. 이런 면에서, 진실성은 완전함을 요구하는 게 아니고 오히려 완전하지 않아도 정직하게 걸어갈 수 있는 태도를 의미한다. 말보다 무거운 존재의 울림, 그것이 목회 상담자의 진짜 준비다.

2. 비소유적 따뜻함: 정죄 없이 존재를 안아 주는 손길

목회 상담자가 갖추어야 할 두 번째 특성은 비소유적 따뜻함(Non-possessive Warmth)이다. 이는 내담자를 판단하거나 지배하려는 태도에서 벗어나, 그 존재 자체를 진심으로 이해하고 돕고자 하는 내면의 따뜻함에서 비롯된다. 이 따뜻함은 결코 의무감이나 결과 중심적인 동기에서 비롯되는 것이 아니라, 내담자의 고통에 민감하게 반응하며 함께 짊어지고자 하는 돌봄의 마음에서 우러나오는 온기다.

모든 인간관계는 타인으로부터 인격적인 따뜻함을 받고자 하는 근원적인 욕구 위에 세워진다. 특히 목회 상담자는 내담자에게 진정한 관심과 애정을 표현해야 하며, 이를 통해 내담자가 상담자 곁에서 안전하고 환영받고 있음을 분명히 느끼도록 해야 한다.

비소유적 따뜻함은 내담자가 자신의 문제를 자유롭고 솔직하게 드러낼 수 있는 심리적 안전지대를 제공한다. 이는 상담자와 내담자 사이에 신뢰를 형성하고 심화하는 데 있어 결정적인 역할을 한다. 이러한 따뜻함은 말보다 강력한 비언어적 소통을 통해 더욱 깊이 전달된다. 예를 들어, 상담자의 온화한 표정, 부드러운 말투, 따뜻한 시선, 그리고 개방적인 자세는 내담자에게 자연스럽게 친절과 배려, 그리고 돌봄의 태도를 느끼게 한다.

그러나 이 비소유적 따뜻함은 감정적 밀착이나 관계적 융합과는 구별되어야 한다. 따뜻한 사랑 안에도 반드시 지켜야 할 선이 존재한다. 목회 상담자는 내담자와의 관계에서 건강한 경계를 분명히 세워야 하며, 그 경계는 차가운 장벽이 아닌 따뜻한 다리여야 한다. 즉, 냉정한 거리감이 아니라 신뢰와 함께 걸어갈 수 있는 안전한 길이 되어야 한다.

상담자는 언어적·비언어적 표현을 통해 내담자에게 다음과 같은 메시지를 분명하게 전달해야 한다.

- "나는 당신을 돌보고 있습니다."
- "나는 당신을 존중합니다."
- "나는 당신을 정죄하지 않습니다."

이러한 메시지는 내담자에게 안도감을 부여하며, 그로 하여금 닫힌 마음의 문을 열게 한다. 그런 상담은 단순한 '대화'를 넘어, 존재와 존재가 만나는 진실된 '만남'이 되고, 일시적인 위로를 넘어 영혼을 어루만지는 깊은 치유로 이어지게 한다.

목회자의 말은 단순히 들려야 할 말에 그치지 않고, 동시에 보여야 할 말이 되어야 한다. 하워드 스톤(Howard Stone)은 그의 책 *Theological Context for Pastoral Caregiving: Word in Deed*(목회적 돌봄의 신학적 맥락: 말씀의 실천)에서 인간의 소통은 '들리는 말(verbal)'과 '보이는 말(visible)'로 이루어진다고 말한다. 하나님께서도 단지 말씀하시는 분이 아니라, 예수 그리스도의 성육신을 통해 그 말씀을 보이게 하신 분이셨다. 사랑이 진정한 사랑이라면, 그것은 말로만 남지 않는다. 사랑은 반드시 육화(肉化)되어야 하며, 만져지고 느껴지는 실제의 감촉으로 존재해야 한다.

이러한 관점에서 하워드 스톤은 성례의 본질을 아우구스티누스(Sanctus Aurelius Augustinus)의 신학에 근거하여 해석한다. 그는 아우구스티누스의 성례 이해를 인용하며, 성례란 "하나님의 말씀이 눈으로 볼 수 있는 실체를 통해 전달되는 것"이라고 설명한다. 단순한 의식이나 상징을 넘어, 가시적 형태를 통해 하나님의 은혜와 진리가 실제로 전달되는 신비로운 통로로서 성례를 이해하는 방식이다.

필자는 이와 같은 신학적 통찰을 바탕으로, 목회자들에게 '들리는 말' 만큼이나 '보이는 말'에 주목하라고 자주 권면한다. "사랑합니다"라는 언어적 고백만으로는 부족하다. 내담자가 그 사랑을 피부로 느낄 수 있도록, 말과 존재가 일치된 삶의 감촉으로 다가가야 한다.

그렇지 않다면 목회자의 언어는 쉽게 공허한 울림이나 도덕적 충고로 전락할 수 있다. "천 마디의 말보다 따뜻한 손길 하나가 더 많은 것을 말한다"는 오래된 격언처럼, 목회 상담자는 성도의 눈물을 함께 바라보며, 그 곁에 조용히 앉아 있어 주는 한 사람이 되어야 한다. 그때, 말은 진정한 사랑으로서 살아 숨 쉬게 된다.

3. 정확한 공감: 영혼의 언어에 귀를 기울이는 능력

목회 상담자가 갖추어야 할 세 번째 특성은 정확한 공감(empathy)이다. 공감은 내담자의 이야기에 고개를 끄덕이거나 이해의 제스처를 보이는 차원을 넘어서, 그들의 감정과 경험 속으로 온 존재를 잠시 머물게 하는 신성한 감정이입의 능력이다. "그들과 함께 울고, 그들의 말 없는 울음을 마음으로 듣는다"는 표현처럼, 목회 상담자의 공감은 영혼 깊은 곳에서 울려 나오는 존재적 반응이다.

목회 상담자는 내담자의 말의 내용만 듣는 것이 아니라, 그 말의 결과 맥락, 그리고 그 너머에서 흐르는 수면 아래의 정서적 의미까지 감지해야 한다. 내담자의 한숨에 스며든 절망, 시선 회피에 담긴 불안, 떨리는 음성에 실린 두려움 등은 모두 말로 표현하지 못한 감정의 실마리다. 상담자는 이와 같은 감정의 단서를 민감하게 포착하고, 그 감정의 흐름 속으로 조심스럽게 다가가야 한다. 이러한 정서적 접근은 내담자의 표정, 몸짓, 목소리의 떨림, 그리고 침묵까지도 읽어 내는 감수성과 직관력에서 비롯된다. 그럴 때 내담자는 자신이 "이해받고 있다"는 강한 심리적 확신을 얻게 되며, 더욱 자유롭고 솔직하게 자신의 내면을 드러내게 된다. 공감은 그 자체로 치유의 기제가 되며, 상담자와 내담자 사이에 신뢰의 다리를 놓는 근간이 된다.

이러한 공감은 적극적 경청(active listening)을 통해 구체적으로 구현된다. 적극적 경청은 단순히 듣는 기술이 아니라, 상대의 언어적 표현과 더불어 비언어적 신호, 감정의 뉘앙스, 분위기 등 모든 관계적 메시지에 세심하게 반응하는 전인적 태도다. 구체적으로는 내담자의 말을 요약해 주거나 감정을 되짚어 주는 반영(reflection), 고개 끄덕임, 직절한 침묵 등 비언어적 반응, 그리고 정서적 피드백을 통해 "당신의 감정을 함께 느끼고 있다"는 메시지를 전달하는 방식으로 작동한다. 이러한 과정은 내담자로 하여금 상담자를 단순한 청자가 아닌 영혼의 동반자로 받아들이게 만든다.

공감은 곧 신뢰를 이끄는 정서적 울타리이며, 내담자가 마음을 열 수 있도록 돕는 가장 중요한 열쇠가 된다. 기독교 상담에서 공감은 단순한 감정이입 이상의 의미를 갖는다. 곧 성육신적 신학의 연장선에서 이해될 수 있다. 예수 그리스도께서 인간의 몸을 입고 이 땅에 오셔서 고난 가운데 우리와 함께 머무셨듯이, 목회 상담자 역시 내담자의 아픔 속으로 내려가 그들과 함께 머무는 존재가 되어야 한다. 그리스도는 인간의 고통을 '이해하는 분'이 아니라, 고통을 직접 체험하고 동행하신 분이셨다. 그러므로 목회 상담자는 인간적인 연민을 전하는 차원을 넘어서, 그리스도의 마음을 전하는 존재가 되어야 한다.

앞서 논의한 세 가지 특성은 서로 긴밀히 연결되어 있다. 진실성은 신뢰를 여는 열쇠이고, 비소유적 따뜻함은 그 열쇠가 작동하는 문의 온기이며, 정확한 공감은 그 문을 열고 내담자의 내면으로 들어가 동행하는 것이다. 상담은 단지 기술이 아니다. 그것은 존재와 존재 사이의 거룩한 만남이며, 목회 상담자는 그 만남의 공간을 조심스럽게 여는 인격의 중재자다.

이 장을 마무리하며: '학자의 귀'를 가진 목회 상담자

미국 유학을 떠나기 전, 늘 필자를 위해 기도해 주시던 한 권사님께서 공항까지 배웅을 나와 주셨다. 출국장으로 향하던 길목에서 건네주신 작은 쪽지 하나. 그 안에는 조용하고도 선명한 하나님의 말씀이 적혀 있었다.

"주 여호와께서 학자들의 혀를 내게 주사 나로 곤고한 자를 말로 어떻게 도와 줄 줄을 알게 하시고 아침마다 깨우치시되 나의 귀를 깨우치사 학자들 같이 알아듣게 하시도다 주 여호와께서 나의 귀를 여셨으므로 내가 거역하지도 아니하며 뒤로 물러가지도 아니하며"(사 50:4-5)

비행기에서 이 말씀을 읽으며 필자는 '학자들의 혀'를 간절히 구하며 기도했다. "하나님, 제가 상담자로서 지친 영혼에게 위로의 말을 잘 전할 수 있게 하소서." 그러나 시간이 흐르고 임상 훈련 중 내담자의 아픔 앞에서 종종 무력해질 때, 이 말씀이 다시금 떠올랐다. 그리고 그때 비로소 깨닫게 되었다. 하나님께서 주시려 했던 것은 '말하는 혀'만이 아니었다. 진정 상담자에게 필요한 것은 '학자의 귀'였다. 말 너머의 침묵을 듣는 귀, 눈물에 담긴 언어를 알아듣는 귀, 그리고 하나님의 마음을 민감하게 수용할 수 있는 귀 말이다. 그날 이후 필자의 기도는 이렇게 바뀌었다. "주여, 아침마다 저의 귀를 깨우쳐 주셔서 학자처럼 깊이 알아듣게 하소서. 내담자의 말보다 먼저 마음을, 말씀보다 먼저 하나님의 뜻을 듣게 하소서."

목회자는 하나님의 말씀을 선포하기에 앞서, 먼저 하나님의 말씀을 듣는 자이어야 한다. 성도들의 고통스러운 이야기를 듣기에 앞서, 하나님께서 자신에게 들려주시는 음성에 귀를 기울일 수 있어야 한다. 물론 목회자는 고통 중에 있는 성도들에게 어떤 말로 위로할지 고민해야 한다. 때로는 지혜로운 대답을 통해 그들의 여정을 돕기도 해야 한다. 그러나 더욱 중요한 것은, 성도들의 고통을 먼저 귀 기울여 듣는 태도다. 충분히 들은 후에 전하는 위로는 훨씬 더 깊은 울림을 줄 수 있다. 그러므로 목회자는 입을 열기 전에 귀를 열어야 한다. 학자의 혀도 중요하지만, 더욱 중요한 것은 학자의 귀다.

목회자는 하나님과 내담자 사이를 잇는 대화의 통로로서 존재하며, 그가 서 있는 자리에는 언제나 제3자이신 하나님께서 은밀히, 그러나 분명히 임재하신다. 삼자 대화가 어떻게 가능할 수 있는가? 첫째, 하나님께서는 목회자와 성도의 대화 한가운데 함께하신다. 둘째, 목회자가 성도의 고통을 들을 때, 하나님은 그 깊은 상처를 조명해 주시고 때로는 위로의 말이 떠오르게 하신다. 셋째, 성도들이 목회자에게 자신의 이야기를 털어놓을 때, 하나님께서 그들에게 용기와 위로를 부여하시며 문제를 이겨 낼 수 있는 내적 자원을 일깨워 주신다. 하나님은 그 관계의 한복판에 살아 계신다.

존 캅(John B. Cobb)은 그의 책 *The Structure of Christian Existence*(기독교적 존재란 무엇인가: 존재의 구조에 대한 신학적 성찰)에서 목회자들은 그들 자신이 기껏해야 하나님의 은혜를 이 땅으로 가져오는 산파 역할에 불과하다는 사실을 잘 알고 있어야 한다고 강조한다. 목회자는 단지 해답을 전달하는 해결사가 아니다. 그는 하나님의 은혜가 '태어날 수 있도록' 조심스럽게 기다리고 돕는 존재다. 그 은혜의 잉태와 탄생을 위하여 가장 먼저 열려 있어야 할 것은 바로 그의 귀다. 이것이 목회자가 잊지 말아야 할 가장 근원적인 정체성 중 하나다.

새로운 질문과 과제 앞에서

지금까지 우리는 목회 상담의 역사와 본질, 그리고 목회 상담자가 지녀야 할 정체성과 인격적 자질에 대해 고찰해 왔다. 그러나 오늘날 현실은 녹록지 않다. 목회 상담은 종종 전문 심리 치료사나 상담학 전공자들에게만 맡겨져야 할 영역으로 오해되곤 한다. 이러한 흐름에서 우리는 다시금 목회적 돌봄의 뿌리를 회복해야 하는 과제 앞에 서게 된다.

목회 상담자는 내담자의 문제를 심리적으로 분석하는 데 그치는 존재가 아니다. 그는 고통 중에 있는 공동체를 일으키며 세상의 거짓과 불의에 맞서 하나님의 백성으로서의 삶을 회복시키는 자다. 그리고 무엇보다, 하나님과 사람 사이를 연결하며 하나님의 뜻을 조용히 드러내는 통로가 되는 자다. 그렇기에 우리는 다시 질문해야 한다.

- 목회 상담은 왜 존재하는가?
- 상담자는 누구를 대신하여 듣고, 누구의 마음을 전하는가?
- 우리는 여전히, 귀가 열려 있는가?

이제 다음 장에서는, 상담자가 내담자의 문제를 이해하고 평가할 때 상담학적 분석의 틀과 더불어 신학적 해석의 틀을 어떻게 적용할 수 있을지를 함께 고찰하고자 한다. 이는 성도들에게 보다 온전한 목회적 돌봄을 제공하는 데 있어, 상담학과 신학이 어떻게 통합적으로 작동할 수 있는지에 대한 실천적 통찰을 제공할 것이다. 이러한 통합적 관점은 결국, 목회자가 성도들의 삶에 더욱 깊이 다가가고, 새로운 영적 돌봄의 길을 열게 할 것이다.

5장

상담, 신학으로 읽다:
목회 상담자가 가져야 할 여덟 가지 평가 기준

많은 이가 목회 상담과 일반 상담 또는 심리 치료를 동일시하는 경향을 보인다. 심지어 일부 목회자들조차 심방이나 상담 과정에서 일반 상담의 원리만을 기반으로 성도들의 문제를 경청하고 해석하는 경우가 적지 않다. 물론 목회자가 일반 상담의 원리를 활용하여 성도를 돕는 것은 긍정적으로 평가할 수 있다. 이는 성도들의 문제를 단순히 영적 문제로 환원하려는 접근을 경계한다는 점에서 유익하다. 그러나 목회자가 내담자의 문제를 "우울증입니다", "성인 아이가 문제입니다", "자아의 힘을 키우셔야 합니다"와 같은 일반 상담센터에서나 들을 수 있는 해석으로 제한하는 것은 매우 아쉽다. 목회자는 그 이상의 통찰을 가져야 한다. 단순한 심리적 해석을 넘어 신학적 평가를 통해 성도의 문제를 하나님의 관점에서 바라볼 수 있어야 한다.

신학적 평가는 성도가 자신의 문제를 신앙의 렌즈로 바라보고, 하나님과의 관계에서 치유와 회복을 경험하게 하는 힘이 있다. 이것이 곧 목회 상담의 본질이다. 문제 해결에 그치지 않고, 영적 성장과 성숙에 이르게 하는 통전적 돌봄이 가능한 이유다. 오늘날 목회 상담에서 가장 주목받는 주제 중 하나는 신학과 심리학의 통합이다. 게리 콜린스(Gary Collins)는 그의 책 『크리스천 카운슬링』(Christian counseling: a comprehensive guide)에서 기독교 상담자를 "헌신 되고 성령 충만하며, 예수 그리스도의 종으로서 하나님의 능력과 지혜, 그리고 통찰력을 활용해 내담자를 온전함으로 인도하는 이"로 정의한다. 이는 기술이나 기법만이 아니라, 신학적 정체성을 근간으로 삼는 상담자를 말한다.

데버라 헌싱거(Deborah Hunsinger) 교수는 그녀의 책 『신학과 목회상담』(*Theology and Pastoral Counseling: A New Interdisciplinary Approach*)에서 신학과 심리학이 독자적인 체계를 지니고 있으나, 그 둘이 특별 계시와 일반 계시의 관계에서 통일성과 협력 가능성을 지닌다고 말한다. 그녀는 신학이 심리학보다 우위를 가져야 한다는 비대칭적 균형을 강조하며, 목회자는 신학과 심리학이라는 두 언어를 능숙히 구사함으로써 내담자의 심리적 안정과 영적 회복을 함께 도울 수 있어야 한다고 주장한다.

이러한 통합적 접근은 실제 현장에서 크게 효과를 볼 수 있다. 내담자는 자신의 문제를 신앙적으로 재해석하게 되고, 하나님과의 관계에서 삶의 방향을 새롭게 정립하게 된다. 필자 역시 헌싱거 교수의 주장에 공감한다. 목회 상담은 하나님의 말씀이라는 특별 계시에 뿌리를 두되, 성경의 원리에 위배되지 않는 범위에서 일반 계시로 주어진 상담 기법을 적극적으로 활용해야 한다고 믿는다.

하지만 현실은 녹록지 않다. 많은 목회자가 신학적 평가 기준을 실제 상담에 적용하는 데 불편함을 느낀다. 이는 신학적 해석에 대한 비전문성 혹은 신뢰 부족이라는 오해에서 비롯되며, 그 결과 심리학적 언어에 지나치게 의존하는 현상이 나타난다. '죄', '구원', '성화'라는 신학적 언어는 점점 멀어지고, '치유', '회복', '상처'라는 심리학적 용어가 그 자리를 대신하는 현실은 우려스럽다. 그 원인 중 하나는 신학교 교육 과정에 있다. 목회적 돌봄과 신학적 평가에 대한 체계적 훈련의 부재가 목회자들이 신학적 도구를 실천적으로 활용하는 데 어려움을 겪게 한다. 이러한 한계를 극복하기 위해서는 신학교에서부터 신학적 판단력을 키우는 실천적 훈련이 반드시 병행되어야 한다.

우리는 매 순간 선택의 기로에 선다. 선택의 순간마다 우리 내면에 자리한 기준이 작동한다. 필자는 아내와 장을 볼 때마다 이 사실을 체감한다. 아내는 사과 하나를 고를 때 색깔, 촉감, 향, 무게까지 세밀히 판단한다. 수박을 고를 때는 더 철저하다. 두드려 보고 들어 보고 돌려 보며 최상의 것을 고르려 한다. 그런데 그렇게 골랐음에도 수박이 달지 않을 때는 몹시 실망한다. 그러나 그 실망조차도 하나의 선택 기준이 있었기에 가능한 일이다. 이처럼 목회자들이 가지는 신학적 평가 기준도 이론이 아니라 실천적 기준이 되어야 한다. 그 기준은 설교의 방향, 성경 해석의 깊이, 목회 리더십의 핵심 축이 되며, 무엇보다도 성도들의 영적 여정을 안내하는 나침반이 된다. 의사들이 DSM이라는 기준을 통해 정신질환을 진단하고 분류하듯, 목회자들도 분명한 신학적 기준을 통해 성도의 문제를 진단하고 돌볼 수 있어야 한다. 이때 개인의 감정이나 통념에 기반한 해석이 아니라, 신학적 확신과 목회적 통찰이 뒷받침된 진단이 이루어져야 한다.

결국, 신학적 평가 기준을 세우는 일은 목회자의 사역과 성도들의 삶을 더욱 깊이 있고 온전하게 만드는 열쇠다. 이는 단순한 상담의 기법이나 방식에 국한되지 않으며, 하나님의 시선으로 성도의 삶을 바라보고 해석하며, 그 속에서 참된 치유와 회복의 길을 열어가는 거룩한 사명이라 할 수 있다.

하워드 W. 스톤 교수가 제시한 목회 상담을 위한 신학적 평가 기준

하워드 W. 스톤(Howard W. Stone) 교수는 그의 저서 *Theological Context for Pastoral Caregiving*(목회 돌봄의 신학적 맥락: 행함 속의 말씀)에서 목회자들이 사용할 수 있는 유용한 여덟 가지 신학적 평가 기준을 제시한다. 이 기준들은 심리학적 접근에 그치는 것이 아니라, 신앙과 신학을 바탕으로 성도들의 문제를 바라보고 이해하는 틀을 제공한다. 이러한 기준들은 목회 상담의 정체성을 확립하고, 내담자에게 보다 깊이 있는 영적 돌봄을 제공할 수 있도록 돕는 중요한 지침이 된다. 필자는 먼저 그의 기준을 소개한 뒤, 필자의 상담 경험과 목회 현장에서의 실제 사례를 바탕으로, 목회자와 교회 리더들이 성도들을 상담할 때 어떠한 관점이 요구되는지를 탐색하고자 한다. 이를 통해 성도들의 심리적 고통과 영적 갈등을 이해하고, 더 통합적이며 신학적으로 깊이 있는 상담 접근법을 제시하려 한다.

첫 번째 기준: 목회자를 찾아온 성도의 필요와 동기를 이해

하워드 W. 스톤 교수가 제시하는 첫 번째 질문은 다음과 같다. "내담자가 왜 목회자를 찾아왔는가?" 이 질문은 단순한 정보 탐색의 의미를 넘어서, 내담자의 정서적·영적 상태를 신학적으로 이해하는 데 있어 필수적인 출발점이 된다. 사람이 목회자를 찾는 이유는 매우 다양하다. 부부 갈등, 자녀 문제, 정신적 불안, 신앙적 방황 등 개인의 삶에 내재된 복합적인 위기를 가지고 상담을 요청해 오는 경우가 많다. 물론 이들은 심리 상담센터나 병원과 같은 전문기관을 찾을 수도 있다. 그러나 굳이 목회자에게로 발걸음을 옮겼다는 사실은 단순한 선택이 아닌, 신앙적 해석과 영적 돌봄에 대한 기대를 내포하고 있다.

그가 목회자에게 기대하는 것은 단순히 외적 문제의 해결을 넘어선다. 그는 자신의 삶을 신앙의 틀 안에서 재해석하고, 하나님과의 관계 속에서 존재의 의미를 탐색하고자 하는 영적 욕구가 있다. 이는 곧 내담자가 자신의 심리적 고통을 단순한 증상으로 보기보다, 영적 정체성과 신앙적 통합의 관점에서 이해받기를 바란다는 것을 의미한다.

목회자는 이러한 내담자의 동기를 예민하게 감지하고, 표면적인 문제에 머물지 않고 영적 차원까지 통합하여 접근하는 태도를 가져야 한다. 특히 갈등과 고통 속에는 신앙적 혼란이 자리할 가능성이 높다. 내담자는 그 혼란을 말로 표현하지 못할 수 있으나, 목회자는 그 말 이면의 신학적 함의와 영적 목마름을 주의 깊게 해석하고 돌보아야 한다.

"왜 이 사람이 나를 찾아왔는가?"라는 질문은 상담을 시작하기 위한 형식적 절차가 아니다. 이는 신학적 돌봄을 실현하는 길목이며, 상담 전 과정의 기초를 형성하는 영적 인식의 출발점이다. 이 질문을 통해 목회자는 내담자의 실질적인 필요를 파악할 뿐 아니라, 신학적 관점에서 상황을 재조명하는 가능성을 확보하게 된다. 이 질문은 문제 해결의 기술을 넘어서, 내담자를 신앙의 회복과 하나님과의 깊은 만남으로 인도하는 목회 상담의 방향성을 설정해 준다. 상담자는 이 질문을 통해 문제의 '표면'을 넘어서 '존재'를 보고, 하나님의 시선으로 내담자를 해석하려는 신학적 성찰을 시작하게 된다.

두 번째 기준: 개인적인 하나님 이미지 탐색

하워드 W. 스톤 교수가 제시한 두 번째 신학적 기준은 다음과 같다. "이 사람은 하나님을 어떻게 이해하고 있는가?"

이 질문의 핵심은 '개인적 하나님 인식'에 있다. 이는 "하나님은 누구신가?"라는 개념적 질문이 아니라, 내담자가 '개인적으로' 하나님을 어떤 존재로 인식하고 있는가에 주목하는 질문이다. 이는 곧 하나님과의 관계, 신앙에 대한 감정, 삶의 태도 전반에 영향을 미치는 심오한 통찰을 요구하는 물음이다.

사람이 하나님에 대해 가지는 이미지는 유년기의 관계 경험과 관련이 있다. 대상관계이론에 따르면, 어린 시절 부모와의 관계는 자기 표상과 대상 표상을 형성하는 핵심 경험이 된다. 예를 들어, 부모가 아이를 지속적으로 비난하거나 거절하는 환경에 내담자가 놓여 있었다면, 그 경험은 '나는 결핍되고 거절당할 수 있는 존재'라는 자기 표상으로 내면화된다. 이러한 왜곡된 자기 표상은 대인 관계 전반에 영향을 미치며, 나아가 하나님에 대한 인식에도 투사된다. 사람은 무의식적으로 하나님을 그간 자신이 경험해 온 '중요한 타자들'의 이미지로 동일시하거나 재구성하려는 경향이 있기 때문이다.

정신분석학자 하인즈 코헛(Heinz Kohut)은 인간이 자기 대상을 통해 자기감을 형성한다고 보았다. 그는 다음과 같은 세 가지 자기 대상 개념을 제시한다.

- 거울 대상: 존재의 가치를 인정해 주는 대상
- 이상화 대상: 보호해 주고 심리적 안정을 제공하는 대상
- 쌍둥이 대상: 소속감과 유대감을 공유할 수 있는 대상

이러한 자기 대상들은 우리가 하나님을 어떻게 이해하는지에 실질적인 영향을 미친다. 긍정적인 자기 대상 경험은 건강한 하나님 이미지 형성을 가능하게 하며, 반대로 왜곡된 관계 경험은 하나님을 무관심하고 정죄하며 위험한 존재로 인식하게 만들 수 있다.

어떤 이들은 하나님을 멀리 계시며 변덕스럽고 정죄하는 분으로 인식한다. 반대로, 하나님을 지나치게 이상화하여 "하나님은 언제나 무조건적인 사랑으로 나를 감싸시는 분"이라고만 생각하는 경우도 있다. 문제는 이러한 인식이 고난과 현실의 괴로움을 만날 때 신앙의 혼란으로 이어질 수 있다는 점이다. 하나님의 성품에 대한 왜곡된 인식은 삶의 의미를 상실하게 만들고, 신앙 공동체에서의 소외감을 심화시킬 수 있다.

따라서 목회자는 내담자가 말하는 하나님 이미지가 실제로 참된 하나님의 성품과 얼마나 부합하는지를 면밀히 살펴야 한다. 때로는 내담자가 하나님의 이름을 빌려 자신의 이상화 욕구, 두려움, 결핍을 투사하는 경우도 있기 때문이다. 목회자는 "그가 말하는 하나님은 누구인가?", "그가 말하는 하나님은 그의 고통과 갈등을 반영하는가?"라는 질문을

통해 그의 신앙 이해를 진단하고, 왜곡이 있다면 신학적으로 교정해야 한다.

하나님에 대한 이미지가 치유되어 갈 때, 그 사람은 비로소 신앙 안에서 정서적 안정감과 관계적 회복을 경험하게 된다. 이는 '하나님을 바로 아는 것'에서 그치지 않고, 삶의 모든 태도와 인간관계를 재구성하는 핵심 열쇠가 된다. 하나님에 대한 바른 인식은 신앙의 기초이며, 이 기초가 바로 서야 삶 전체의 의미와 방향성 또한 온전하게 정립될 수 있다. 따라서 목회자는 내담자 안에 담긴 하나님에 대한 상(像)을 주의 깊게 듣고, 거기 담긴 아픔과 욕망, 왜곡을 신학적 성찰과 사랑의 돌봄을 통해 회복시켜야 한다. 이것이야말로 목회 상담자가 감당해야 할 본질적인 사명이라 할 수 있다.

세 번째 기준: 죄의 인식과 그 역할에 대한 성찰

하워드 W. 스톤 교수가 제시한 세 번째 신학적 기준은 다음과 같은 질문을 담고 있다. "그가 처한 상황에서 죄는 무엇이며, 죄는 어떤 역할을 하는가?"

죄에 대한 인식과 그것이 한 사람의 삶에서 어떤 의미와 영향을 갖는지를 성찰하는 이 질문은, 단지 '무엇이 옳고 그른가'를 따지기 위함이 아니다. 고통 속에 있는 한 존재를 마주하며, 그 고통이 죄와 어떻게 얽혀 있는지를 함께 끌어안고 묻는 사랑의 물음이다. 이 질문은 먼저 내담자의 삶에 드러난 개인적 차원의 죄를 면밀히 살펴보는 일에서 출발한다. 내담자가 실제로 어떤 죄를 범했는지, 그 죄로 인해 죄책감을 느끼고 있는지, 그리고 그러한 죄에 대해 책임을 지려는 진정한 태도를 지니고 있는지를 목회자는 신중하게 분석해야 한다. 만약 내담자가 피상적인 후회나 수치심만을 느끼고 있다면, 목회자는 그가 회개의 여정을 걷고자 하는 의지와 각오가 있는지를 분별할 필요가 있다. 때로는 목회자는 이들에게 죄책감을 불어넣어 줄 필요가 있다.

반대로, 어떤 내담자들은 자신이 저지른 행동 이상으로 지나치게 무거운 죄책감을 끌어안고 살아가는 경우도 있다. 이때 목회자는 내담자의 마음에 있는 과도한 자책을 덜어 주는 일이 필요하다. 이는 내담자가 하나님의 은혜 앞에 더욱 담대하게 나아갈 수 있도록 돕는 따뜻한 손길이 된다(히 4:16).

그다음으로 고려해야 할 것은 공동체적·사회적 차원의 죄다. 목회자는 내담자의 삶의 배경과 환경을 이해해야 한다. 예컨대, 내담자가 어린 시절 학대를 경험했거나, 중독으로 고통받는 가정에서 성장했다면, 그가 직면한 문제는 단순히 개인의 죄 문제가 아니라 구조적인 악의 결과일 수 있다. 어린 시절의 그는 그 해로운 환경에서 벗어나고 싶었지만 아이에게는 선택권이 없었을 것이다. 삶의 조건이 너무나 단단하게 닫힌 공간이었을 것이다. 보호자라는 존재—즉, 세상에서 가장 믿고 의지해야 할 사람이 고통의 근원이 되었을 때, 어린 마음은 그것을 있는 그대로 받아들이기 어렵다. 결국 아이는 자신이 나쁜 존재이기 때문에 그런 일을 당했다고 믿는 방식으로 자기 세상을 정리해 간다. 그렇게 자기 정체성과 자존감은 서서히 깎이고, '나는 본질적으로 문제가 있는 사람'이라는 왜곡된 신념이 자리 잡는다. 그 신념은 성인이 되어서도 죄책감과 자기혐오의 그림자를 남기며, 그의 삶을 조용히 잠식해 들어간다. 이러한 상처와 왜곡된 자기 인식을 지닌 내담자에게, 목회자는 무엇보다 먼저 비난보다 공감과 연민의 시선을 건네야 한다. 죄의 목록을 나열하기 전에, 그가 어떤 고통 속에서 살아왔는지를 이해하는 것이 선행되어야 한다. 그의 행동을 죄로서 바로잡기보다, 먼저 그 영혼을 짓눌러 온 환경으로부터 자유롭게 걸어 나올 수 있도록 곁에 함께 있어 주는 일, 그것이 목회자의 첫 번째 책임이다.

이와 관련하여 영화 〈굿 윌 헌팅〉(Good Will Hunting)은 한 사람의 내면에서 벌어지는 고통과 회복의 여정을 생생하게 보여 준다. 주인공 윌 헌팅은 학대와 상처 속에서 자라나며, 그 아픔을 공격성과 냉소로 위장한다. 하지만 심리학 교수 션 맥과이어와의 상담을 통해 그는 마침내 "이건 네 잘못이 아니야(It's not your fault)"라는 말을 받아들이게 된다. 처음엔 그 말을 단호히 거부했지만, 션의 반복되는 진심 어린 메시지가 닫혀 있던 마음의 문을 두드리고 또 두드린 끝에, 그는 자기 비난에서 해방될 용기를 얻게 된다. 이는 단순한 심리 상담의 장면이 아니라, 한 인간이 존재의 어두운 그림자를 통과하여 자신을 다시 품에 안는 순간이다.

실제로 많은 이가 인생의 실패나 상처를 자신의 탓으로 단정하며 살아간다. 심지어 자신의 책임이 아님에도 불구하고, 무의식적으로 "이 모든 일은 내 잘못이야"라고 믿으며 무거운 짐을 진다. 목회자는 그런 영혼 앞에 서서, 그의 생애를 들여다보아야 한다. 얼마나 외로운 길을 걸어왔는지, 어떤 절망의 계절을 견뎌 냈는지를 헤아려야 한다. 그리고 때로는 아주 조용히, 그러나 가볍지 않은 목소리로 말해야 한다. "이건 네 잘못이 아니야." 이 한마디는 위로를 넘어, 삶을 다시 시작하게 만드는 희망의 불씨가 된다. 누군가 처음으로 그를 이해해 주고, 판단이 아닌 연민으로 바라봐 주는 그 순간, 상처 입은 영혼은 새로운 방향을 바라보기 시작한다. 그리고 그 첫걸음은, 다시 살아보고자 하는 용기와 사랑의 시작점'이 된다.

무엇보다 중요한 것은, 목회 상담이 추구하는 핵심이 공동체에서의 회복과 치유라는 점이다. 신앙 공동체에서 잘못을 고백하고 용서를 주고받으며, 안전한 관계 속에서 자신의 연약함을 있는 그대로 드러낼 수 있어야 한다. 목회자는 내담자의 죄를 개인적·공동체적·사회적 관점에서 입체적으로 이해하고, 그가 온전한 회복으로 나아갈 수 있도록 함께 걸어가야 한다. 이처럼 환경의 해악을 인식하고, 그 안에서 새로운 가능성을 발견하게 하는 것, 그것이 목회 상담자의 소명이자 사명이라 할 수 있다.

네 번째 기준: 믿음을 품을 수 있는 능력에 대한 이해

하워드 W. 스톤 교수가 제시한 네 번째 신학적 기준은 다음의 질문으로 요약된다. "그 사람이 믿음을 가질 수 있는 능력이 무엇인가?"

이는 단순히 "믿음이 있는가?"라는 이분법적 판단이 아니라, 그 사람이 믿음을 품을 수 있는 준비와 여건이 갖추어졌는지를 섬세하게 성찰하자는 요청이다. 목회자들이 흔히 빠지기 쉬운 오류 중 하나는, 고통의 한복판에 있는 이들에게 "믿으면 다 해결된다"는 말로 쉽게 조언하는 일이다. 물론 믿음은 신앙의 중심이며, 하나님의 능력은 그 어떤 환경도 이기게 하신다는 점에서 희망의 중심축이 된다. 그러나 그 믿음은 설교문처럼 주입되는 것이 아니라, 삶이라는 텃밭에서 천천히 자라나는 씨앗과 같다.

한 사람이 믿음을 가질 수 있으려면, 그의 내면이 얼마나 상처받았는지를 이해하고, 지금 그가 어디쯤 서 있는지를 세심하게 살펴야 한다. 믿음을 당연하게 요구하는 것이 아니라, 믿음이 숨 쉴 수 있는 공간을 열어 주는 것, 그것이 목회 상담의 출발점이 되어야 한다.

> 마음이 지쳐서 기도할 수 없고
> 눈물이 빗물처럼 흘러내릴 때
> 주님은 우리 연약함을 아시고
> 사랑으로 인도하시네
> 누군가 널 위하여
> 누군가 기도하네

이 찬양은 우리가 지치고 아무것도 할 수 없을 때도 주님은 우리를 기다려 주시고, 우리를 대신해 기도하시는 분임을 전한다. 기도의 말조차 나오지 않는 깊은 고통에서, 하나님의 사랑은 '기다림'이라는 이름으로 다가온다. 이처럼, 누군가의 믿음이 깨어나기까지는 시간과 인내, 무엇보다 신뢰라는 따뜻한 울타리가 필요하다.

힘든 환경에서 자란 사람에게 "강한 믿음을 가지라"고 말하는 것은 어쩌면 또 다른 짐을 지우는 일일 수 있다. 그보다는 그가 믿음을 향해 조심스럽게 발걸음을 떼려는 순간을 따뜻하게 지켜봐 주고, 넘어지면 일으켜 세우며 기다려 주는 것이 먼저다. 만약 누군가가 아직 믿음을 품을 수 없는 상태라면, 목회자는 "왜 믿지 못하냐"고 추궁할 것이 아니라, "그럴 수 있다"고 공감하며 곁에 있어 주어야 한다. 그런 기다림은 곧 하나님의 성품을 닮은 목회의 형태가 된다.

필자의 딸이 다섯 살이었을 때, 냉장고를 열어 보더니 우유가 없다는 것을 발견했다. 아이는 당장 마트에 가자고 조르고, 필자는 "조금만 기다려 달라"고 말했지만, 딸은 고집을 꺾지 않았다. 결국 하던 일을 마무리하지 못하고 마트로 향해야 했다. 이 작은 에피소드는 중요한 메시지를 전한다. 딸은 아버지를 믿지 못한 것이 아니라, 아직 어린아이였기 때문에 기다릴 수 없었다. 그러므로 믿음을 강요할 것이 아니라, 자연스럽게 믿음을 배우고 자라날 수 있도록 기다려 주는 태도가 필요하다. 오늘날 대학생이 된 딸은 그런 고집을 부리지 않듯, 믿음도 시간과 경험 안에서 조금씩 자라난다. 믿음이 성숙하기 위해서는 책망이 아니라 공감과 기다림, 그리고 함께 있어 주는 손길이 먼저 필요하다.

목회 상담의 본질은 곧 주님의 사랑과 인내를 닮아, 내담자가 자신의 속도로 걸어가도록 돕는 것이다. 목회자는 내담자의 아픔과 상황, 그가 지닌 믿음의 여정이 어디쯤 와 있는지를 민감하게 살필 줄 아는 사람이 되어야 한다. 믿음을 가지도록 도와주는 것은 중요하시만, 그 진에 그기 믿음을 품을 수 있는 땅에 서 있는지, 아직은 울타리 안에서 보호받아야 하는 어린 묘목은 아닌지 분별하는 것이 선행되어야 한다. 그리하여 내담자가 강요된 신앙이 아니라, 자기만의 속도와 언어로 하나님께 나아가는 여정을 걷게 하는 것, 그것이 곧 목회 상담이 감당해야 할 깊은 사명이다.

다섯 번째 기준: 구원에 대한 이해와 그 깊이

하워드 W. 스톤 교수가 제시한 다섯 번째 신학적 기준은 다음의 질문을 담고 있다. "이 사람은 구원에 대해서 어떻게 보고 있는가?"

이 물음은 내담자가 구원을 믿고 있는지를 묻는 차원을 넘어서, 그가 구원을 어떻게 정의하고, 어떤 방식으로 자신의 삶과 연결하고 있는지를 들여다보아야 한다는 요청이다. 이 기준은 특히 목회 상담자가 내담자의 신앙의 깊이를 읽어 내고, 그가 구원이라는 주제를 통해 하나님과의 관계 안으로 어떻게 더 깊이 들어갈 수 있을지를 함께 모색하는 중요한 방향성을 제공한다.

우선, 많은 사람이 '구원'을 단지 삶의 문제 해결 방식으로 이해하곤 한다. 부부 관계의 회복, 질병의 치유, 경제적 회복, 혹은 내면의 고통 해소를 구원과 동일시하는 경향이 있다. 물론 이 모든 문제는 인간의 삶에서 매우 중요한 부분이며, 그 안에 하나님의 자비와 도우심이 작동하는 것은 분명하다. 그러나 목회 상담자는 여기서 한 걸음 더 나아가야 한다. 내담자가 바라는 그 문제 해결이 과연 하나님과의 관계를 깊게 하고 있는가, 아니면 신앙을 거래적으로 이해하는 방향으로 흐르고 있는가를 섬세하게 분별해야 한다.

어떤 경우에는 질병의 치유가 하나님을 떠나는 계기가 되기도 하고, 경제적 회복이 신앙적 나태로 이어지기도 한다. 그럴 때, 내담자는 구원을 삶의 '유익'이라는 틀로 축소시키는 오류에 빠질 수 있다. 그러므로 목회자는 문제 해결 자체보다 그 결과가 신앙 안에서 어떤 의미를 가지는

지 더 깊이 고민하도록 도와야 한다. 예를 들어, 한 성도가 오랜 부부 갈등으로 인해 고통받고 있고, 관계 회복을 간절히 기도하고 있다고 가정해 보자. 목회자는 그 절실한 마음에 공감하며 함께 아파해야 한다. 그러나 동시에 그에게 이렇게 권면해야 한다. "이 어려움에서도 하나님과의 관계는 어떻게 변화하고 있는가?" 단순히 부부 갈등이 해소되는 것이 전부가 아니라, 그 과정을 통해 더 깊은 신앙의 뿌리가 내릴 수 있도록 인도하는 것이 목회 상담의 목적이어야 한다. 만약 그가 관계의 회복 이후 신앙에서 멀어진다면, '문제는 해결되었지만 구원은 이루어지지 않은 상태'가 될 수도 있다. 반대로, 관계가 여전히 어려움에 있다 하더라도 하나님 앞에서의 내면이 성숙해지면 그는 구원의 여정을 걸어가고 있는 것이라 할 수 있다.

사도 바울은 "그러므로 나의 사랑하는 자들아 너희가 나 있을 때 뿐 아니라 더욱 지금 나 없을 때에도 항상 복종하여 두렵고 떨림으로 너희 구원을 이루라"(빌 2:12)고 말하며, 구원이 단지 한순간의 사건이 아니라 하나님과의 지속적인 관계에서 이루어지는 살아 있는 여정임을 강조한다. 구원은 단지 '삶이 나아지는 것'이 아니라, 하나님을 더욱 사랑하게 되고, 그분과의 사귐이 더 깊어지는 방향으로 삶이 변화되는 것이다. 따라서 목회자는 내담자의 '구원관'을 섬세하게 살펴보아서 하나님과의 친밀한 관계로 이어질 수 있도록 이끌어야 한다. 현실의 문제 해결이라는 당장의 열매보다, 내담자의 영혼에 맺히는 믿음의 뿌리를 바라보는 눈이 필요하다.

목회 상담자는 단순히 문제를 해결하는 조력자가 아니다. 그는 내담자가 자신의 삶을 통해 하나님의 은혜와 구원의 역사를 발견할 수 있도록 곁에서 조용히 안내하는 영적 동반자다. 그리고 그 여정을 통해, 내담자는 단순한 문제 해결을 넘어 하나님과 동행하는 믿음의 삶에서 진정한 구원을 맛보게 되는 것이다.

여섯 번째 기준: 믿음의 공동체에서의 지지와 돌봄

하워드 W. 스톤 교수가 제시한 여섯 번째 신학적 기준은 다음과 같다. "이 사람은 적절한 믿음의 공동체의 후원을 받고 있는가?"

이 질문은 단순한 정보 확인이 아니다. 내담자가 신앙 공동체에서 자신을 지지해 주는 관계를 경험하고 있는가, 고통의 자리에 함께 앉아 줄 신앙의 가족을 지니고 있는가를 점검하자는 요청이다.

목회자는 내담자가 가족이나 교회 공동체로부터 얼마나 신앙적·정서적 후원을 받고 있는지를 면밀하게 살펴야 한다. 만약 그에게 함께 기도해 주고, 삶의 이야기를 나눌 동반자가 없다면, 그는 상담자에게 과도하게 의존할 위험에 놓이게 된다. 이때 상담자와의 관계는 건강한 동행이 아니라, 내담자가 인정받기 위해 자신의 내면을 감추거나, 문제가 해결된 것처럼 가장하는 방식으로 왜곡될 수 있다. 그렇게 되면, 진짜 회복은 멀어지고, 상담은 오히려 내담자의 고립을 강화하는 도구가 될 수 있다. 따라서 목회자는 내담자가 자연스럽게 소속감을 느끼고, 있는 그대로의 자신으로 사랑받을 수 있는 공동체 안으로 들어갈 수 있도록 돕는 역할을 감당해야 한다.

이런 의미에서 교회는 단순한 종교 기관이 아니라 영적 가족이다. 기쁠 때 함께 웃을 뿐 아니라, 넘어졌을 때 다시 일어설 수 있도록 등을 내주는 사랑의 공간이어야 한다. 하지만 실제로 많은 성도는 교회 안에서 자신의 고통과 아픔을 자유롭게 나누는 데 주저한다. 교회 공동체에서 승리의 간증은 비교적 쉽게 나눌 수 있지만, 실패의 고백이나 깊은 상처에 대해서는 말문을 닫는 경우가 많다. 여기서 우리는 질문해 보아야 한다. "교회는 성도가 자신의 연약함을 드러낼 수 있는 안전한 공간이 되고 있는가?" "그 고통을 있는 그대로 들어 줄 준비가 되어 있는가?" 목회자는 이러한 질문을 마음에 품고, 교회가 진정으로 성도들의 상처를 품는 공동체로 회복될 수 있도록 노력해야 한다.

특히 오늘날의 청년들이 처한 현실은 더욱 복잡하고 고단하다. '삼포세대', '오포세대', '칠포세대', 나아가 'N포세대'까지—삶을 포기해야 하는 선택지로 내몰리는 청년들의 현실은 사회 구조적 불공정과 깊은 좌절감을 드러내고 있다. 어떤 이들은 대한민국 사회를 '헬조선'이라 부르며, 고통받는 자신의 존재를 냉소로 포장한다. 그들에게 교회는 어떤 공간이어야 하는가? 마음껏 울어도 되는 곳인가, 아니면 신앙인답게 항상 밝고 괜찮은 모습만 보여야 하는 곳인가? 어느 청년 사역자가 설교 중 이렇게 말했다고 한다.

"괜찮지 않아도 괜찮아. 네 모습 그대로 너는 멋있어. 너는 존재 자체로 아름다워."

그는 설교 중에 청년들이 그렇게 많이 눈물 흘리는 모습을 처음 보았다고 한다. 우리는 이 짧은 한마디가 가진 치유의 힘을 깊이 새겨야 한다. "괜찮지 않아도 괜찮아." 이 말은 단순한 위로가 아니라, 존재 자체를 있는 그대로 존중하겠다는 신앙 공동체의 선언이다. 오늘날 많은 청년이 자신의 취약함을 감추고 살아간다. 어디에도 속하지 못한 채, 질문하지도, 울지도 못한 채 살아간다. 그러나 교회는 그들의 눈물이 가장 먼저 흘러야 할 곳, 그 연약함이 판단이 아닌 공감으로 받아들여지는 유일한 공간이 되어야 한다.

이런 맥락에서 목회자는 성도들이 교회 공동체에서 '영적 가족'으로 연결되고, 삶의 기쁨과 고통을 함께 나눌 수 있는 신뢰의 공간으로 들어갈 수 있도록 안내해야 한다. 교회는 단지 조직이 아니라, 하나님 안에서 서로를 품는 살아 있는 관계를 유지하는 곳이어야 한다. 결국 교회는 사랑과 돌봄의 공동체여야 한다. 성도들이 자신의 아픔을 감추지 않고도 환영받을 수 있고, 자신의 연약함을 내어놓아도 정죄 대신 기도를 받는 곳. 그런 공간을 함께 만들어 가는 일이야말로, 오늘날 목회자들에게 주어진 깊고 거룩한 사명이다.

다시 말해, 성도가 어떤 공동체에서 어떤 관계를 맺고 살아가고 있는지를 살피는 일은 목회 상담의 중심에 놓여야 한다. 신앙 공동체가 내담자에게 후원이 되는지, 그 안에서 영적으로 건강하게 자라날 수 있는 환경이 조성되어 있는지를 평가하고 안내하는 것이 목회자의 중요한 책임이다. 그리고 그렇게 신뢰와 지지로 연결된 관계에서, 내담자는 혼자가 아님을 깨닫고, 믿음의 여정을 함께 걸어갈 동역자들과 손을 잡는 법을 배워 가게 된다. 목회 상담은 그 여정 가운데 놓인 따뜻한 다리이자, 하나님께 이끄는 조용한 인도자가 되어야 한다.

일곱 번째 기준: 내담자의 소망은 무엇이며, 그 소망은 실제로 존재하는가?

하워드 W. 스톤 교수가 제시한 일곱 번째 신학적 기준은 다음과 같은 질문으로 요약된다. "그에게 소망이 무엇이고, 그 소망이 존재하는가?" 이 질문은 단순한 희망 여부를 묻는 차원을 넘어선다. 내담자가 가진 소망이 실제로 삶을 견디게 하는 내면의 힘으로 작동하고 있는지, 아니면 허황된 기대나 현실을 부정하려는 환상에 그치고 있는지를 신중히 평가하려는 시도다. 교회 안에서 우리는 종종 다음과 같은 말을 듣는다. "간절히 기도하면 이루어질 것입니다." "하나님이 원하시면 반드시 허락하실 것입니다."

이는 기도의 중요성과 하나님의 주권을 강조하려는 믿음의 표현이기도 하다. 그러나 현실은 종종 우리의 소망과는 다른 방향으로 흘러간다. 정작 우리가 기대한 삶은 펼쳐지고 있는가? 자녀들은 부모의 기도와 바람대로 자라고 있는가? 취업, 결혼, 진학 등 인생의 주요 여정이 우리의 계획에 따라 진행되는가? 우리 모두는 안다. 삶은 예상대로 흘러가지 않는 경우가 훨씬 많다는 사실을 안다.

따라서 목회자는 내담자가 품고 있는 소망이 단순한 '기대' 수준에 머물러 있는지, 아니면 현실을 직면하면서도 희망을 붙드는 신앙적 깊이를 지니고 있는지를 면밀히 살펴야 한다. 그의 소망이 환상과 바람을 넘어서, 삶을 붙들고 견디게 하는 신앙의 뿌리로 자리 잡고 있는지를 확인해야 한다.

하나님의 약속은 분명하지만, 그것이 우리의 모든 문제를 곧바로 해결해 준다는 보장은 없다. 우리는 여전히 완성되지 않은 세상, 즉 '이미 임했지만 아직 완성되지 않은' 종말론적 긴장 속에 살아가고 있다. 이런 긴장 속에서 소망은 단지 미래에 대한 기대가 아니라, 지금 여기에서 하나님을 믿는 신뢰의 방식으로 작동한다.

많은 성도가 관계 회복이나 구체적인 문제 해결을 간절히 바란다. 그러나 그리스도인의 삶은 고난이 없는 삶이 아니라, 고난에서도 평안을 누리는 삶이다. 사도 바울 역시 육체의 가시를 제거해 달라고 세 번이나 간절히 기도했지만, 하나님의 응답은 그의 기대와 달랐다. 그러나 그 과정에서 그는 알게 되었다. "내 은혜가 네게 족하도다"(고후 12:9). 바울은 연약함 속에서 오히려 하나님의 능력이 드러남을 체험하고, 진정한 자유가 환경의 변화가 아니라, 은혜를 받아들이는 마음의 변화로부터 시작된다는 사실을 깨닫는다.

흥미롭게도, 성경은 소망과 인내를 결코 따로 떨어뜨려 이야기하지 않는다.

로마서 5장 3-4절에서 바울은 다음과 같이 고백한다.

> "다만 이뿐 아니라 우리가 환난 중에도 즐거워하나니 이는 환난은 인내를, 인내는 연단을, 연단은 소망을 이루는 줄 앎이로다"

야고보서 1장 3절에서도 이렇게 말한다.

> "이는 너희 믿음의 시련이 인내를 만들어 내는 줄 너희가 앎이라"

이 외에도 로마서 8장 24-25절, 12장 12절, 히브리서 6장 11-12절, 야고보서 5장 7-8절 등 많은 구절에서 소망은 반드시 인내를 통해 다듬어지고, 믿음의 과정을 거쳐 완성되어 감을 보여 준다. 성경이 말하는 참된 소망은 단순한 긍정의 메시지가 아니다. 인내와 고통, 연단과 눈물 속에서도 하나님의 신실하심에 대한 확신이고, 그분을 신뢰하는 결단이다.

목회자는 내담자가 가진 소망이 허망한 기대에 머물지 않고, 하나님과 더 가까워지도록 이끄는 신앙적 통로가 되고 있는지를 분별해야 한다. 고난 중에도 하나님을 기다리는 인내의 자세, 쉽게 낙심하지 않고 하나님께 기대는 믿음의 고백이 그의 삶에서 어떻게 드러나는지를 따뜻하게 살펴야 한다. 이러한 과정을 통해 성도는 문제 해결을 위한 기도를 넘어서, 하나님의 은혜 안에서 성장하고, 진정한 소망을 발견하는 신앙의 여정을 걷게 된다.

여덟 번째 기준: 목회자와 내담자 사이에 자유는 존재하는가?

하워드 W. 스톤 교수가 제시한 여덟 번째 신학적 기준은 다음의 물음으로 요약된다. "이 사람과 나 사이에 자유가 존재하는가?"

이 질문은 단순한 상담 기법을 넘어, 목회자의 내면과 관계의 본질을 비추어 보는 거울과 같다. 이는 상담의 기술적인 완성도를 넘어, 목회자가 과연 어떤 마음으로 성도를 대하고 있는지, 그리고 그 관계 속에 진정한 자유가 존재하는지를 성찰하게 만든다.

첫 번째 질문이 "이 성도는 왜 나를 찾아왔는가?"였다면, 여덟 번째 질문은 이제 "나는 이 성도에게 어떤 사람이 되고 있는가?"를 묻는다. 내담자가 찾아온 이유를 이해한 뒤, 목회자는 자신이 내담자를 대하는 자세, 그리고 상담이라는 관계 속에 '자유'라는 공간이 존재하는가를 되돌아보아야 한다. 이 기준은 결국, 목회자의 동기와 자세, 그 숨은 내면의 동력을 다시 점검하게 한다. 나는 정말 이 성도를 사랑과 섬김의 마음으로 돕고 있는가? 아니면, 내가 유능한 목회자라는 것을 스스로에게 확인하기 위해, 혹은 자기 성취감과 사역의 성공을 위한 수단으로 성도를 이용하고 있지는 않은가? 이 질문은 불편하지만 반드시 마주해야 한다. 목회자는 '돕는 자'로서 존재해야 하며, '주도하는 자', 혹은 '해결사'가 되어서는 안 된다. 진정한 돌봄은 조용하고 겸손한 동행에서 비롯된다.

또한, 목회자와 성도 사이의 자유는 상담의 성패를 가늠하는 핵심 요소다. 그 자유는 서로가 완벽하지 않아도 괜찮다고 말할 수 있는 용기의 공간이다. 목회자는 성도 앞에서 자신의 연약함을 인정할 수 있어야 하며, 상담이 반드시 완벽한 결과를 내야 한다는 강박에서 스스로를 해방시킬 수 있어야 한다. 상담에서 실패할 자유, 실수를 인정할 수 있는 여유, 그리고 답을 모른다고 말할 수 있는 솔직함이 존재할 때, 비로소 그 만남은 은혜의 자리로 깊어지기 시작한다.

만약 목회자가 "반드시 문제를 해결해야 한다"는 압박감에 사로잡힌다면, 상담은 통제와 부담의 공간이 되고 만다. 문제 해결에 실패했을 때 자괴감에 빠지거나, 상담의 본질을 흐리게 되는 것이다. 목회자는 만능 해결자가 아니다. 그는 성도가 하나님의 은혜 안에서 치유와 회복을 경험할 수 있도록 곁에서 안내하는 조력자다. 이러한 자유의 관계는 결국 하나님께서 일하실 수 있는 자리를 열어 드리는 행위이기도 하다. 진정한 회복은 사람의 능력이 아닌, 하나님의 주권적 역사에서 이루어지며, 목회자는 그 공간을 허용하는 존재로 서야 한다.

필자도 목회 사역을 하며 이 자유가 주는 해방감과 평안을 자주 경험해 왔다. 상담실에서, 강의실에서, 강단 위에서—내 힘으로 무언가를 '해야 한다'는 부담이 아니라, 하나님의 도우심을 믿고 맡길 수 있었을 때, 마음 깊은 곳에서부터 진정한 쉼이 찾아왔다. 강의가 망해도 괜찮고, 상담이 완벽하게 흘러가지 않아도 괜찮다고 느꼈을 때, 오히려 하나님의 일하심을 더욱 신뢰하게 되었다. 이 자유는 나를 가볍게 했고, 내담자를 있는 모습 그대로 받아들이는 눈을 열어 주었다.

목회자가 내담자의 성장과 변화에 지나친 책임감이나 소유권을 갖지 않고, 하나님께 맡길 수 있는 여유를 가질 때, 그 관계는 진정한 은혜의 장이 된다. 그리고 성도 역시 그 자유의 공간 안에서 부담 없이 자신의 연약함을 드러내고, 하나님의 은혜를 경험하는 회복의 길로 나아갈 수 있게 된다.

신학적 평가 기준은 돌에 새겨진 것이 아니다

지금까지 살펴본 여덟 가지 신학적 평가 기준은 목회 상담이 단지 심리학적 해석이나 사회학적 분석의 도구가 아니라, 신학적 통찰을 바탕으로 한 성도의 삶의 여정에 대한 공감과 이해임을 분명히 보여 준다.

목회자는 성도들의 문제를 상담학의 기법이나 이론에만 의존해 해석하는 것이 아니라, 신학의 눈으로 그들의 고통을 바라보고, 믿음의 언어로 해석하며, 하나님의 관점에서 동행하는 이가 되어야 한다. 스티븐 아이비(Stephen Ivey)는 "목회적 진단이란 단순한 분석이 아니라, 교회의 사역이라는 넓은 문맥에서 성도의 관심과 관점, 그리고 삶의 이야기를 감각적으로 이해하는 예술"이라고 말했다. 목회 상담이 추구해야 할 지점은 문제 해결의 기술이 아니라, 성도로 하여금 자신의 삶과 신앙을 온전히 돌아보고, 그 안에서 하나님의 임재와 소망을 발견하도록 돕는 여정이다.

하지만 목회자가 아무리 신학적 평가 기준을 숙지하고 있다 하더라도, 그것이 모든 상황에 정답처럼 작동하는 것은 아니다. 신학은 이론 이전에 삶이며, 기준은 원칙이기 전에 사람을 향한 이해의 틀이기 때문이다. 이에 하워드 W. 스톤은 다음과 같이 조언한다.

"신학적인 평가는 돌에 새기는 것이 아니라, 언제든 다시 쓸 수 있어야 한다."

이 말은 목회 상담자가 항상 유연한 마음으로 내담자의 삶을 존중하며, 필요한 경우 기존의 판단을 재해석하고 수정하며 성장할 준비가 되어 있어야 한다는 뜻이다. 신학적 기준은 분명한 나침반이지만, 그 나침반을 들고 길을 걷는 이는 결국 '변화하는 존재'인 목회자 자신이라는 것을 기억해야 한다.

지금까지의 여덟 가지 기준을 다시 간략히 요약하면 다음과 같다.

1. 내담자가 왜 목회자를 찾았는가?: 성도의 필요와 동기 이해
2. 하나님을 어떻게 이해하고 있는가?: 신앙의 방향성과 하나님 이미지 탐색
3. 죄의 개념과 역할은 무엇인가?: 개인적·사회적 죄 인식과 반응 분석
4. 믿음을 가질 수 있는 능력이 있는가?: 믿음의 준비 상태와 내면의 여정 평가
5. 구원에 대해 어떻게 이해하고 있는가?: 구원이 삶에 미치는 실제적 의미 분석
6. 믿음의 공동체로부터 후원을 받고 있는가?: 신앙 공동체와의 연결성과 지지 여부
7. 내담자가 가지고 있는 소망은 무엇인가?: 소망의 내용과 실현 가능성 평가
8. 목회자와 내담자 사이에 자유가 존재하는가?: 진정성 있는 관계와 자기 성찰 여부

이 기준들을 통해 목회자는 성도의 고통을 더 깊이 이해하고, 그들과

함께하는 신앙의 여정을 더 세심하고 따뜻하게 동반할 수 있다. 그러나 무엇보다 중요한 것은 이 기준들을 정답처럼 기계적으로 적용할 것이 아니라, 각 사람의 삶의 결에 맞추어 유연하고 정직하게 마주할 수 있는 용기와 열린 마음이다. 신학적 평가는 고정된 정답이 아니라, 살아 있는 관계 속에서 함께 써 내려가는 대화의 언어다. 그 언어는 성도의 삶을 존중하며, 목회자 자신도 끊임없이 성장하는 여정 위에 서 있을 때, 비로소 의미 있는 도구가 된다. 이러한 겸손한 접근을 통해, 목회자는 단순한 문제 해결자가 아니라 하나님의 은혜와 사랑을 함께 묻고 나누는 동행자로서, 성도들을 깊고 풍성하게 섬길 수 있게 될 것이다.

6장

Better Together:
우리가 함께 있어야 하는 이유

필자는 집회를 인도하는 자리에 설 때, 예배의 시작 부분에서 성도들에게 종종 "내 옆에 앉아 주셔서 감사합니다"라고 서로 인사해 보자고 제안한다. 이 짧은 문장에는 단순히 물리적으로 곁에 있다는 사실을 넘어, 정서적·심리적으로도 함께할 수 있음에 대한 감사와 따뜻한 환영의 마음이 담겨 있다. 함께할 수 있다는 사실은 얼마나 귀하고도 감사한 일인가. 특히 목회 상담의 관점에서 볼 때, 이런 짧은 인사말은 공동체 내에서의 정서적 연결을 강화하고, 예배의 분위기를 더 따뜻하고 수용적인 공간으로 전환시키는 역할을 한다.

이러한 관계의 아름다움은 우연이 아니라, 하나님께서 처음부터 의도하신 창조의 질서다. 관계는 하나님의 본성이며, 그분의 존재 자체다. 하나님은 성부, 성자, 성령, 즉 삼위일체로 존재하시며, 그 친밀한 관계 속으로 우리를 초대하신다. 그분은 멀리서 지켜보시는 분이 아니라, 우리와 인격적이며 깊이 있는 관계를 맺고자 하시는 분이시다.

미국에서 지내던 시절, 나는 집 앞에서 자주 세차를 하곤 했다. 효율성과 완성도만 따지자면 혼자 하는 편이 훨씬 수월하다. 아들과 함께하면 시간이 더 오래 걸리고, 세차가 깔끔하게 끝나지 않을 때도 많다. 그럼에도 불구하고, 나는 아들과 함께하는 시간을 무엇과도 바꿀 수 없는 소중한 선물로 여긴다. 물장난을 하며 함께 웃고, 서로에게 집중하며 보내는 그 시간은 단순한 노동의 순간이 아닌 깊은 유대감의 기록이다. 그래서 나는 가능할 때마다 아들을 부르고, 함께하려 애쓴다. 나에게 있어 중요한 것은 결과가 아니라, 함께 나누는 시간 속에서 자연스레 쌓여가는 관계다. 내가 하는 일에 아들을 초대하는 것은 내가 아버지로서 느끼는 기쁨 중 하나다.

하나님도 그러하시다. 그분은 우리를 그분의 사역에 초대하시고, 함께 교제하기를 원하신다. 하나님께서 바라시는 것은 단순한 결과물이나 성과가 아니다. 그분은 우리가 동행하며 살아가기를, 서로를 기쁨으로 맞이하고 사랑과 친밀함 속에 거하기를 원하신다. 우리가 함께 살아가는 삶, 서로의 곁에 존재하며 그 존재 자체로 기쁨이 되는 삶, 이것이 하나님께서 기뻐하시는 복된 삶이다. 함께하는 것만큼 위대한 가치는 없다. 우리는 혼자가 아니라, 더불어 살아갈 때 비로소 충만한 삶을 누리게 된다.

혼자 있으면 안 된다: 하나님께서 우리를 공동체로 지으신 이유

필자는 개인적으로 오랜 시간 동안 가족과 떨어져 지내야 했던 시기가 있었다. 솔직히 말하자면, 함께 지낼 때는 불편하게 느껴졌던 일들이, 막상 혼자가 되자 편안함으로 다가왔다. 먹고 싶은 것을 마음껏 먹을 수 있었고, 짬이 나면 내가 하고 싶은 일을 마음껏 할 수 있었으며, 아무것도 하기 싫을 때는 아무것도 하지 않아도 되는 자유로움이 있었다. 분명 편한 점들이 많았다. 그러나 이상하게도 마음 한편에는 늘 외로움과 허전함이 떠나지 않았다. 하고 싶은 것을 마음껏 하고 있음에도, 정작 '행복하다'는 느낌은 쉽게 찾아오지 않았다. 그 시절 깨달은 한 가지 진리가 있다. "편하게 살고 싶으면 혼자 있고, 진정한 행복을 원하면 함께 있어야 한다."

그렇다. 참된 행복은 단순한 편안함에서 오지 않는다. 때로는 삶이 고되고 버겁더라도, 누군가와 함께할 때 비로소 더 깊고 진한 기쁨이 찾아온다. '함께함'이 주는 울림은 편안함이 줄 수 없는 충만함으로 다가온다. 우리가 서로 함께할 수 있다는 것 자체가 얼마나 크고 놀라운 축복인가. 정서적으로, 심리적으로 서로를 지지하며 함께 시간을 나눈다는 것은, 그 자체로 인생을 더 풍요롭고 단단하게 만든다. '함께'하는 삶은 곁에 누군가가 있다는 사실 이상으로, 마음 깊은 곳에서 우러나는 따뜻함과 위안을 선물한다.

하나님께서는 우리가 혼자 사는 것을 원하지 않으신다. 혼자 있는 삶은 외롭고, 때로는 위험하기도 하다. 성경은 이를 이렇게 말한다.

> "두 사람이 한 사람보다 나음은 그들이 수고함으로 좋은 상을 얻을 것임이라 혹시 그들이 넘어지면 하나가 그 동무를 붙들어 일으키려니와 홀로 있어 넘어지고 붙들어 일으킬 자가 없는 자에게는 화가 있으리라"(전 4:9-10)

여기서 '화가 있으리라'라는 구절은 영어 성경에서 '저주가 있을지어다(woe to him)'로도 번역된다. 하나님께서 얼마나 단호한 표현을 사용하셨는지 짐작할 수 있다. 이는 공동체가 단순한 선택이 아니라 생명의 문제임을 말해 준다. 우리는 신체적으로, 정서적으로, 그리고 영적으로 건강하기 위해 반드시 공동체 안에 거해야 한다.

많은 이가 오늘날 인생의 문제를 '상처'로 설명한다. 상처 때문에 아프고, 상처 때문에 삶이 괴롭다고 고백한다. 물론 상처는 아프다. 그러나 정말로 우리를 무너뜨리는 것은 상처 그 자체가 아니라, 그 상처 속에 혼자 있다는 느낌이다. 소외와 고립이 사람들을 지치게 한다. 상처가 있어도 누군가 곁에 있다면 버틸 수 있고, 함께한다면 치유의 시간도 기다릴 수 있다. 폭풍이 몰아치고 천둥이 요란하게 울려도, 우리가 함께 있으면 두려움을 이겨 낼 수 있다. 누군가는 말한다. "청춘이니까 아프다"고.

그러나 청춘이라서 아픈 것이 아니다. 혼자 있기 때문에 더 아픈 것이다. 소외되고 고립될 때, 상처는 깊어지고 치유는 더욱더 멀어진다. 하나님께서 전도서에서 "붙들어 일으킬 자가 없는 자에게는 화가 있으리라"(전 4:10)고 말씀하신 이유가 바로 이것이다.

그러므로 우리는 혼자 있어서는 안 된다. 우리에겐 반드시 공동체가 필요하다. 물론, 때때로 '고독'이라는 시간을 갖는 것도 중요하다. 고독과 외로움은 다르다. 외로움은 곁에 아무도 없기에 느껴지는 감정이지만, 고독은 건강한 공동체로 돌아가기 위한 내면의 성찰이다. 고독의 시간은 자신과 관계를 돌아보며, 하나님과 이웃과의 관계를 새롭게 세우는 영적인 준비 시간이 된다. 그리고 그 시간은 관계를 더욱 깊고 단단하게 만든다.

에베소서 4장 16절은 이렇게 말한다.

> "그에게서 온 몸이 각 마디를 통하여 도움을 받음으로 연결되고 결합되어 각 지체의 분량대로 역사하여 그 몸을 자라게 하며 사랑 안에서 스스로 세우느니라"

하나님께서 우리를 '그리스도의 몸'의 일원으로 지으신 이유는, 모든 지체가 서로 연결되어 사랑 안에서 자라고 세워지게 하기 위함이다. 마치 인대가 근육을 지탱하듯, 신앙의 공동체는 각 사람을 붙잡아 주며 함께 성장하게 한다. 성장은 혼자 이루어질 수 없다. 치유와 회복, 온전한 성숙은 '함께함'에서 비롯된다. 그러나 오늘날 교회 안에는 여전히 혼자인 사람들이 많다. 그들은 마치 인대가 끊어진 채 절뚝거리며 걷는 사람처럼, 공동체에 연결되지 않은 채, 혼자 단절된 채 살아간다. 더 안타까운 것은, 그들이 자신이 절뚝거리고 있다는 사실조차 인식하지 못한 채, 예배만 드리고 조용히 집으로 돌아간다는 것이다. 그들은 이렇게 말한다. "사람에게 기대할 필요 없어요. 말씀과 기도면 충분해요." "하나님의 위로만 받으면 돼요. 사람과 얽히면 상처만 받아요."

어쩌면 그 고백은 충분히 이해할 수 있다. 관계 속의 상처는 깊고 오래가는 것이니까. 하지만 하나님께서는 그런 우리를 위해 공동체를 허락하셨다. 그분은 우리가 혼자가 아니라, 서로를 붙들고 함께 살아가기를 바라신다. 혼자일 때 우리는 연약하지만, 함께할 때 우리는 강해진다. 말씀과 기도, 그리고 함께하는 공동체—이 세 가지가 어우러질 때, 우리는 비로소 온전한 삶을 살아갈 수 있다. 우리는 함께해야 한다. 그것이 바로 하나님께서 우리를 지으신 이유다.

그리스도의 몸이 개입되지 않는 성장은 위험하다

성경에는 '서로서로'라는 표현이 여러 곳에 등장한다. 이는 단순한 제안이 아니라, 그리스도께서 우리에게 명하신 삶의 방식이며, 하나님께서 우리를 공동체에서 살아가도록 계획하셨음을 분명히 보여 준다. 우리는 서로를 세우고, 수용하며, 권면하고 우애를 나누고, 평화를 이루어야 한다. 또한 서로를 섬기고 짐을 함께 지며, 친절을 베풀고, 가르치며 격려하고, 죄를 고백하고, 기도하며, 사랑해야 한다. 성경의 구절들을 통해 그 명령이 얼마나 풍성한지를 확인할 수 있다.

- 요한복음 13장 34절: "새 계명을 너희에게 주노니 '서로' 사랑하라 내가 너희를 사랑한 것 같이 너희도 '서로' 사랑하라"
- 로마서 12장 10절: "형제를 사랑하여 '서로' 우애하고 존경하기를 '서로' 먼저 하며"
- 에베소서 4장 32절: "'서로' 친절하게 하며 불쌍히 여기며 '서로' 용서

하기를 하나님이 그리스도 안에서 너희를 용서하신 것 같이 하라"
- 데살로니가전서 5장 11절: "그러므로 '피차' 권면하고 '서로' 덕을 세우기를 너희가 하는 것 같이 하라"
- 히브리서 10장 24절: "'서로' 돌아보아 사랑과 선행을 격려하며"
- 베드로전서 4장 8절: "무엇보다도 '서로' 사랑할지니 사랑은 허다한 죄를 덮느니라"

이처럼 '서로서로'는 그리스도인의 정체성이며, 교회의 본질을 구성하는 명령이다. 예수님께서 걸으신 삶을 보면 더욱 분명해진다. 주님은 잔치에 초대받으셨고, 회당에서 가르치셨으며, 제자들을 부르셔서 작은 공동체를 세우셨다. 그들과 함께 먹고, 함께 지내고, 함께 걸으셨다. 예수님의 사역은 철저히 공동체 중심의 삶이었다.

초대 교회의 모습은 이러한 공동체적 삶의 정수가 어떻게 실천되었는지를 잘 보여 준다.

> "그들이 사도의 가르침을 받아 서로 교제하고 떡을 떼며 오로지 기도하기를 힘쓰니라 사람마다 두려워하는데 사도들로 말미암아 기사와 표적이 많이 나타나니 믿는 사람이 다 함께 있어 모든 물건을 서로 통용하고 또 재산과 소유를 팔아 각 사람의 필요를 따라 나눠 주며 날마다 마음을 같이하여 성전에 모이기를 힘쓰고 집에서 떡을 떼며 기쁨과 순전한 마음으로 음식을 먹고 하나님을 찬미하며 또 온 백성에게 칭송을 받으니 주께서 구원 받는 사람을 날마다 더하게 하시니라"(행 2:42-47)

로이드 존슨(Martyn Lloyd-Jones) 목사는 그의 저서 『설교와 실교자』 (*Preaching and Preachers*)에서 이 구절이 이 시대의 희망이라고 말한다. 그는 "그리스도인이 된다는 것은 단순히 믿음의 고백을 하는 것이 아니라, 공동체 안으로 들어가 연합하는 삶을 사는 것"이라고 말한다. 진정한 교회는 단순한 건물이 아니라, 사랑으로 연결되고 돌보며 하나 되는 공동체다. 사도행전에 나타난 초대 교회는 서로 교제하고, 떡을 떼며, 기도에 힘쓰고, 모든 것을 함께 나누었다. 이것이야말로 하나님께서 기뻐하시는 교회의 모습이며, 우리가 회복해야 할 신앙의 원형이다.

이러한 맥락에서 공동체와 연결되지 않은 그리스도인의 삶은 모순이다. 진정한 믿음의 삶을 살아가려면, 우리는 반드시 서로 연합하고 함께 나누며 사랑을 실천해야 한다. '모이기를 힘쓰는 것', '마음을 나누는 것', '떡을 떼며 서로를 돕는 것'—이 모든 것은 하나님께서 기뻐하시는 삶의 실천이며, 하나님께 영광을 돌리는 삶의 방식이다. 더 나아가, 세상은 이러한 삶의 실체를 갈망하고 있다. 우리가 진심으로 서로 사랑하고 하나 될 때, 복음은 말보다 더 강력하게 증거된다. 믿지 않는 이들이 그리스도인들의 삶을 지켜볼 때, 우리 안에 살아 있는 사랑과 연합을 보고 "나도 그들처럼 되고 싶다"는 마음을 품게 된다.

진정한 부흥은 그리스도의 몸 안에서 우리가 서로 사랑하고 도우며 함께 살아갈 때 시작된다. 이것이야말로 우리가 그토록 바라고 기대한 부흥이 아니겠는가. 하나님의 뜻을 따라 우리는 함께해야 한다. 우리는 서로를 사랑해야 한다. 그것이 곧 하나님 나라의 모습이며, 우리 삶의 본질이어야 한다.

그리스도의 몸을 통해서 일어나는 일은 무엇인가?

앞서 살펴보았듯이, 그리스도의 몸이 개입되지 않은 성장은 불완전할 수밖에 없다. 성경적 성숙은 반드시 공동체에서 이루어지며, 신앙의 여정에서 공동체는 지극히 중요한 역할을 감당한다. 그렇다면, 그리스도의 몸을 통해 어떤 변화가 일어나는가? 헨리 클라우드(Henry Cloud)와 존 타운젠드(John Townsend)는 그들의 저서 *How People Grow*(성장 프로젝트)에서 인간의 성장은 고립된 개인의 노력만으로 이루어지지 않으며, 반드시 사람과의 관계 속에서 일어난다고 강조한다. 이들은 "하나님의 A급 계획은 사람들이다"라는 표현을 통해, 하나님께서 사람을 통해 사람을 치유하시고 성장시키신다는 공동체적 원리 네 가지를 제시한다.

1. 연결과 접촉: 존재의 가장 본질적인 갈망

인간은 본능적으로 연결(connetion)을 갈망한다. 여기서 말하는 연결이란 단순히 물리적 동행이 아니라, 어딘가에 속하고 있다는 깊은 소속감을 의미한다. 이 갈망이 채워지지 않으면 사람은 그것을 다른 방식으로 보상하려 하며, 때로는 왜곡된 방식으로 표출되기도 한다. 가족 치료사 버지니아 사티어(Virginia Satir)는 그의 저서 『아이는 무엇으로 자라는가』(*The New Peoplemaking*)에서 살아남으려면 하루에 네 번의 포옹이 필요하고, 지탱하려면 여덟 번, 성장하려면 열두 번의 포옹이 필요하다고 했다. UCLA의 연구에서도 엄마와 아이의 스킨십은 아이의 '사회적 두뇌'를 자극하여 공감 능력과 사회적 연결성을 높이는 데 결정적인 역할을 한다고 했다. 이처럼 우리는 연결될 때 건강해지고 성장한다. 의학적으로도 유년기부터 노년기까지 인간의 건강을 예측하는 중요한 요소는 '관계'라고 한다. 소외되면 질병과 우울, 중독, 불안 같은 문제들이 더 쉽게 찾아온다. 결국 대부분의 정신적 고통은 정서적 고립에서 시작된다.

오늘날 많은 이가 '혼자 예배드리고, 혼자 돌아가는 구조'에서 신앙생활을 하고 있다. 함께 모여 예배드리지만, 실상은 늘 혼자이고 고독한 현실에 놓여 있다. 특히 코로나19 이후, 온라인 예배와 개인회된 신앙이 점점 더 보편화되는 추세다. 이러한 흐름은 겉으로는 편리해 보일 수 있지만, 실질적으로는 점점 더 고립된 성도들을 만들어 내고 있다. 연결되지 못한 채 각자도생의 신앙을 이어 가는 모습은 공동체로서의 교회 본질을 훼손시키는 심각한 위기로 이어진다. 하나님께서 엘리야에게 하신 말씀을 기억하자.

> "그러나 내가 이스라엘 가운데에 칠천 명을 남기리니 다 바알에게 무릎을 꿇지 아니하고 다 바알에게 입맞추지 아니한 자니라"(왕상 19:18)

이 말씀은 단순한 위로를 넘어선다. "너는 혼자가 아니다. 너처럼 바알에게 무릎 꿇지 않은 자들이 많이 있다"는 말은 엘리야에게 외로움을 덜어 주는 위안이 되는 동시에, 그가 공동체 안에 속해 있다는 사실을 깨우쳐 주는 선언이다. 하나님은 엘리야에게 함께 믿음을 지키는 이들이 여전히 존재한다는 사실을 알려 주심으로, 그를 고립된 자가 아니라 공동체의 일원으로 다시 세우신다.

이처럼 하나님께서는 언제나 우리를 공동체에서 이끌고 계신다. 아무리 신앙이 성숙한 자라도, 혼자서는 하나님의 뜻을 온전히 살아낼 수 없다. 그리스도의 몸은 연합함으로 기능하며, 우리 각자는 그 몸을 이루는 지체로 부름받았다. 혼자 있는 믿음은 어느 순간 쉽게 꺾일 수 있지만, 연결된 믿음은 서로를 세우고 붙들며 자라게 한다.

필자는 한 청년 자매가 소그룹 모임에서 자신의 삶을 나누며 고백한 이야기를 아직도 기억한다. "처음에는 믿을 수 없었어요. 하지만 지체들과 인생의 문제를 나누기 시작한 후, 제 신앙은 다시 살아났어요. 저는 다시 사람과 연결되었고, 그것은 곧 하나님과 연결된 것처럼 느껴졌어요."

그녀의 이 고백은 감상적인 표현을 넘어, 실제로 그녀의 삶에 회복의 변화를 일으켰다. 그녀는 사람과 연결되었을 때, 하나님과 다시 연결된 것 같은 경험을 하였고, 그 안에서 다시금 이렇게 고백할 수 있게 되었다. "나는 사랑받는 존재야."

이 자매의 고백은 오늘날 많은 이에게 중요한 메시지를 전달한다. 하나님께 연결되는 통로는 종종 사람을 통해 열린다. 우리는 서로 연결될 때, 하나님 안에서의 존재 가치를 새롭게 발견할 수 있다. 공동체는 단순한 모임 그 이상이다. 잊고 있던 진리를 다시 믿게 하고, 닫혔던 마음을 다시 여는 하나님의 도구가 된다.

가족 치료 이론인 '이야기 치료(narrative therapy)'에서 사용하는 개입 방법 중 하나인 '회원 재구성 대화(re-membering)'는 건강한 공동체와의 연결이 우리의 삶을 어떻게 새롭게 조망하게 하는지를 역동적으로 보여주는 도구다. 이 대화는 다음과 같은 방식으로 진행된다. 먼저, 내담자는 자신의 삶에서 의미 있는 인물들을 떠올리고, 그들과의 관계에서 겪었던 긍정적 혹은 부정적인 경험을 솔직히 나눈다. 이어서 그 관계가 현재 자신의 삶에 어떠한 영향을 미치고 있는지를 탐색하며, 삶을 새롭게 조명하고 미래를 계획하는 작업으로 나아가게 된다.

이 과정을 살펴보면서 필자는 한 가지 중요한 통찰을 얻게 되었다. "우리의 멤버를 다시 구성(re-membering)하면, 우리의 기억 자체도 새롭게 구성(remember)될 수 있겠구나."

즉, 우리는 과거의 상처 자체가 아니라, 그 상처를 바라보는 구성원과 맥락을 다시 구성함으로써, 자신의 현재와 미래를 새롭게 기억하고 해석할 수 있게 된다.

이러한 기억의 재구성은 신앙 공동체에서도 동일하게 적용된다. 우리가 교회 공동체에서 새로운 사람과 다시 연결될 때(re-membering), 과거의 고통스러운 기억조차 새로운 공동체에서 회복과 성장의 여정으로 재편되어 간다. 이제 과거는 더 이상 단순한 상처의 잔재가 아니라, 연결된 관계에서 회복과 의미로 다시 기억되는 선물이 되는 것이다. 이러한 연결이야말로 우리 삶을 더욱 건강하게 만들고, 신앙을 더욱 깊게 하는 중요한 요소가 된다. 우리는 함께할 때 더욱 온전한 존재가 된다.

이런 의미에서 사람들과의 연결과 접촉은 나 자신을 바라보는 방식을 변화시킨다. 타인과의 접촉을 통해 나는 나 자신을 사랑하는 방법을 배워 간다. 공동체 안에서 나는 나의 미래와 접촉하며, 그 속에서 새로운 정체성과 가능성을 발견한다.

"혼자 있으면 개인이지만, 공동체에서는 작품이 된다"는 말이 있다. 이 말은 예술의 본질로써, 음표 하나하나가 모여 아름다운 음악이 되고, 붓질 하나하나가 모여 훌륭한 그림이 되며, 퍼즐 조각 하나하나가 모여 큰 도형을 만들어 내듯, 우리 역시 공동체 안에서 연결될 때 비로소 온전한 존재로 빚어질 수 있다는 진리를 담고 있다.

이것이 바로 우리가 공동체에서 살아가야 하는 이유다. 하나님께서는 우리가 서로를 붙들어 주고, 격려하며, 사랑하는 삶을 살도록 설계하셨다. 나는 당신 안에 이러한 '연결'이 회복되기를 기도한다. 그리고 그 연결에서, 당신의 삶이 날마다 새롭게 피어나기를 축복한다. 당신은 혼자가 아니다. 당신은 하나님의 위대한 작품의 중요한 조각(piece)이다.

2. 훈련: 걸작이 되어 가는 사람

훈련(discipline)은 하나님께서 우리를 성장시키기 위해 설계하신 특별한 여정이다. 보통 '훈련'이라는 단어를 들으면 운동선수의 체력 단련이나 학생들의 학습, 또는 신체적 단련을 떠올리기 쉽다. 그러나 신앙에서의 훈련은 그보다 더 깊은 차원이다. 진정한 훈련은 바로 '관계'에서 이루어진다.

우리 주변에는 우리를 성장시키기 위해 하나님께서 세우신 '조교'와 같은 사람이 있다. 그 관계에서 우리는 갈등과 마찰을 겪고, 때로는 불편과 인내를 배우게 된다. 만일 이 과정을 피하려고 도망친다 해도, 하나님께서는 또 다른 상황에서 우리를 훈련하시기 위한 사람을 준비해 두셨을 것이다. 그만큼 관계에서의 훈련은 성품을 깎고 다듬으며, 그리스도의 겸손과 인내를 배우도록 이끄는 하나님의 방법이다.

  목회자가 사역하면서 가장 힘들어하는 것은 '사람과의 관계'라고 한다. 관계는 우리의 의지나 통제만으로는 다 다룰 수 없는 영역이기에, 예기치 않은 갈등과 불편이 끊임없이 발생한다. 때로는 이러한 사람을 일컬어 "영적 사포질을 하는 사람"이라 표현하기도 한다. 그러나 목회를 오래 하다 보면, 그 사포질조차도 하나님의 섬세한 손길 아래 있다는 사실을 고백하게 된다. 필자에게도 감당하기 어려운 사람이 있었다. 그런 사람은 지금도 있고, 앞으로도 있을 것이다. 그들이 불쑥 다가와 나의 내면을 긁고 흔들 때면, 도망치고 싶은 유혹을 느끼지 않을 수 없다. 하지만 그럴 때마다 필자는 두 가지 질문을 스스로에게 던진다.

- "하나님, 이 사람을 통해 제게 무엇을 가르치시려 하시나요?"
- "이 관계를 통해 제 성품에 어떤 인내와 온유를 더하시려 하나요?"

  이 질문을 반복하다 보면, 관계의 불편함에만 사로잡혀 있던 마음에 한줄기 빛이 스며드는 것을 느끼게 된다. 그 고통스러운 관계마저도 하나님께서 나를 다듬고 빚으시는 거룩한 훈련임을 깨닫게 된다. 물론, 이 고백이 관계를 즉시 변화시키는 것은 아니다. 여전히 어렵고 버거운 상황은 남아 있다. 그러나 분명한 변화가 있기에 참아 낼 수 있는 여유가 생기고, 포기하지 않을 힘이 생긴다. 관계를 통해 이루어지는 훈련은 단순한 고통의 인내가 아니다. 하나님의 손길을 알아보고, 그 뜻 안에 순복하며 변화를 받아들이는 거룩한 연단의 시간이다. 그 과정에서 우리는 조금씩 성숙해지고, 영혼은 더욱 정결하게 빚어진다.

  "당신은 하나님의 걸작입니다." 우리는 종종 이러한 말을 듣고 감동하거나 용기를 얻곤 한다. 하지만 자세히 생각해 보면, 이 말은 어쩌면 '무서운 말'일 수도 있다. 왜냐하면 이 말에는 '걸작이 되는 과정'이 담겨 있지 않기 때문이다. 어떤 걸작도 하루아침에 완성되지 않는다. 도공은 수없이 실수하고 망친 뒤에야 하나의 작품을 완성한다. 어린아이는 무수히 넘어지며 비틀거리다가, 마침내 걷게 된다. 넘어짐은 실패가 아니라, 성숙을 향한 필수적인 동작이다.

올림픽 쇼트트랙의 최민정 선수는 경기 중 넘어져 메달을 놓친 경험이 있다. 기자들이 그 심정을 묻자 그녀는 "한 번 넘어졌다고 해서 그동안의 노력이 사라지는 것은 아니라고 생각합니다"라고 답했다.

이 짧은 한마디에 훈련의 본질이 담겨 있다. 넘어짐은 훈련의 일부이며, 걸작이 탄생하는 고통의 통로다. 우리 역시 아직 완성되지 않았다. 우리는 모두 공사 중인 인생을 살아가고 있다. 복음 전도자 빌리 그레이엄(Billy Graham) 목사의 아내, 루스 그레이엄(Ruth Graham)의 묘비에는 이런 글귀가 새겨져 있다고 한다.

"The End of Construction. Thank You for Your Patience"(공사가 끝났습니다. 그동안 저를 참아 주셔서 감사합니다). 얼마나 겸손하고도 고백적인 문장인가? 필자 또한 말하고 싶다. "저는 지금 공사 중입니다. 불편을 드려 죄송합니다."

우리는 모두 하나님께서 빚어 가시는 걸작이다. 그리고 그 과정은 혼자 되는 것이 아니라, 사람과의 관계를 통해 완성되어 간다. 서로를 통해 변화되고, 서로를 통해 성장하며, 서로의 부족함을 통해 하나님의 은혜를 배우는 존재가 되어간다. 그러므로 우리는 훈련을 피하지 말아야 한다. 그 여정이 때로 고되고 불편할지라도, 그 안에 숨겨진 하나님의 사랑과 손길을 신뢰해야 한다. 우리는 지금 공사 중이다. 그리고 하나님 안에서, 걸작이 되어가고 있다.

3. 책임: 그리스도의 몸을 통해 일어나는 성장의 열쇠

세 번째로, 그리스도의 몸을 통해 우리가 성장하는 중요한 요소는 책임(accountability)이다. 나는 이 단어를 무척 좋아한다. 왜냐하면 우리는 서로에게 책임을 지는 관계가 필요하기 때문이다. 책임은 단순한 도덕적 원칙이 아니다. 우리가 서로를 돌보고, 성장하도록 돕는 은혜의 구조다. 인간은 결코 피상적인 관계만으로는 온전해질 수 없다. 서로에게 책임을 지고, 점검하며, 격려하는 관계에서 더욱 단단해지고 성숙해진다.

사도 바울은 갈라디아서 6장 1-5절에서 이렇게 말한다.

> "형제들아 사람이 만일 무슨 범죄한 일이 드러나거든 신령한 너희는 온유한 심령으로 그러한 자를 바로잡고 너 자신을 살펴보아 너도 시험을 받을까 두려워하라 너희가 짐을 서로 지라 그리하여 그리스도의 법을 성취하라 만일 누가 아무 것도 되지 못하고 된 줄로 생각하면 스스로 속임이라 각각 자기의 일을 살피라 그리하면 자랑할 것이 자기에게는 있어도 남에게는 있지 아니하리니 각각 자기의 짐을 질 것이라"

여기에서 사용된 '짐'이라는 단어는 두 가지 뜻으로 등장한다.

- 2절 "짐"(βάρος, baros): 무거운 짐, 혼자 감당하기 어려운 부담
- 5절 "짐"(φορτίον, phortion): 각자가 져야 할 몫, 가볍지만 피할 수 없는 책임

즉, 우리는 서로의 짐을 나누며 감당해야 하지만, 동시에 각자에게 맡겨진 책임도 소홀히 하지 말아야 한다. 공동체는 짐을 나누는 공간이지만, 책임을 전가하는 구조는 아니다. 현실에서 우리는 책임을 회피하거

나 타인에게 짐을 떠넘기는 사람을 만난다. 특히 중독자의 경우, 타인에 대한 의존 성향이 강해지는데, 이때는 무조건 도와주기보다 스스로 삶의 책임을 지도록 돕는 것이 더욱 지혜롭다. 반면, 혼자 감당하기 어려운 짐을 진 사람에게는 공동체가 반드시 다가가 함께 짐을 지는 책임을 감당해야 한다. 이것이 균형 잡힌 책임의 영성이다.

히브리서 3장 13절은 이렇게 권면한다.

"오직 오늘이라 일컫는 동안에 매일 피차 권면하여 너희 중에 누구든지 죄의 유혹으로 완고하게 되지 않도록 하라"

이 말씀은, 우리가 결코 혼자 힘으로 죄와 싸울 수 없다는 사실을 말해 준다. 매일 영적인 삶을 점검해 줄 관계, 그것이 바로 책임, accountability의 본질이다. 필자도 미국 유학을 준비하며 2명의 영적 동지와 함께 매일 아침 말씀을 나누었다. 우리는 각자의 기도 생활을 나누고, 성적 유혹이나 분노, 정서적인 어려움까지 솔직하게 고백하며 함께 기도했다. 그렇게 서로 권면하고 돕는 관계에서, 신앙은 깊어졌고 죄의 유혹에 흔들리지 않는 힘을 얻게 되었다.

물론 누구도 타인의 영적 삶을 대신 살아줄 수는 없다. 그러나 신앙의 건강을 함께 점검해 주는 일은 가능하다. 마치 자동차의 계기판이 문제를 운전자에게 경고하지만, 스스로 수리할 수는 없듯이, 우리에게도 삶의 문제를 감지해 줄 '신앙의 계기판' 같은 존재가 필요하다. 함께 믿음을 점검하고, 성장의 방향을 함께 바라보는 관계는, 하나님께서 의도하신 서로를 향해 책임지는 것, 즉 영적 점검이다.

책임지는 관계는 사랑의 다른 이름이다. 책임은 결코 짐이 아니다. 책임은 사랑이며, 성장이며, 신뢰의 열매다. 우리가 서로에게 책임을 질 때, 우리는 더욱 온전한 믿음의 사람으로 세워진다. 책임지는 관계는 우리를 성숙하게 만들고, 우리를 더 강하게 만들며, 우리를 하나님의 뜻에 순종하게 만든다. 그리스도의 몸 안에서 우리는 서로의 짐을 나누고, 각자의 몫을 책임지며, 함께 하나님 나라를 향해 자라 가야 한다. 그러므로 우리는 책임을 회피하지 않고 하나님께서 주신 관계에서 서로를 돌보며 살아가야 한다. 책임지는 사랑이야말로, 하나님께서 가장 기뻐하시는 공동체의 모습이다.

4. 은혜와 용서: 그리스도의 몸을 통해 배워 가는 사랑의 본질

우리가 변화하는 것은 책망이나 문제를 지적받는 경험 때문만은 아니다. 진정한 변화는 은혜가 흐르는 관계 속에서 가능해진다. 누군가가 우리의 연약함을 있는 그대로 받아들이고, 정죄하지 않으며, 사랑으로 함께 걸어 줄 때 우리는 비로소 자신을 직면하고 변화의 여정을 시작할 수 있다.

이것이 하나님께서 우리에게 공동체를 주신 이유이며, 우리가 그리스도의 몸 안에서 서로를 통해 은혜를 경험해야 하는 이유다. 은혜는 내가 스스로 만들어 낼 수 있는 것이 아니다. 내 안에서 찾을 수 있는 것도 아니다. 은혜는 반드시 외부로부터 오는 것이다. 그리고 우리는 하나님께 은혜를 받을 자격이 없는 존재다. 은혜는 어떤 노력이나 자격으로도 얻을 수 없으며, 오직 하나님의 무조건적인 사랑으로 주어지는 선물이다.

은혜를 바르게 이해하려면 반드시 두 가지 사실을 기억해야 한다.

- **은혜를 받는** 자는 받을 자격이 없는 존재다
- 은혜를 베푸는 자는 반드시 은혜를 줄 의무는 없는 존재다

요약하자면, 은혜란 '줄 필요가 없는 분'이 '받을 자격이 없는 자'에게 베푸는 무조건적인 사랑이다. 하나님께서는 우리를 그렇게 사랑하신다. 그분의 사랑에는 공로도, 조건도, 비교도 없다.

절대적인 사랑이란 누군가를 다른 사람과 비교해서 선택하는 것이 아니라, 그 존재 자체로 사랑하는 것을 의미한다. 예를 들면, 나는 내 아들과 딸을 절대적으로 사랑한다. 그가 다른 아이보다 낫기 때문이 아니라, 그가 내 아들이고 딸이기 때문이다. 나는 어떤 상황에서도 내 자녀들을 포기할 수 없다. 하나님께서 우리를 향해 가지신 사랑도 이와 같다. 우리를 조건 없이 사랑하시며, 다른 누구와도 비교하지 않으신다.

하나님께서는 이 은혜를 실제로 배우고 체험할 수 있도록 공동체를 허락하셨다. 은혜는 책으로만 배울 수 없다. 외과 수술 교과서를 아무리 읽어도 수술실에서 직접 경험하지 않으면 진짜 의사가 될 수 없듯, 은혜도 반드시 관계 안에서 몸으로 겪으며 배워야 한다. 물론 하나님의 은혜는 기도와 말씀을 통해 수직적으로 경험된다. 그러나 그 은혜를 깊이 이해하고 체득하려면, 공동체에서 '수평적으로' 서로 주고받는 은혜의 경험이 반드시 필요하다. 바로 그 자리에서 은혜는 살아 움직인다.

나는 내 아이들이 사랑스럽게 느껴지는 순간이 있다. 칭찬받을 행동을 했을 때도 물론 기쁘지만, 무언가 잘못하고 실수했을 때, 그들이 더욱 사랑스럽게 느껴진다. 한번은 딸아이가 실수한 뒤 내게 용서를 구하며 조심스레 내 무릎에 앉았다. 그 순간, 나는 그녀를 더욱 따뜻하게 끌어안고 싶었다. 왜냐하면 그 순간이야말로 내 사랑이 가장 절실하게 필요한 때였기 때문이다. 내 딸의 행동이 사랑스러워서가 아니라, 사랑이 필요한 순간이었기에 나는 그 순간에 은혜를 가르칠 수 있었다.

이것이 바로 하나님께서 우리를 사랑하시는 방식이다. 우리가 실수하고 넘어지고 자격 없다고 느낄 때, 하나님께서는 더욱 가까이 다가오신다. 우리의 상태나 성과에 따라 사랑하시는 분이 아니라, 연약한 중에도 우리를 포기하지 않으시는 아버지이시다. 그리고 우리는, 그 은혜를 공동체에서 서로에게 흘려보낼 때, 하나님의 사랑을 가장 깊이 경험하게 된다.

Better Together: 함께하는 것이 더 좋은 이유

하나님께서 우리에게 주신 가장 귀한 선물 중 하나는 공동체다. 앞서 살펴보았듯이, 우리는 공동체에서 연결되고, 서로를 지지하며, 무거운 짐을 함께 지고 책임을 나누고, 은혜와 사랑을 배우며 성장한다. 그러므로 우리는 이 공동체를 귀하게 여기며, 건강하게 세워나가야 한다. 공동체의 건강은 강한 지체가 얼마나 약한 지체를 돌보는지, 바로 그 돌봄의 깊이에 달려 있다. 로마서 12장 15절은 이렇게 말한다.

"즐거워하는 자들과 함께 즐거워하고 우는 자들과 함께 울라"

이것은 단순한 감정의 교류가 아니라, 하나님께서 설계하신 공동체의 원리이며, 그리스도인으로서 우리가 따라야 할 삶의 방식이다. 상대의 기쁨과 아픔에 동참하는 공동체, 그 안에 하나님의 치유와 회복의 능력이 머문다.

나는 이 문장을 참 좋아한다. "우리는 서로 치유하기 위해 만났다." 부족한 사람이 만나 서로의 상처를 보듬고 회복시키는 것—이것이 바로 공동체가 존재하는 이유다. 우리는 서로를 치유하는 하나님의 도구다. 그렇다면 '도구'라는 말에는 어떤 의미가 담겨 있을까? 여기에는 단순한 기능을 넘어선 깊은 의미가 담겨 있다. 도구는 어떤 변화를 일으켜야 할 때 사용된다. 예를 들어, 못을 박거나 뽑을 때, 거칠어진 표면을 다듬거나 불필요한 부분을 깎아 낼 때처럼 말이다. 도구는 변화의 매개체이며, 목적을 향해 나아가는 과정에서 반드시 필요한 존재다.

하나님께서는 우리를 '변화의 도구'로 부르셨다. 하나님은 오늘도 누군가의 삶에 변화를 주시기 위해 당신을, 그리고 나를 사용하기 원하신다. 성경에서도 하나님은 연약하고 상처 입은 사람을 들어 놀라운 일을 이루셨다.

- 모세: 살인을 저지르고 도망친 자였으나, 이스라엘의 해방자가 되었다.
- 기드온: 두려움 속에 숨어 있었으나, 미디안을 물리친 용사가 되었다.
- 다윗: 평범한 목동이었으나, 하나님의 나라를 세운 왕이 되었다.
- 베드로: 주님을 세 번이나 부인했으나, 초대 교회를 이끄는 사도가 되었다.
- 야곱: 속이고 속였던 인물이었지만, 이스라엘 열두 지파의 조상이 되었다.
- 아브라함: 연약하고 겁이 많지만, 믿음의 조상으로 세움을 받았다.

하나님께서 일하시는 방식은 언제나 사람을 통해, 그것도 연약한 사람을 통해 이루어진다. 중요한 것은 우리가 얼마나 뛰어난지가 아니라, 하나님께서 어떻게 사용하시느냐다.

어느 대형교회에서 3일간 진행되는 수련회 강사로 초청받았을 때, 마음 한편이 편치 않았다. "하나님, 왜 하필 저입니까?" 나보다 더 뛰어난 강사도 많고, 나는 그 자리에 적합한 사람이 아니라는 생각이 들었다. 그러나 수련회 당일, 기차 안에서 하나님께서 내게 속삭이셨다. "너니까." 그 순간, 깨달았다. 하나님은 내가 대단해서 나를 부르신 것이 아니라, 하나님께서 원하셨기 때문에 나를 사용하신 것임을. 나는 그 자리에서 이렇게 기도했다. "하나님, 나 같은 사람이라도 쓰시려면 쓰십시오. 고쳐서라도 쓰십시오. 저는 단지 당신의 도구입니다."

하나님은 세상을 고치기 위해 전문가나 유명인만 사용하지 않으신다. 연약한 우리를 통해 하나님의 영광을 드러내신다. 당신도, 나도 하나님의 손에 들려진 '도구'일 뿐이지만, 그 손에 들려 있을 때 우리는 세상을 바꿀 수 있다. 우리는 혼자일 때보다 함께할 때 더 강하다. Better Together—그렇기에 함께 있는 것이 더 좋은 것이다.

어느 책에서 읽은 이야기가 있다. 미국의 홈디포(Home Depot)라는 초대형 도구 백화점에는 셀 수 없이 많은 도구가 있다. 저자는 그곳을 방문할 때마다 유능한 목수이신 예수님을 떠올린다고 했다. 초보자는 몇 가지 도구만 쓰지만, 숙련된 목수는 모든 도구를 목적에 맞게 자유롭게 쓴다. 하나님도 그러하시다. 어떤 이는 크고 강한 도구 같고, 어떤 이는 작은 못 하나처럼 보일 수도 있다. 그러나 그 못 하나 없이는, 집을 지을 수 없다. 작아 보일지라도, 하나님의 계획에서는 반드시 필요한 존재다.

Better Together—그래서 함께하는 것이 더 좋은 것이다. 하나님께서는 우리 각 사람을 통해 세상을 변화시키기를 원하신다. 특별히 공동체를 통해 그 일을 행하신다. 우리를 함께 두시고, 각자의 자리에 세우시며, 서로 연결되어 사명을 이루도록 부르신다. 그래서 내 옆에 있는 사람은 우연이 아니다. 그 존재 자체가 귀한 이유는, 하나님께서 함께 두셨기 때문이다.

나는 지금 이 책을 쓰면서 내가 섬기고 있는 공동체—선배와 동료, 제자와 학생들을 떠올린다. 이 관계는 결코 우연이 아니다. 하나님께서는 우리를 그리스도의 몸으로 연결시키시고, 함께 훈련시키시고, 서로의 짐을 지우시며, 은혜와 용서를 나누는 공동체로 부르셨다. 이 안에서 우리는 서로를 돕고, 치유하고, 사랑하고, 함께 살아간다. 공동체에는 불필요한 사람이 없다. 하나님은 우리 모두를 변화의 도구로, 그 자리에서 빛을 발하도록 사용하신다. 우리는 혼자일 때보다, 함께할 때 더 강하다. 우리는 Better Together. 그래서 함께 있는 것이 더 좋은 것이다. 그리고 우리는 함께할 때 더욱 온전한 존재가 된다.

2

치유와 회복의 현장

7장

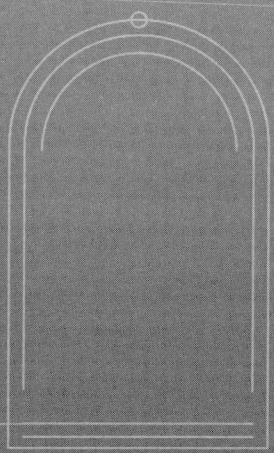

경청의 기술:
우리는 무엇을 듣고 어떻게 듣는가?

나는 경청이 쉬운 줄 알았다

필자는 상담 훈련을 시작하기 위해 인턴십 과정에 지원한 적이 있었다. 수퍼바이저와의 인터뷰에서 그는 이렇게 질문했다. "당신이 제일 잘하는 것이 무엇입니까?" 필자는 잠깐 고민한 끝에 이렇게 답했다. "저는 좋은 말을 할 자신은 없지만, 경청은 잘할 수 있을 것 같습니다." 그 대답에 수퍼바이저는 아주 흡족한 표정을 지었다. 필자는 인턴십에 무사히 선발되었다.

이후 1년의 인턴 과정을 마치고, 마지막 자기 평가 보고서를 작성하게 되었다. 필자는 상담자로서의 부끄러운 고백을 담았다. "나는 경청을 잘한다고 생각했다. 그러나 1년의 과정을 지나는 동안, 내가 가장 못하는 것이 경청이라는 사실을 깨닫게 되었다." 수퍼바이저는 필자에게 최고 점수를 부여하면서 말했다. "상담 훈련은 그걸 깨닫는 과정입니다." 경청은 결코 쉬운 일이 아니다. 이는 상담 기술 중에서도 가장 어려운 영역이다. 솔직히 말하면, 지금도 경청은 여전히 필자에게 쉽지 않다.

경청은 단순히 상대의 말을 수동적으로 듣는 것에 그치지 않는다. 가족 치료사 마이클 P. 니콜스(Michael P. Nichols)는 『듣는 것만으로 마음을 얻는다』(How Learning to Listen Can Improve Relationships)에서 "경청의 본질은 공감이다"라고 말한다. 공감은 자신의 욕구를 내려놓고 다른 사람의 감정과 경험, 그리고 내면 깊은 상처까지도 수용하고 이해하려 할 때 이루어진다. 누군가 자신의 이야기를 잘 들어 준다는 것만으로도 우리는 위로를 받는다. 반대로 내 말에 상대가 귀 기울여 주지 않을 때, 우리는 좌절을 경험하게 된다.

경청은 단순한 청취를 넘어서는 능동적인 돌봄의 행위다. 누군가의 경청은 우리의 경험에 의미를 부여하며, 상대와 나누는 대화에서 우리는 자신을 정의하고 지탱하게 된다. 왜냐하면 누군가의 경청은 상대의 존재를 인정하고 존중하는 태도이며, 그들의 마음을 공감으로 받아들이고 깊이 이해하려는 과정이기 때문이다. 이 과정에서 상대는 자신의 내면이 이해받고 있다는 확신을 느끼고, 새로운 도전에 힘을 얻게 된다.

필자는 '위로'라는 단어의 의미를 살피다가, 그 안에 담긴 강력한 치유의 힘을 발견했다. 강의 중 필자는 종종 학생들에게 이렇게 묻는다. "당신이 누군가에게 위로를 받을 때, 그것은 어떤 의미인가요? 어떤 느낌이 드나요?" 학생들은 주로 이렇게 대답한다. "내가 이해받는 느낌이 들어요." "마음이 촉촉해져요." "위로받는 느낌이 참 좋아요." 대체로 학생들은 위로가 가져오는 감정의 변화에 관해 이야기한다.

그렇다면 우리가 누군가를 위로할 때, 실제로는 무엇을 제공하는가? 위로는 어떤 과정을 통해 일어나며, 그 과정에서 어떤 일이 벌어지는가? 영어 단어 'comfort'는 'com(함께)'과 'fort(힘)'로 이루어져 있다. 즉, 함께 있을 때 힘이 생긴다는 뜻을 지닌다. 우리가 "위로를 받았다"고 말할 때, 단순히 감정을 공유한 것이 아니라, 내면에서 새로운 힘이 솟아나고 문제를 감당할 용기와 능력을 얻게 된다는 의미를 담는다. 함께 있어 주는 존재는 강력한 내면의 에너지가 되며, 그로 인해 우리는 "다시 해 보자"는 각오와 끈기를 되찾게 된다. 그러므로 위로는 부드러운 감정을 전하는 동시에, 강력한 회복의 동력이 되는 도구다. 누군가 우리의 이야기를 들어 주고 함께 있어 줄 때, 우리는 다시 일어설 수 있는 힘을 얻는다. 이것이 위로의 본질이다.

필자는 영화 <The Help>를 보고 경청의 힘을 다시금 깨달았다. 이 영화는 1960년대 미국 남부에서 백인 가정을 위해 일하던 흑인 가정부의 삶을 조명하며, 인종차별 현실을 고발한다. 영화 속 백인 여성 주인공은 작가의 꿈을 품고 있었으나, 현실적인 한계로 인해 신문사에 취직했고, 그곳에서 흑인 가정부들과 대화하며 그들의 삶을 글로 기록하기 시작했다. 그 가운데 한 흑인 가정부가 이렇게 말한다. "아무도 나에게 어떻게 살아가는지 묻지 않았어요. 그런데 나에게 물어 주고 내 이야기를 들어 줄 때, 기적이 일어났어요."

이 한마디는 필자의 마음속에 깊이 자리 잡고 있다. 그 말을 통해, 진정한 경청과 관심이 얼마나 중요한지를 다시금 인식하게 되었다. 우리가 누군가의 삶에 진정으로 관심을 갖고, "어떻게 살아가고 있나요?"라고 묻는 순간, 그들의 인생에서는 아주 작은 기적이 일어날 수 있다.

이런 의미에서 경청은 단순히 듣는 행위가 아니다. 상대의 존재를 인정하고 존중하는 행위이며, 우리 사회를 더 따뜻하고 인간적인 공간으로 이끄는 첫걸음이 된다. 'comfort'라는 단어가 보여 주듯, 함께 있을 때 우리는 힘을 얻고 새로운 용기를 부여받는다. 아주 작은 행동과 관심 하나가 큰 변화를 만들어 내며, 그것이 바로 경청과 이해의 힘이다. 우리는 서로의 이야기를 듣는 순간, 그들의 삶을 변화시키는 기적을 만들어 낼 수 있다.

우리는 정말 듣고 싶은가?

우리는 모두 다른 사람이 자신의 이야기를 진심으로 들어 주기를 바라며, 우리 자신도 다른 사람의 말을 잘 들어 주는 사람으로 보이고 싶어 한다. 우리의 관심은 과연 상대방의 이야기를 들어 주는 데 있는가? 이니면 상대를 설득하거나, 나의 욕구를 채우는 데 있지는 않은가? 대부분의 경우, 우리는 상대가 나를 충분히 이해해 주지 않는다고, 배려가 부족하다고 불평하고 있다. 하지만 정작 우리는 상대의 이야기에 진심으로 귀를 기울이고 있는가?

'어떻게 하면 좋은 경청자가 될 수 있는가?' 이 질문은 물론 중요하다. 그러나 필자는 그 질문에 답하기 전에 먼저 던져야 할 본질적인 질문이 있다고 생각한다. '우리는 상대의 이야기를 정말 듣고 싶은가?' 하는 물음이다. 경청은 기술보다 마음이 우선이다. 경청을 통해 좋은 대답을 주는 것도 중요하지만, 그에 앞서 상대의 감정과 아픔을 함께 나누고자 하는 태도와 열망이 먼저다.

목회자의 경우, 성도들의 다양한 문제를 들어야 할 때가 많다. 성도들은 부부 문제, 자녀 문제, 신앙의 혼란 등을 가지고 목회자를 찾아온다. 이때 목회자가 도덕적이거나 신학적인 정답을 제시하는 것도 필요하지만, 그에 앞서 충분히 이야기를 들어 주는 것이 더욱 중요하다. 정서적 공감 없이 정답만 제시하는 목회자에게 성도들은 마음의 문을 닫는다. 반대로, 자신의 감정을 먼저 인정해 주는 목회자에게는 성도들이 귀를 기울인다. 성경 역시 이를 강조한다.

"사연을 듣기 전에 대답하는 자는 미련하여 욕을 당하느니라"(잠 18:13)

"말을 아끼는 자는 지식이 있고 성품이 냉철한 자는 명철하니라"(잠 17:27)

우리는 과연 상대방의 말뿐 아니라, 그 말에 담긴 감정까지 충분히 들어 주고 있는가? 아니면 늘 정답을 제시하려는 사람으로만 머물고 있는가? 그래서 필자는 목회자들을 대상으로 강의할 때마다 다음과 같이 강조한다. "정답보다 정서가 먼저입니다."

필자가 미국에서 목회하던 시절, 성도들이 가장 자주 했던 말은 "목사님, 바쁘시지요?"라는 인사였다. 당시 필자는 목회자가 바쁘다는 사실을 일종의 특권처럼 느끼곤 했다. 바쁜 일정은 마치 필자의 가치를 입증하는 것 같았고, 육체적으로는 피곤했지만, 내면적으로는 중요한 존재가 된 것 같은 착각에 빠져 있었다. 그러던 어느 주일, 한 성도가 같은 질문을 건넸을 때, 평소처럼 "네, 요즘 사역이 많아서 좀 바쁘네요"라고 답했다. 그런데 그 성도는 말을 듣고 조용히 지나갔고, 그의 뒷모습은 지쳐 있고 무기력해 보였다. 그 순간 필자의 마음속에 질문이 떠올랐다. "너는 무엇 때문에 그렇게 바쁜가? 힘든 성도의 이야기를 들을 시간도 없이 바쁜가? 목회자는 왜 바빠야 하는가?"

마치 하나님께서 필자에게 깨달음을 주시는 듯한 순간이었다. 필자는 성도를 뒤따라가서 "혹시 저와 이야기를 나누고 싶으신가요?"라고 물었다. 그러자 그 성도는 기다렸다는 듯이 자신의 이야기를 쏟아내기 시작했다. 진정한 경청을 위해 가장 중요한 것은 기술이 아니라, 듣고자 하는 열망과 상대를 향한 헌신과 끝까지 인내할 수 있는 마음에서 비롯된다.

우리가 진심으로 타인의 이야기를 경청하고자 한다면, 삶의 속도를 늦출 필요가 있다. 마음이 너무 바쁘면 상대의 이야기를 온전히 들을 수 없다. 필자는 중요한 이야기를 들을 때 핸드폰을 끄는 습관이 있다. 한번은 성도와 대화를 나누던 중 핸드폰을 껐는데, 성도는 "굳이 그러지 않으셔두 돼요"라고 말하면서도 표정은 이렇게 말하는 듯했다. "내가 그렇게 중요한 사람인가요? 나의 이야기가 목사님에게 그렇게 소중한가요? 너무 감사해요."

물론 매번 핸드폰을 꺼야 하는 것은 아니다. 하지만 정말 중요한 순간, 그렇게 할 수 있는가? 그것이 진정한 경청의 태도다. 성도의 이야기에 귀 기울이는 목회자는 단순히 이야기를 듣는 것에 그치지 않고, 함께 있어 주는 돌봄을 제공하는 존재가 된다. 함께 있다는 것은 단순히 같은 공간에 존재하는 것이 아니다. 몸은 그 자리에 있어도 마음이 다른 곳에 있다면, 우리는 함께 있다고 말할 수 없다. 몸과 마음이 함께 있어야 비로소 그 공간 안에 진정으로 함께하는 것이다.

이처럼 진정한 경청은 듣기를 넘어서, 상대방의 존재를 인정하고 그들의 감정과 아픔을 함께 나누는 깊은 돌봄의 표현이다. 누군가의 이야기를 듣는다는 것은 그들의 삶 속으로 들어가 함께 걷는 것이며, 그 과정에서 우리는 서로를 더욱 깊이 이해하고 치유와 회복의 기회를 얻게 된다.

경청의 진짜 의미

'경청(傾聽)'이라는 단어를 한자 풀이로 들여다보면, 경청이 단순한 듣기의 행위가 아니라 몸과 마음을 상대에게 기울이는 능동적인 과정임을 알 수 있다.

필자는 경청에서 '경' 자의 의미를 '공경하다' 혹은 '듣다'로 생각해 왔다. 그런데 '경(傾)' 자는 본래 '기울이다'라는 뜻이 있다. 이는 누군가의 이야기를 들을 때, 자연스럽게 우리의 몸이 그 사람을 향해 기울어지는 데서 비롯된 것이다. '기울인다'는 의미는 귀를 기울이는 것을 넘어, 마음과 관심까지 온전히 상대에게 향해야 함을 뜻한다. 진정한 경청을 위해서는 마음의 무게추 또한 상대에게로 기울어져야 한다.

'청(聽)' 자를 분석해 보면 더욱 깊은 통찰을 얻을 수 있다.

- 첫째, 귀(耳): 듣는 기능을 하는 신체 기관으로서 귀가 포함된다.
- 둘째, 임금(王): 임금의 말을 듣듯 존중하는 자세로 들어야 한다는

의미를 지닌다. 이는 상대의 말을 가볍게 여기지 말고, 진지하게 받아들여야 함을 말한다.
- 셋째, 눈(目): '청' 자 안에 눈이 있다는 사실은 매우 인상 깊다. 우리가 누군가의 이야기를 들을 때는 말뿐 아니라 표정과 몸짓을 관찰하며 듣는 전인적인 태도가 필요하다는 뜻이다.

즉, 경청이란 귀로만 하는 것이 아니라, 눈과 마음, 그리고 몸을 사용하는 전인적이고 능동적인 과정임을 뜻한다. 목회자에게는 듣는 귀도 중요하지만, 열 개의 눈이 더욱 필요하다. 이는 말소리를 듣는 것을 넘어, 마음과 몸을 기울여 상대의 이야기 속 감정을 헤아리고, 눈으로 상대의 모습을 살펴야 한다는 의미다.

목회를 하며 필자는 '눈으로 보는 것'의 중요성을 알게 되었다. 어느 주일 오후, 여러 회의가 겹친 바쁜 시간이었다. 회의록을 챙겨 회의 장소로 급하게 향하던 중, 본당 로비에 서 있는 한 성도가 눈에 들어왔다. 그의 표정은 무척 우울해 보였다. 하지만 나는 시간이 촉박했기 때문에 그를 그저 지나쳤다. 회의 장소에 도착한 후, 중요한 서류 하나를 챙기지 못했다는 사실을 깨닫고 다시 사무실로 돌아가게 되었다. 급히 서류를 챙겨 다시 회의 장소로 향하던 순간, 놀랍게도 그 성도는 여전히 같은 자리에 서 있었다. 이번에는 그냥 지나칠 수 없었다. 나는 회의를 취소하고 그에게 다가가 물었다. "혼자 계신 걸 보았는데, 혹시 무슨 일이 있나요?" 성도는 한참을 망설이다가 조용히 말한다. "오늘 누군가가 제게 말을 걸어 주지 않았다면, 극단적인 선택을 하려고 했습니다."

필자의 가슴이 철렁 내려앉았다. 그날 이후로 나는 주일에는 뛰지 않기로 결심했다. 그 대신 천천히 걷고, 열 개의 눈을 뜨고 성도들의 모습을 살피기로 다짐했다. 고통스러운 표정이 보이면 말을 걸어 주고, 기도하며, 필요한 돌봄을 제공하는 일에 우선순위를 두기로 했다.

그렇다. 경청은 귀로 듣는 것이 아니라, 눈으로 듣는 것이며, 온몸으로 듣는 것이다. 헨리 나우엔(Henri Nouwen)은 *Making All Things New*(모든 것을 새롭게)에서 예수님을 가리켜 "Jesus was all ear"라고 한다. 이는 곧 "예수님의 온몸은 귀였다"는 뜻으로, 예수님께서 사람들의 말뿐 아니라 그들의 마음 깊은 곳에서 흘러나오는 소리까지도 들으셨다는 상징적 이미지다.

하지만 예수님의 모습과는 달리, 오늘날의 우리는 어떤가? 목회자를 포함한 우리 모두는 과연 경청하는 삶을 살고 있는가. 혹시 우리의 온몸은 귀가 아니라 입이 되어 버린 것은 아닐까. 말하기에 익숙하고, 주장하기에 능숙하며, 설득하고 가르치는 데 집중한 나머지, 듣는 일에는 점점 서툴러지고 있는 우리 자신을 마주하게 된다.

진정한 경청은 듣고자 하는 열망에서 시작되고, 상대에 대한 존중의 마음에서 자란다. 우리의 귀뿐만 아니라 눈과 마음, 온몸이 상대를 향해 기울여질 때, 우리는 그들의 이야기를 온전히 들을 수 있다. 그리고 그 공간에서 함께 존재할 수 있다.

경청이 왜 그렇게 힘든 일인가?

얼핏 보기에는 경청하는 사람이 아무것도 하지 않는 것처럼 보일 수도 있다. 그래서 경청은 아주 수동적인 작업처럼 여겨진다. 그러나 실제로 경청은 단순한 듣기의 영역을 넘어서는, 진정한 헌신과 개입이 요구되는 능동적인 과정이다. 경청하는 사람은 적극적으로, 전심으로 상대방의 이야기에 집중하며, 마음과 생각이 활발하게 움직인다. 경청하는 동안 우리는 상대의 이야기를 이해하려 애쓰고, 그들의 감정과 경험에 공감하며, 깊은 연결을 형성한다. 이 과정은 상당한 에너지를 필요로 하지만, 결코 쉬운 일이 아니다.

경청이 어려운 이유 몇 가지를 살펴본다.

- 첫째, 우리는 언제나 말할 준비가 되어 있다. 상대가 이야기할 때, 많은 사람은 듣는 대신 자신이 무엇을 말할지 먼저 생각한다. 이는 진정한 경청을 방해하는 가장 큰 요인이 된다.
- 둘째, 우리는 언제나 내 생각이 먼저다. 상대의 말을 들으면서 끊임없이 내 관점으로 판단하거나 평가하는 경향이 있다. 상대를 평가하며 듣는다면, 그 사람은 자신의 이야기를 자유롭게 표현하지 못하게 된다.
- 셋째, 우리는 내 의견이 중요하다고 여긴다. 자신의 의견을 상대의 의견보다 더 우위에 두는 습관은 대화를 자기중심적으로 만들며, 상대의 진정한 감정을 이해하기 어렵게 만든다.
- 넷째, 우리는 상처와 고통을 받고 싶지 않다. 다른 사람의 아픔을 경청하는 것은 우리 자신의 유사한 경험을 떠올리게 하며, 이때 우리는 자신을 보호하려는 방어적인 태도를 취하고 상대의 이야기를 듣는 것을 피하게 된다.

이 네 가지 어려움은 모두 하나의 핵심을 향한다. 상대를 향한 진심 어린 관심은 나의 욕구를 내려놓는 데서 시작된다는 것이다. 그래서 가족 치료사 마이클 P. 니콜스(Michael P. Nichols)는 잘 들으려면 자신의 욕구와 반응을 유보하고, 화자의 말에 반박하고 싶은 충동을 억제해야 한다고 조언한다.

예를 하나 들자면, 부모는 조언과 충고의 충동을 이기지 못하는 한 자녀의 이야기를 제대로 들을 수 없다. 부모가 자신의 생각을 내려놓지 않으면, 자녀의 마음을 들을 수 없게 된다. 실제 상담 중 한 고등학생은 이렇게 말했다. "엄마는 항상 자기 생각을 먼저 가지고 제 이야기를 들어요. 엄마랑 이야기하는 게 힘들어요. 제가 할 수 있는 이야기는 정해져 있는 것 같아요."

이 말은 부모가 자녀의 이야기를 충분히 경청하지 못할 때 발생하는 문제를 잘 보여 준다. 부모가 자녀가 옳고 자신이 틀릴 수도 있다는 열린 마음으로 자녀의 이야기를 받아들이지 않으면, 결국 자녀는 마음을 닫고 부모에게 솔직한 속마음을 털어놓지 않게 된다. 자녀의 말에 반박하거나 조언하거나 자기 경험을 내세우고 싶은 충동을 억제하지 못한다면, 자녀와의 대화는 불가능해진다. 그렇기에 자녀의 말을 들을 때는 잠자코 듣는 것이 최선일 수 있다.

경청이 어려운 또 다른 중요한 이유는, 우리는 종종 듣는 동안 자신이 변화하지 않으려고 한다는 점이다. 변화하려 하기보다는 내 욕구를 더 중요하게 여기며, 상대의 말에 끼어들어 자신의 경험을 먼저 내세우는 경우가 많다. 하지만 누군가와 대화를 나눈다는 것은 그 사람으로부터 배우고, 그들의 이야기로부터 영향을 받아 변화할 수 있다는 뜻이다.

경청은 내가 말하고 싶은 욕구를 내려놓고, 상대의 이야기를 충분히 들어 주는 과정이다. 필자는 우리가 누군가와 대화할 때, 반드시 자신의 내면에 변화할 수 있는 공간을 열어두는 태도가 중요하다고 믿는다. 변화의 여지를 남기고 대화를 이어갈 때, 우리는 상대에 대한 더 깊은 이해를 얻게 되며, 우리 자신의 내면 또한 성숙해질 수 있다. 이러한 맥락에서 분명한 결론을 내릴 수 있다. '듣는 것이 없으면 성숙도 없다.' 진정한 성숙은 다른 사람의 이야기를 경청하고, 그 안에서 배우며 성장하는 과정에서 비롯되기 때문이다.

경청의 기술: 어떻게 듣는가?

지금까지 경청의 의미와 경청이 왜 어려운지에 대해 살펴보았다. 그렇다면 이제 질문을 던져야 한다. 경청을 잘하려면 어떻게 해야 하는가? 가족관계 및 소통 전문가 낸시 반 펠트(Nancy Van Pelt)는 저서 *Smart Listening for Couple: Strengthen Your Marriage with Loving Communication*(부부를 위한 스마트 경청: 사랑으로 소통하며 결혼을 강화하는 법)에서 부부 사이의 건강한 소통이 행복한 관계 유지에 필수적임을 강조하며, '온몸으로 듣는 경청법'을 여섯 가지로 정리한다. 그녀의 경청법은 부부 관계에만 국한되지 않으며, 모든 인간관계에서 깊고 의미 있는 소통을 가능하게 해 주는 유용한 지침이 된다. 이제 그녀의 원칙을 바탕으로, 필자는 목회 상담의 실제적 방법론과 성경적 통찰을 함께 탐구하고자 한다. 더불어 필자가 직접 상담 현장에서 마주했던 경험들과 생생한 사례들을 통합하여, 이론과 실제가 어떻게 조화를 이루는지를 하나씩 살펴보려 한다.

첫 번째 의미: 눈으로 듣기(Listen with Eyes)

앞서 설명했듯이, 경청의 한자 '청(聽)'에는 '열 개의 눈'이라는 뜻이 포함되어 있다. 이는 상대의 이야기를 진심으로 들을 때 귀뿐만 아니라 눈으로도 들어야 한다는 의미다. 우리는 상대의 표정, 몸짓, 미세한 감정의 흔들림을 관찰함으로써 더욱 깊은 감정의 층위까지 이해할 수 있다. 눈을 맞추며 듣는 행위는 경청의 핵심 요소가 된다. 우리가 상대의 이야기에 몰입하고 집중하고 있다는 메시지를 전달하는 강력한 수단이며, 반대로 눈을 맞추지 않고 시선을 회피한다면 상대는 자신이 존중받지 못하고 있다고 느낀다. 따라서 눈을 맞추며 듣는 태도는 "당신을 소중하게 여깁니다"라는 메시지를 시각적으로 표현하는 방법이다.

잠언 15장 30절은 이렇게 말씀한다:

"눈이 밝은 것은 마음을 기쁘게 하고 좋은 기별은 뼈를 윤택하게 하느니라"

여기서 '눈의 밝은 것'은 현대인의 성경(KLB)에서는 '밝은 표정', 새번역(RNKSV)에서는 '밝은 얼굴', 영어 성경(NIV)에서는 'cheerful look'으로 번역된다. 즉, 밝은 표정과 따뜻한 눈빛만으로도 상대에게 기쁨과 안정감을 전할 수 있다. 성경의 이 짧은 구절은, 위로의 말보다 표정과 눈빛이 경청에 더 깊은 영향을 준다는 사실을 가르쳐 준다.

한번은 한 목회자와 대화를 나누는 중, 그가 필자의 이야기를 듣는 동안 내내 핸드폰을 바라보고 있었다. 그 순간 그가 내 이야기에 관심이 없다는 느낌을 강하게 받았다. 솔직히 말하자면, 그때 그의 핸드폰을 치워버리고 싶은 충동까지 들 정도로 불쾌한 감정을 느꼈다. 그와는 다시는 대화하고 싶지 않았다.

우리가 진심으로 누군가의 이야기를 듣고 싶다면, 우리의 눈은 반드시 그 사람을 향해야 한다. 경청은 귀뿐 아니라 눈과 마음을 함께 사용하는 능동적인 과정이다. 그렇게 할 때 상대의 감정과 더 깊이 공감하고, 진정성 있는 관계를 형성할 수 있다.

어떤 학생은 눈 맞춤의 중요성을 강조하는 경청 강의를 들은 후, 상대의 눈만을 뚫어지게 바라보았다고 한다. 그런데 상대는 큰 불편함을 호소하며 오히려 대화가 어려워졌다고 밝혔다. 이는 눈 맞춤에 대한 오해에서 비롯된 현상이다. 좋은 눈 맞춤은 상대의 눈을 고정적으로 응시하는 것이 아니라, 자연스럽게 시선을 조절하면서 편안한 분위기를 형성하는 방식으로 이루어져야 한다. 예를 들어, 시선을 눈 → 코 → 입술 → 턱 → 다시 눈으로 이동시키는 방식은 상대에게 심리적 안정감을 제공한다.

또 다른 예는 필자가 학생들에게 "다시 만나고 싶은 상담자의 특징은 무엇이었나요?"라고 물은 때였다. 그때 가장 많이 나온 답변은 의외로 "상담자의 따뜻한 눈빛"이었다. 학생들이 문제 해결 능력이나 전문적인 상담 기법을 기억할 것이라 예상했지만, 정작 그들이 깊이 인상에 남겨 둔 것은 '눈빛에서 느껴지는 따뜻함'이었다. 우리는 흔히, 상대가 우리가 하는 말의 내용에 가장 집중한다고 생각한다. 그러나 실제로는 눈빛과 표정이 전달하는 비언어적 메시지가 훨씬 더 강력한 영향력을 미친다. 눈으로 전달되는 정서와 존중은 말보다 앞서 마음을 움직인다.

우리는 귀로만 듣지 않는다. 눈으로도 듣는다. 따뜻한 시선, 밝은 표정으로 상대를 바라볼 때 경청은 비로소 완성된다. 그때 진정한 치유와 위로가 시작된다.

두 번째 의미: 손으로 듣기(Listen with hands)

두 번째 방법은 손으로 듣는 것이다. '손으로 듣는다'는 말은 다소 낯설게 들린다. 우리는 보통 손으로 무언가를 만들거나 지시한다. 그렇다면 도대체 손으로 듣는다는 말은 무슨 뜻일까?

필자는 손으로 듣는다는 의미를 아버지의 장례식장에서 깨달았다. 아버지가 돌아가신 이후, 많은 사람이 위로의 말을 건넸지만, 필자의 마음에 남은 말은 거의 없었다. 오히려 그들의 말은 혼란스럽기만 했다. 그런데 지금까지도 생생하게 떠오르는 기억이 있다. 누군가의 따뜻한 손길이었다. 아무 말 없이 다가와 필자의 등을 토닥여 주던 그 손길은, 말보다 더 깊은 위로가 되었다. 마치 그 손길이 혼란스러운 마음을 알아주는 듯했고, 하나님께서 직접 위로하시는 것처럼 느껴졌다. 말이 필요 없는 위로—그것이 바로 손으로 슬픈 마음을 들어 준 순간이었다.

우리의 손길은 때로 어떤 말보다 깊이 상대의 감정을 이해하고 공감하는 힘을 가진다. 손을 통해 상대의 마음을 듣는 방법은 여러 가지가 있다. 예를 들어, 누군가의 말을 들을 때 박수를 보내거나, 엄지손가락을 치켜세워 자랑스럽다는 마음을 표현할 수 있다. 힘든 길을 걷고 있는 사람의 손을 잡고 함께 걸어 주는 것만으로도 커다란 위로가 된다. 손을 내밀어 가볍게 잡아 주는 그 행위 하나로도, 상대에게는 큰 힘이 되어 줄 수 있다.

손을 잡아 주는 행위가 어떻게 마음을 들어 주는 것과 연결되는지 생각해 보면, 필자가 한국에 돌아와 힘든 시간을 보내던 시절, 떠오르는 한 목회자가 있다. 그분은 필자를 만날 때마다 반갑게 맞이하며 아주 강하게 손을 잡아 주었다. 그의 악력은 아플 정도로 강했지만, 그 손길에서 사랑이 전해졌다. 지금도 어려운 일이 생기면, 그 목회자의 따뜻한 악수가 떠오르고 그리워진다.

어느 교회에서 세미나를 마친 후 인사를 나누던 중, 한 성도가 아무 말 없이 지나가며 엄지손가락을 펼쳐 '따봉'을 보내 주었다. 그 짧고 단순한 행동이 필자에게는 말보다 더 큰 위로가 되었다. 설교나 강의를 마친 후 성도들이 "은혜 많이 받았습니다" 또는 "강의가 좋았습니다"라고 말해 주면 감사한 일이다. 그런데 때로는 말보다 엄지손가락의 그 따뜻한 표현이 더욱 힘이 된다.

경청은 귀로만 하는 것이 아니다. 손으로도 충분히 들을 수 있다. 경청은 온몸으로 이루어지는 행위이며, 손길을 통해 상대에게 다가가 그들의 감정을 이해하고 공감하는 과정이다.

우리 예수님 또한 손을 사용해 아픈 자들을 위로하셨다. 특히 나병환자를 치유하실 때, '손을 대셨다'는 표현은 우리에게 깊은 의미로 다가온다. 마가복음 1장 41절은 이렇게 말한다.

> "예수께서 불쌍히 여기사 손을 내밀어 그에게 대시며 이르시되 내가 원하노니 깨끗함을 받으라 하시니"

예수께서는 말씀만으로도 충분히 고치실 수 있었지만, 직접 손을 내밀어 나병환자에게 손을 대셨다. 그 행위는 그를 향한 공감과 사랑의 표현이었다. 우리도 예수님처럼 손을 통해 외로움과 고통 속에 살아가는 사람을 위로할 수 있다.

우리의 손은 상대를 존귀하게 바라보는 태도를 드러내며, 상대의 마음을 읽고 들어 주는 도구가 될 수 있다. 우리의 손은 지적과 비난의 도구가 될 수도 있지만, 박수를 보내고, 등을 토닥이며, 손을 꼭 잡아 줄 수도 있다. 우리의 손이 격려와 보호, 위로와 공감, 그리고 소통의 도구가 되도록 하자. 이제부터라도 우리의 손을 통해 상대의 마음을 들어줄 수 있는 방법을 생각해 보자. 하나님께서 우리의 손을 통해 주변 사람을 위로하고 격려하실 것이다. 오늘부터 당신의 손으로 듣는 연습을 시작해 보자.

세 번째 의미: 머리로 듣기(Listen with head)

'머리로 듣는다'는 표현 또한 다소 낯설게 들릴 수 있지만, 그 의미는 매우 깊고 중요하다. 필자는 강의할 때 가장 마음이 위로받는 순간으로, 누군가가 조용히 고개를 끄덕여 주는 순간을 꼽는다. 내 말에 고개를 끄덕여 주는 단 한 사람만 있어도, 강의하는 보람을 충분히 느끼곤 한다.

우리는 언제 상대의 말에 고개를 끄덕이는가? 바로 그 말에 마음이 움직일 때다. 반대로, 그 말에 동의하지 않거나 불편함을 느낄 때 우리는 본능적으로 고개를 가로젓는다. 따라서 누군가의 이야기를 들으며 고개를 끄덕이는 행동은, 그 사람의 마음을 인정하고 존중하며 공감하는 표현이 된다. 단순한 몸짓 하나가 말보다 더 강력한 위로와 소통의 힘을 발휘하는 순간이다.

이 고개 끄덕임에는 적어도 세 가지 의미가 담겨 있다:

- "내가 당신의 말에 동의합니다"(I agree): 이는 설교를 들을 때 우리

가 마음속으로 '아멘'을 외치는 것과 같다. '아멘'을 외칠 때, 우리의 마음 깊은 곳에서는 "당신의 말이 옳습니다. 당신의 말이 나와 관련이 있습니다"라고 응답하고 있는 셈이다.

- "내가 당신의 말을 이해합니다"(I understand): 이 말은 상대의 이야기가 내 마음에 설득되었고, 그 말이 내면 깊숙이 받아들여졌다는 표현이 된다.
- "나는 당신과 함께 있습니다"(I am with you).

필자에게는 이 마지막 의미가 가장 깊게 다가온다. 누군가가 내 말을 경청하며 고개를 끄덕여 줄 때, 나는 그 사람의 마음이 다른 곳에 있지 않고, 나와 함께 있다는 안정감을 느낀다. 이 안정감은 말로 설명할 수 없는 커다란 위로가 된다.

'나는 당신과 함께 있다'는 의미를 잘 설명해 주는 단어가 present이다. 영어 단어 'present'는 명사일 때 '선물', 형용사일 때 '지금', '여기'를 의미한다. 이 세 가지 의미를 연결해 보면 아주 흥미로운 통찰을 얻을 수 있다. 누군가의 시간(지금)과 공간(여기)에 함께 있는 것 자체가 선물이 된다는 것이다. 목회 상담에서는 이를 '임재 사역(the ministry of presence)'이라 부른다. 고통 가운데 있는 사람을 찾아가서, 그 고통의 시간과 공간 안에 말없이 함께 있어 주는 것, 그 자체가 목회자가 성도에게 줄 수 있는 최고의 선물이 된다.

이러한 맥락에서 우리가 누군가의 이야기를 들으며 조용히 고개를 끄덕여 줄 때, 그 행동은 상대에게 엄청난 선물이 된다. 말보다 더 깊이 위로와 격려를 전하는 힘을 지니게 된다. 이제부터 우리가 상대방의 이야기를 들을 때, 우리의 머리를 사용하는 경청의 태도를 연습해 보자. 말을 많이 하지 않아도, 아니 한마디도 하지 않아도 고개를 끄덕이며 함께하는 마음을 전하는 것만으로도, 상대는 큰 위로를 받을 수 있다. 지금부터 우리의 머리로 들어 보자. 고개를 끄덕이며 공감하고, 진정한 소통을 이루어 가는 이 작은 행동이 얼마나 깊은 의미를 지니는지 잊지 말자.

네 번째 의미: 생각과 기억을 가지고 듣기(Listen with mind)

듣는 행위는 단순히 귀로 소리를 받아들이는 것이 아니다. 사고와 기억, 그리고 마음의 태도와 연결되어 있다.

특히 목회 사역에서 '기억으로 듣는 것'은 매우 본질적이며 중요한 의미를 지닌다. 필자가 미국에서 목회하던 시절, 지금도 잊을 수 없는 부끄러운 경험이 있다. 주일 사역을 마친 어느 날, 한 성도가 환한 미소를 띠며 나를 찾아왔다. 그는 감사의 인사를 전하며 이렇게 말했다. "목사님, 저를 위해 기도해 주셔서 감사합니다. 어제 그 기도 제목이 응답되었어요." 하지만 그 순간 나는 너무나 당황스러웠다. 왜냐하면 그가 어떤 기도 제목을 말하는지 전혀 기억나지 않았기 때문이다. 어색한 웃음으로 상황을 넘기려 했지만, 속으로는 얼굴이 화끈거렸다. 주중에 잠깐 기도한 후 바로 잊어버렸고, 다시는 떠올리지도 않았던 것이었다. 아무리 머릿속을 더듬어도 기억은 나지 않았고, 차마 솔직하게 잊었다고 말할 수도 없었다. 성도가 떠난 후, 그는 감사의 표시로 작은 선물을 남기고 갔다. 나는 그 선물을 책상 위에 두기로 결심했다. 그것은 단순한 물건이 아니라, 다시는 같은 실수를 반복하지 않겠다는 나의 다짐을 상기시켜 주는 상징이 되었다.

그 경험 이후 나는 성도들이 알려 준 기도 제목을 잊지 않겠다고 결심했다. 하지만 나 자신의 기억력을 전적으로 신뢰할 수 없었기에, 기도 제목을 포스트잇에 적어 책상이나 사무실 벽에 붙여 두었다. 기도하는 시간마다 그 내용을 읽으며, 각 성도를 위해 간절히 기도했다. 그리고 주일이 지나고 나서 그 성도를 만나거나 전화를 걸어 기도 제목에 대해 조심스럽게 물어보았다. 그런데 그 반응은 뜻밖이었다. 기도 응답이 아직 이

뤄지지 않았음에도 성도들은 매우 기뻐하며 감사해 했다. 그 이유는 단순했다. 목회자가 자신의 기도 제목을 기억해 주고, 꾸준히 기도하고 있다는 사실 자체가 이미 위로가 되었기 때문이었다.

이것이 '기억으로 듣는 것'이다. 혹시 여러분도 나처럼 누군가의 기도 제목을 듣고 금세 잊어버렸던 적은 없는가? 그래서 우리 그리스도인들 사이에 가장 흔한 우스갯소리가 "기도해 줄게요"가 아닌가? 그러나 그 말이 더 이상 형식적인 인사가 되지 않으려면, 반드시 그 염려와 요청을 마음에 새기고 기억해야 한다. 그리고 꼭 다시 한번 물어보아야 한다. 그것만으로도 이미 깊은 위로와 섬김이 된다.

목회자들이여, 섬기는 리더가 되고 싶은가? 그렇다면 잘 듣는 사람이 되어야 한다. 누군가의 이야기를 들을 때, 그 내용을 귀 기울여 듣고 마음에 새겨 다시 물어보는 태도를 가져야 한다. 듣지 않고 말만 하려 한다면, 성도들은 목회자의 말에 귀 기울이지 않는다. 반대로, 진심으로 들어준 후에 조심스레 건네는 한마디는 그 무엇보다 무게 있게 다가온다. 그 말에는 말보다 더 큰 관심과 사랑이 담겨 있기 때문이다. 성도들은 목회자의 말을 듣는 것이 아니라, 목회자의 '마음을' 듣는다.

이제부터라도 우리 모두 '기억으로 듣기'를 실천해 보자. 성도들의 염려와 기도 제목을 진심으로 경청하고, 잊지 않고 다시 물어봐 주자. 그것은 목회자에게 주어진 특권이자, 성도들에게 줄 수 있는 가장 따뜻한 선물이며, 무엇보다도 진실한 사랑의 표현이다. 기억으로 경청하는 일은 가장 깊은 차원의 목회적 돌봄이고, 성도를 향한 가장 진실한 사랑이다.

경청의 내용: 무엇을 들어 준다는 것인가?

우리가 누군가의 이야기를 들을 때, 단순히 말의 '내용(content)'만을 듣는 것이 아니다. 우리는 그 말속에 숨겨진 열망(desire)과 염려(concern)에 귀를 기울여야 한다. 많은 사람은 단지 내가 말한 것만을 듣는다(Everyone hears what you say). 그러나 진정한 친구는 내가 말한 내용뿐 아니라, 내가 말하지 않은 것까지도 듣는다(Best friend listens to what you say and what you do not say).

유학 생활을 마치고 20여 년 만에 한국으로 돌아와 다시 적응하는 과정에서, 나는 '경청의 진실'을 깊이 체험하게 되었다. 미국에서 태어난 두 자녀는 한국의 교육 환경에 낯설어하며 적응에 큰 어려움을 겪었고, 그로 인해 부모인 나에게 원망을 표출하기도 했다. 친구 관계에서도 지속적인 갈등과 불안이 있었으며, 그런 자녀들을 바라보는 나는 자책감에 시달렸다. 자녀들의 정서적 어려움을 돌보는 데 집중하다 보니, 내 감정은 자연히 뒷전이 되었다. 주변 사람들은 오히려 "잘 적응하고 있다", "역시 교수님답다"라며 나를 칭찬하고 격려했지만, 나는 그 말들이 무겁게 느껴졌다. 겉으로는 잘 지내는 것처럼 보였겠지만, 실상 내 마음속에는 깊은 고독이 자리하고 있었다. 진심을 나눌 수 있는 이가 없다는 사실이 내게는 무엇보다 고통스러웠다.

그러던 중, 나는 한 친구에게 안부 전화를 걸었다. 돌아보면, 그때 나는 답답한 마음을 누구와든 나누고 싶었던 것 같다. 내가 "잘 지내냐"고 묻자, 친구는 뜻밖에도 "괜찮냐?"고 되물었다. 나는 습관처럼 "괜찮다"고 대답했지만, 친구는 다시 조용히 물었다. "진짜 괜찮냐?" 그러고는 이렇게 말했다. "나한테 다 말해라. 괜찮다." 그 말을 듣는 순간, 참아 왔던 감정이 터져 버렸다. 나는 말로는 괜찮다고 했지만, 친구는 내가 말하지 않은 부분까지 들어 주었다. 내 마음속 깊이 숨겨 둔 감정마저도 친구는 놓치지 않았다. 그 이후로도 나는 힘든 일이 생기면 가장 먼저 그 친구에게 전화를 건다. 친구는 언제나 변함없이 말해 준다. "다 말해라." 나에게는 그 한마디면 충분하다. 다른 설명이 필요 없다. 그런 친구는 존재 자체만으로도 큰 위로가 된다.

　진정한 경청은 단순한 반응이나 정보 수집이 아니다. 상대방의 마음을 읽는 일이며, 감정의 결을 포착하는 감성적인 여정이다. 단순한 사실뿐 아니라, 그 안에 담긴 정서와 소망에 집중할 수 있어야 한다. 다음의 예시를 통해 구체적으로 살펴보자.

상황별 예시: 무엇을, 어떻게 들어야 하는가?

예시 1

- 아이: "엄마, 나 학교 가기 싫어요."
- (표면적인 반응) "학생이 학교 안 가면 뭐 할 건데? 힘들어도 가야지."
- (염려와 소망을 듣는 반응) "학교에서 무슨 일이 있었어? 어떤 걱정이 있는 것 같구나. 나한테 이야기해 줄래?"

예시 2

- 청소년: "아빠, 오늘 미용실 다녀왔는데 머리가 너무 마음에 안 들어요."
- (표면적인 반응) "그게 뭐가 어때서? 예쁜데 왜 그래?"
- (염려와 소망을 듣는 반응) "머리 스타일이 마음에 들지 않아 속상하구나. 예쁘게 나오면 친구들한테 자랑하고 싶었을 텐데. 아빠도 안타깝다."

예시 3

- 교회 사역자: "나 교회 때려치우고 싶어."
- (표면적 반응) "그렇게 나약해서야 뭘 하겠어요? 각오가 부족했네요."
- (염려와 소망을 듣는 반응) "교회 일이 많이 힘들지요? 관계도 어렵고, 기대만큼 성장하지 않아서 더 마음이 무거우시죠?"

이처럼 표면적인 반응은 문제 해결을 강요하거나 감정을 억누르지만, 깊이 듣는 반응은 감정을 읽고 공감하는 태도를 지닌다. 상대의 말 속에 숨겨진 마음의 결을 읽는 것, 그것이 경청의 본질이다.

들어 주는 것만으로도 선물이 된다

상대의 이야기를 진심으로 들어 주고, 말의 이면에 담긴 감정과 소망을 헤아릴 때, 상대는 자신만의 아픔과 고민을 나눌 수 있는 안전한 공간을 얻게 된다. 우리가 모든 문제를 해결해 줄 수는 없지만, 진정성 있는 경청만으로도 위로와 격려가 된다. 그렇게 해서 사람은 다시 일어설 힘을 얻는다.

나는 하나님께서 우리에게 부정적인 감정을 한순간에 없애는 능력을 주시지는 않았다는 사실에 주목한다. 대신 하나님은 서로의 이야기를 들을 수 있는 귀를 주셨다. 우리 마음속 깊이 숨겨 놓은 걱정과 두려움은 쉽게 사라지지 않는다. 잊기로 결심한다고 해서 사라지는 것도 아니다. 그러나 누군가가 그 염려와 소망을 진심으로 들어 줄 때, 우리 안에 쌓인 부정적인 감정은 조금씩 빠져나오게 된다. 우리는 경청을 통해 상대의 마음속에 숨겨진 두려움과 걱정의 그림자를 함께 나눌 수 있다. 이것이 바로 하나님께서 우리에게 들어 줄 귀를 주신 이유가 아니겠는가? 우리의 이야기를 들어 줄 귀가 있을 때, 우리는 마음의 짐을 조금씩 내려놓고 다시 일어설 용기를 얻는다.

이런 점에서, 우리가 서로를 향해 귀 기울이는 행위는 그 자체로 진정한 사랑이다. 경청은 소극적인 듣기가 아니라, 능동적인 공감의 표현이다. 말하지 않은 감정까지도 느껴 주고, 말 뒤에 숨은 고통까지 가 닿을 수 있을 때, 우리는 가장 깊은 차원의 사랑을 실천하게 된다.

반영적 경청법과 좋은 프레임을 사용하라

반영적 경청법(Reflective Listening)은 상대방의 말을 그대로 반복하며 확인하는 효과적인 경청 기법이다. 이를 통해 상대방은 자신의 감정과 생각이 올바르게 전달되었음을 확신할 수 있으며, 대화자는 상대의 마음을 깊이 이해하고 있음을 보여 줄 수 있다. 반영적 경청법의 핵심 요소는 세 가지가 있다.

1. 이해와 공감 – 상대방의 말을 올바르게 이해하고, 그들의 감정과 생각을 반영하여 전달하는 과정이다.
2. 확인과 피드백 – 상대의 말을 반복함으로써 정확히 이해했는지를 확인하고 피드백을 제공한다.
3. 신뢰 형성 – 상대방은 자신의 이야기가 존중받고 있으며, 귀 기울이고 있다는 사실을 느끼게 된다. 이를 통해 대화의 신뢰가 더욱 깊어진다.

반영적 경청법의 예시 문장은 다음과 같다.

- "이렇게 생각하시는 것 같네요."
- "이렇게 느끼시는 것 같네요."
- "이렇게 말씀하신 것 같네요."
- "이렇게 말씀하시니 이런 생각이 드네요."
- "제가 이해하기로는 이렇게 생각하시는 것 같네요."
- "이렇게 말씀하신 것이 맞나요?"
- "말씀하신 내용이 이건가요?"
- "그래서 이렇게 생각하신다는 말이지요?"

이러한 반영적 경청법을 잘 활용하면, 상대방은 자신의 이야기가 올바르게 전달되고 있음을 확신하며, 더욱 깊이 있는 대화를 이어갈 수 있다. 상대방은 자신이 존중받고 있음을 느끼게 되고, 자신의 감정과 생각이 충분히 인정받고 있다는 심리적 안정감을 얻게 된다. 반영적 경청법을 통해 우리는 상대방의 숨겨진 염려와 소망을 더욱 깊이 들을 수 있을 것이다.

우리의 말은 보인다: 비언어적인 소통에 대해서 배우라

소통은 정보를 전달하는 것을 넘어, 감정과 태도를 함께 표현하는 과정이다. 우리는 종종 '좋은 소통'을 내용을 정확히 전달하는 것이라고 생각한다. 그러나 상대방에게 내가 전하고자 하는 말만 분명히 한다고 해서, 진정한 소통이 되는 것은 아니다. 내용의 명확성도 중요하지만, 그 내용이 어떻게 전달되는가 하는 것도 역시 소통의 핵심이다.

"우리의 말은 들리기도 하지만 보인다"라는 말이 있다. 이 말처럼 우리의 언어뿐 아니라 목소리의 톤, 표정, 몸짓, 눈빛 등은 모두 하나의 메시지를 전달한다. 사랑과 기침은 숨길 수 없다고 하지 않던가. 누군가를 존경하는 태도로 말할 때, 우리는 단어 이상의 것—표정과 몸의 자세—로 그 마음을 표현한다. 반대로 부정적인 태도로 말한다면, 아무리 긍정적인 내용을 담고 있어도 상대는 그 메시지를 부정적으로 받아들일 수 있다. 좋은 소통은 무엇을 말하느냐 뿐 아니라, 어떻게 보여 주느냐에 달려 있다.

소통은 언어적 소통과 비언어적 소통으로 나뉜다. 사실 대부분의 소통은 비언어적 요소로 이루어진다. 어떤 연구에 따르면, 우리가 실제 사용하는 언어는 전체 소통에서 단 7%만을 차지한다. 반면, 비언어적 표현은 55%, 목소리의 높낮이는 38%에 이른다고 한다. 이는 말의 내용만큼이나 말투와 태도가 얼마나 중요한지를 보여 준다. 그러나 우리는 흔히 '무엇을 말할 것인가'에만 몰두한 나머지, 말의 태도나 전달 방식을 놓치곤 한다.

많은 목회자는 성도들에게 어떤 메시지를 전할지를 고민한다. 그러나 말의 내용에만 집중한 나머지, 정작 성도의 말을 들어 주는 것에는 소홀할 때가 많다. 심방 자리에서도 말을 많이 한 것을 후회하며 돌아오는 경우가 적지 않다. 반면, 많이 들어 준 경우는 거의 후회가 없다. 성도들은 완벽한 해결책보다는, 자신의 고민과 아픔을 진심으로 들어 주는 귀를 원한다. 목회자는 언어적 소통뿐만 아니라 비언어적 소통에도 관심을 기울여야 한다. 그들의 몸짓, 눈빛, 듣는 태도는 메시지 이상을 말해 주기 때문이다.

눈빛, 몸의 방향, 말투, 손의 위치까지도 모두 메시지의 일부다. 성도들은 목회자의 눈빛과 표정, 말의 억양을 통해 진심 어린 돌봄을 느낀다.

메타 커뮤니케이션: 감정까지 다루는 깊은 소통

메타 커뮤니케이션(meta-communication)은 단순히 내용을 주고받는 차원을 넘어서, 소통의 방식과 그 과정에서 드러나는 감정까지 함께 점검하고 다루는 소통 방식이다. 다시 말해, '소통에 대해 소통하는 것'이 메타 커뮤니케이션의 핵심이다.

예를 들어, 필자의 딸은 종종 이렇게 말하곤 한다. "아빠, 왜 그렇게 찡그린 얼굴로 말씀하세요? 기분이 나빠요. 얼굴 표정 좀 풀어 주세요." 이 말을 들을 때마다 나는 내 표정을 직접 볼 수 없지만, 자신도 모르게 부정적인 태도를 전달하고 있었음을 깨닫게 된다.

이 상황에서 내게는 두 가지 감정이 동시에 떠오른다. 하나는 지적을 당했다는 불편함이며, 또 하나는 그런 나를 향해 솔직하게 이야기해 준 딸에 대한 고마움이다. 이처럼 나는 두 갈래 반응 중 하나를 선택할 수 있다. 하나는 "왜 그런 식으로 말하니?"라며 딸의 태도를 지적하고 갈등을 키우는 것이고, 다른 하나는 "아빠 표정이 안 좋았구나. 말해 줘서 고맙다. 아빠는 화내려는 의도는 없었는데, 아마 마음이 불편했나 봐. 우리 다시 이야기해 보자"라고 반응하며 대화를 이어 가는 방식이다. 이 두 번째 반응이야말로, 딸과 나 사이에 메타 커뮤니케이션이 작동하고 있음을 보여 준다.

그러나 이러한 소통이 가능하려면 감정을 솔직하게 표현해도 괜찮다는 신뢰와 약속, 그리고 그런 소통이 허용된다는 관계의 규칙이 있어야 한다. 상대가 자신의 불편함이나 감정을 표현할 수 있다고 느낄 때, 비로소 그 관계는 안전하고 건강한 관계로 발전하게 된다. 나는 이러한 메타 커뮤니케이션이 가능한 가정이야말로 진정으로 건강한 가정이라고 믿는다. 반대로, 메타 커뮤니케이션이 불가능한 가정은 대개 부모 혹은 부부 사이에 정서적 안정감이 결여된 경우가 많다.

실제로 필자는 어린 시절 건강한 소통을 경험해 보지 못한 청년들을 자주 만나게 된다. 그들은 부모와의 관계에서 자신의 감정을 표현할 기회를 갖지 못했고, 불만이 있더라도 내색하지 못한 채 감정을 억누르며 자라왔다. 만약 그 가족 안에서 좀 더 솔직하고 투명한 메타 커뮤니케이션이 가능했다면, 지금보다 훨씬 건강한 관계를 맺을 수 있었을 것이다.

메타 커뮤니케이션은 말의 내용에만 머무르지 않는다. 전달되는 방식과 그 속에 남긴 감정까지 함께 다룸으로써, 우리는 내면의 두려움이나 불안을 숨기지 않고도 깊은 소통을 할 수 있다. 이러한 투명하고 진실된 소통은 관계를 더욱 깊고 견고하게 만들며, 개인의 자존감까지 높여 준다. 그리고 높아진 자존감은 다시 건강한 소통의 기반이 되어 준다. 반면 자존감이 낮을 경우, 감정과 생각을 솔직하게 표현하지 못하고, 다시 불투명한 소통의 고리에 빠져들게 된다. 이 고리는 자존감에 또다시 부정적인 영향을 주는 악순환을 만들게 된다.

진정한 소통이란, 단순한 언어의 교환이 아니다. 서로의 마음을 조율하는 교감의 과정이다. 이제부터 우리는 다소 위험을 감수하더라도, 일상 속 소통에 메타 커뮤니케이션을 더 적극적으로 도입해야 한다. 그래야만 더 깊고 신뢰할 수 있는 관계가 형성될 수 있다. 그것이 곧, 진정한 소통의 시작점이다.

진정한 소통은 단순한 언어의 교환이 아니라, 서로의 마음을 조율하는 과정이다. 이제부터 위험을 무릅쓰더라도, 우리의 소통 속에 메타 커뮤니케이션을 더 적극적으로 활용해 보자. 이를 통해 더 깊고 신뢰할 수 있는 관계를 형성할 수 있을 것이다. 진정한 소통은 단순히 말하는 것이 아니라, 서로를 이해하고 연결되는 과정이기 때문이다.

몸짓과 마음, 소통의 이중 언어

전에 한번 발레 공연을 본 적이 있다. 발레리나들의 몸짓은 정말 아름다웠지만, 그들의 표현을 온전히 이해하지 못했기에 처음에는 다소 지루하게 느껴지기도 했다. 그러나 누군가가 공연의 내용을 담은 프로그램북을 건네주었고, 그 내용을 읽으면서 비로소 발레리나들의 몸짓이 얼마나 섬세하고 깊은 감정을 품고 있는지를 조금이나마 이해할 수 있었다.

말이나 대사가 없는 발레에서 발레리나의 몸짓은 더욱 큰 질문을 던진다. 발레리나의 몸짓 하나하나는 언어를 초월한 메시지를 품고 있으며, 그 움직임을 바라보는 우리는 자연스럽게 묻게 된다. "그녀는 지금 무엇을 말하고 있는 것일까?" 반대로 몸짓 없이 대사나 대본만을 읽는 것으로는 우리의 감정이 충분히 움직이지 않는다. 발레리나의 몸짓은 감정을 전달하는 역할을 하고, 프로그램 북은 그 감정이 어떤 의미를 지니는지에 대한 맥락을 제공한다. 이 두 가지 요소가 함께 어우러질 때, 감동은 비로소 완성된다.

우리의 일상적인 소통도 이와 유사한 구조를 가진다. 말은 반드시 필요하지만, 말만으로는 충분하지 않다. 메시지를 전달하는 사람의 표정, 말투, 그리고 몸짓은 그 자체로 중요한 언어가 된다. 말의 내용과 더불어 그 내용을 담아내는 방식 또한 소통의 본질을 이룬다. 다시 말해, 효과적인 소통은 말과 태도, 이 두 축이 균형을 이룰 때 가능해진다.

하나님의 말씀을 명확하게 선포하는 것은 목회자의 본질적인 사명이다. 그러나 그 진리의 메시지가 청중의 마음에 깊이 닿기 위해서는 내용의 선명함만으로는 부족하다. 반드시 따뜻하고 부드러운 태도가 함께해야 한다. 에베소서 4장 15절은 "오직 사랑 안에서 참된 것을 하여 범사에 그에게까지 자랄지라"라고 말한다. 이 구절에서 '참된 것을 하여'라는 표현은 영어 성경(NIV)에서 'speaking the truth', 즉 '진리를 말하다'로 번역된다. 이 말씀은 진리와 사랑이 결코 분리될 수 없다는 통찰을 담고 있다. 진리를 말한다고 하면서 미움이나 비방을 함께 드러낸다면, 우리는 그 메시지의 진정성을 다시 되짚어 보아야 한다. 진정한 소통은 단지 말의 정확성에 있지 않고, 그 말이 전하는 태도와 사랑의 마음에 달려 있다. 다시 말해, 목회자의 탁월한 메시지는 단순히 진리를 분명하게 선포하는 데에서 끝나지 않는다. 진리를 전하되, 그 안에 사랑을 담을 수 있어야 한다. 그 사랑은 바로 전하는 이의 태도에서 비롯된다.

앞서 언급한 발레 공연처럼, 말은 반드시 필요하지만, 어떻게 표현되는지에 따라 그 말의 전달력은 전혀 다르게 다가온다. 말의 내용이 아무리 중요하더라도, 그것을 전달하는 방식이 조화를 이루지 못하면 그 말은 온전히 받아들여지기 어렵다. 다시 말해, 말의 의미와 말하는 방식은 서로 분리될 수 없는 하나의 전체로 작용하며, 이 둘이 균형을 이룰 때 비로소 진정한 변화가 일어난다. 이제부터는 더 귀를 기울이고, 더 부드럽게 표현하는 소통을 훈련해야 한다. 진리를 말할 때조차도, 그 말 한마디에 사랑과 배려가 스며 있어야 한다. 그렇게 할 때 우리의 소통은 더욱 풍성해지고, 그 안에서 관계는 더욱 건강하게 자라나게 된다.

마지막으로, 필자가 오래도록 마음에 간직해 온 글을 소개하며 이 장을 맺고자 한다. 프랑수아 페넬롱(François Fénelon)의 권면으로, 박사 과정 수업 시간에 교수님께 들었던 것이다.

"적게 말하고 많이 들으십시오. 훌륭한 말을 그에게 하려고 하기보다는, 그들이 요구하는 바를 더 많이 가슴으로 이해하고, 당신 자신을 더 많이 그 요구에 적응하도록 생각하시오. 그들에게 열린 마음을 보여 주시오. 그리고 그들이 당신에게 마음을 열면 안전함과 위로를 얻게 된다는 것을 경험으로 알게 하시오. 극단적인 엄격성을 피하고, 결코 필요 이상을 말하지 마시오. 그러나 당신이 무엇을 말하든지 간에 절대로 솔직하시오. 아무도 당신에게 말한 뒤에 혹시 속고 있는 것이 아닌가 하는 두려움을 갖게 하지 마시오. 하나님의 자녀들인 그들을 얻기 위하여 그들에게 무엇이든 되도록 하시오. 그들을 변화시키고 싶다면, 당신 자신이 먼저 변화되도록 하시오."

이 글은 진정한 소통과 변화의 출발점이 무엇인지를 깊이 있게 전해 준다. 우리는 말의 기교보다 진심 어린 경청이, 강한 주장보다 온유한 태도가 더 큰 울림을 준다는 사실을 종종 잊곤 한다. 누군가를 변화시키고자 할 때, 먼저 우리 자신이 변화되어야 한다는 이 메시지는 목회자와 리더뿐 아니라 모든 이에게 적용되는 삶의 지혜다.

8장

공감:
"못하는" 것이 아니라 "안 하는" 것이다

이솝 우화에서 배우는 공감의 힘

누구나 한 번쯤은 누군가에게 온전히 이해받았던 순간을 기억할 것이다. 그때의 감정은 어땠는가? 이해받는다는 것은 말을 듣는 것을 넘어, 존재 자체를 존중받는다고 느끼게 한다. 그러한 경험은 삶과 마음에 실제적인 변화를 가져온다. 상대방을 이해한다는 것은 단순한 동의나 반응을 넘어서, 그들이 살아온 여정과 내면의 이야기를 있는 그대로 받아들이고 존중하는 태도를 의미한다. 그것은 곧 경험 자체를 인정하는 것이며, 비판 없는 열린 마음으로 의견 차이를 수용하는 포용의 자세다.

이솝 우화 『해님과 바람』은 공감의 본질을 상징적으로 보여 준다. 바람은 거센 힘으로 나그네의 외투를 벗기려 하지만 실패하고, 해님은 따뜻한 햇살로 나그네가 자발적으로 외투를 벗게 만든다. 이 우화는 상대방을 억지로 변화시키려는 시도가 종종 저항을 낳는다는 것을 말해 준다. 반면, 따뜻한 공감과 이해의 태도는 상대방이 변화에 스스로 마음을 열도록 유도하는 힘이 있다. 공감받는 감정은 관계의 밀도를 높이며, 자연스럽게 변화의 동기를 이끌어 낸다.

필자는 학생들에게 자주 이렇게 말하곤 한다. "정답이 아니고 정서가 먼저다." 문제를 해결하기 위해 곧장 정답을 제시하기보다는, 먼저 상대방의 마음을 이해하려는 노력이 선행되어야 한다는 뜻이다. 실제로 대부분의 문제는 정답을 몰라서가 아니라, 마음의 아픔이나 상처가 해결되지 않아 더디게 되는 경우가 많다. 그래서인지 "힘내라"는 말보다 "힘들지"라는 말 한마디가 더 큰 위로가 될 수 있다. 경쟁과 속도가 일상이 된 현대 사회에서, 많은 이가 듣고 싶어 하는 말은 "힘들지" "괜찮아" "괜찮지 않아도 괜찮아"라는 공감의 언어일지도 모른다. 물론, 문제 해결을 위해서는 때로 정확한 조언과 현실 직면이 필요하다. 하지만 그것이 효과를 발휘하려면 반드시 감정에 대한 돌봄이 우선되어야 한다. 공감과 이해가 먼저일 때, 정답은 비로소 그 자리를 찾게 된다. 진정한 해결과 치유는 그렇게 시작된다.

기독교 상담가 래리 크랩(Larry Crabb)은 상담의 과정을 세 가지 단계로 설명한다. 첫째는 encouragement(격려와 지지), 둘째는 exhortation(권면과 조언), 셋째는 enlightenment(깨달음)이다. 이 단계는 반드시 순차적으로 진행되어야 하며, 그 흐름을 따를 때 상담은 가장 효과를 낼 수 있다. 그러나 현실에서는 이 순서를 지키지 못하는 일이 빈번하다. 우리는 종종 권면과 깨달음부터 전달하려고 한다. 마치 지식만 전달하면 상대방의 문제가 해결될 것이라 착각하기 때문이다.

그러나 정작 사람은 자신의 문제를 모르는 것이 아니다. 대부분 자신이 왜 힘든지 알고 있으며, 무엇을 바꾸어야 하는지도 알고 있다. 문제는 실천의 결핍, 즉 내면의 혼란과 감정적 부담으로 인해 스스로 변화하지 못하는 데 있다. 지식의 부족이 아니라 감정의 무게가 방해되는 것이다. 목회자들이 성도들과 상담할 때도 유사한 패턴이 자주 나타난다. 성도의 마음을 충분히 듣기 전에 정답을 먼저 제시하는 경우가 많다. 하지만 이러한 접근은 때로는 성도의 고통을 외면하는 결과로 이어질 수 있다. 크랩이 제시한 상담 단계는 단순한 절차가 아니라, 사람의 마음을 다루는 핵심 원칙을 담고 있다.

누군가 마음의 이야기를 털어놓는다면, 가장 먼저 해야 할 일은 '고쳐주는 것'이 아니라 '공감하는 것'이다. 귀를 열고 마음을 디헤 들어야 하며, 그들이 느끼는 고통에 진심으로 공명해야 한다. 이후에야 조언과 권면이 가능하고, 그들이 새로운 깨달음을 받아들일 준비가 된다. 이처럼 상담이란 정답을 제공하는 과정이 아니라, 상대방의 마음에 조심스레 다가가며 함께 걸어가는 동행의 여정이다.

그래서 상담은 치료(cure)의 과정이라기보다는 돌봄(care)의 관계다. 상대를 고쳐야 할 대상으로 보지 않고, 온전히 그들의 이야기를 경청하며 진심으로 공감하고 삶에 동행하려는 태도. 그 안에서 사람은 스스로 있는 그대로 받아들이게 되며, 변화는 타인의 조언이 아니라 내면의 자발적인 동기로부터 시작된다.

평범한 일상 속에서 배운 공감

일상 속에서 마주하는 공감의 순간은 삶에 깊고도 본질적인 영향을 미친다. 그것은 특별한 지식이나 기술이 아니라, 마음의 자세에서 비롯되며, 때로는 한마디 말이 누군가의 하루를 바꿔 놓는다.

어느 늦은 밤, 편의점 앞을 지나던 필자는 술잔을 앞에 두고 언쟁을 벌이는 두 중년 남성을 마주한 적이 있다. 다툼의 말끝에 한 남성이 친구의 멱살을 붙잡고 이렇게 외쳤다. "그래, 네 말이 다 맞다. 네 말이 틀린 게 하나도 없어." 순간 이 말이 유독 마음에 남았다. 그의 말이 옳다면, 왜 화가 나는가? 왜 고마워하지 않고 분노를 표출하고 있는가? 그 싸움은 옳고 그름의 문제가 아니었다. 그는 친구가 자신을 이해해 주길 바랐다. 자신이 옳았는지 틀렸는지보다는 자신의 편이 되어 주기를 간절히 원했던 것이다. 그러나 친구는 정답만 이야기했고, 그는 공감받지 못했다. 그 장면은 씁쓸하게도 우리 자신의 모습을 비추고 있었다. 우리 또한 이 친구와 다르지 않다. 우리는 때로 옳은 말보다, 나의 마음을 먼저 알아주는 한 사람을 갈망한다.

또 한번은, 필자의 딸이 다섯 살 무렵의 일이다. 딸은 조금만 다쳐도 울며 밴드를 붙여 달라고 했고, 처음엔 그 요청을 다 들어주었다. 그러나 점차 빈도가 잦아지자, 필자는 과민 반응이라 판단해 단호히 "밴드가 필요 없다"고 말하며 호통을 쳤다. 그러나 그런 말은 전혀 딸의 마음에 닿지 않았다. 그러자 오히려 문제를 '고쳐야 한다'는 생각으로 딸을 더 크게 몰아붙였다. 그때, 네 살 많은 아들이 다가와 이렇게 말했다. "아빠, 유은이에게 밴드를 붙여 주세요. 유은이는 손이 아픈 게 아니라 마음이 아픈 것 같아요." 순간, 부끄러움이 밀려왔다. 상담학을 공부하고 있는 내가 아홉 살 아이보다 공감을 덜 하고 있었던 것이다. 결국 딸의 손에 조용히 밴드를 붙여 주었고, 딸은 금세 울음을 멈추었다. 시간이 흐르며 밴드를 찾는 일도 점차 줄어들었다. 이 경험을 통해 나는 마음의 고통을 이해하는 일이 얼마나 중요한지 배울 수 있었다.

또 다른 사례는 학교에서 속상한 일을 겪었을 때였다. 필자는 동료 교수에게 그 상황을 털어놓았고, 그는 논리적이고 명확한 조언을 해 주었다. 그러나 그 말은 내 마음에 전혀 와닿지 않았다. 오히려 억울함과 화가 더욱 솟구쳤다. 집에 돌아와 아내에게 같은 이야기를 들려주자, 아내는 그저 "당신 정말 화가 많이 났겠네요. 얼마나 속상했을까"라고 하며 어떤 판단도 조언도 하지 않았다. 오직 공감뿐이었다. 그런데 그 짧은 한마디가 마음의 파도를 잠재웠다. 억울함이 차츰 사그라들고, 나의 감정을 객관적으로 바라볼 수 있는 여유가 생겼다. 결국에는 스스로 현명한 해법을 찾아낼 수 있었다.

이것이 공감의 힘이다. 공감은 거창하거나 어려운 것이 아니다. 누군가의 마음을 있는 그대로 바라보고, 인정하고, 함께 아파해 주는 것이다. 공감이 주는 위로는 우리의 기대보다 훨씬 깊고 강력하다. 어쩌면 하나님께서 우리에게 '관계'라는 선물을 주신 가장 큰 이유도 여기에 있는지도 모른다. 관계 안에서 정답을 말하기보다, 정서를 이해하고 공감할 때 더 깊은 치유와 변화가 시작된다. 정답보다 정서가 먼저다. 이 순서만큼 은 절대 바꾸지 말아야 한다.

공감이 의미: 공감은 못하는 것이 아니라 안 하는 것이다

공감을 의미하는 영어 단어는 'empathy'이다. 이 단어는 'em'과 'pathy'로 구성되어 있다. 'em'은 'into'라는 전치사로 "어디로 들어가다" 를 뜻하며, 'pathy'는 'feeling', 즉 우리가 느끼는 감정을 의미한다. 이를 조합하면, 공감은 '그 사람이 느끼는 감정으로 들어가다'라는 의미를 지 닌다. 그렇기에 공감은 단순한 동조나 이해를 넘어서는 매우 적극적이 고 의도적인 행위라 할 수 있다. 누군가를 공감하려면, 그 사람의 감정, 기분, 내면세계로 들어가려는 노력이 필요하다. 그 사람이 무엇을 느끼 고, 무엇 때문에 힘들어하며, 어떤 이유로 절망하는지를 파악하려는 시 도가 공감의 첫걸음이다. 그 이유는 우리 자신이 타인의 경험을 온전히 알 수 없기 때문이다. 그렇기에 그 경험과 내면으로 들어가려는 의식적 노력이 공감의 본질이라 할 수 있다.

어떤 사람은 자신의 과거 경험이 타인의 경험과 유사할 때 공감이 더 쉽다고 말한다. 하지만 반드시 동일한 경험을 공유하지 않아도 공감은 충분히 가능하다. 우리가 공감을 못하는 것이 아니라, 공감하려는 노력 을 하지 않는 데 문제가 있다. 조금의 관심과 노력을 기울인다면, 우리의 공감 능력은 시간이 지날수록 더욱 깊어지고 확장될 수 있다.

그렇다고 해서 무작정 타인의 마음속으로 들어가려는 시도가 쉬운 일은 아니다. 때로는 공감의 과정이 낯설고 두렵게 느껴질 수도 있다. 공 감을 강조했던 심리학자 칼 로저스(Carl Rogers)는 이러한 점에 대해 *Carl Rogers: The Quiet Revolutionary-an oral history*(칼 로저스: 조용한 혁명사-

구술 생애사)에서 깊이 있는 통찰을 남겼다.

> "진정한 공감은 타인의 내면세계로 들어가 그곳에 편안히 앉아있는 것이다. 당신은 그 세계에 들어가지만, 그 감정 속에 빠지지 않고 여전히 밖으로 나올 수 있어야 한다. 공감은 타인의 고통과 함께하며, 동시에 자기 자신의 중심을 잃지 않는 것이다."

로저스의 이 말은 공감이 단순히 상대방의 감정을 복사하거나 동일시하는 것이 아님을 잘 보여 준다. 공감은 그 사람의 마음을 이해하고 그 세계에 함께하되, 자신의 정체성을 유지하며 균형을 이루는 예술적이고도 인간적인 과정이다. 이런 공감의 능력은 타인을 향한 우리의 시선과 태도가 얼마나 진지하며, 얼마나 열려 있는지에 달려 있다. 더 많은 노력을 통해 공감의 깊이를 쌓아 나간다면, 우리는 타인의 마음에 더욱 가까이 다가갈 수 있을 것이다.

상담자의 공감 유형: 내담자의 세계를 마주하는 세 가지 방식

필자는 오랜 시간 상담센터 소장으로 섬기면서 수련생들을 훈련시켰다. 그 과정에서 흥미로운 장면을 자주 목격하였다. 내담자와의 상담이 끝난 뒤 수련생들과 대화를 나누다 보면, 내담자에게 나타나는 상담자의 반응은 크게 세 가지 유형으로 구분된다는 것이다.

첫 번째 유형: 내담자의 세계에 들어가지 않는 경우

첫 번째 유형은 상담자가 내담자의 세계에 전혀 들어가지 않고, 자기 기준에 따라 문제를 평가하고 판단하려는 태도를 취하는 경우다. 이들은 내담자의 경험과 내면에 별다른 관심을 보이지 않으며, 내담자의 이야기를 자신의 상담 이론이나 개인적 경험에 비추어 분석하려 든다. 자연히 내담자의 문제를 '가르치거나 교정해야 할 것'으로 접근한다.

그러나 내담자들은 상담자의 이러한 태도를 민감하게 감지한다. 자신을 평가하려는 시도에 반발하거나, 경우에 따라 강한 저항과 분노를 표출하기도 한다. 최악의 경우, 상담을 중단하겠다는 의지를 보이며 상담 관계가 파탄에 이르기도 한다.

이러한 방식의 근저에는 상담자가 무의식적으로 품고 있는 '두려움'이 자리하고 있다. 내담자의 고통스러운 이야기를 경청하는 과정에서, 상담자 자신의 과거 아픔이 떠오를 위험이 있다. 이때 상담자는 그러한 감정을 다시 마주하기를 꺼려하며, 공감의 문을 스스로 걸어 잠근다. 단순한 방어를 넘어, 이는 공감의 본질을 가로막는 결과를 초래한다.

상담자가 이런 내면의 과정을 인식하지 못한 채 상담을 지속한다면, 내담자의 고통에 진정으로 공감하는 일은 불가능에 가깝다. 오히려 상담자는 자신이 외면하고 싶은 주제를 기준 삼아 내담자의 이야기를 왜곡해 받아들이며, 그저 '심각한 문제'라고 판단하는 데 그치게 된다. 진정한 공감은 상대방의 세계로 들어가려는 의식적인 노력과 자기 성찰에 기반한다. 따라서 상담자가 자신 안의 두려움을 직면하고 내면을 성찰하는 과정은, 내담자에게 공감하는 능력을 기르는 데 있어 핵심적인 전제가 된다. 이는 상담자의 자기 치유와도 깊게 연결되는 과제이기도 하다.

두 번째 유형: 내담자의 세계에 들어가 나오지 못하는 경우

두 번째 유형은 상담자가 내담자의 세계로 들어간 후, 거기에서 빠져나오지 못하는 경우다. 이들은 내담자의 고통스러운 이야기에 몰입한 나머지, 상담 과정 중 자신이 더 크게 불안해지고 힘들어지는 현상을 경험한다.

이런 현상은 마치 울고 있는 아이를 달래려는 어머니가 아이의 슬픔에 과도하게 감정 이입한 나머지, 결국 어머니 자신이 더 크게 우는 상황과 유사하다. 아이에게 안정감을 주려면, 어머니가 먼저 자신의 감정을 정리하고 평정심을 유지해야 한다. 상담자의 역할도 이와 같다고 할 수 있다.

내담자의 세계 속에 머무르며 상담자가 정서적으로 무너진다면, 이는 내담자에게도 부정적인 영향을 끼친다. 자신의 고통을 온전히 받아들이는 대신, 그 고통에 압도되어 적절히 지지하지 못하는 결과를 낳는다. 이러한 유형의 상담자는 종종 힘든 영화나 뉴스조차 감당하기 어려워하며, 회피 반응을 보이기도 한다. 이는 결국 내담자에게 필요한 안정감을 제공하는 능력을 제한하게 된다.

상담자는 내담자의 아픔을 공유하되, 자신의 감정을 조율하고 정서적 균형을 유지할 수 있어야 한다. 공감은 타인의 고통을 함께 느끼는 동시에, 상담자 자신이 중심을 잃지 않는 과정이기 때문이다. 이를 위해 상담자는 자신의 감정을 객관적으로 바라보고, 필요할 경우 전문가의 도움이나 자기 성찰을 통해 정서적 회복력을 훈련해야 한다. 이런 훈련은 상담자에게 진정성 있는 공감을 가능하게 하며, 내담자와의 관계에서 보다 안정적인 역할을 수행할 수 있도록 돕는다. 공감의 핵심은 내담자의 고통 속으로 들어가되, 그 감정의 물결에 휩쓸리지 않고 스스로를 지켜 내는 능력에 달려 있다.

세 번째 유형: 내담자의 세계에 들어갔다가
다시 자기 자리로 돌아오는 경우

세 번째 유형은 상담자가 내담자의 세계에 깊이 들어갔다가, 다시 자신의 자리를 찾아 나오는 건강한 공감의 형태다. 진정한 공감은 아픔을 함께 느끼는 데 그치지 않는다. 내담자의 혼란을 껴안고 구조화된 방식으로 다시 전달해 주는 상담자의 역량이 포함되어야 한다.

이 과정에서 상담자는 내담자의 감정을 안정된 형태로 담아내는 '컨테이너' 역할을 수행한다. 내담자의 감정과 불안, 혼란을 마치 자신의 이야기처럼 받아들이되, 상담실 내에서 무의식적 역동을 통해 이를 정리하고 재구성한 형태로 돌려준다. 상담자는 내담자의 세계를 경험하면서도 스스로의 중심을 잃지 않고, 그 세계에서 조율된 방식으로 움직이며 내담자를 지지한다.

이러한 공감의 형태는 상담자가 자기 정체성과 감정 관리를 온전하게 숙달했을 때 가능하다. 그 결과, 상담자는 내담자의 혼란을 조율하고 안전하게 담아내며, 공감이라는 심리적 공간에서 진정한 이해와 치유의 통로를 열어 주게 된다.

공감의 훈련: 시선의 전환에서 시작되는 이해

필자는 상담학 강의 시간마다 공감의 본질을 가르치기 위해 하나의 훈련을 제시한다. 2명의 학생을 앞으로 나오게 하고, 서로 등을 맞대어 서게 한다. 각자가 마주한 방향에서 보이는 사물과 장면을 구체적으로 묘사하게 한다. 한 학생은 책상을 설명하고, 또 다른 학생은 교탁, 칠판, 마이크의 위치를 언급하며, 주변 친구들의 표정과 자세까지 섬세하게 묘사하기도 한다. 이후, 두 학생에게 순서대로 돌아서게 하여 서로의 자리에 서게 한다. 그다음에는 상대방이 언급한 사물들을 직접 확인하도록 한다. 이 간단한 교차 경험을 통해 학생들은 매우 인상적인 통찰을 얻게 된다.

첫째, 상대가 말한 내용과 자신이 상상한 것 사이에는 분명한 차이가 존재함을 인식하게 된다. 처음에는 상대의 말이 잘 믿기지 않았지만, 직접 확인해 본 후에는 그 말이 사실임을 인정하게 된다. 이는 곧, '내가 틀릴 수도 있고, 상대가 옳을 수 있다'는 겸허한 깨달음으로 이어진다.

둘째, 상대방이 보고 말해 준 것도 결국 자신이 보는 세계의 일부일 뿐이라는 사실을 깨닫게 된다. 타인 또한 자신의 관점에서만 진술할 수 있는 존재임을 인식하며, 그 말에 담긴 의미를 전체적인 문맥에서 조명할 필요가 있음을 느끼게 된다.

이 훈련이 끝난 후 필자는 학생들에게 다음과 같이 강조한다.

> "공감은 자신의 자리에서 상대방의 자리로 돌아서는 의식적인 행위다. 우리는 공감을 '못하는' 것이 아니라, '하지 않는' 것이다. 돌아서면 그간 보이지 않던 것이 보이기 시작하고, 내가 틀렸을 가능성을 인정하게 되며, 더 넓은 문맥에서 타인의 이야기를 이해할 수 있게 된다."

공감은 완벽한 이해가 아닌 처절한 자기 성찰에서 시작된다

이런 면에서 공감은 단순히 타인의 감정을 파악하거나 이해하는 데서 출발하지 않으며 상대방의 마음을 온전히 꿰뚫는다는 자신감에서 비롯되지 않는다. 진정한 공감은 타인의 감정을 완벽히 알 수 없음을 인정하는 처절한 자기 성찰과 겸손한 인식에서 시작한다. 이러한 깨달음은 상담자는 자신의 무지를 받아들이고, 내담자의 경험을 더욱 진지하게 존중하며 그 세계 속으로 다가가려는 노력을 이끌어 낸다. 이러한 노력은 공감을 단순한 인지의 차원을 넘어서, 진정한 관계 형성과 정서적 치유의 기반으로 자리 잡게 만든다.

공감의 첫걸음은 우리가 타인의 감정을 전적으로 이해할 수 없다는 사실을 겸허히 받아들이는 데 있다. 이러한 자기 인식은 상담자에게 '겸손함'이라는 핵심 덕목을 부여하며, 내담자의 이야기를 더 진심으로 듣고자 하는 태도를 강화한다. 이 과정을 통해 상담자는 보다 깊이 있는 이해의 토대 위에서 내담자와의 관계를 성숙하게 형성해 나갈 수 있다. 결국 공감은 단순한 감정의 공유에 머물지 않고, 서로를 존중하고 연결해 주는 인격적이며 관계적인 능력이다. 이러한 공감은 인간을 더욱 인간답게 만들며, 더 풍요롭고 의미 있는 존재로 성장할 수 있도록 돕는다.

공감의 세 가지 차원: 이해, 동화, 긍휼의 여정

그렇다면 공감은 실제 관계에서 어떻게 실천되어야 할까? 추상적인 개념으로만 머물러서는 공감의 깊이를 체감하기 어렵다. 공감에는 세 가지 차원이 존재하며, 이를 순차적으로 이해해 가는 과정은 우리가 타인의 세계로 들어가는 방법을 구체화하는 데 큰 도움이 된다.

1. 상대방의 입장을 이해하려는 노력

공감의 첫 번째 차원은 상대방의 상황과 감정을 인지하고, 그들의 입장에서 생각해 보려는 적극적인 노력이다. 예를 들어, 친구가 어려운 상황에 처했을 때, 그가 느끼는 감정에 집중하며 그의 관점에서 사태를 바라보려는 자세가 이에 해당한다. 이 단계에서는 상대방의 말을 진심으로 경청하고, 그들이 처한 현실을 객관적으로 수용하려는 태도가 중요하다. 비록 상대방의 감정이 내게 직접적으로 영향을 미치지 않더라도, 그들의 내면에서 어떤 심리적 움직임이 일어나고 있는지를 감지하려는 시도는 공감의 기본이 된다.

여기서 우리는 '정서적 공감'과 '인지적 공감'의 차이를 이해할 필요가 있다. 상대방의 고통이 나에게도 동일한 감정적 영향을 준다면, 이는 정서적 공감에 해당한다. 예컨대 친구가 큰 슬픔에 잠겨 있을 때, 함께 눈물을 흘리며 그 감정을 함께 느끼는 것이 정서적 공감의 대표적인 모습이다.

반면, 인지적 공감은 직접적인 감정을 공유하지 않더라도, 그들의 감정과 상황을 이해하고 받아들이는 능력을 의미한다. 이는 일정한 거리를 유지하며 객관성을 바탕으로 공감을 실천하는 방식으로, 상대방의 입장에서 생각하고 그들의 경험을 존중하려는 태도를 내포한다. 정서적 공감은 타인과의 감정적 연결을 깊게 하며, 인지적 공감은 상황을 더 넓은 시각에서 바라보게 한다. 이 두 가지 방식이 균형을 이루어야만, 우리는 상대방의 내면을 더 깊이 이해하고, 공감의 본질을 온전히 표현할 수 있게 된다.

2. 함께 느끼고 함께 생각하는 정서적 동화

첫 번째 차원에서 상대방의 감정을 인지적으로 이해했다면, 이제는 그 감정 속으로 한 걸음 더 들어가는 단계로 나아간다. 이것이 두 번째 차원인 '정서적 동화'다. 이는 단순한 이해를 넘어, 상대방과 감정적으로 연결되고 그들의 경험을 함께 살아 내는 공감의 심화된 단계다.

이 과정에서 우리는 상대방의 내면 깊숙이 들어가, 기쁨과 슬픔을 함께 느끼며 감정을 공유한다. 예를 들어 친구가 깊은 절망 속에 있다면, 그 감정에 함께 이입되어 진심으로 슬퍼하고 눈물 흘리는 모습은 정서적 동화의 표현이라 할 수 있다.

정서적 동화는 관계의 유대를 강화하고, 상대방이 '나의 고통이 온전히 이해받고 있다'는 확신을 갖게 만든다. 이러한 공감은 감정을 느끼는 수준을 넘어, 정서적인 동반자가 되는 경험을 가능하게 하며, 인간 간의 깊은 연결을 형성하는 기초가 된다.

3. 긍휼의 감정을 통해 나타나는 실질적 공감

정서직 동화가 감정적 연결을 형성했다면, 이제 그 감정을 바탕으로 구체적 행동으로 옮겨가는 단계가 필요하다. 이것이 공감의 세 번째 차원인 '긍휼(compassion)'이다. 이는 상대방의 고통을 함께 느끼는 데서 한 걸음 더 나아가, 그 고통을 덜어 주고자 하는 실천적인 마음이다.

'긍휼'이라는 단어는 '함께(com)'와 '고통(passio)'을 합친 말로, 고통 속에 함께 머무르는 깊은 감정 상태를 말한다. 단순한 위로나 공감의 언어를 넘어, 긍휼은 행동과 실천을 포함하는 적극적 공감의 형태다. 예를 들어 힘든 상황에 처한 친구 곁에 가서 함께 해결책을 고민하고 실질적인 도움을 주려는 태도는 긍휼의 진정한 실천이라 할 수 있다. 이러한 긍휼의 감정은 말로 표현되지 않아도 상대방에게 위로와 지지를 전달한다. 침묵 속의 따뜻한 동행, 행동으로 나타나는 돌봄, 그리고 문제 해결을 위한 작은 실천은 긍휼의 진정성을 담고 있는 강력한 메시지다.

이처럼 공감의 세 가지 차원—이해, 동화, 긍휼—은 단계적으로 서로 연결되어 있으며, 하나의 흐름에서 인간관계를 더욱 깊이 있게 만든다. 각각의 차원은 따로 떼어놓고 생각할 수 없는 유기적인 과정이며, 이러한 공감의 여정은 우리가 타인을 바라보는 방식뿐 아니라, 우리 자신을 돌아보는 방식에도 큰 변화를 가져다준다.

긍휼의 본질을 삶으로 보여 주신 예수님

공감의 세 가지 차원—이해, 동화, 긍휼—에 대해 살펴본 지금, 우리는 그 실천의 완벽한 모델을 예수님의 삶에서 발견하게 된다. 예수님은 우리의 상황을 인지하거나 고통에 공감하시는 데 그치지 않았다. 그분은 우리의 아픔과 절망 속으로 들어오셔서, 실제적인 치유와 변화를 일으키기 위해 적극적으로 행동하셨다. 가난한 자를 돌보시고 병든 자를 치유하며, 외롭고 소외된 이들에게 다가가셨던 예수님의 사역은 긍휼이 감정의 나눔에 머무르지 않고 실제적인 도움으로 확장될 수 있음을 분명히 보여 준다. 그리고 궁극적으로, 예수님은 우리를 죄에서 구원하시기 위해 십자가를 지심으로 긍휼의 본질을 완성하셨다. 그 희생과 사랑은 긍휼의 실천이 어떻게 삶의 깊은 헌신으로 이어질 수 있는지를 강력하게 증언한다.

예수님의 공감과 긍휼은 그분이 하나님의 본체이심에도 불구하고 자신을 낮추어 인간으로 오셨다는 사실에서 극명하게 드러난다. 인간의 연약함과 고난을 온몸으로 경험하시기 위해 종의 형체를 취하신 그 모습은 공감의 가장 깊은 형태라 할 수 있다. 성경은 이를 다음과 같이 묘사한다.

> "그는 근본 하나님의 본체시나 하나님과 동등됨을 취할 것으로 여기지 아니하시고 오히려 자기를 비워 종의 형체를 가지사 사람과 같이 되셨고 사람의 모양으로 나타나사 자기를 낮추시고 죽기까지 복종하셨으니 곧 십자가에 죽으심이라"(빌 2:6-8)

이보다 더 깊은 공감의 표현이 있을까? 예수님은 우리의 연약함을 친히 경험하셨기에 우리의 고통과 어려움을 실제로 이해하고 도우실 수 있다. 그분은 우리의 상처와 절망을 함께 느끼고, 그 감정 속에 머물러 계시는 분이시다.

히브리서 2장 18절은 예수님의 공감이 단지 감정적 반응이 아닌 실질적 도움의 능력으로 이어진다는 점을 강조한다.

> "그가 시험을 받아 고난을 당하셨은즉 시험 받는 자들을 능히 도우실 수 있느니라"

이 말씀은 예수님께서 우리의 삶에 능동적으로 함께하신다는 사실을 인식하게 한다. 또한, 요한복음 11장 35절은 예수님의 공감이 감정의 가장 진실한 형태로 드러나는 순간을 강렬하게 묘사한다. 나사로의 죽음을 슬퍼하는 이들을 바라보시며 예수님은 눈물을 흘리셨다.

"예수께서 눈물을 흘리시더라"

이 짧은 구절은 예수님의 긍휼이 얼마나 깊은 감정적 참여였는지를 상징적으로 드러낸다. 그분은 단지 위로의 말씀을 던지신 것이 아니라, 그들의 고통 속에 직접 들어가 슬픔을 함께 나누셨다.

이와 같은 성경의 묘사들은 예수님께서 단순히 우리의 고통을 바라보는 분이 아니라, 그 고통 안으로 들어오셔서 함께 아파하며 변화와 치유를 일으키시는 분이라는 사실을 선명하게 보여 준다. 따라서 우리는 예수님의 삶을 본받아야 한다. 타인의 아픔을 공감하고 그 고통에 동참할 뿐 아니라, 그들을 돕기 위한 실제적인 행동으로 나아가야 한다. 진정한 공감은 사랑의 실천으로 이어질 때 비로소 완성된다.

이러한 공감은 상담의 현장에서 뿐만 아니라, 모든 인간관계에서 의미 있는 변화를 이끌어 내는 힘이 된다. 예수님의 사랑과 희생은 우리가 공감과 긍휼을 삶으로 살아 낼 수 있도록 이끌어 주며, 그 길을 따라갈 때 우리의 삶은 더 깊은 의미와 가치를 품게 된다.

공감을 위한 구체적인 기술: 마음을 잇는 실천의 지혜

앞서 공감의 의미와 그 깊이를 다양한 차원에서 살펴보았다면, 이제는 그것을 실제 삶에서 실천할 수 있는 구체적인 기술을 단계별로 살펴보려고 한다. 공감은 감정의 공명이자 관계의 통로이며, 이를 일상에서 구현하기 위해서는 의식적인 행동과 반복된 훈련이 필요하다.

1. 상대방에게 깊은 관심을 보여 주라

공감은 관심에서 시작한다. 상대방의 이야기에 진심 어린 관심을 기울이는 태도는 공감의 출발점이자 기반이다. 경청하는 자세, 눈을 맞추는 시선, 고개를 끄덕이며 반응하는 행동은 모두 상대방이 "나는 존중받고 있다"는 느낌을 갖게 한다.

이러한 적극적인 반응은 단순한 예의가 아닌, 감정적 안전감을 형성하는 강력한 장치다. 상대방은 자신이 중요하게 여겨지고 있다는 인식이 들면 비로소 자신의 감정을 솔직하게 표현할 수 있게 된다. 이는 깊은 대화를 나누도록 하며 신뢰감과 아울러 감정적으로 연결되었다는 느낌을 갖도록 한다.

상대에게 보여 주는 '깊은 관심'은 듣는 행위 그 자체가 아니라, 상대의 감정 흐름을 따라가고자 하는 능동적인 참여이기도 하다. 이는 상담뿐만 아니라 모든 인간관계의 기반을 이루는 소중한 기술이며, 그 자체로 이미 공감의 문을 열고 들어가는 행위라고 할 수 있다.

2. 상대방의 입장이 되어라

관심을 통해 상대방과 연결되었다면, 이제는 그들의 세계 속으로 들어가는 단계가 필요하다. 공감의 실천에서 가장 중요한 핵심 중 하나는 '입장 바꾸기'다. 이는 단순한 감정적 반응이 아니라, 상대방의 관점에서 세상을 바라보려는 적극적인 심리적 전환이다.

공감을 위해서는 먼저, 상대방의 경험과 내 감정은 다를 수 있다는 점을 겸허히 인정해야 한다. 이것은 상대방의 내면과 상황에 더 다가가는 첫걸음이며, 신정한 공감을 위한 기반을 형성하다.

일상의 대화에서 우리는 종종 "내 생각으로는…"이라는 표현을 사용하며, 상대방의 경험을 자신의 기준으로 판단하곤 한다. 이러한 방식은 상대방의 감정을 충분히 존중하지 못하고, 그들의 이야기를 왜곡하거나 가르치려는 방향으로 흐르기 쉽다. 하지만 공감은 교육이나 교정의 과정이 아니다. 상대방의 시선에서 그들의 세계를 바라보고, 그들이 무엇을 느끼는지를 있는 그대로 받아들이려는 내면의 의지다.

상대방의 어깨 너머에서 그들이 보는 것을 바라보려는 이 자세야말로 진정한 공감의 시작이다. 이런 태도는 상대방에게 '나는 존중받고 있다'는 감정을 선사하고, 그들 스스로가 자신의 상황을 보다 객관적으로 성찰할 수 있게 만든다. 그 결과, 변화가 필요한 부분에 대해 스스로 생각하고 결정하는 내적 동기를 갖게 된다.

공감은 타인을 변화시키려는 기술이 아니라, 그들이 스스로 변화할 수 있도록 자극하는 관계의 촉진제다. 상대방의 입장을 인정하고 그 시선에 다가설 때, 우리는 단순한 이해를 넘어, 존중과 연결의 순간을 만들어 낼 수 있다.

3. 상대방의 생각과 감정, 관심사와 바람을 언급하라

상대방의 입장에서 그들의 세계를 이해하려는 노력이 깊어질수록, 이제는 그들이 느끼는 감정과 생각을 보다 구체적인 언어로 표현할 수 있어야 한다. 이는 단순한 공감의 단계에서 한 걸음 더 나아가, 상대의 내면을 명확히 드러내고, 그 감정을 함께 조율하는 과정이라 할 수 있다. 예를 들어, "당신은 이 상황에서 죄책감을 많이 느끼고 있군요." 또는 "지금 화를 내는 것을 두려워하는 것 같아요"와 같이 구체적인 감정을 짚어주는 말은 상대방에게 자신의 감정을 명확히 인식할 수 있는 기회를 제공한다. 이러한 언급은 그들이 감정을 내면화하고 정리하도록 도와주며, 더 깊은 신뢰 속에서 대화가 이루어질 수 있는 기반을 만든다.

이 과정에서는 '초감정(meta-emotion)'의 개념을 이해하는 것이 중요하다. 초감정이란 단순히 감정을 느끼는 것을 넘어, 그 감정에 대해 우리가 갖고 있는 태도나 해석, 반응 방식 등을 의미한다. 이는 과거의 경험, 부모로부터의 양육, 사회적 규범에 의해 형성되며, 개인이 현재 느끼는 감정에 복합적인 영향을 미친다. 예를 들어, 어린 시절 '화를 내는 것은 나쁜 행동'이라고 배운 사람은 성인이 되어 갈등 상황에서 분노 자체를 억제하거나 두려워하는 경향을 보일 수 있다. 그 결과, 현재의 감정을 온전히 표현하지 못하고 혼란스러워하거나 불편함을 느끼게 된다.

이런 경우, 초감정을 인식하고 탐색하는 과정은 공감의 기술 중 매우 강력한 도구가 된다. 내담자에게 "왜 화를 내는 것이 어렵다고 느끼시나요?" 혹은 "지금 느끼는 감정을 함께 들여다볼까요?"라고 제안하면, 그들은 감정을 단순한 반응이 아니라 해석의 대상으로 바라볼 수 있게 된다. 그리고 그 감정의 뿌리가 현재의 사건이 아니라, 오래된 심리적 학습에서 비롯되었다는 사실을 깨닫는 순간, 감정을 다룰 수 있는 새로운 내적 역량이 형성된다.

상담 중 내담자가 자신의 감정을 명확하게 인식하지 못한 채 혼란스러워할 때, 필자가 그 감정에 적절한 단어를 제시하면 종종 내담자는 이렇게 반응한다. "맞아요, 그게 바로 제가 느끼던 감정이에요." "이제야 그 단어를 찾았네요. 제 마음이 너무 편안해졌어요."

이러한 반응은 '감정 명명(naming)'이라는 작업이 단순한 언어적 제안이 아니라, 감정의 구조를 드러내고 내면의 혼란을 정돈하는 심리적 도구임을 보여 준다. 우리는 자신이 느낀 감정을 언어화함으로써 그것을 마주하고, 받아들이며, 그에 따른 반응을 조절할 수 있는 내적 여유를 갖게 된다.

필자 역시 유사한 경험을 한 적이 있다. 어느 날 평소 등반하던 산보다 훨씬 높고 산세가 험한 산을 올랐던 적이 있었다. 등반 중 몇 차례 두려움이 밀려왔고, 힘겹게 정상에 도달한 뒤 복잡한 감정이 교차했다. 그런데 그 감정을 어떻게 표현해야 할지 몰라 어리둥절한 상태에 빠졌다.

마침내 산을 다 내려왔을 때, 일행 중 한 명이 "안도감이 드네요"라고 말했다. 그 단어가 바로 내가 느꼈던 감정이었다. "안도감"—이 짧은 표현 하나가 마음속 응어리를 뚫고 지나가 시원함을 안겨 주었다. 어떤 감정들이 뒤섞여 있을 때 그것을 명확히 정의하는 단어 하나가 감정을 정돈하고 해방시켜 주었던 것이다.

이러한 경험은 감정을 명명하는 일이 얼마나 강력한 심리적 안정과 자각을 제공하는지를 잘 보여 준다. 상담자가 내담자의 감정을 적확한 언어로 표현해 주는 순간, 내담자는 자신의 내면과 보다 깊이 연결되며, 그 감정과 건강하게 마주할 수 있는 힘을 얻게 된다.

우리가 감정을 정확히 표현하고 초감정을 인식할 때, 비로소 내면이 정돈되고 상황을 다룰 수 있는 자기 조절 능력이 생겨난다. 이러한 작업은 공감의 깊이를 더하며, 관계에서 진정한 이해와 치유의 통로를 열어 준다.

4. 이해한 내용을 부드럽게 상대방에게 말해 주라

상대방의 이야기를 경청한 후, 자신이 이해한 바를 부드럽게 되짚어 전달하는 과정은 공감을 실천하는 데 있어 필수적인 기술이다. 그러나 실제 대화에서는 이 과정을 생략하는 경우가 많다. 우리는 종종 상대방의 말을 주관적으로 해석하고, 확인 없이 결론을 내리거나 심지어 부정적인 평가를 더하곤 한다.

이와 관련하여 필자는 한번 중요한 깨달음을 얻은 적이 있다. 어느 날, 필자의 아내가 이런 부탁을 건넸다. "당신이 어떤 의도로 말했는지가 중요한 게 아니에요. 내가 그 말을 듣고 어떻게 느꼈는지가 더 중요해요. 당신은 내가 어떻게 느꼈는지보다 당신의 의도를 더 중요하게 생각하죠. 다음부터는 나에게 한번 확인해 줄래요?"

이 짧은 말은 필자에게 대화의 방식과 깊이를 다시 바라보게 한 계기가 되었다. 아내의 말은 감정에 대해 먼저 확인하라는 요청을 넘어서, 상대방이 느끼는 감정이야말로 대화의 중심에 있어야 한다는 사실을 깨우쳐 주었다.

특히 진지하고 예민한 주제를 다룰 때는, 더욱 신중하게 자신이 이해한 내용을 확인하고 전달할 필요가 있다. 예를 들어, "제가 제대로 이해했는지 모르겠는데, 당신 말은 이런 의미인가요?"와 같은 표현은 상대방의 감정을 명확히 짚어 주며, 오해를 방지하는 데 효과적이다.

만약 자신이 상대방의 말을 잘못 이해했음을 알게 된다면, 그 사실을 인정하고 다시 설명을 요청하는 것 역시 중요한 공감의 표현이다. 이는 단순한 감정 교환을 넘어, 상대방이 자신의 감정을 더 정확히 인식하고 솔직하게 표현할 수 있도록 돕는 과정이 된다. 결국, 공감은 내 해석을 앞세우는 것이 아니라 상대방의 느낌과 의미를 중심에 두는 의식적인 태도에서 출발한다. 부드럽고 정중한 확인은 오해를 줄이고 감정을 연결시키는 다리 역할을 하며, 건강한 관계를 만들어 갈 수 있도록 돕는 가장 인간적인 기술이다.

공감에 방해되는 말들

공감은 누구나 쉽게 말할 수 있는 개념처럼 보이지만, 실제로 실행하기는 쉽지 않다. 당신은 공감을 자연스럽게 실천한 기억이 있는가? 공감을 잘한다고 생각하더라도, 우리의 내면에는 여전히 상대방의 말을 들으면서 자신의 생각이나 관점을 앞세우고 싶은 충동이 자리 잡고 있다. 이러한 충동은 상대방의 이야기에 온전히 몰입하기보다는, 자신의 견해를 강조하거나 충고하려는 반응으로 이어지기 쉽다.

하지만 공감의 핵심은 우리의 모든 관심을 오롯이 상대방에게 두는 것이다. 그것은 상대방이 자신의 감정을 자유롭게 표현할 수 있도록 돕고, 그들이 진정으로 이해받고 있다고 느낄 수 있는 '심리적 공간'을 마련하는 데 목적이 있다.

그러나 우리의 좋은 의도와는 달리, 우리는 종종 공감을 방해하는 말을 무심코 내뱉곤 한다. 이럴 때 공감의 전달에 실패할 뿐 아니라, 상대방에게 상처를 주거나, 그들이 더 이상 자신의 감정을 솔직하게 표현하지 못하게 만들 수 있다. 나아가 이러한 말은 상대방에게 '내 감정은 중요하지 않다'고 느끼게 만들고, 때로는 관계에 단절의 균열을 일으키기도 한다.

이러한 이유로, 우리가 평소에 아무렇지 않게 사용하는 말 중 공감을 방해하는 표현들이 어떤 것인지 인식하는 일은 매우 중요하다. 그것은 공감을 실천하기 위한 첫걸음이며, 실수 없이 상대방의 감정에 다가갈 수 있도록 돕는 안내선이 된다.

공감을 방해하는 말을 줄이고, 상대방의 내면을 이해하고 존중하려는 의식적인 노력을 기울일 때, 우리는 대화의 깊이를 더하고 관계를 더욱 건강하게 형성할 수 있다. 이제부터 공감을 저해하는 표현들의 대표적인 예시와 그 영향에 대해 하나씩 살펴보자. 이 과정을 통해 우리는 공감을 더욱 온전히 이해하고 실천할 수 있을 것이다.

조언하기와 가르치기: 공감을 가로막는 친절한 방해

공감을 어렵게 만드는 표현 중 가장 흔하고도 교묘한 것이 '조언하기'와 '가르치기'다. "이렇게 해 보는 게 어때요?" 혹은 "그렇게 생각해 보세요"와 같은 말은 선의로 시작될 수 있지만, 상대방의 감정이 아직 충분히 표현되지 않은 상태에서는 그 자체로 큰 부담이 된다. 조언을 듣는 상대방은 자기 이야기를 계속 나누기보다는, 충고를 따라야 한다는 압박을 느끼게 될 수 있기 때문이다.

공감을 실천할 때는 조언보다 먼저 '감정에 대한 인정'이 있어야 한다. 예컨대, "많이 힘드셨겠어요." 혹은 "이 상황이 정말 쉽지 않았겠네요"와 같은 말은 상대방의 감정을 존중하고, 그들이 자신의 마음을 편안히 열 수 있는 심리적 공간을 만든다.

물론 조언이 전혀 필요 없다는 뜻은 아니다. 다만, 상대방이 충분히 감정을 나눈 뒤에 신중하고 섬세하게 제시되어야 한다. 공감으로 시작하는 대화는 상대방이 감정을 정리하고, 공감받았다는 안정감에서 마음을 열도록 돕는다. 결국 공감이 관계의 기반을 다지는 기술이라면, 조언은 그 기반 위에 세워진 다음 단계의 대화 도구가 되어야 한다. 공감이 먼저이고, 조언은 그다음이다.

특히 '가르치려는 말투'는 더욱 조심해야 한다. "이렇게 하세요"라는 표현은 우리가 상대방의 삶을 대신 판단하거나 통제할 수 있다는 인상을 줄 수 있다. 이는 상대방에게 심리적 부담을 안기고, 자신의 문제를 객관적으로 성찰하고 해결할 기회를 빼앗게 된다.

공감의 핵심은 상대방을 돕기 위한 마음이지만, 그 방식은 통제가 아니라 격려여야 한다. 상대방이 자신의 감정을 깊이 이해하고, 스스로 문제를 바라볼 수 있도록 기회를 제공하는 것이 공감의 진짜 목적이다. 공감은 해결책을 제시하는 것이 아니라, 상대의 내면을 존중하고 스스로 답을 찾을 수 있도록 옆에서 조용히 동행하는 데서 시작된다.

위로하기: 따뜻한 말이 공감을 방해할 때

'위로하기'는 우리가 흔히 공감이라고 착각하는 표현 중 하나다. 많은 사람이 위로와 공감을 비슷한 의미로 받아들이지만, 두 개념은 분명한 차이가 있다. 물론 따뜻한 위로는 때때로 공감의 일부로 작용할 수 있다. 그러나 "괜찮아질 거야" 같은 표현은 우리의 선한 의도에도 불구하고 상대방의 고통을 축소하거나, 그들이 느끼는 감정을 무시하는 말처럼 들릴 수 있다.

이러한 위로는 단기적으로는 상대방에게 안심을 줄 수 있지만, 장기적으로는 진정한 공감이나 실질적인 문제 해결로 이어지지 못할 가능성이 크다. 상대방은 자신이 충분히 이해받지 못했다고 느낄 수 있고, 그로 인해 더 이상 자신의 감정을 솔직하게 표현하지 않으려 할 수도 있다. 깊은 성찰 없이 던지는 위로의 말은 오히려 감정의 흐름을 끊고, 공감의 문을 닫게 만드는 요소로 작동한다.

실제로 어떤 경우에는 말보다 함께 있어 주는 존재 자체가 더 큰 위로가 된다. 조용히 옆에 앉아 경청하고, 상대방의 마음을 판단하지 않고 있는 그대로 받아들이는 태도는 언어를 초월한 공감을 전달한다. 상대는 말보다 행동에서 더 큰 진심을 느끼며, 자신의 감정을 자유롭게 펼칠 수 있는 안전함을 경험하게 된다.

공감은 말을 통해 위로하는 것이 아니라, 말이 없이도 감정을 수용하고 함께 있어 주는 태도에서 비롯된다. 우리가 전하려는 위로가 진정으로 상대방에게 닿기 위해서는, 그들의 감정을 먼저 충분히 들어 주고 인정하는 공감의 과정을 반드시 거쳐야 한다.

다른 이야기 꺼내기: 나의 말이 공감을 가릴 때

공감을 방해하는 또 다른 흔한 행동은 '자신의 이야기를 꺼내는 것'이다. 예컨대 "나도 비슷한 경험이 있어요…"라는 말로 자신의 경험을 공유하려는 경우가 많다. 우리는 종종 자신도 어려웠던 시간을 이야기함으로써 상대방이 위로받고 힘을 얻을 것이라 기대하지만, 이러한 접근은 상대방의 이야기를 묻히게 만들 수 있다.

때로는 상대방의 이야기를 듣는 자리에서 자신의 상처받은 경험을 길게 늘어놓게 되면, 이는 상대방으로 하여금 "당신은 내 이야기에 집중하고 있지 않다"는 느낌을 갖게 만들 수 있다. 나아가, 상대방의 고통보다 자신의 고통이 더 크다는 인상을 주게 되면, 상대는 점점 자신의 감정을 표현하는 데 거리감을 느끼고, 침묵하거나 피로감을 호소하게 된다.

물론 상대방의 말은 우리에게 유사한 경험을 떠올리게 만들 수 있다. 친구가 배우자의 짜증나는 행동을 이야기할 때, 나 역시 내 배우자의 행동이 생각날 수 있다. 이는 자연스러운 반응이다. 그러나 공감과 경청은, 그 사람이 지금 말하고 있는 이야기를 '끝까지 들어 주는 것'이다. 상대방의 말 속에 나의 경험을 억지로 끼워 넣는 것은 공감의 흐름을 방해한다.

따라서 자신의 이야기를 잠시 접어두고, 상대방이 감정을 충분히 표현할 수 있도록 공간을 내주는 태도가 더욱 바람직하다. 공감의 핵심은 '먼저 들어 주는 것'이며, 그들의 감정을 온전히 받아들이는 것이다. 내 경험을 꺼내는 대신, 그들이 자유롭게 말할 수 있는 분위기를 만들어 주는 것이 효과적이다.

이러한 태도는 단순한 경청을 넘어서, 상대방이 스스로 자신의 감정을 정리하고 표현할 수 있는 심리적 힘을 갖게 돕는다. 결국 공감이란, 내가 말하는 것이 아니라—상대방이 말할 수 있도록 기다려 주는 데서 시작된다.

상대가 틀렸다고 단정하기: 대화를 닫는 태도

단정적인 말투는 상대방의 감정을 존중하지 않는 태도로 비춰질 수 있으며, 이는 관계에 소통의 벽을 세우는 주요 원인이 된다. "네가 틀렸어" 혹은 "그게 아니야"와 같은 표현은 상대방을 방어적으로 만들고, 대화를 진솔하게 이어가지 못하도록 방해한다. 나아가, 그들의 감정을 충분히 표현하지 못하게 하고 상호 신뢰를 훼손하는 결과를 초래할 수 있다.

실제로 많은 청소년은 부모와의 대화에서 이러한 단정적 말투로 인해 상처받는다. "엄마랑 이야기하면 항상 내가 틀렸다고 말해요. 그래서 말해봤자 소용없다는 생각이 들어요"라는 고백은 단정적인 태도가 어떻게 관계의 단절로 이어질 수 있는지를 보여 준다. 이러한 말투는 상대방에게 마치 벽에 대고 이야기하는 듯한 감정을 주며, 자신의 감정이 무시당한다고 느끼게 만든다.

물론 때로는 상대방의 실수나 오해를 바로잡을 필요가 있을 수 있다. 그러나 단정적으로 표현된 말은 상대방의 방어를 유발하고, 열린 대화의 문을 닫아 버리기 쉽다. 이럴 때 필요한 것은 다중관점의 태도다. "이것 아니면 저것"이라는 이분법적 접근보다는 "이것일 수도 있고, 저것일 수도 있다"는 가능성을 열어두는 태도가 바람직하다. 다중관점은 우리가 이해하는 바가 상황에 따라 제한될 수 있다는 점을 인정하고, 상대방 역시 그들만의 맥락에서 판단하고 느낀다는 사실을 받아들이는 자세다.

이러한 태도는 같은 상황이라도 여러 관점이 동시에 존재할 수 있다는 점을 인식하게 한다. 이와 관련해 흔히 인용되는 "장님과 코끼리" 이야기가 있다. 이 이야기에서 7명의 장님이 코끼리를 만져 보고 관찰한다. 한 사람은 코끼리를 나무통 같다고 말하고, 또 다른 사람은 벽처럼 평평하다고 묘사하며, 또 다른 이는 긴 줄 같다고 이야기한다. 각자 자신이 느낀 감각에 따라 표현하지만, 결과가 서로 다르다는 이유로 다투게 된다. 그때 스승이 제자들에게 이렇게 말한다. "너희 모두가 맞다. 그러나 너희 모두가 틀렸다."

스승은 코끼리의 본질을 설명하며, 개별적인 관찰로는 전체를 이해할 수 없고, 다양한 관점을 통합해야만 진실에 가까이 갈 수 있다는 사실을 강조한다.

이 이야기는 우리가 상대방의 이야기를 들을 때의 태도에 대해 매우 중요한 교훈을 준다. 우리는 종종 자신의 경험이나 관점에 비추어 상대의 말을 단정적으로 해석하고, 다름을 수용하지 못하는 실수를 저지른다. 하지만 진정한 소통은 상대방의 관점에도 일정한 진리가 있을 수 있음을 받아들이는 데서 시작된다. 상대방의 이야기를 끝까지 경청하며, 그들의 시선으로 세상을 바라보려는 열린 태도는 대화의 문을 열고 더 깊은 공감과 연결을 가능하게 한다. 같은 상황에도 다양한 해석이 존재할 수 있다는 점을 수용할 때, 우리는 상대방과 더 건강하고 신뢰감 있는 관계를 맺을 수 있다.

핵심은 누가 옳고 그르냐를 따지는 것이 아니라, 우리가 지금 코끼리의 어떤 부분을 보고 있는지를 이해하려는 태도다. '단정함'을 내려놓고 '이해하려는 자세'를 선택할 때, 우리는 진정한 공감의 문턱을 넘게 된다.

동정하기: "불쌍해라"는 말이 놓치는 것

상대방의 힘든 이야기를 들을 때, 우리는 종종 지나친 동정심을 드러내며 반응하게 된다. "불쌍하다"는 말은 겉보기에는 상대방을 배려하고 위로하는 표현 같지만, 그 이면에는 상대방을 '약자'로 규정하는 시선이 담겨 있을 수 있다. 이는 그들의 자존감을 무의식적으로 위협하고, 심리적으로 거리를 만들며 공감 대신 위계의 틀 안에 가두게 된다.

실제로 일부 내담자는 자신이 약하게 보이는 것을 원치 않아 공감을 거부하는 경우도 있다. 상담자가 공감을 표현하는 순간, 내담자는 "내가 불쌍한 사람인가?"라는 인식을 갖게 되고, 이것이 불편함이나 방어 반응으로 이어질 수 있기 때문이다.

여기서 중요한 것은 공감과 동정은 분명히 다르다는 점이다. 동정은 감정을 타인의 것으로 동일시하는 태도이며, 때때로 자기 일인 양 반응하는 과잉 감정이다. 반면, 공감은 상대방의 삼정을 인정하고 이해하려는 의식적인 시도다. 공감은 걱정도, 칭찬도, 격려도, 위로도 아니다. 공감은 무엇보다 존중과 이해의 표현이다.

그렇기에 공감을 표현할 때는 단순한 동정심보다는, 상대방의 감정을 있는 그대로 존중하고 이해하려는 태도가 바람직하다. 상대의 어려움을 인정하되, 그들이 능동적으로 그 상황을 헤쳐 나갈 수 있는 내적 힘이 있다는 점을 함께 전달하는 것이 좋다. 이는 상대방에게 힘을 부여하며, 그들을 '도움받는 존재'가 아니라 '주체적인 존재'로 바라보게 한다.

상담자는 상대방의 감정을 수용하면서도 불쌍하게 여기기보다는, 그들의 경험과 노력, 그리고 그 안에 담긴 의미를 존중하는 태도를 지녀야 한다. 이러한 접근은 공감의 본질을 지키면서도, 상대방의 존엄과 자존감을 함께 세워 주는 방식이라 할 수 있다.

당신이 평소에 이러한 표현들을 자주 사용하고 있지는 않은지 스스로 점검해 보자. 우리는 종종 무심코 던진 말이 상대방의 감정을 위축시키거나 공감을 방해할 수 있다는 사실을 간과한다. 이러한 표현들은 의도하지 않았더라도, 상대방이 자신의 감정을 충분히 표현하지 못하도록 만들며, 소통의 깊이를 얕게 한다. 앞으로 이런 말을 사용하고 싶어질 때, 잠시 멈춰 먼저 상대방의 입장에서 바라보려는 노력이 필요하다. 말의 선택을 조금만 조정해도, 상대방은 훨씬 더 편안하게 자신의 감정을 표현할 수 있고, 우리는 그들의 마음에 더 가까이 다가갈 수 있다.

공감은 단순한 기술이 아니다. 상대방의 감정을 존중하고, 그들의 경험을 이해하려는 태도에서 시작된다. 작은 변화가 쌓이면, 우리는 점점 더 깊은 공감을 실천하는 사람이 되어 간다. 당신의 말 한마디가 상대방에게 어떤 영향을 줄 수 있는지 늘 마음에 새기자. 보다 따뜻하고 배려하는 방식으로 말하려는 노력은 관계를 더욱 튼튼하게 만들며, 진정한 소통을 가능하게 한다.

난 공감을 참 못해(?)

많은 사람이 "나는 공감을 잘 못해"라고 말하지만, 사실 우리는 공감을 '못하는 것'이 아니라 '안 하는 것'에 더 가깝다. 다시 말해, 공감이 어색하고 불편하게 느껴지기 때문에 의식적으로 피하거나 포기하는 것이다.

왜 공감이 불편하게 느껴질까? 공감이 단순한 감정 반응이나 본능적 직관이 아니라, 상대방의 감정을 존중하고 이해하려는 의식적이고 적극적인 노력을 필요로 하기 때문이다. 이 노력은 신체적·심리적 에너지를 요구하며, 때로는 자신의 관점을 잠시 접어두고, 타인의 감정에 내 마음을 열어야 하는 '내면의 이동'을 포함한다.

공감은 누구에게나 자연스러운 능력처럼 보일 수 있지만, 실상 자기 성찰과 감정 조율, 그리고 의지를 바탕으로 한 행동의 선택이다. 공감은 잘 못하는 것이 아니라, 힘들기 때문에 하지 않는 것이며—그 어려움을 의식하고 마주할 수 있을 때, 우리는 더 깊이 있는 관계로 나아갈 수 있다.

분명히 말하건대, 공감은 결코 쉬운 일이 아니다. 공감을 방해하는 요소는 일상 속 여기저기에 자리 잡고 있으며, 우리는 진정한 공감을 위해 자신의 경험과 판단을 잠시 내려놓아야 한다. 때로는 말하고 싶은 욕구를 참아야 하며, 상대방의 감정과 생각을 있는 그대로 받아들이려는 의지를 갖추어야 한다. 이러한 과정은 종종 불편하고 고통스럽게 느껴지며, 자신의 관점을 뒤로 하고 타인의 입장에서 바라보는 일은 간단하지 않다. 그렇다고 해서 불가능한 일은 아니다. 공감은 훈련될 수 있으며, 반복적인 실천을 통해 누구나 점차 성장시킬 수 있다. 물론 쉽지는 않다. 그러나 한번 용기를 내어 노력해 보면, 그 과정에서 공감의 능력이 서서히 자라난다. 그리고 그 능력이 커질수록 우리의 삶은 더욱 깊어지고 풍요로워진다. 우리는 보다 건강하고 의미 있는 인간관계를 형성할 수 있고, 우리의 공동체는 더 따뜻하고 이해가 깃든 공간으로 변화될 수 있다.

그리고 공감이 가장 먼저 필요한 대상은 어쩌면 가장 가까운 사람일지도 모른다—배우자, 자녀, 부모. 아이러니하게도, 우리는 정작 이들과의 관계에서 공감을 가장 소홀히 하곤 한다. 필자가 상담 훈련을 받던 시절, 다음과 같은 조언을 들은 적이 있다. "무언가 하려고만 하지 말고, 그냥 그 자리에 있어라."

처음엔 그 말의 의미를 쉽게 이해하지 못했다. 하지만 상담 경험이 쌓이면서 그 말이 점차 마음 깊이 와닿았다. 필자는 내담자를 안심시키고 싶었고, 해결책을 제시하며 판단하는 말들을 자주 건넸다. 그런데 시간이 지나 돌아보니, 내담자에게 진정으로 필요했던 것은 조언이나 정답이 아니라—자신의 감정을 받아들이고 이해받는 경험이었다. 내담자는 해결을 원했던 것이 아니라, 마음을 진심으로 수용해 주는 존재를 필요로 했던 것이다.

이 깨달음은 필자의 가족 관계에도 똑같이 적용된다. 아내나 아이들의 이야기에 깊이 공감하기보다는, 늘 내 생각을 먼저 말하고, 내 관점이 더 옳다고 믿으며 해답을 제시하려 했다. 그리고 그 해답대로 따라 주지 않으면 답답해하고, 때로는 화도 냈다. 늘 '무언가를 해야 한다'고 생각했던 것이다—그게 그들에게 도움이 된다고 믿었으니까. 하지만 지금은 다르게 행동하려 한다. 그냥 그 자리에 있어 주고, 더 많이 들어 주려고 노력하고 있다. 그러자 놀랍게도, 가족들은 그런 나를 더 좋아해 준다. 그런 나를 더 필요로 한다. 결국 공감이란, 무엇인가를 '해야 한다'는 강박을 내려놓고, 그 자리에 함께 머무르는 것에서 시작된다.

진정한 공감은, 상대방이 어떤 마음인지 모른다는 것을 인정하는 데서 출발한다. 공감이란 내가 얼마나 무지한지를 깨닫는 처절한 자기 인식 없이는 이루어질 수 없다. 우리는 타인의 삶과 감정을 완벽히 이해할 수 없다는 사실을 인정할 때에야 비로소 진짜 공감에 가까워질 수 있다.

공감은 어렵다. 그렇기에 더욱 가치 있다. 공감이란 놈(?)은 참 다루기 어려운 존재다. 그러나 그 어려움을 기꺼이 마주할 수 있을 때, 우리는 더욱 깊고 의미 있는 관계를 맺게 된다. 공감은 우리의 삶과 공동체를 변화시킬 수 있는 가장 따뜻한 시작점이 된다.

9장

우리는 슬퍼할 능력이 있는가?:

상실과 애도에 대한 통합적 접근

'상실'이라는 단어를 떠올리면, 마음속에 수많은 이미지가 떠오른다. 사랑하는 이의 죽음, 눈물을 흘리며 고통에 잠긴 사람, 홀로 남아 쓸쓸히 앉아 있는 모습, 정신이 나간 듯 멍하니 먼 곳을 바라보는 표정, "왜 이런 일이 나에게 일어난 거야?"라고 외치며 분노를 터뜨리는 상황, 장례식장에서 어깨를 들썩이며 흐느껴 우는 풍경 등이다.

필자가 상실과 애도라는 주제에 관심을 갖게 된 계기는 미국 조지아주에 위치한 에모리 대학병원(Emory University Hospital) 아동 병동에서 레지던트 채플린으로 사역하던 시절이었다. 당직을 서고 있던 어느 날 새벽 2시경, 필자의 사무실로 전화 한 통이 걸려왔다. 간호사의 전언에 따르면, 한 어린 환자의 어머니가 필자를 만나기를 원하고 있다고 했다.

필자는 곧바로 병동으로 내려갔다. 어머니는 멍하니 의자에 앉아 필자를 기다리고 있었고, 이내 조용히 말했다. 의사로부터 "아이가 일주일도 살 수 없다"는 선고를 받았고, 아이에게 세례를 베풀어 줄 수 있겠느냐는 요청이었다. 그 순간, 필자의 마음은 무거움과 당혹스러움으로 뒤덮였다. 이것은 필자 혼자 결정할 수 없는 일이었기에, 즉시 수퍼바이저와 필자가 섬기던 교회의 담임목사님께 자문을 구했다. 두 분 모두 한 마음으로 "어머니의 바람대로 세례를 베푸는 것이 좋겠다"고 조언해 주었고, 다음 날 아침 필자는 어머니와 함께 그 아이에게 세례를 베풀었다. 그 후 일주일 정도 지난 어느 날, 그 아이는 세상을 떠났다. 아이와 어머니를 떠나보낸 후, 필자는 오랫동안 마음 깊은 곳에서 질문이 맴돌았다.

"이 어머니의 아픈 심정은 어떤 깊이일까?" "이토록 큰 상실 이후, 그녀는 어떻게 삶을 다시 걸어갈 수 있을까?" "이 순간에 내가 어떤 말을 건넬 수 있을까? 무엇으로 위로가 될 수 있을까?" 이 질문들은 쉽사리 사라지지 않았다. 필자의 내면에 오래 남아 있었고, 결국 이 질문들에 대해 진지하게 탐구하고 싶은 마음이 생겨났다. 그래서 박사 과정에 진학해 '상실과 애도에 대한 심층적인 연구'를 이어 가게 되었다.

우리의 삶에 너무 가까이 있는 상실

상실은 우리의 삶에서 결코 떼어 낼 수 없는 요소다. 그것은 늘 우리 곁에 머물며, 삶의 본질을 이루는 중요한 부분으로 작용한다. 깊이 고민하지 않아도, 우리의 인생이 얻음과 잃음, 연합과 이별의 연속임을 누구나 쉽게 깨달을 수 있다. 이 점을 성경은 분명하게 이야기한다.

> "범사에 기한이 있고 천하 만사가 다 때가 있나니 날 때가 있고 죽을 때가 있으며 심을 때가 있고 심은 것을 뽑을 때가 있으며… 헐 때가 있고 세울 때가 있으며 울 때가 있고 웃을 때가 있으며 슬퍼할 때가 있고 춤출 때가 있으며… 찾을 때가 있고 잃을 때가 있으며 지킬 때가 있고 버릴 때가 있으며 찢을 때가 있고 꿰맬 때가 있으며… 사랑할 때가 있고 미워할 때가 있으며…"(전 3:1-8)

이 구절은 상실이란 주제가 극단적 슬픔의 순간에 국한된 것이 아니라, 삶 전체에 내재된 자연스러운 흐름임을 우리에게 상기시킨다.

우리나라 옛 속담인 '호사다마'도 같은 진리를 품고 있다. "좋은 일에는 나쁜 일이 따르기 마련이다"라는 뜻을 가진 이 말은, 인생은 늘 균형을 이루는 방향으로 움직인다는 사실을 담고 있다. 우리는 기쁜 일이 생길 때에도 너무 들뜨지 않도록 경계하고, 어려움이 닥칠 때에도 절망하지 않고 평정심을 유지하는 지혜를 배운다. 호사다마는 역경과 기쁨을 균형 있게 받아들이는 인생의 통찰이자, 다가오는 모든 경험을 담담히 수용할 수 있도록 도와주는 속삭임이다.

나이가 들어가는 과정 자체가 이미 작은 상실의 연속이라 해도 과언이 아니다. 인정하고 싶지는 않지만, 중년에 접어든 필자 역시 이 흐름 앞에 자유롭지 않다. 아무리 열심히 운동해도 늘어나는 뱃살을 막기 어렵고, 한때 풍성했던 머리카락은 서서히 가늘어진다. 약을 복용해도 예전처럼 빠르게 회복되지 않고, 이제는 의사들조차 '완치'라는 기대보다는 '관리하며 살아가기'를 조언한다. 자녀들이 떠난 집에는 이제 아내와 필자만 남아 있다. 그 빈자리를 마주하면, 마치 할아버지와 할머니가 된 듯한 기분이 들기도 한다.

중년은 단지 거쳐 가는 또 하나의 생애 단계가 아니다. 오랜 시간 쌓아온 것들이 서서히 줄어들고, 정리되고, 해체되어 가는 시기가 중년의 본질이다. 그리고 중년인 우리는 그 안에서 변화를 받아들이면서도, 그 속에 깃든 의미를 찾아가야 한다.

너무 조용한 슬픔: 우리 사회가 애도를 다루는 방식

불행하게도, 우리 사회는 상실과 애도의 감정을 마주하기보다 무시하고 피해 버리기를 선택하도록 우리를 몰아가는 듯하다. 우리는 일상에서 크고 작은 상실을 반복적으로 경험하지만, 정작 그 감정에 대해 서로 이야기하려 하지 않는다. 마치 상실이 나와는 무관하며, 우리 삶에 별다른 영향을 주지 않는 것처럼 행동하는 것이다. 그래서 우리는 상실을 겪고 있는 사람에게 흔히 이런 말을 건넨다.

"최대한 빨리 잊어버려."

"이럴 때 정신 바짝 차려야 해."

"시간이 지나면 괜찮아질 거야."

"울지 마. 운다고 해결되는 게 있어?"

"또 다른 사랑이 찾아올 거야."

"네가 그렇게 힘들어하면 자녀들이 더 힘들잖아."

"이제 다시 시작할 때가 되지 않았니?"

만약 당신이 상실의 한가운데에 있고 이런 말을 들었다면, 어떤 기분이 들었을까? 위로가 되기보다는 상처를 받았거나, 감정을 표현할 기회를 빼앗긴 느낌일 가능성이 크다.

그렇다면 왜 사람은 이런 말을 하는 걸까? 아마도 그들 자신이 당신의 슬픔을 견디기 어려워서일 것이다. 당신의 울음이 불편하게 느껴지기에, 당신이 빨리 울음을 멈추기를 바라는 마음에서 그런 말들을 건네는 것일 수 있다. 필자는 상담 강의 시간에 종종 학생들에게 다음과 같은 이야기를 한다. "누군가 울고 있을 때, 즉시 휴지를 건네지 말라."

이 말을 들은 학생들은 당황하거나 의아해한다. "울고 있는 사람에게 휴지를 주는 건 배려 아닌가요?"라고 묻는다. 그러나 생각해 보면, 휴지를 건네는 순간 상대방은 울음을 멈추고, 민망해하며, 때로는 자신의 감정에 대해 변명하기도 한다. 잘 의도된 그 행동이 사실상 슬픔의 표현을 중단시키는 방해가 되는 셈이다. 그래서 필자는 학생들에게 당부한다. "그들의 눈물에 단 몇 분이라도 함께 있어 주세요."

슬픔에 함께 머물러 주는 것보다 더 깊은 친절은 없다. 상대가 충분히 울고 감정을 표현한 다음, 그때 휴지를 건네도 늦지 않다. 진심 어린 공감은 타인의 슬픔을 편안히 흘려보내도록 옆에서 조용히 머무는 것이다.

우리는 지금까지 수많은 상실을 겪어왔다. 그러나 그것을 있는 그대로 마주하기보다 회피하거나 무시한 채 살아왔다. 때로는 상실이 이미 지나갔다고 믿으며, 감정을 마음 깊숙이 묻어둔 채 살아왔다. 우리 주변, 심지어 교회 공동체에서도 겉으로는 행복해 보이려 노력하지만, 내면의 슬픔과 상실을 충분히 마주하지 못하고 살아가는 사람이 많다. 지금 우리에게 필요한 것은 '빨리 괜찮아지기'가 아니라, 슬픔을 인정하고, 충분히 머물 수 있는 용기와 공간이다.

슬픔을 멈추지 말라: 애통의 능력과 비통의 의미

이제 우리는 상실을 대하는 태도에 대해 더 솔직하고 정직해질 필요가 있다. 우리가 상실을 인식하고 충분히 슬퍼하지 못하면, 그 감정은 우리 내면에 조용히 상처를 남기고, 그 상처조차 인식하지 못한 채 살아가게 된다. 예수님은 이렇게 말씀하신다.

"애통하는 자는 복이 있나니 그들이 위로를 받을 것임이요"(마 5:4)

여기서 '애통'이란, 슬픔을 억누르지 않고 겉으로 드러내며 충분히 표현하는 행위를 의미한다. 애통하는 자는 자신의 감정을 있는 그대로 인정하고 드러내기에, 그 감정에 대해 진정한 위로를 받을 수 있다. 슬픔을 표현하는 것은 단순한 정서 발산을 넘어, 감정적 치유의 핵심 과정이며, 마음의 회복을 위한 중요한 출발점이다. 야고보서도 분명하게 말한다.

"슬퍼하며 애통하며 울지어다 너희 웃음을 애통으로, 너희 즐거움을 근심으로 바꿀지어다"(약 4:9)

상실과 슬픔을 외면하거나 밀어내는 대신, 직면하고 표현하는 것이 성경이 말하는 삶의 건강한 태도다. 인생은 기쁨과 축복으로만 가득할 수 없으며, 슬픔의 시간이야말로 정서적 회복을 가능케 하는 영적 통로다.

진정한 회복은 슬픔을 덮는 것이 아니라, 그것을 인정하고 표현하는 순간에 시작된다. 그래서 우리가 상실의 순간을 마주할 때 가장 먼저 해야 할 일은, 우리 자신에게 솔직해지는 것이다. 내면의 상처를 회피하지 않고 직면하며, 충분한 애통의 시간을 확보하는 것. 그 시간 안에서 하나님의 위로와 회복을 기대할 수 있다. 상실이 없는 것처럼 가장하지 말고, 그 아픔을 있는 그대로 받아들이자. 그렇게 비통의 시간을 정직하게 지나며 애도의 과정으로 나아갈 때, 우리의 상처는 단순한 아픔에 머물지 않고, 치유와 회복의 노래로 변화될 수 있다. 우리가 드리는 애통이 하나님 앞에서 진심으로 올려질 때, 하나님은 그 슬픔을 위로로 바꾸시고, 우리는 새로운 희망에서 다시 삶을 살아갈 힘을 얻게 된다.

다시 한번 강조하고 싶다—슬픔과 상실은 너무나 자연스럽고도 정상적인 감정이다. 오히려 비통이 없는 삶이 더 비정상일지도 모른다. '비통'이라는 단어는 라틴어 to burden—즉, '무거운 것을 지고 가다'는 동사에서 유래되었다고 한다. 이는 상실을 경험하는 이들이 마치 거대한 짐을 어깨에 진 채 살아가는 듯한 느낌을 받는다는 의미일 것이다.

비통은 단지 감정의 표현이 아니다. 그것은 사고와 행동까지 느려지게 하는 깊은 감정의 움직임이며, 삶의 속도를 늦추도록 만든다. 상실 이전까지 바쁘게 살아가던 우리가, 상실이라는 사건을 마주하면 삶을 잠시 멈추게 되고, 그 과정에서 이전에는 보지 못했던 것들을 새롭게 바라보게 된다. 이런 면에서 비통은 단순한 아픔이 아니라, 깨달음의 과정이다. 그 속에서 우리는 감정과 사고를 더 깊이 이해하게 되며, 삶의 본질을 다시 발견하게 된다. 그 배움은 우리가 기대했던 것보다 훨씬 크고, 놀라울 수 있다. 그래서 비통은 단지 견뎌야 할 무게가 아니라, 삶의 의미를 되새기게 하는 선물이 되기도 한다.

상실 그래프: 꺼내지 못한 슬픔을 시각화하다

우리 내면에는 꺼내지 못한 슬픔이 조용히 자리잡고 있으며, 그것들은 종종 깊은 스트레스 요인으로 작용한다. 우리가 잊은 듯 살아가는 일상 속에는, 말하지 못한 상실의 흔적들이 여전히 숨 쉬고 있다. 심리학자 로버트 E. 카바노(Robert Kavanaug)는 *Facing death*(죽음을 마주하며)에서 해결되지 않은 상실에 대해 이렇게 말한다.

> "우리가 상상하는 것보다 훨씬 더 많은 끝나지 않은 슬픔의 덩어리가 사람의 가슴속에 남아 있다. 이러한 슬픔의 주머니가 열려 그 안에 담긴 감정들이 자유롭게 표현될 때까지, 그들의 성장과 잠재력은 억제된다. 이러한 억압된 감정은 내적 스트레스로 작용하며, 결국 끔찍한 행동으로 표출되는데, 이는 그들이 상실에 대해 말할 기회를 갖지 못했기 때문이다."

그렇다면 내 안에 묻어 두고 열지 못한 슬픔의 주머니를 어떻게 꺼낼 수 있을까? 이 질문에 대한 하나의 유용한 답으로, 필자는 '상실 그래프(Timeline of Grief)'라는 도구를 활용해 볼 것을 제안한다. 이 개념은 필자가 미국에서 상실과 애도를 배우는 과정에서 처음 접했던 방법으로, 우리 내면 깊숙이 자리 잡은 상실을 찾아내는 강력한 안내서가 되었다.

상실 그래프는 단순한 도표나 도식이 아니다. 그것은 우리 감정의 흐름과 아픔을 시각적으로 표현하여 가시화하고, 그로 인해 내면에 뿌리내린 슬픔을 더 명확히 인식할 수 있게 돕는다. 그동안 막연하게 느껴졌던 감정의 실체가 보다 구체적인 모습으로 드러나면서, 우리는 비로소 그 상처를 마주하고 다룰 수 있는 힘을 얻게 된다.

이 작업은 단순한 기록이 아니라, 정서적 회복과 성장으로 나아가기 위한 실질적인 과정이다. 상실을 '고통'으로만 남겨 두는 것이 아니라, 그 고통을 자각하고, 수용하고, 의미로 전환해 내는 심리적 여정이기도 하다. 내면의 슬픔을 외면하지 않고 진심으로 마주하는 것이 회복의 첫걸음이며, 상실 그래프는 그 길 위에서 우리가 길을 잃지 않도록 도와주는 지침서이자 동행자가 되어 준다.

상실 그래프 작성 방법

상실 그래프는 단순한 도표를 넘어서, 감정을 시각화하고 구조화하는 정서적 탐색의 지도다. 다음과 같은 단계로 작성할 수 있다.

1. 수평선 그리기

먼저, 종이나 화면에 수평선을 그린다. 이 선은 당신의 삶의 시간축을 나타낸다.

2. 첫 번째 상실 표시

기억할 수 있는 가장 처음의 상실을 수평선의 왼쪽에 표시한다. 예: 유년기에 겪은 이별, 잃어버린 물건, 처음 느낀 외로움 등.

3. 상실 기록 이어 가기

이후 기억나는 상실을 시간순으로 나열하되, 발생한 연도나 시기, 그리고 간단한 설명을 함께 기록한다.

4. 상실의 강도 표시하기

각 상실 아래에 수직선을 그려 감정의 강도를 표현한다. 강도가 클수록 긴 수직선을 사용하며, 감정의 깊이를 시각적으로 드러낸다.

5. 미완의 상실 음영 처리

아직도 정서적으로 마무리되지 않은 상실에는 음영을 넣거나 점선으로 처리한다. 이는 그 감정이 여전히 현재에 영향을 주고 있음을 나타낸다.

이 작업을 통해 우리는 자신의 감정을 보다 구체적으로 인식하게 되며, 무의식 깊숙이 감춰져 있던 상실을 의식의 표면으로 꺼내는 과정을 경험하게 된다. 이것은 슬픔을 단순한 고통으로 남겨 두는 것이 아니라, 회복과 치유의 여정으로 전환시키는 첫걸음이다. 그리고 더 나아가, 상실 그래프는 나의 이야기를 다른 사람과 나눌 수 있는 기회를 만들어 준다. 그동안 조용히 혼자 간직해 왔던 마음을 열고, 누군가와 함께 마주하는 순간은 커다란 위로와 연결의 가능성을 열어 준다.

잃어버린 이야기를 다시 꺼내다

학교에서 '상실'을 주제로 강의할 때 학생들에게 상실 그래프를 그려보라고 한 적이 있다. 이 활동은 처음에는 많은 학생에게 낯설고 어색하게 느껴졌는데, 이는 그들이 이전까지 자신의 상실을 들여다보거나 성찰해 본 경험이 거의 없었기 때문이었다.

그러나 시간이 흐르자 학생들은 자신이 겪어 온 다양한 형태의 상실을 점차 꺼내기 시작했다. 일부는 자신의 내면에 이토록 많은 상실이 쌓여 있었다는 사실에 놀라워했고, 어떤 사건들은 당시에는 중요하게 느끼지 못한 채 지나쳤지만 지금에야 비로소 그 의미를 되새겨 보게 되었다. 이미 해결되었다고 여겼던 상실이 여전히 삶과 관계에 영향을 끼치고 있다는 점을 인식한 몇몇 학생은 충격을 받았다. 이 과정에서 눈물을 흘리는 학생들도 많았고, 한 학생은 오랜만에 자신의 상실을 타인과 나누며 크게 울었다고 고백했다. 그는 그날 처음으로 자신의 상실에 대해 누군가와 이야기를 나누었다고 했다.

이 작업은 감정을 표현하는 것을 넘어, 치유와 회복을 향한 첫걸음이 된다. 상실 그래프는 학생들이 자신의 상실을 시각적으로 정리하여 감정적인 치유의 단서를 발견하게 해 주는 유용한 도구다. 상실을 인식하고, 해결되지 않은 감정을 직면하며, 이를 안전하게 타인과 나눌 수 있는 기회를 제공함으로써 내적 회복의 가능성을 열어 주었다.

필자의 마음속에 지금도 깊게 남아 있는 한 내담자의 사례가 있다. 그 내담자는 상실 그래프 작업을 하면서 매우 조심스럽게 자신의 이야기를 털어놓았다. 비가 많이 내리던 늦은 밤, 그는 고속도로를 운전하던 중 갑작스럽게 한 사람이 차도로 뛰어들었고, 너무나 순식간에 일어난 일이었기에 피할 수 없었다. 그는 곧바로 차에서 내려 그 사람을 병원으로 옮겼지만, 안타깝게도 다시는 일어나지 못했다. 왜 그가 그런 시간에 빗속 도로로 뛰어들었는지는 끝내 알 수 없었으며, 법적으로는 그의 잘못이 아니었지만, 그 사건은 그의 삶 전체에 어두운 그림자를 드리웠다.

그는 이 일을 누구에게도 말하지 않은 채 철저히 숨기며 살아왔다. 겉으로는 밝고 활기찬 사람으로 보이려 했고, 신앙생활도 경건하게 이어 갔으며 교회 봉사에도 성실히 참여했다. 하지만 그 사건은 그의 내면 깊숙이 자리 잡은 채 그의 삶 전반에 죄책감을 불러일으켰다. 일상에서 사소한 실수를 할 때마다 자신을 탓하고 괴로워했다. 필자는 그의 이야기를 들으며, 그가 그 사건을 숨기기 위해 얼마나 오랜 시간 고통 속에 살아왔을지를 헤아리게 되었고, 그의 삶이 얼마나 힘겨웠을지를 상상하며 안타까움을 느꼈다. 그와 함께한 상실 그래프 작업은 그가 자신의 상실을 처음으로 마주하고, 회복의 여정을 시작하는 중요한 전환점이 되었다.

이처럼, 상실 그래프 작업을 통해 우리는 내면에 자리한 아픔과 고통을 꺼내 볼 수 있으며, 나아가 그 감정을 타인과 나누게 된다. 이 과정은 단순한 표현을 넘어서, 내면의 치유와 자아 성찰을 향한 중요한 단계가 된다. 상실 그래프는 상실에 관한 기억을 기록하는 도구에 그치지 않고, 삶 속 깊이 자리한 상처를 치유하는 데 큰 도움을 준다.

다만, 이 작업이 쉬운 과정은 아니다. 상실 그래프를 그려나가는 일은 큰 용기를 요구하며, 오래도록 숨겨 왔던 감정과 직면해야 하기 때문이다. 우리가 오랫동안 외면해 온 아픔을 마주하는 시간이 어찌 가볍게 지나갈 수 있겠는가? 그렇기에 이 작업은 신뢰할 수 있는 누군가와 함께할 때 더 깊은 의미를 갖는다. 그러나 아무에게나 자신의 상실을 이야기하는 것은 조심스러울 수 있으므로, 반드시 안전한 관계에서 이루어질 때 치유적 효과를 극대화할 수 있다.

물론, 혼자서도 이 작업을 해 볼 수 있다. 조용한 장소에 앉아 자신에게 그동안 말하지 못했던 상실의 이야기를 들려주고, 그것을 글로 써 내려가는 방식이다. 글을 통해 감정을 표현하는 이 과정은 자기 자신과의 대화이며, 치유의 중요한 출발점이 된다. 내면의 감정을 솔직하게 마주하고, 글로 기록하면서 우리는 자신의 생각과 감정을 더 명확하게 이해하게 되고, 마음속 짐을 덜어 내는 경험을 하게 된다.

이러한 작업을 통해 우리는 감정과 상처를 인식하고, 있는 그대로 받아들이는 법을 배운다. 그리고 자기 자신과의 진솔한 대화를 통해 더 깊은 자기 이해에 도달하며, 궁극적으로 자기 사랑을 키워 간다. 그 지점에서 우리는 진정한 회복과 성장을 시작하게 된다.

지금 이 글을 읽고 있는 당신에게 상실 그래프 작업을 꼭 추천하고 싶다. 이 작업은 개인적인 치유에 큰 도움이 될 뿐 아니라, 공동체에서도 소그룹 활동으로 함께 나눌 때 매우 의미 있는 경험이 된다. 특정한 시간을 정해 함께 그래프 작업을 해 보거나, 수련회의 한 프로그램으로 상실을 나누는 시간을 마련하면, 서로의 이야기에 공감하며 연대감을 형성할 수 있다. 이러한 경험은 공동체에서 신뢰를 강화하고, 서로에게 힘이 되어 주는 중요한 시간이 된다.

상실, 비통, 그리고 애도 — 그 미묘한 차이

상실, 비통, 애도는 서로 다른 개념이다. 그러나 많은 사람이 이 세 가지를 혼동해 사용하고는 한다. 그러나 그 차이를 아는 만큼 우리는 상실을 더 온전히 받아들이고, 적절히 반응하며, 상실로 힘들어하는 주변 사람을 더 이해하고 도울 수 있다.

상실

상실(Loss)은 우리가 중요하게 여기는 대상이나 관계를 잃는 경험을 뜻한다. 여기에는 사람과의 관계뿐 아니라 꿈, 건강, 직장, 역할 등 삶을 구성하는 많은 요소가 포함된다. 하지만 잃어버린 것이 그렇게 중요하지 않다면 우리는 그것을 '상실'로 인식하지 않는다.

예컨대, 흔한 볼펜 하나를 잃어버리면 대체 가능한 것으로 간주하고 곧 잊는다. 그러나 다시는 만날 수 없는 사람이나 대체할 수 없는 어떤 것을 잃게 된다면 상황은 달라진다. 그때 우리는 슬픔을 경험하고, 그 상실은 삶 전체에 영향을 끼치며 비통과 애도의 과정으로 이어진다.

중요한 것을 잃었을 때 우리는 그 상실의 의미를 정확히 이해하고, 적절히 반응해야만 그 아픔을 건강하게 소화하고 새로운 삶을 구축해 나갈 수 있다. 상실은 단순히 무언가를 잃는 것이 아니라, 우리 존재의 한 부분을 잃는 경험임을 인식해야 한다.

비통

비통(Grief)은 상실로 인해 자동적으로 일어나는 신체적·감정적·인지적·행동적·사회적·영적 반응을 말한다. 이 반응은 우리의 선택과 무관하게 발생하며, 우리가 얼마나 그 상실을 중요하게 여기느냐에 따라 비통의 강도도 달라진다.

예를 들어, 중요한 대상을 잃었음에도 아무런 반응이 없다면, 그 슬픔이 너무 커서 부인하거나 억압하고 있을 가능성이 있다. 피로감, 식욕 변화, 불면증 같은 신체 반응부터 분노, 슬픔, 절망감 같은 감정적 반응, 집중력 저하나 기억력 문제 같은 인지적 반응까지, 비통은 매우 다양한 방식으로 나타난다.

사회적으로는 타인과의 관계에 영향을 주고, 영적으로는 삶의 의미나 신앙에 대한 흔들림을 동반할 수 있다. 이러한 비통의 반응은 매우 자연스럽고 건강한 것이다. 중요한 것은 이 반응을 억누르거나 서두르지 말고, 각자에게 주어진 리듬대로 받아들이는 일이다. 비통은 치유로 향하는 문을 여는 과정이다.

애도

애도(Mourning)는 상실을 받아들이고 새로운 일상을 향해 나아가는 과정이다. 비통과는 달리, 애도는 우리의 능동적인 선택과 의지가 수반된다. 시간이 흐르면 저절로 회복될 거라 믿기 쉽지만, 시간이 흐른다고 해서 상실이 저절로 해결되지는 않는다.

애도는 우리가 의식적으로 시작해야 하는 작업이다. 감정을 눌러두거나, 아무 일 없었던 듯 일상으로 복귀하려는 시도는 일시적으로 해결된 것처럼 느껴질 수 있으나, 상실을 근본적으로 해결해 주지는 않는다.

애도를 통해 우리는 상실을 인정하고, 그 슬픔을 충분히 느끼며, 점차 새로운 삶의 방향을 모색해 나간다.

이 과정은 결코 쉽지도, 빠르지도 않지만, 그만큼 가치 있는 여정이 된다. 우리는 애도를 통해 상처를 치유하고, 결국에는 더 강한 존재로 성장하게 된다. 그렇게 우리는 다시 삶을 정비하고, 자신을 일으켜 세우는 힘을 얻게 된다.

'명사'인 슬픔과 '동사'인 애도

비통과 애도는 상실과 관련된 깊은 감정적 경험이다. 이 둘은 서로 다른 개념이며, 그 차이를 명확히 이해하는 것이 상실을 건강하게 다루는 데 중요한 기초가 된다.

먼저 비통은 상실로 인해 느끼는 비애나 정신적 고통을 의미하며, 감정을 설명하는 '명사'처럼 작용한다. 이는 우리가 상실을 경험한 후에 내면에서 조용히 느끼고 생각하는 감정이다. 반면에 애도는 그 슬픔을 밖으로 표현하는 과정으로, 감정을 행동으로 옮기는 '동사'에 해당한다. 애도는 내면의 감정을 외부로 드러내는 행위이며, 그 표현을 통해 정서적 건강을 유지하는 데 결정적인 역할을 한다.

그러나 우리는 종종 그 중요성을 간과하곤 한다. '감정'을 뜻하는 영어 단어 emotion은 라틴어 emovere에서 유래되었는데, 여기서 e-는 '밖으로', movere는 '움직이다'라는 뜻을 지닌다. 이 어원은 감정이 단순히 안에 머무는 것이 아니라, 밖으로 움직이고 드러나야 하는 본질을 내포하고 있다. 이는 감정이 표현될 때 비로소 더 깊이 이해되고, 치유될 수 있다는 점을 시사한다.

이와 연결되는 한국어 표현이 바로 '속상하다'이다. 이는 말 그대로 '속이 상한다'는 뜻으로, 감성을 꺼내지 않고 내면에 묻어둘 때 마음이 상할 수 있음을 함축한다. 마치 음식이 상하면 꺼내야 하듯, 감정도 표현하지 않으면 마음 깊은 곳에서 상해버릴 수 있다.

애도는 우리가 '에서 상하지 않게' 해 준다. 애도는 단순한 감정의 인식이 아니라, 내면을 외부로 꺼내는 적극적인 행동이다. 비통은 상실의 아픔을 인식하게 하고, 애도는 그 아픔을 치유하도록 돕는다. 결국, 비통과 애도는 상실을 마주하는 서로 다른 방식이며, 우리에게 감정을 표현하는 일이 단지 선택이 아니라 치유로 향하는 길임을 일깨워 준다.

상실의 종류: 우리는 무엇을 상실이라고 부르는가?

상실이라고 하면 당신은 무엇을 떠올리는가? 우리는 어떤 경험을 상실이라고 부르는가? 사실 상실에는 매우 다양한 종류가 존재한다. 그리고 우리가 상실이라고 인식하지 못한 채 지나쳐 온 상실도 있을 수 있다. 그렇다면 상실에는 어떤 종류가 있는지 하나씩 살펴보자.

물질적 상실

가장 먼저 떠오르는 것은 '물질적(real or material) 상실'이다. 이는 우리가 소유하고 있던 중요한 물건을 잃어버리는 경험을 뜻한다. 어린 시절을 떠올려 보면, 누구에게나 인형이나 장난감처럼 정서적으로 연결되어 있던 물건을 잃은 기억이 하나쯤은 있을 것이다.

필자의 경우, 결혼반지를 잃어버린 적이 있다. 먼 여행을 마치고 돌아오던 중, 잠시 들른 휴게소에서 오랜 시간 운전하느라 눈이 피로해져서 얼굴을 씻으려고 잠시 반지를 빼서 세면대 옆에 놓고는, 그대로 그곳을 떠나왔다. 집에 도착하고 나서야 반지가 없다는 사실을 깨닫고, 다시 두세 시간을 운전해 그 휴게소로 돌아갔지만, 반지는 이미 사라진 뒤였다. 그때 느꼈던 당혹감과 죄책감, 그리고 뒤늦은 분노는 지금도 마음속에 선명하게 남아 있다. 지금 내 손가락에 끼워진 반지는 두 번째 반지다. 이전 반지는 결혼식장에서 아내에게 직접 받았던 것인데, 그 반지가 아니라는 사실은 때때로 나를 슬프게 한다.

누가복음 15장에는 잃어버린 자들의 비유가 나온다. 한 마리 양, 한 드라크마, 한 아들을 잃은 사람의 이야기에서 그들은 모든 힘을 기울여 잃어버린 것을 찾으려고 애쓰다가 결국 그것을 되찾았을 때 크게 기뻐한다. 이 이야기는 우리에게 물질적 상실이 단순한 물건의 손실을 넘어, 그것을 소유한 사람의 마음에 심리적 충격을 줄 수 있음을 알려 준다.

관계적 상실

두 번째로 살펴볼 상실은 '관계적(relational) 상실'이다. 이는 죽음이나 이혼처럼 기존에 유지되던 관계가 단절되거나 부재를 경험하는 경우를 말한다. 우리는 살아가면서 얼마나 많은 관계적 상실을 겪는가? 우리의 삶은 만남과 헤어짐의 연속이라고 해도 과언이 아니다. 성경 전도서는 "날 때가 있고 죽을 때가 있으며"(전 3:2)라고 이야기한다. 이 구절은 인생의 흐름 속에 필연적으로 존재하는 관계의 시작과 끝을 묵직하게 되새기게 만든다.

필자는 오랜 시간 미국에서 유학 생활을 하며, 이 흐름을 직접 체험해 왔다. 유학 시간은 곧 만남과 헤어짐의 반복이었다. 가장 행복한 순간은 늘 새로운 만남을 통해 찾아왔지만, 그 만남은 헤어짐이라는 마침표로 끝나곤 했다. 그래서 어느 순간부터 새로운 만남은 설렘과 함께 두려움을 동반하게 되었다. 왜냐하면 그 만남이 언젠가는 헤어짐으로 이어진다는 것을 몸으로 익히 알게 되었기 때문이다. 한번은 이별을 경험한 후, 아내가 조용히 말했다. "여보, 헤어짐에는 굳은살이 생기지 않는 것 같아요." 그 말이 참 진실하게 들렸다. 헤어짐을 반복하며 살아가는데도, 마음에는 여전히 상처가 생긴다. 아무리 많이 겪어도 익숙해지지 않는 것이 이 '관계적 상실'이다.

이러한 상실은 가족 안에서도 나타난다. 예를 들어, 자녀의 성장은 부모에게 기쁨을 안겨주는 동시에 관계적 상실을 일으키기도 한다. 자녀가 대학에 진학하고 배우자를 만나며 독립해 가는 과정은 부모에게 큰 자랑이자 기쁨이다. 하지만 그들은 동시에 자녀가 점차 멀어지는 듯한 느낌, 익숙한 일상이 변해 가는 허전함을 느낀다. 그래서 부모는 자녀의 독립을 축하하면서도, 마음 한편으로는 상실감을 받아들여야 하는 이중적인 감정을 겪게 된다.

심리 내적 상실

세 번째로 살펴볼 상실은 '심리 내적(intrapsychic) 상실'이다. 심리 내적 상실은 개인이 소중하게 여기는 내면의 상징이나 이상적인 이미지를 잃어버리는 것을 의미한다. 이 상실은 자아 정체성, 꿈, 이상적인 관계에 대한 기대가 충족되지 않을 때 발생한다.

예를 들어, 자녀가 장애를 가지고 태어날 경우, 부모는 자신의 내면에 품고 있던 이상적인 아이에 대한 이미지를 잃게 된다. 또 자녀가 부모의 말을 거부하거나 심하게 반항할 때, 부모는 자녀를 비난하는 동시에 자신이 부모로서 실패한 것이 아닐까 하는 좌절을 느끼기도 한다. 이때 부모가 겉으로는 자녀의 행동을 문제 삼지만, 실제로는 자신의 내면에서 이상적으로 그려왔던 '좋은 부모'의 이미지가 무너졌다는 데 더 큰 상처를 입는다. 이처럼, 부모가 자신 안에서 추구하던 부모상의 붕괴를 제대로 인식하지 못하고 그 상실을 충분히 슬퍼하지 않는다면, 자녀와의 관계는 더 큰 갈등으로 이어질 수 있다. 어쩌면 이것이 진짜 비극일지도 모른다.

다른 예로, 결혼 이후 심각한 갈등을 겪는 경우를 들 수 있다. 부부 갈등 자체도 고통스러운 일이지만, 그보다 더 근본적인 상실은 '내가 꿈꿨던 결혼'에 대한 내적 상징이 무너졌다는 데 있다. 우리가 기대했던 이상적인 결혼 생활이 실현되지 않을 때, 우리는 심리 내적으로 깊은 상실을 경험한다. 이런 맥락에서 자신에게 이렇게 물어볼 수 있다. "최근에 품고 있었던 꿈이나 어떤 계획을 포기해야만 했던 경험이 있었는가?" "나 자신을 바라보던 방식이 달라지면서 힘들었던 순간이 있었는가?"

만약 이러한 경험이 있다면, 지금 내 안에 자리하고 있는 심리 내적 상실을 차분히 들여다볼 필요가 있다. 그것을 인식하고 받아들이는 것은 내면의 치유와 자아 성찰을 향한 중요한 첫걸음이 된다.

기능상의 상실

네 번째는 '기능상(functional)의 상실'이다. 이는 일상적으로 가능하던 육체적·정신적 기능이 약화되거나 상실되는 경험을 의미한다. 건강상의 문제나 갑작스러운 사고로 인해 우리가 누리고 있던 평범한 기능들을 사용할 수 없게 될 때, 심리적 고통은 크게 다가온다. 기능상의 상실은 특히 노년층에게 심각한 우울의 원인이 되기도 하며, 젊은 세대에게도 갑작스러운 부상이나 질병으로 인해 정신 건강에 치명적인 영향을 줄 수 있다. 이처럼 기능상의 상실은 신체적 불편함을 넘어, 준비되지 않은 상태에서 갑작스럽게 상실을 맞이한다는 점에서 더욱 어려움을 가중시킨다.

얼마 전 필자는 예기치 않게 망막박리 수술을 받게 되었다. 수술 후 약 2주 동안 엎드린 자세로 지내야 하는 고통스러운 시간을 보냈다. 이때 가장 힘들었던 것은 시력 회복 여부뿐만 아니라 평범한 일상을 잃어버린 것이었다. 저녁 식사 후 아내와 산책할 수도 없었고, 편안히 누워 잠을 청할 수도 없었다. 앉아서 TV를 보거나 책을 읽는 평범한 습관조차 불가능했다. 밥을 먹는 자세조차 제약받았고, 주일 예배에 참석할 수도 없었다. 이렇듯 일상적 활동의 제약은 몸보다 마음에 더 큰 상실감을 남졌다. 더불어, 아내의 도움이 없이는 아무 것도 할 수 없는 나 자신을 보며, 무력감과 복잡한 감정을 느끼게 되었다.

기능상의 상실이 힘든 이유는 어떤 동작을 할 수 없기 때문만이 아니다. 내가 원하는 시간에, 원하는 장소로 움직이지 못한다는 점—즉, '자유의 상실'이라는 더 본질적인 고통이 뒤따른다. 이는 물리적인 이동의 문제가 아니라, 자기 삶을 스스로 통제할 수 없다는 무력감으로 다가온다.

만약 당신이 갑작스러운 사고나 질병으로 인해 기능적인 제약을 겪고 있다면, 그 상실이 내면에 어떤 방식으로 작용하고 있는지를 들여다보는 것이 필요하다. 기능상의 상실은 단지 신체적인 제한이 아니라, 자기 존재의 감각을 흔들 수 있는 상실이다. 따라서 이 상실을 인식하고, 감정을 솔직하게 받아들이는 과정이 회복을 위한 중요한 출발점이 된다.

역할의 상실

다섯 번째는 '역할(role)의 상실'이다. 이는 개인이 오랫동안 수행해 온 역할을 잃게 되는 경험을 의미한다. 가장 대표적인 예로는 은퇴로 인한 직업의 상실에 있다. 특히 목회자에게 은퇴는 단순한 직무의 종료가 아니라, 자신의 존재에 대한 상실을 가져올 수 있다. 왜냐하면 목회자는 자신의 정체성과 직무의 정체성을 동일시하기 때문이다.

오늘날에는 아버지의 존재 상실이 사회적으로 큰 문제로 떠오르고 있다. 미국의 심리학자 스티븐 비덜프(Steve Biddulph)는 *Manhood*(남자, 그 잃어버린 진실)에서 이를 '아버지 결핍증(Father Hunger)'이라는 용어로 설명한다. 몸에 비타민이 결핍되면 여러 가지 신체적 문제가 생기듯, 가정에서 아버지의 부재는 자녀의 정서적·심리적 성장에 다양한 영향을 미친다. 여기서 말하는 결핍은 단지 아버지의 권위가 사라졌다는 것이 아니라, 아버지라는 존재 자체의 상실을 말한다. 필자 역시 미국에서 공부하던 시절, 학업과 일로 바빠 가족과 자녀의 일상에 소홀했던 시간이 있었다. 그때 딸이 이렇게 말했다. "우리 집 서열은 첫째 엄마, 둘째 오빠, 셋째 나, 넷째 아빠라고 해야 하는데, 사실 넷째는 인형이고 아빠는 다섯 번째에요."

이 순서는 딸이 가장 많이 시간을 보내고 아끼는 순서였다. 처음엔 억울했지만, 곧 자녀가 그만큼 아빠의 자리를 기다리고 있었다는 사실을 깨닫고 미안한 마음이 들었다. 많은 아버지가 가족의 중심에서 점점 밀려나며 아버지의 역할은 소외되거나 축소되고, 생계를 책임지는 존재로만 여겨진다. 그러다 보니 일부 아버지는 잃어버린 권위를 강압적으로 되찾으려 시도하지만, 이는 관계를 더욱 어렵게 만들 수 있다. 아버지라는 역할이 상실된다는 것은 '하는 일'이 사라진다는 문제만이 아니라 '존재감이 사라진다'는 깊은 심리적 상실이다.

이와 같은 문제는 목회자의 은퇴에서도 뚜렷하게 드러난다. 목회자에게 은퇴란 단지 목회 사역을 내려놓거나 설교할 기회를 잃는 일이 아니다. 은퇴는 '목회자'라는 존재의 정체성을 상실하는 것이며, 교회 공동체에서의 위치가 사라지는 경험을 수반한다. 그는 교회를 떠나며 더 이상 '성도들의 목회자'가 아닌 사람이 되어 버리고, 이는 곧 자기 존재가 세상에서 지워지는 듯한 상실로 다가온다.

체계의 상실

여섯 번째로 살펴볼 상실은 '체계(systematic)의 상실'이다. 이는 우리에게 어쩌면 가장 익숙하지 않은 상실일 수 있다. 왜냐하면 우리는 상실을 흔히 개인의 삶에서 발생하는 사건으로만 이해하기 때문이다. 하지만 체계의 상실은 개인을 넘어, 공동체 전체가 함께 경험하는 일이기에 더욱 주목할 필요가 있다.

체계의 상실은 우리가 익숙하게 살아왔던 조직이나 관계의 틀이 새롭게 바뀌는 과정에서 발생한다. 가족 안에서 중요한 역할을 맡고 있던 누군가가 떠나거나, 조직에 새로운 리더가 부임하면서 구조가 재조정되는 경우에 이러한 상실은 자연스럽게 일어난다. 변화 그 자체가 문제가 되는 것이 아니라, 그 변화가 너무 급작스럽거나 기존 문화를 무시하는 방식으로 이루어질 때 구성원들은 소속감의 붕괴나 정체성의 흔들림을 경험하게 된다. 이러한 심리적 충격이 바로 '체계적 상실'이다.

이와 관련하여 전해 들은 흥미로운 이야기가 있다. 실제로 있었던 일인지 확실하지 않지만, 그 의미는 매우 중요하다고 생각한다. 한 교회에 새 담임목사가 부임하면서 예배당 안에 있던 피아노를 오른쪽에서 왼쪽으로 옮겼다고 한다. 다음 날, 피아노는 다시 원래의 자리인 오른쪽으로 돌아가 있었고, 목사는 다시 왼쪽으로 옮겼다. 피아노 위치에 대한 갈등이 계속되며 결국 교회는 '오른쪽 피아노파'와 '왼쪽 피아노파'로 나뉘었고, 목사는 교회를 떠날 수밖에 없었다. 하지만 후임으로 온 목사는 아무런 갈등 없이 같은 위치로 피아노를 옮길 수 있었다. 비결은 단순했다. 그는 하루에 1cm씩, 아주 천천히 피아노를 옮겼기 때문이다. 교인들은 변화가 눈에 띌 정도로 급격하지 않으면 적응할 시간을 갖게 되고, 그렇게 새로운 체계에 자연스럽게 익숙해 간다.

이 이야기가 주는 교훈은 분명하다. 급격한 변화는 체계를 개선하는 것이 아니라, 오히려 공동체의 균열을 초래할 수 있다. 변화가 필요하다면, 반드시 기존의 문화를 존중하고 점진적으로 접근해야 한다.

체계의 상실은 세대 간의 갈등에서도 자주 발견된다. 빠르게 변화하는 시대에서 기성세대는 새롭게 등장하는 가치나 사회 구조에 혼란을 느끼며, 과거의 익숙했던 체계를 그리워한다. 이러한 모습을 젊은 세대는 때로 '꼰대'라는 표현으로 비판하지만, 이는 단순한 고집이 아니라 깊은 상실의 반응일 수 있다. 물론 시대 변화에 적응하는 능력은 중요하다. 그러나 그 과정에서 기존 세대가 느끼는 체계적 상실과 정서적 어려움을 이해하고 존중하는 태도 역시 중요하다. 낡은 체계를 무작정 배척하기보다는, 그 안에 담긴 가치와 상실의 아픔을 함께 이해하며 새로운 질서를 만들어 가는 것이 더욱 건강한 방식이다. 결국, 사회와 조직이 건강하게 성장하기 위해서는 기존 체계를 존중하고, 상실을 이해하며, 구성원 모두가 함께 적응해 나갈 수 있도록 돕는 구조가 필요하다.

위협이 되는 상실

일곱 번째로 살펴볼 상실은 '위협(threatened)이 되는 상실'이다. 이 상실은 아직 현실화되지 않았지만, 곧 발생할 가능성이 있는 위험 요소로 인해 우리 내면에서 일어나는 감정적 반응을 의미한다. 쉽게 말해, 상실이 실제로 일어나기 전에 이미 그 상실을 경험하고 있는 듯한 심리적 상태를 말한다. 예를 들어, 건강에 이상이 있어 내시경 검사 결과를 기다리는 순간, 배우자가 갑작스럽게 이혼을 고려한다고 언급할 때, 회사의 재정 악화로 인해 직원 감축이 예상된다는 소문이 들릴 때, 혹은 자녀가 좋지 않은 친구들과 어울린다는 이야기를 들었을 때 우리는 마치 상실이 이미 일어난 것처럼 반응하게 된다. 아직 현실적으로 상실이 발생한 것은 아니지만, 그 가능성만으로도 불안과 스트레스를 강하게 경험하게 된다.

이러한 위협적 상실은 실제적인 상실로 이어질 수도 있지만, 예상되는 상실 자체가 우리에게 감정적 고통을 불러오기도 한다. 우리는 미래에 대한 불확실성과 상실의 가능성만으로도 심리적인 압박을 느끼며, 이러한 압박은 우리의 사고방식과 행동에까지 영향을 미친다. 따라서 이러한 형태의 상실을 마주할 때는 무엇보다 감정의 균형을 유지하는 것이 중요하다. 상실 가능성을 지나치게 확대 해석하지 않도록 경계하고, 현실적인 관점에서 상황을 바라보려는 노력이 필요하다. 비현실적인 불안을 조절하며, 현재의 감정을 인식하고 스스로 안정시킬 수 있는 방법을 찾아야 한다.

또한 주변 사람과의 솔직한 대화는 정서적인 안정에 큰 도움을 준다. 감정을 표현하고 나누는 일은 우리가 느끼는 불안을 구체화시키고, 그것을 객관적으로 바라볼 수 있는 계기를 마련해 준다. 무엇보다도, 우리는 상실 그 자체보다 상실에 대한 두려움에 더 크게 흔들릴 때가 많다. 그렇기에 '아직 일어나지 않은 상실'에 압도되지 않도록, 내면의 균형을 유지하며 현실적으로 대처하는 태도가 필요하다.

애매한 상실

여덟 번째로 살펴볼 상실은 '애매한(ambiguous) 상실'이다. 이는 명확하게 정의되지 않으며, 경계가 불분명한 상태에서 경험되는 상실이다. 육체적으로는 부재하지만 심리적으로는 여전히 존재한다고 느끼는 상황이 여기에 해당한다. 우리는 이처럼 분명한 결론을 내릴 수 없는 상태에서 혼란스러운 감정들을 경험하게 된다.

예를 들어, 가족 구성원이 실종, 유괴, 행방불명과 같은 사건을 겪었을 때, 가족은 그를 완전히 잃었다고 단정하지 못한다. 물리적으로는 곁에 없지만, 심리적으로는 여전히 돌아올 것이라는 희망을 품고 기다림 속에 놓인다. 이러한 기다림은 확신도, 안심도 없는 불안정한 정서 속에서 이루어진다.

언젠가 경부고속도로 초입에서 '제발 우리 딸을 좀 찾아 주세요!'라는 문구가 적힌 현수막을 본 적이 있다. 이후 관련 기사를 찾아보니, 그 딸의 아버지는 1999년 2월에 실종된 딸을 찾기 위해 지금도 전국을 돌며 흔적을 뒤쫓고 있었다. 하지만 현수막은 반복적으로 철거되었고, 수많은 전단을 배포했지만, 반응은 차갑기만 했다.

기차역에서 잠깐 한눈을 판 사이 사라진 다섯 살배기, 소풍 갔다가 돌아오지 못한 아이 등, 이렇게 오랫동안 실종 중인 자녀를 기다리며 애타게 찾는 이들은 물리적으로는 자녀와 단절된 삶을 살고 있지만, 감정적으로는 자녀가 곁에 있다고 느끼며 그들을 떠나보내지 못한다. 이 모든 상황이 '애매한 상실'이다.

반대로, 가족이 치매, 중독, 만성 정신질환 등을 앓고 있는 경우에도 애매한 상실이 발생한다. 예컨대 기억을 잃은 부모는 분명 함께 있고 살아 있지만, 자녀를 알아보지 못하고 낯선 사람처럼 대한다. 이는 신체적 존재와 감정적 연결이 서로 어긋나 있는 상태로, 정서적으로 가족을 상실한 것과 같다.

애매한 상실은 그 특성상 더 깊은 고통을 초래한다. 상실을 확정할 수도 없고, 완전히 극복할 수도 없는 불확실한 상황이 이어질 때, 우리는 심리적인 혼란과 정서적 불안정 속에 놓이게 된다. 폴린 보스(Pauline Boss)는 *Ambiguous Loss: Learning to Live with Unresolved Grief*(애매한 상실: 해결되지 않은 슬픔과 함께 사는 법 배우기)에서 이러한 상태가 때로는 가장 파괴적인 상실이 될 수 있다고 분석한다. 끝나지 않는 '기다림', 지속되는 '불확실성', 해결되지 않는 '감정의 결핍'—이 모든 요소가 애매한 상실을 더욱 복잡하고 고통스럽게 만든다.

박탈된 상실

마지막으로 살펴볼 상실은 '박탈된(disenfranchised) 상실'이다. 이는 사회적으로 용인되지 않거나 공개적으로 표현할 수 없는 상실을 의미한다. 상실 자체는 분명히 존재하지만, 그 감정을 자유롭게 표현할 수 없기에 깊은 고립과 내면의 억압을 경험하게 된다.

예를 들어, 자살로 가족을 잃은 유가족은 슬픔에 더해 사회적 수치심까지 겪는다. 그들은 자신이 겪은 상실을 드러내는 순간 사회적 시선에 상처받을 수 있기에, 감정을 숨기거나 사망 원인을 사고나 질병으로 위장하는 경우도 있다. 슬픔을 표현하지 못한 채 억눌리면, 이는 신체적·정신적 질병으로 이어질 위험을 키운다.

또한, 비통할 능력이 없다고 여겨지는 이들의 상실도 박탈된 상실에 해당한다. 일부 부모들은 어린 자녀들이 상실의 슬픔을 이해하지 못한다고 생각한다. 아이들은 분명 상실을 겪지만, 그 감정을 인정받지 못하고 "금방 잊을 거야"라는 말로 간단히 넘겨진다. 그러나 아이들은 자신의 슬픔을 외부로 표현할 기회를 박탈당하며, 그로 인해 깊은 정서적 상처를 안고 살아갈 수 있다. 특히, 아이들이 자신만의 방식으로 감정을 표현하지 못할 때, 그 슬픔은 해결되지 않은 채 내면에 고스란히 저장된다. 이러한 미해결된 상실은 청소년기와 성인기까지 영향을 미치며, 신체적 질환, 우울, 불안, 무력감, 외로움 등 다양한 정신적 어려움으로 나타날 수 있다.

필자가 만난 한 청년은 어린 시절에 할머니의 장례식에 참석하지 못한 기억을 아직도 분노로 안고 있었다. 또 한 아이는 초등학교 입학을 앞두고 학교가 두려워서가 아니라, 엄마와 친구들과 보낼 시간이 줄어든 것이 슬퍼서 울었다고 말했다. 이처럼 충분히 슬퍼할 권리를 박탈당할 경우, 우리는 자기 결정권 또한 빼앗기게 되며, 그 결과 무력감, 분노, 외로움, 두려움과 불안을 동시에 경험하게 된다.

상실에 대한 감정은 외부 기준에 의해 제한받아서는 안 된다. 감정은 누구도 대신 정해줄 수 없으며, 슬픔은 스스로 인식하고 표현할 수 있어야 한다. 상실을 충분히 애도하고, 슬픔을 온전히 받아들이는 과정은 우리의 감정적 회복과 성장에 필수적인 여정이다.

상실을 지날 때 우리 안에 어떤 일이 일어나는가?

상실은 인간 삶의 불가피한 일부로서, 누구도 피해 갈 수 없는 자연스러운 과정이다. 이는 단순한 감정적 반응에 그치지 않으며, 신체적·행동적·인지적·사회적·영적인 차원에 이르기까지 깊고 다층적인 영향을 끼친다. 우리가 중요한 대상을 잃게 되면, 그에 따른 심리적·생리적 변화는 우리의 의지와 상관없이 자연스럽게 작동한다.

때때로 슬픔이나 충격이 너무 커서 즉각적인 감정 반응을 보이지 못하는 경우도 발생한다. 그러나 상실로 인해 아무런 감정을 느끼지 못한다면, 오히려 그것이 정서적으로 더 비정상적인 상태로 해석될 수 있다. 대부분의 사람은 상실을 경험하면서 다양한 감정의 소용돌이를 겪게 되며, 그 감정의 흐름이 예상보다 길고 복잡하게 이어지는 경우도 드물지 않다.

그럼에도 불구하고 많은 이가 자신의 반응을 불편하게 여기거나, 지나치게 감정적이고 비정상적인 것으로 판단한다. 과거 한 내담자가 자신에게 나타나는 감정의 변화를 두려워하며 이렇게 말한 적이 있다. "교수님, 제가 미친 것 같아요." 이에 필자는 다음과 같이 답했다. "당신이 미친 것처럼 느끼는 여러 감정은 사실 상실에 대한 아주 온전한 반응입니다. 당신의 반응은 완전히 정상적인 것입니다." 그 순간, 내담자는 자신에게 찾아온 감정을 비로소 받아들이며 안도감을 느꼈다. 상실을 겪는 과정에서 나타나는 감정의 흐름이 불편하거나 미친(?) 감정의 집합만이 아니라, 이는 감정의 흐름을 정상적인 치유의 과정으로 인식할 때 비로소 얻어지는 안정감이다.

우리는 상실을 경험함으로써 감정적·인지적·행동적·영적 영역에서 다양한 변화를 겪는다. 이러한 변화는 결코 비정상이 아니며, 우리 내면이 새로운 균형을 찾기 위해 정직하게 반응하는 자연스러운 신호라 할 수 있다. 이와 같은 이해만으로도 상실의 과정을 지나고 있는 사람에게는 커다란 위로와 실질적인 도움이 된다.

이제 우리는 상실의 과정을 더 깊이 들여다보려 한다. 상실은 감정의 문제만이 아니라, 우리 존재 전체에 걸쳐 다양한 방식으로 흔적을 남긴다. 상실이 우리의 몸과 마음에 어떻게 영향을 미치며, 그 여정 속에서 어떤 내적 변화를 유발하는지를 차분히 살펴보는 작업은, 상실의 한가운데를 지나고 있는 이들에게 더욱 명료한 통찰과 든든한 위로를 건네주는 길잡이가 된다.

감정의 변화

상실은 단순한 하나의 사건이 아니라, 우리의 내면 깊숙이 자리 잡아 오랜 시간에 걸쳐 영향을 미치는 지속적인 과정이다. 미국의 사회복지학자이자 목회 상담학자인 앨런 휴 콜 주니어(Allan Hugh Cole Jr.)는 그의 저서 *Good Mourning*(좋은 애도)에서 상실을 경험할 때 나타나는 감정의 변화를 체계적으로 분석하며 다음과 같이 제시한다. 그의 설명은 단순한 슬픔을 넘어, 인간이 상실의 과정을 통해 겪게 되는 복합적인 감정의 결을 이해하는 데 있어 중요한 통찰을 제공한다.

그렇다면 콜이 정리한 감정적 변화에는 어떤 요소들이 포함되어 있을까? 이 글에서는 콜이 제시한 이론적 구조를 중심으로, 필자가 실제로 만난 사례들을 살펴보고자 한다. 다양한 사람의 상실 경험에서 나타난 감정의 흐름을 분석함으로써, 이론이 현실 속에서 어떻게 작동하는지를 구체적으로 조명할 수 있을 것이다. 더불어, 신학적 통찰과 성경적 관점을 엮어 감정의 의미를 재해석하고, 상실을 바라보는 우리의 시각을 더욱 깊고 풍성하게 확장해 보고자 한다.

충격과 마비

우선 '충격과 마비'는 상실을 경험할 때 흔히 나타나는 초기 심리적 반응이다. 이는 개인의 내면이 감당하기 어려운 현실을 받아들이기 힘들어할 때 무의식적으로 작동하는 방어기제다. 특히 갑작스럽게 상실을 겪는 경우, 이러한 반응은 더욱 강하게 나타난다.

예를 들어, 가족이 교통사고, 심장마비, 뇌졸중 등의 예기치 못한 상황으로 갑작스럽게 세상을 떠났을 때, 우리는 순간적으로 감정을 차단하며 현실을 그대로 받아들이지 못하는 상태에 이르게 된다. 이러한 충격은 일시적인 심리적 마비로 이어지며, 감당할 수 없는 상실 앞에서 감각이 둔화되고, 현실이 멀어진 듯한 느낌을 받게 된다. 이는 내면이 극심한 고통을 즉각적으로 처리할 수 없을 때 나타나는 자연스러운 반응이다.

시간이 지나면서 충격과 마비의 상태는 점차 풀리기 시작한다. 그 과정에서 슬픔, 혼란, 분노, 무력감 등의 감정이 서서히 모습을 드러낸다. 이러한 감정은 상실을 받아들이는 과정에서 필연적으로 나타나는 흐름이며, 치유의 시작을 알리는 내면의 반응이라 할 수 있다.

슬픔과 절망

'슬픔과 절망'은 상실 이후 장기적으로 나타나는 감정적 반응이다. 충격과 마비가 초기 단계의 반응이라면, 슬픔과 절망은 시간이 흐르면서 점차 깊어지고, 내면에 지속적인 영향을 미친다.

상실을 경험한 대부분의 사람은 울거나, 고통을 드러내며 슬픔을 표현한다. 그러나 어떤 경우에는 감정을 표현하는 것조차 어려워 슬픔을 억누르기도 한다. 특히 자신의 슬픔을 인정하지 않고 내면에서 분리해 버릴 때, 감정을 표현하지 않는 것이 오히려 더 깊은 절망으로 이어진다.

감정을 차단한다고 해서 상실의 고통이 사라지는 것은 아니다. 그 고통은 더 무거운 감정적 짐으로 우리를 짓누르게 된다. 사랑하는 사람이 갑작스럽게 떠났을 때, 남겨진 사람은 심한 상실감에서 버림받았다는 느낌에 사로잡히기도 한다. 많은 사람은 무의식적으로 "그가 나를 버렸다"는 정서를 품게 되며, 이러한 인식은 쉽게 받아들이기 어렵다. 절망과 좌절이 누적되면 자기 파괴적 행동으로 이어질 위험도 있다. 심리적 고통을 견디지 못하고 무력감에 빠지거나, 극단적인 선택으로 이어지는 경우도 종종 발생한다. 이는 상실이 개인의 존재 기반을 흔들 만큼 깊은 영향을 미칠 수 있음을 보여 준다.

분노, 좌절, 초조감

'분노, 좌절, 초조감'은 상실을 겪으며 나타나는 감정의 다양한 표현 방식이다. 내면의 슬픔을 직접적으로 드러내기 어려울 때, 분노와 초조함이 표면으로 나타나며 심리적 불안정 상태로 이어진다. 이런 이유로 상담자들은 상실로 인해 힘들어하는 내담자를 마주할 때, 내담자가 드러내는 근거 없는 분노의 이면을 면밀히 탐색해야 한다. 때때로 이러한 분노는 유아기에 겪은 양육자의 사망이나, 충분한 돌봄을 받지 못한 경험에서 비롯된다. 어린 시절의 상실은 성인이 된 이후에도 영향을 미치며, 분노로 표출되기도 한다. 이와 같은 내면의 원인을 인식하는 것이 치유의 시작이 될 수 있다.

여기에서 분노는 항의의 감정이다. 사랑하는 사람의 죽음이 불공평하게 느껴질 때, 혹은 감당하기 어려운 상실 앞에서 책임을 묻고 싶어지는 마음에서 비롯된다. 이 분노가 내면 깊숙이 억눌리면, 다른 방식으로 새어나가거나 예상하지 못한 대상에게 투사된다. 특히 기독교인들은 상실의 원인을 하나님께 돌리며 원망의 감정을 품는 경우가 많다. "왜 하나님이 나에게, 나의 가족에게 이런 일을 하셨는가?"라는 질문은 단순한 의문을 넘어서 항의의 정서를 담고 있다. 그러나 이러한 항의가 믿음의 부족을 의미하지는 않는다. 예수님도 십자가 위에서 "왜?"라는 질문을 던지셨다.

> "제구시쯤에 예수께서 크게 소리 질러 이르시되 엘리 엘리 라마 사박다니 하시니 이는 곧 나의 하나님, 나의 하나님, 어찌하여 나를 버리셨나이까 하는 뜻이라"(마 27:46)

시편 기자 또한 자신의 아픔과 절망을 숨김없이 표현했다.

> "여호와여 어느 때까지니이까 나를 영원히 잊으시나이까 주의 얼굴을 나에게서 어느 때까지 숨기시겠나이까 나의 영혼이 번민하고 종일토록 마음에 근심하기를 어느 때까지 하오며 내 원수가 나를 치며 자랑하기를 어느 때까지 하리이까"(시 13:1-2)

이러한 "왜?"는 단순한 질문이 아니다. 이는 "이 일이 절대로 일어나서는 안 된다", "이것은 옳지 않다"는 강한 항의의 표현이며, 상실을 받아들이기 힘든 현실에서 터져 나오는 정당한 감정적 반응이다. 따라서 상실을 겪는 사람은 자신의 분노와 항의를 억제하거나 부정할 필요가 없다. 오히려 그 감정을 충분히 탐색하고 표현하는 것이 애도의 과정에서 중요한 치유의 단계가 된다. 분노는 자연스러운 감정이며, 그것을 이해하고 받아들이는 과정에서 우리는 상실을 보다 깊이 통합하고 수용할 수 있게 된다.

불안, 공포, 외로움, 무력감

우리는 상실의 깊이를 직접 경험하기 전까지, 그것을 단순히 슬픔의 문제로 여기는 경우가 많다. 하지만 '불안, 공포, 외로움, 무력감'은 상실을 경험하는 사람이 흔히 겪는 감정이다. 이에 C. S. 루이스는 『헤아려 본 슬픔』(*A Grief Observed*)에서 상실이 '두려움'이라고 말한다. 필자는 그의 말에 공감한다.

필자에게 상실이 불러오는 두려움은 실제이며, 때로는 압도적이었다. 필자가 가족을 미국으로 떠나보내고 홀로 남겨졌을 때, 슬픔이나 외로움보다 두려움이 더 크게 다가왔다. 그 두려움은 예고 없는 공포처럼 갑작스럽게 밀려왔고, 감정의 혼란은 물론 신체적인 반응까지 수반했다. 혼자 있는 것이 너무 무서워 사람이 있는 공간으로 나가야만 했던 경험은 지금도 뚜렷하게 기억된다. 이전까지는 상실이 두려움을 동반한다는 사실을 몰랐지만, 지금은 슬픔뿐만 아니라 두려움과 불안이라는 감정을 함께 품고 온다는 것을 안다.

상실의 현실을 받아들이는 과정에서 두려움을 느끼는 것은 매우 자연스러운 반응이다. 두려움(Fear)은 비교적 명확한 위협을 인식할 때 발생한다. 예를 들어, 배우자를 잃고 혼자 밤을 보내야 하는 상황, 경제적 여력이 부족한 중에 자녀를 양육해야 한다는 걱정, 또는 남편 없이 살아가야 한다는 불안 등이 해당된다. 두려움은 생존의 본능과 연결되어 있으며, 현실적 위험을 직면할 때 더욱 강하게 작동한다.

반면 불안(Anxiety)은 특정 대상 없이 막연하게 퍼져나가는 감정으로, 미래에 대한 불확실성에서 비롯된다. 상실 이후 삶이 어떻게 변화할지 알 수 없다는 생각, 예상치 못한 문제들이 찾아올 것 같은 불안한 느낌은 심리적 압박을 심화시킨다.

외로움(Loneliness)은 사랑하는 사람과의 관계가 단절되었을 때 나타난다. 특히 상실을 겪은 이후, 주변에 자신의 감정을 충분히 이해해 줄 사람이 없다고 느낄 때 외로움은 더욱 깊어지고, 심리적 고립과 세상으로부터의 단절감까지 증폭시킨다.

무력감(Helplessness)은 상실을 막을 수 없었다는 무능감, 앞으로는 아무것도 할 수 없다는 절망으로부터 비롯된다. 모든 것이 자신의 통제 범위를 벗어났다는 인식은 삶에 대한 회의감과 행동의 의지를 약화시키고, 때로는 스스로를 포기하게 만들기도 한다.

상실을 지나가는 과정에서는, 혼자 남게 될 것에 대한 두려움, 불확실한 미래에 대한 걱정, 또다시 상실을 마주하게 될지도 모른다는 불안이 내면 깊이 자리할 수 있다. 중요한 것은 그 감정을 부정하거나 회피하지 않고, 인식하고 마주하는 법을 배우는 것이다. 피할 수 없는 감정이라면 솔직하게 받아들이고, 그 흐름을 이해하는 것이 상실을 극복하는 첫걸음이 된다.

루이스는 자신의 아내를 떠나보낸 후 상실의 중심에 서게 되자, 그동안 자신이 상실을 마치 자신과 무관한 일처럼 여기면서 상실을 겪는 사람을 위로하는 역할에 머물렀던 자신을 돌아보게 된다. 그는 그때까지 "가짜놀이"를 하고 있었다고 고백했다.

이 모습은 목회자들에게도 예외는 아닐 것이다. 상실의 아픔을 안고 찾아오는 성도들을 맞이하는 목회자 자신이, 그 무게를 온전히 느끼기 어려울 때, 어쩌면 그들 역시 가짜놀이에 빠져 있을지도 모른다. 언젠가는 누구나 사랑하는 사람을 떠나보내야 하는 날을 맞게 된다. 이 사실을 받아들이는 일은 고통스럽고, 두렵고, 때로는 회피하고 싶은 감정으로 이어진다. 그래서 우리는 종종 상실의 실체를 외면하고, 두려움과 마주하는 대신 말로만 위로하려 했을지도 모른다.

신체적 반응과 탈진

깊은 슬픔과 상실은 단순한 정서적 반응에 그치지 않으며, 신체적인 증상으로도 나타난다. 감정과 신체는 긴밀하게 연결되어 있고, 심리적 충격은 우리 몸에 직접적인 영향을 끼친다. 극심한 슬픔을 경험하는 사람은 복통, 흉통, 심박수 증가, 입 마름, 침 삼키는 어려움, 호흡 곤란, 어지러움, 발한 등 다양한 신체적 불편을 호소한다. 때로는 소음에 대한 민감성이 높아지고, 전반적인 신체적 무력감으로 인해 일상적인 활동조차 버거워지기도 한다.

이러한 반응은 스트레스 호르몬의 급격한 분비와 밀접하게 관련되며, 심리적 긴장이 신체적 불편을 유발하는 대표적인 현상이라 할 수 있다. 상실 이후 느껴지는 공허감 또한 무력감을 동반하며, 현실에서 자신이 마치 떠 있는 듯한 감각을 불러일으킨다.

그 가운데 '피로와 탈진'은 깊은 슬픔과 상실을 겪을 때 자주 나타나는 신체적·심리적 반응 중 하나다. 강한 감정 집중으로 인해 정신적 에너지가 고갈되며, 이는 일상적인 기능에도 영향을 미친다. 이러한 피로는 단순한 신체적 피곤함을 넘어서 일의 수행이나 관계 유지에 어려움을 초래하고, 때로는 우울증의 시작이 되기도 한다. 심리적 무력감을 강화시키는 감정의 흐름은 영적 차원에도 영향을 준다. 기도하는 일이 힘들어지고, 신앙적 실천에도 어려움을 느끼게 된다.

시편 기자는 이러한 고통을 다음과 같이 고백한다.

"내가 탄식함으로 피곤하여 밤마다 눈물로 내 침상을 띄우며 내 요를 적시나이다 내 눈이 근심으로 말미암아 쇠하며 내 모든 대적으로 말미암아 어두워졌나이다"(시 6:6-7)

"내 일생을 슬픔으로 보내며 나의 연수를 탄식으로 보냄이여 내 기력이 나의 죄악 때문에 약하여지며 나의 뼈가 쇠하도소이다"(시 31:10)

욥 또한 깊은 슬픔을 이렇게 표현한다.

"내 눈은 근심 때문에 어두워지고 나의 온 지체는 그림자 같구나"(욥 17:7)

이러한 표현들은 슬픔과 피로가 단순한 감정적 반응을 넘어서, 삶 전체를 흔들 수 있는 강력한 영향력을 지닌다는 사실을 보여 준다. 그러므로 상실을 경험할 때는 신체적·심리적, 그리고 영적인 회복이 모두 중요하다. 우리 존재의 전면에서 일어나는 상실의 흔들림에 대해, 우리는 그에 상응하는 돌봄과 회복의 접근을 가져야 한다.

후회, 죄책감, 수치심

'후회, 죄책감, 수치심'은 상실 이후 많은 이가 겪는 자연스러운 감정이다. 사랑하는 사람을 먼저 떠나보낸 후, "좀 더 잘했더라면…"이라는 생각에 사로잡혀 자신을 책망하며 아파한다. 특히 부모나 배우자를 잃은 사람은 "더 적절한 치료를 해 주었더라면…", "더 많은 사랑을 표현했더라면…"이라는 마음으로, 그들의 죽음이 어쩌면 자신의 부족함 때문일지도 모른다는 생각에 빠지기도 한다.

죄책감은 상실을 겪는 사람이라면 누구나 마주할 수 있는 감정이다. 물론 우리가 할 수 있었던 일에는 분명한 한계가 있었으며, 누군가의 죽음이 반드시 우리의 행동에서 비롯된 것은 아니다. 그럼에도 불구하고, 상실 이후 자신을 탓하는 반응은 자연스럽게 나타나며, 특히 우리는 잘했던 부분보다는 하지 못했던 부분에 집중하는 경향을 보인다. "더 잘해 줄 수 있었는데…", "더 많은 시간을 함께 보낼 걸…"이라는 후회가 머릿속을 떠나지 않기도 한다.

하지만 이는 우리가 사랑했던 존재를 잃은 뒤, 그들에게 더 잘하고 싶었다는 진심이 반영된 마음이지, 우리가 잘못했기 때문은 아니다. 또 살아남은 자로서 겪는 '생존자의 죄책감(survivor's guilt)'은 내면에 부담을 더한다. 현실을 바꿀 수도, 통제할 수도 없었음에도 "내가 대신 떠났어야 했던 것이 아닐까?", "왜 나는 여기 남았을까?"라는 자책이 마음을 붙든다.

중요한 것은 이러한 죄책감을 너무 과도하게 받아들이지 않는 것이다. 상실 이후의 죄책감은 사랑했던 사람을 향한 애정의 또 다른 표현일 뿐, 그것이 반드시 우리의 책임을 의미하는 것은 아니다. 우리는 자신을 용서하고, 자신 안의 감정을 있는 그대로 받아들이는 법을 배워야 한다. 이것이 애도의 과정에서 중요한 치유의 단계가 된다.

필자가 만난 한 내담자는 오랜 병마와 싸우던 배우자를 떠나보낸 뒤,

슬픔과 함께 "이제 끝이 났구나, 잘 끝났다"라는 안도감을 느꼈다고 털어놓았다. 그러나 그는 그런 감정을 가진 자신을 자책하며 심한 죄책감에 시달렸다. 하지만 오랜 시간 병간호를 해 온 사람에게 피로감이 드는 것은 지극히 정상적인 반응이다. 사랑하는 사람을 돌보는 과정에서 육체적·정신적으로 지치게 되는 것은 피할 수 없는 현실이며, 그러한 양가적인 감정을 느끼는 것도 자연스러운 것이다.

또한 생전에 충분히 화해하지 못한 관계를 떠나보낼 때, 상실은 더욱 깊은 후회와 함께 찾아온다. 많은 사람은 "좋은 관계를 맺지 못했으니 그가 떠나도 후회는 없다"고 생각하지만, 실상은 그렇지 않다. 해결되지 않은 감정은 우리 안에 남고, 풀리지 못한 갈등과 원망, 스스로를 향한 죄책감과 수치심은 상실의 고통을 더욱 가중시킨다.

이러한 감정들은 부정적인 것만이 아니다. 상실을 애도하는 과정에서 자연스럽게 나타나는 감정이며, 중요한 것은 억누르거나 외면하지 않고, 온전히 인정하고 받아들이는 자세다. 후회와 죄책감은 우리가 사랑했음을 증명하는 감정이기도 하다. 그렇기에 우리는 그 감정을 정직하게 바라보고, 스스로를 지나치게 가혹하게 판단하지 않도록 유념해야 한다. 충분한 애도의 시간을 가지며, 상실을 통해 삶의 의미를 되새기는 것은 치유와 통합으로 나아가는 중요한 여정이 된다.

감사와 그리움

'감사와 그리움'은 떠난 사람을 추억할 때 자연스럽게 떠오르는 감정이다. 그러나 이 감정이 때로는 지나치게 '이상화'되는 방향으로 흐르기도 한다. 떠나간 사람의 전체적인 모습을 균형 있게 바라보지 않고 좋은 기억만을 떠올릴 경우, 애도의 과정은 왜곡될 수 있다. 이러한 이상화는 유대감을 형성하는 듯하지만, 실제로는 상실의 고통을 더욱 증폭시킬 수 있다. 마치 그들이 완벽했던 존재로만 남아 있어야 한다는 부담감을 안게 되고, 현실적인 기억과 감정을 정직하게 받아들이는 것이 어려워질 수 있다.

그렇기에 상실을 경험한 사람에게 가장 중요한 것은 자신의 감정을 있는 그대로 인식하는 것이다. 필자는 아버지를 떠나보낸 지 20년이 다 되어 간다. 지금도 아버지를 떠올리면 가끔 눈물이 난다. 하지만 그 눈물은 더 이상 슬픔의 눈물만이 아니고 감사와 그리움의 눈물이다.

상실로 인한 깊은 슬픔과 애도는 더 이상 단순히 슬픔이라는 감정으로만 머물지 않는다. 이 슬픔은 다양한 얼굴을 하고 있으며, 그 안에는 여러 복합적인 감정이 얽혀 있다. 감정 하나하나는 소중한 것이며, 억누르거나 부정할 필요는 없다. 떠나간 사람에 대한 감사와 그리움도 마찬가지로, 있는 그대로 느끼는 것이 중요하다.

또한, 상실을 경험하는 사람을 돕는 이들에게도 그 감정이 어떤 방식으로 표현되는지 이해하려는 태도가 필요하다. 단순한 위로의 말보다 더 중요한 것은 그들의 감정을 깊이 탐색하고 존중하는 것이며, 애도의 흐름이 왜곡되지 않도록 섬세하게 동행하는 것이다. 그렇게 할 때, 고통 가운데서도 온전한 통합과 회복의 가능성을 열어 갈 수 있다.

사고의 변화

상실의 경험은 단순한 감정적 아픔을 넘어서 우리의 사고체계에 영향을 미친다. 인간의 뇌는 갑작스럽게 닥쳐온 이해되지 않는 혼란을 받아들이려 애쓰며, 그 과정에서 사고의 방향을 잃게 된다. 올바른 방향을 찾기 위해 헤매는 시간은 불가피하며, 이는 매우 중요한 내면의 작업이 된다.

우리가 상실을 지나가는 동안에는 불신과 부정, 혼돈과 혼란, 강박적 사고, 떠난 사람과의 동일시 같은 사고의 변화를 경험하게 된다. 이와 같은 심리적·인지적 혼란은 일시적인 현상만이 아니라, 삶의 가치와 의미를 새롭게 조명하며 세상을 바라보는 관점을 변화시키는 계기가 된다.

이러한 변화는 감정의 변화에 국한되지 않는다. 인간의 사고방식, 내면 깊숙이 자리 잡은 믿음과 태도에까지 영향을 미치며, 우리가 어떤 존재로 살아갈 것인지에 대한 근본적인 질문으로 이어진다. 상실을 경험한 사람은 깊은 슬픔을 지나며 인생의 목표와 방향에 근본적인 변화를 경험하기도 한다. 이는 고통을 통해 빚어지는 내면의 재구성과도 같다.

불신과 부정

처음 상실을 겪게 되면, 현실을 받아들이기 어려워하며 '불신과 부정'의 감정을 강하게 느끼게 된다. 이는 극심한 감정적 충격에 대한 자연스러운 방어기제로 작용한다. 특히 갑작스럽거나 충격적인 형태의 상실을 경험했을 경우, 사람은 그것을 마치 자신에게 일어나지 않은 일처럼 느끼며 부정하려는 반응을 보인다.

초기에는 현실을 부정하는 경향이 뚜렷하게 나타난다. 상실이 실감나지 않으며, 마치 꿈속에 있는 듯한 느낌이 들기도 한다. 많은 사람이 "이건 거짓말일 거야", "뭔가 잘못된 것 같아"라고 말하며 현실을 받아들이지 못한다. 이러한 강한 부정은 자신의 감정을 보호하고자 하는 무의식적 반응이라 할 수 있다. 일부는 상실을 인정하지 않으려는 태도로, 그것이 사실이 아닐 가능성을 찾으려 한다. "그럴 리가 없어", "잘못된 정보일 거야" 등의 말을 반복하며 현실을 외면하려는 모습이 나타난다.

또 다른 반응으로는 감정을 차단하고 무감각해지려는 경향이 있다. 일부 사람은 감정을 억누르며 마치 아무 일도 없었던 것처럼 행동하려 한다. 이는 감정을 직면하기 어려워하는 심리적 방어기제로 나타나며, 상실을 받아들일 준비가 되지 않은 상태에서 종종 드러나는 모습이다.

그러나 시간이 흐름에 따라 이러한 부정과 불신의 감정은 서서히 완화된다. 사람은 조금씩 상실의 현실을 받아들이게 되며, 그 과정에서 자신만의 방식과 의미를 찾아간다. 상실을 극복하는 이 여정은 삶의 방향성을 다시 정립하고, 새로운 사고의 지평을 여는 중요한 계기가 된다. 이렇게 변화하는 사고 과정은 상실에 적응하고 통합하는 데 있어 본질적인 전환점이 된다.

혼돈과 혼란

상실을 경험한 사람은 혼돈과 혼란 속에 빠지게 되며, 이는 정신적 충격이 인지적 반응으로 드러나는 자연스러운 현상이다. 상실은 단기간 동안 기억력 저하를 유발하고, 평소와는 다르게 사고를 명확하게 정리하기 어려운 상태를 초래한다.

혼란의 시기에는 생각의 초점을 모으는 일이 힘들어지고, 해야 할 일을 분명히 인식하는 것도 어렵다. 집중력이 흐려지면서, 평소 같으면 간단하게 해내던 일상적 행동들조차 복잡하게 느껴진다. 주변의 도움과 위로도 온전히 받아들이기 어려운 상태가 되며, 감정과 사고 사이의 균형이 크게 흔들린다.

이러한 시기에는 중요한 결정을 내리는 것을 피하는 것이 바람직하다. 상실을 경험하는 사람에게는 이 시기에 큰 결정을 미루는 것이 도움이 된다. 대신, 일상의 작은 선택들은 스스로 해낼 수 있도록 주변에서 적절하고 세심한 지원을 제공하는 것이 중요하다. 이는 상실을 겪는 이가 점차 삶의 흐름을 회복하고, 자신의 감정을 정리하며 내적 질서를 다시 세우는 데 도움을 준다.

이러한 인지적 혼돈은 시간이 흐르며 점진적으로 완화된다. 정신적 안정이 찾아오면서 기억력과 사고력이 서서히 회복되고, 무너졌던 삶의 질서가 서서히 다시 정립된다. 상실 후에 겪는 혼돈과 혼란은 매우 고통스러운 과정이지만, 결국에는 새로운 삶의 의미를 찾아가는 여정의 일부가 된다. 이 과정을 통해 사람은 더 깊은 성찰을 경험하고, 삶의 방향을 재정비하며 성숙해지는 기회를 얻게 된다.

동일시와 강박적 사고

상실을 경험한 사람은 때때로 강한 동일시와 연상, 그리고 강박적인 사고에 빠지게 된다. 이는 상실한 대상에 대한 그리움이 심화된 결과이며, 모든 생각이 그 사람에게 집중되면서, 현재 해야 할 일조차도 "그가 있었다면 어떻게 했을까"라는 시선으로 바라보는 경향이 나타난다.

이러한 과정에서는 현실적인 요소와 비현실적인 요소의 경계가 흐리게 되며, 특정한 사고방식에 과도하게 몰입하는 모습이 두드러지게 된다. 떠난 사람의 긍정적 특성만을 기억하고 그것에 집착하려는 경향은, 죽은 이를 잃지 않으려는 무의식적 욕망의 표현이라 볼 수 있다. 욕망이 심화되면 그 존재를 내면에 보존하려는 일종의 '미이라화'가 시작된다. 이는 단순한 기억의 유지가 아니라, 마치 그 존재를 현실 속에 그대로 지속시키려는 강한 심리적 반응이라 할 수 있다.

이러한 보존의 욕망은 떠나간 사람이 남기고 간 물건들을 버리지 못하고, 예전 모습 그대로 두려는 행동으로 이어지기도 한다. 그것을 버리려 할 때 강한 감정적 반발이 나타나는 것은, 단절을 받아들이는 일이 그만큼 고통스럽기 때문이다.

보존의 강도가 심해질수록, 상실한 대상의 사고나 행동을 그대로 따라 하려는 강박적 사고로 발전할 가능성도 커진다. 극단적인 경우에는 그 사람의 말투, 습관, 행동 방식을 흉내 내며, 자신만의 정체성이 흔들릴 정도로 깊이 동일시하는 양상이 드러난다. 이러한 경우, 애도의 과정은 자연스러운 흐름을 잃고, 과거 속에 머물게 된다.

동일시는 다양한 방식으로 나타난다. 오빠가 사망한 뒤, 오빠가 좋아하던 원예를 시작하거나, 평소 말수가 적던 아내가 남편을 떠나보낸 후 남편의 유머와 위트를 따라 하려는 경우도 있다. 더 극단적인 사례에서는, 떠난 사람의 병력이나 습관을 그대로 자신에게 동일시하는 현상까지도 관찰된다.

이러한 상태가 장기적으로 지속되거나 일상생활에 지장을 초래할 경우, 전문가의 도움을 받는 것이 중요하다. 상실을 경험한 사람이 자신의 감정을 점차 정리하고, 건강한 방식으로 추억을 받아들이며 새로운 삶의 방향을 설정할 수 있도록 돕는 일은 애도 과정에서 매우 핵심적인 부분이다.

행동의 변화

상실은 개인의 대인관계와 행동 전반에 영향을 미친다. 이는 감정적 회복 과정에서 다양한 방식으로 드러난다. 상실 후, 많은 사람은 떠난 이와 함께했던 순간을 되새기며 그 경험을 다시 찾고자 한다. 그 과정에서 현재의 가족이나 친구들과 더 많은 시간을 보내려는 행동이 나타나며, 이를 통해 슬픔을 표현하고 위로를 얻기도 한다. 이러한 흐름은 떠난 사람의 가치와 의미를 새롭게 정립하게 하며, 상실을 긍정적인 삶의 변화로 이어 가게 하는 중요한 단계가 된다.

반대로, 상실을 겪은 사람이 가족이나 친구들과 거리를 두려는 회피 행동을 보이기도 한다. 주변 사람과의 관계가 상실을 계속 상기시키는 역할을 하기에, 슬픔을 피하려는 본능적 반응으로 혼자 있기를 자처하는 것이다. 이러한 행동은 충분히 이해할 수 있는 반응이지만, 장기적으로는 더 큰 외로움과 우울, 불안을 초래할 가능성이 높다.

어떤 사람은 상실의 고통을 잊기 위해 사람 속에 스스로를 몰입시키려 한다. 바쁜 일정으로 분주한 삶을 유지하며 슬픔을 피하려 하지만, 이러한 행동은 주변 사람들에게 잘못된 인식을 줄 수 있다. 친구들은 "저 사람은 슬픔을 잘 견디는구나"라고 오해하며, 더 이상 도움이나 지지가 필요하지 않다고 판단할 수 있다. 결과적으로 이러한 행동은 회피 반응과 유사한 결과를 낳으며, 사회적 고립을 초래할 수 있다.

또 어떤 이들은 슬픔을 떠올리게 하는 물건이나 장소를 적극적으로 회피하려 한다. 사랑하는 사람과 함께 살았던 집을 팔거나, 그가 사용하던 물건과 사진을 모두 정리해 버리는 경우도 있다. 이는 상실을 직면하기 어려운 내면의 반응으로 볼 수 있으며, 개인마다 상실을 극복하는 방식이 서로 다르다는 점을 존중해야 한다.

그러나 상실의 슬픔이 분노, 후회, 불안, 죄책감, 수치심 등의 감정과 결합될 경우, 더 극단적인 반응으로 발전할 수 있다. 일부 사람은 약물 과용, 폭식, 폭음 등으로 건강을 해치거나, 성적 탐닉, 무책임한 소비로 인해 재정적 어려움에 처하기도 한다. 더 심각한 경우에는 자살을 시도하는 사례도 있으며, 이때에는 상담자나 목회자 등 전문가의 세심한 개입과 주의가 반드시 필요하다.

이러한 파괴적인 행동을 보이는 사람에게는 육체적·심리적·관계적 차원에서의 적절한 지원이 필수적이며, 주변의 적극적인 도움이 반드시 요구된다. 상실은 인간관계와 삶 전체를 흔드는 경험이지만, 이를 건강하게 극복하기 위한 적절한 지원과 접근이 이루어진다면, 상실은 더욱 깊은 성찰과 성장의 기회로 이어질 수 있다. 결국 중요한 것은 슬픔을 억누르거나 피하려 하지 않고, 그것을 있는 그대로 받아들이며 의미 있는 방식으로 삶 속에 녹여내는 것이다.

상실의 단계 모델: 상실과 슬픔에는 단계가 존재하는가?

상실을 경험하는 것은 마치 처음 가 보는 길을 걷는 것과 같다. 한 번도 안 가 본 해외로 여행을 가려고 한다면, 우리는 먼저 인터넷을 통해 그곳의 언어와 문화, 날씨와 여행지를 조사하고, 지도를 펼쳐 도시의 구조와 이동 경로를 확인한다. 어느 지역에 머물지, 어디서 식사할지, 어떤 풍경을 볼 수 있을지를 미리 살펴보는 것은 당연한 준비 과정이라 할 수 있다.

하지만 이상하게도 상실을 경험할 때를 위한 준비는 제대로 하지 않는다. 예고 없이 찾아오는 상실 앞에서 우리는 흔히 방향을 잃고 혼란 속에 빠진다. 그러나 우리가 삶의 위기와 상실을 지나며 거치게 될 단계들을 미리 인식하고 있다면, 그 여정은 조금 덜 두렵고 덜 막막할 수 있다.

상실은 단순한 감정적 사건이 아니다. 삶의 가치관을 흔들고, 인간의 내면에 깊은 변화를 불러오는 강력한 경험이다. 그렇기에 상실을 겪는 사람은 자신이 어떻게 반응하는지를 이해하고, 그 과정에서 자신에게 필요한 도움과 길잡이를 찾아가는 일이 무엇보다 중요하다.

앞서 살펴보았지만, 일반적으로 사람은 상실을 경험할 때 몇 가지 감정적·인지적 단계를 거친다. 처음에는 부정과 불신의 감정을 느끼며 현실을 받아들이기 어려워하고, 이후에는 혼란 속에서 기억력이나 집중력이 저하되며, 강박적인 사고나 동일시를 겪고 떠난 이에 대한 집착이 나타나기도 한다. 가족이나 친구와 더욱 가까워지는 행동으로 나타나거나, 반대로 관계를 피하려는 회피 행동이 드러나기도 한다. 때로는 슬픔이 극단적인 방식으로 표출되어 자해와 같은 행동으로 이어지며, 이럴 때는 반드시 외부의 도움과 지지가 필요하다.

이러한 단계들은 모든 사람이 겪는 보편적인 흐름일 수 있지만, 개인의 성향과 삶의 맥락에 따라 매우 다양하게 나타난다. 그래서 우리는 미리 상실이 가져올 감정적 변화들을 이해하고, 스스로를 준비할 필요가 있다. 상실은 누구도 피할 수 없는 삶의 일부이며, 그것을 어떻게 받아들이고 통합하느냐가 우리의 성장과 회복에 깊은 영향을 미친다.

상실의 단계 모델

정신과 의사이자 생사학의 선구자인 엘리자베스 퀴블러 로스(Elisabeth Kübler-Ross)는 죽음과 슬픔에 대한 5단계 모델을 최초로 제시한 인물이다. 그녀는 저서 *On Death and Dying*(죽음과 죽어감)에서 이 개념을 소개하며, 죽음을 앞둔 환자들이 겪는 감정적 반응에 대한 임상적 관찰과 연구를 기반으로 모델을 발전시켰다. 처음에는 말기 환자의 심리적 반응을 설명하는 데 사용되었지만, 이후 이 모델은 사별, 이혼, 실직, 질병 진단 등 다양한 형태의 상실에도 적용되며 널리 활용되고 있다. 퀴블러 로스의 이론에 따르면, 상실을 경험하는 사람은 다음의 다섯 단계를 거친다고 알려져 있다.

- 부인(Denial)
- 분노(Anger)
- 타협(Bargaining)
- 우울(Depression)
- 수용(Acceptance)

각 단계는 상실이라는 현실을 받아들이기 위한 심리적 적응 과정으로 이해된다. 그러나 퀴블러 로스는 모든 사람이 동일한 순서로 단계를 거치는 것이 아니며, 슬픔은 정형화된 공식에 따라 움직이는 감정이 아니라는 점을 강조한다. 이 모델은 상실과 슬픔을 이해하는 데 도움이 되는 일반적인 틀일 뿐이며, 반드시 모든 사람에게 그대로 적용되는 절대적인 과정은 아니다. 누군가는 특정 단계를 건너뛰기도 하고, 여러 감정을 동시에 경험하거나, 슬픔이 직선적인 흐름이 아니라 반복되거나 서로 겹치는 방식으로 나타나기도 한다. 어떤 사람은 한 단계에 훨씬 더 오래 머무르기도 한다. 결국 중요한 것은 이 모델을 지침으로 삼되, 각자의 슬픔을 자신의 속도와 방식대로 경험하도록 허용하는 것이다. 상실은 누구나 겪지만, 그 상실을 다루는 방식은 매우 개인적이며 고유한 여정이다.

이 모델은 상실을 경험한 사람이 자기감정을 이해하고 받아들이기 위한 틀을 제공하며, 내면의 여정을 안내하는 지도로 기능한다. 그러므로 이 이론은 단순히 이론적 설명을 넘어서, 실제 애도 과정을 정서적으로 구조화하는 데 도움을 준다. 퀴블러 로스가 제시한 슬픔의 단계 모델은 각 개인의 삶과 내면에 따라 서로 다른 방식으로 경험된다.

지금부터는 퀴블러 로스의 이론을 바탕으로, 각 단계에서 나타나는 심리적·행동적 현상들을 보다 깊이 있고 구체적으로 확장하여 살펴보고자 한다. 이러한 탐구를 통해 우리는 상실을 겪는 이들의 내면을 더 정교하게 이해하고, 돌봄의 방향을 더욱 세심하게 조율할 수 있을 것이다.

1. 부인

부인(Denial)은 상실의 현실을 받아들이기 어려워하며, 무의식적으로 이를 부정하려는 단계이다. 충격적인 상황 앞에서 사람은 현실을 회피하려는 심리적 방어기제를 작동시키며, "이건 꿈일 뿐이야", "지금은 생각하지 말자" 등의 사고로 상실의 실체를 밀어내고자 한다. 그러나 이러한 부인은 단지 사실을 부정하는 데서 끝나지 않고 충격에 대한 감정적 무감각, 즉 정서적 마비로도 나타난다.

부인은 상실에 따른 강렬한 감정을 즉시 받아들이지 않도록 하는 본능적인 완충 메커니즘이다. 그 충격의 파고가 너무 커서 한 번에 마주하기 어려울 때, 마음은 잠시 그 진실로부터 거리를 둔다. 이 단계에서는 떠난 이에 대한 이야기를 반복적으로 언급하는 경향이 나타나며, 이는 상실의 의미를 내면에서 정리하고자 하는 자연스러운 움직임이라 할 수 있다.

부인의 가장 강한 형태는 상실의 현실뿐민 이니라, 그로 인한 내적 영향 자체를 부정하는 태도로 나타난다. 상실이 자신에게 큰 영향을 미치지 않는다고 믿으려 하거나, 그 충격을 충분히 견딜 수 있다고 스스로를 설득하는 방식이다. 이러한 반응은 흔히 합리화의 형태를 띠며 다음과 같은 말로 표현되기도 한다:

- "그렇게까지 아프지는 않아요."
- "그분은 오래 사셨으니 괜찮아요."
- "그 직장은 사실 별로였어요. 그만둘 생각이었어요."

이처럼 부인과 부정의 반응은 몇 초에서 몇 년까지 개인마다 다르게 지속된다. 이는 내면을 보호하고자 하는 본능적 전략이며, 상실이라는 거대한 현실을 조금씩 받아들이기 위한 준비 과정이다. 그러나 시간이 흐르고, 마음이 조금씩 진실을 받아들일 준비가 되면 이 단계는 서서히 약화된다. 그리고 슬픔은 다른 형태로 이동하며, 다음 단계인 분노(Anger)로 이어지는 흐름을 맞이한다.

2. 분노

상실의 현실을 받아들이기 시작하면, 강한 불쾌감과 분노(Anger)가 나타나는 경우가 많다. "왜 하필 나에게 이런 일이 일어났을까?"라는 질문을 던지며, 사람은 자신이 겪는 고통을 이해하려 한다. 분노는 상실이 불공평하게 느껴질 때나, 무력감에서 비롯된다. 이 감정은 자신뿐만 아니라 주변 사람에게, 상실의 원인이 된 사건이나 상황, 심지어는 신앙이나 운명에까지 향할 수 있다. 때로는 하나님을 원망하며 신앙을 포기하려는 마음이 들기도 한다.

분노는 매우 다양한 방식으로 표출된다. 직접적으로 격한 감정을 드러내는 경우도 있으며, 이는 가족, 친구, 동료 등 가까운 사람에게 화를 내는 형태로 나타날 수 있다. 간접적으로 냉소적인 태도나 공격적인 반응으로 이어지기도 하고, 무기력한 행동이나 침묵으로 감정을 표현하기도 한다. 표현 방식에는 개인차가 있지만, 본질적으로 분노는 상실을 받아들이는 과정의 일부로 작용한다.

이 단계에서 중요한 것은, 분노가 단순한 감정의 폭발이 아니라 내면의 고통을 해소하려는 시도라는 사실을 이해하는 것이다. 마음속 깊은 슬픔이 분노라는 형태로 표출되며, 이 반응은 논리적이거나 타당하지 않더라도 매우 자연스러운 현상이다.

특히 분노는 심리적으로 안전하다고 느낄 때 비로소 표면적으로 드러난다. 즉, 상실을 경험하는 사람이 주변으로부터 지지받고 보호받고 있다고 느낄 때, 자신의 감정을 자유롭게 표현할 수 있게 된다. 반대로, 상대방이 자신의 감정을 진지하게 받아들이지 않을 때, 분노는 "나를 이해해 달라"는 강력한 요구의 표현으로 나타난다. 이는 단순한 공격이나 반항이 아니라, 감정을 진심으로 받아들여 달라는 정서적 요청이라 할 수 있으며, 애도자 내면의 고통을 알아주고 공감해달라는 절박한 호소이기도 하다.

따라서 슬퍼하는 사람에게 "분노의 단계를 빨리 지나가야 한다"고 요구하는 것은 애도 과정을 오히려 더 길어지게 만들 수 있다. 애도자가 느끼는 감정을 충분히 표현하고, 그것을 존중하며 지지하는 태도가 무엇보다 중요하다. 분노를 다룰 때는 그 이면에 숨겨진 더 깊은 감정을 발견하는 과정이 필요하며, 때로는 분노가 회복으로 나아가는 긍정적인 신호가 되기도 한다.

결국 애도자가 분노를 경험할 때, 그 감정을 있는 그대로 받아들이고 이해해 주는 자세가 치유의 핵심이 된다. 감정을 억누르거나 피하려 하지 않고, 자연스럽게 표현할 수 있도록 돕는 것이 상실을 통과하는 데 큰 힘이 된다. 그렇게 분노는 단순한 부정적 반응이 아니라, 애도자가 앞으로 나아가는 과정의 일부가 되며, 회복의 방향을 가리키는 이정표가 되어 준다.

3. 협상

협상(Bargaining)은 상실을 경험하는 과정에서 사람이 현실을 바꾸거나 회피하려고 시도하는 심리적 단계다. 이 시점에서 사람은 아직 상실의 현실을 온전히 받아들이지 못하며, 상황을 되돌릴 수 있을 것이라는 희망을 품는다. 마음은 상실의 고통을 완화하거나 부정하려는 방향으로 움직이며, 다양한 방식의 '거래'를 시도한다.

이 단계에서 흔히 나타나는 사고방식은 "만약 내가 이렇게 한다면, 상황이 나아질 수도 있어"라는 믿음이다. 즉, 어떤 행동을 함으로써 상실을 되돌리거나 그 아픔을 가볍게 만들 수 있다는 기대가 자리 잡는다. "무언가를 바치면 상황이 달라질 거야"와 같은 비현실적인 사고가 나타나기도 하고, 때로는 극단적인 방식으로 해결책을 모색하려는 경향도 보인다.

예를 들어, 중요한 사람을 잃은 이가 그 사람을 되돌리기 위해 신에게 간절히 기도하거나, 특정한 행동을 반복하며 현실을 되돌릴 방법을 찾는 경우가 있다. 이 협상의 과정은 감정의 극심한 기복을 동반하며, 희망과 절망이 교차하고 정신적 압박이 점차 심화된다. 협상의 시도가 좌절될 경우에는 깊은 우울감과 무력감으로 이어질 수 있고, 이는 다음 단계인 우울(Depression)의 문을 열게 된다.

심리학자들은 협상과 타협의 과정을 "이미 일어난 일을 취소할 수 있는 방법을 찾으려다가 수렁에 빠지는 것"이라고 설명한다. 협상은 단순히 "더 나은 사람이 될게요, 절대 화내지 않을게요"와 같은 약속이 아니라, 이미 일어난 일을 되돌릴 수 있을 것 같은 새로운 결말을 찾으려는 시도다. 애도자는 이러한 사고방식이 비합리적임을 인지하면서도, 희망의 끈을 붙잡기 위해 그 시도를 지속한다. 이 과정은 철저한 무력감을 외면하거나 버티려는 심리적 안간힘이라 할 수 있다.

협상의 단계가 끝나면, 사람은 서서히 상실의 현실을 받아들이게 된다. 그리고 그와 함께 절망과 우울이 찾아온다. "이미 일어난 일은 되돌릴 수 없다"는 사실이 인식되면서, 인간은 그 고통을 직면하고 통과하려는 감정적 수용의 문턱에 서게 된다.

협상은 상실의 현실을 받아들이는 중간 과정으로서, 심리적 적응에 중요한 역할을 한다. 이 단계에서 사람은 자신과의 거래, 주변 사람과의 거래, 혹은 신과의 거래를 시도하며 상황을 개선하려 노력한다. 이는 희망의 끈을 놓지 않으려는 인간 본성의 표현이며, 상실을 극복해 가는 여정 속에서 자연스럽게 발생하는 심리적 반응이다.

단, 협상 단계에 지나치게 오래 머물거나, 비현실적인 기대에 몰입하게 될 경우에는 현실을 직면하는 과정이 지연되거나 방해받을 수 있다. 그렇기에 이 단계에서는 적절한 심리적 지지와 감정적 동반자가 필요하다. 협상의 끝은 현실 수용의 시작이며, 그 길을 함께 걸어 줄 누군가의 존재가 애도자의 치유에 큰 힘이 될 수 있다.

4. 우울

우울(Depression)은 상실의 현실을 받아들이면서 깊은 슬픔과 무력감을 느끼는 단계다. 이는 큰 상실을 겪은 사람에게 지극히 자연스러운 반응이며, 종종 "더 이상 살아갈 의미가 없다", "너무 힘들다"는 생각이 마음속을 가득 채운다. "왜 이토록 깊은 고통을 계속 견뎌 내야 하는가" 하는 질문이 반복적으로 떠오르며, 삶의 방향을 잃은 듯한 감정을 경험하게 된다.

많은 사람은 우울을 부정적인 감정으로 여기며, 가능한 한 빨리 벗어나야 한다고 생각한다. 그러나 이 단계는 감당하기 어려운 새 현실에 적응할 시간을 제공하는 중요한 과정이다. 애도의 과정에서 우울을 극복해야 할 대상으로만 긴주히기보다, 그 감정을 충분히 경험하고 자연스럽게 지나가는 여정으로 인식하는 태도가 필요하다. 이러한 점에서 우리는 우울을 밀어내려 하기보다는, 우울을 위한 공간을 마련하는 자세를 가져야 한다. 이 감정은 단순한 침체가 아니라, 새로운 삶의 구조를 만들어 가는 내면의 작업으로 연결된다.

주변 사람들은 종종 "힘내세요"와 같은 cheer-up 반응을 보이며 애도자를 위로하려 한다. 하지만 이 반응은 진심 어린 격려라기보다는, 그들의 깊은 슬픔을 함께 견디지 못하는 우리의 무능감을 반영하기도 한다. 애도자의 우울을 받아들이기 어려운 우리는, 무의식적으로 그들이 빨리 괜찮아지기를 바라는 마음에서 그런 말을 건네게 된다. 그러므로 애도하는 사람에게 "이제 괜찮아져야 해요"라는 회복 압박을 가하기보다, 그들이 충분히 슬퍼할 수 있도록 지지하고 곁에 머무는 일이 더욱 중요하다. 정서적 회복은 통제하거나 재촉할 수 있는 일이 아니라, 존재를 함께 나누는 시간에서 이뤄진다.

우울의 신체적 반응도 자주 나타난다. 식욕 부진, 수면 장애, 집중력 저하 등은 흔히 경험되며, 무기력한 감정은 일상생활에 깊은 영향을 주기도 한다. 이 모든 반응은 상실에 따른 정상적인 증상이지만, 만약 우울이 장기적으로 지속되고 일상 기능을 심각하게 저해할 경우, 전문가의 도움을 받는 것도 중요한 선택이 된다.

우울의 단계는 애도 과정에서 감정을 정리하고 내면을 재정비하는 매우 중요한 시간이다. 우리가 이 감정을 충분히 경험하며 지나갈 수 있을 때, 결국 삶의 새로운 의미를 발견하고 회복의 여정으로 나아갈 수 있다. 상실이 남긴 깊은 아픔을 자연스럽게 받아들이고, 그 감정을 존중하며 걸어가는 과정이야말로 진정한 치유의 시작이 된다.

5. 수용과 재건축

이 단계는 상실을 받아들이고, 그것을 삶의 일부로 인정하는 과정이다. 이 시점에서 사람은 "이제 받아들일 시간이야"라는 마음으로, 상실을 변하지 않는 현실로 점차 받아들이게 된다.

흔히 수용(Acceptance)은 "이제 모든 것이 괜찮아졌다"는 말과 동일시되지만, 이는 수용을 잘못 이해한 것이다. 수용은 상실이 끝났음을 의미하는 것이 아니라, 그 상실과 함께 살아가는 법을 배우는 과정이다. 이는 단순히 슬픔을 극복했다는 선언이 아니라, 상실 이후의 삶을 다시 구성하고 통합하는 지속적인 여정이라 할 수 있다.

이 단계에서 애도자는 사랑하는 사람이 더 이상 이 땅에 존재하지 않는다는 사실을 받아들이며, 스스로의 역할을 재조정하고, 자신이 할 수 있는 것과 할 수 없는 것을 구별하게 된다. 그 과정에서 점차 평온함과 안정을 되찾고, 변화된 현실 속에 적응해 나가게 된다. 그리고 상실을 경험하며 얻은 통찰을 통해, 삶에 대한 새로운 목표와 희망을 발견한다. "이제 새로운 시작을 해야겠다"는 마음은 회복을 향한 조심스러운 발걸음이 된다.

이러한 수용의 과정은 자연스럽게 삶의 재건축(Reconstruction)으로 이어진다. 이는 단순히 이전의 삶을 되돌리는 것이 아니라, 상실을 통해 삶을 다시 설계하는 과정이다. 새로운 일상을 만들어 가며, 변화된 환경에서 자신의 방향을 찾아나간다. 상처를 극복한다기보다, 그 상처를 기반으로 새로운 의미와 가치가 만들어지는 여정이다. 이 단계에서 중요한 것은 애도자가 상실을 여전히 기억하면서도, 그 기억에서 새로운 힘과 방향을 발견한다는 점이다. 결국 상실은 단지 아픔만으로 끝나는 것이 아니라, 성장과 변화의 기회가 될 수도 있다. 충분한 시간과 애도 과정을 거친 후, 사람은 새로운 삶을 살아갈 길을 천천히 다시 그려가기 시작한다.

'상실의 단계'에 대해서 우려하는 시각들

앞서 살펴본 상실의 5단계 모델은 상실로 인해 일어나는 감정적 변화를 이해하고, 자신을 준비하는 데 도움이 되는 유용한 도구임은 분명하다. 그러나 이 모델을 고정적이고 일률적인 과정으로 바라보는 데에 대한 우려의 목소리도 존재한다. 왜냐하면 상실과 슬픔의 경험은 개인마다 다르게 나타나며, 모든 사람이 동일한 순서와 방식으로 단계를 겪는 것은 아니기 때문이다.

슬픔의 단계 모델은 마치 사람이 정해진 순서대로 애도를 경험하는 것처럼 설명하지만, 현실에서는 매우 다양한 방식으로 반응이 나타난다. 어떤 사람은 특정 단계를 전혀 겪지 않기도 하고, 또 어떤 사람은 기존의 단계와는 전혀 다른 방식으로 슬픔을 표현하기도 한다. 슬픔은 선형적으로 진행되지 않으며, 여러 감정이 동시에 나타나거나 얽혀 있는 경우가 많다.

예를 들어, 상실을 경험한 사람이 "충격의 단계는 지났나요? 혹은 분노의 단계에 있나요? 우울의 단계로 나아갔나요?"라는 질문을 받았을 때, "오늘 아침에 그 모든 감정을 한꺼번에 다 겪었어요"라고 말할 수도 있다. 이는 슬픔의 단계들이 순차적으로 나타나는 것이 아니라, 동시에 복합적으로 경험될 수 있음을 보여 주는 사례다.

이러한 이유로 '상실의 단계'라는 표현보다 '상실에 대한 반응'이라는 표현이 더 적절할 수 있다. 슬픔과 애도의 과정은 직선적으로 발전하는 단계가 아니라, 한 감정이 여러 번 반복될 수도 있고, 서로 중첩되거나 다시 이전 단계로 되돌아갈 수도 있다. 단계를 엄격히 구분하면 애도 과정이 마치 어떤 목표 지점을 향해 나아가야 하며, 특정 단계를 반드시 거쳐야 한다는 인식을 심어 줄 수 있다. 그러나 이러한 사고방식은 오히려 애도자의 개인적인 애도 과정을 제한하고, 자신의 감정이 '올바른 방식'인지 판단 받아야 한다는 부담을 느끼게 만들 수 있다.

슬픔의 단계 모델에 대한 또 다른 비판은 문화적 차이에서 비롯된다. 이 모델은 특정 문화권에서 주로 나타나는 슬픔의 표현 방식을 기준으로 만들어졌으며, 다른 문화에서는 완전히 다른 방식으로 슬픔을 경험하고 표현할 수 있다. 그뿐만 아니라, 개인의 성격, 성장 배경, 가치관, 신앙적 관점 등에 따라서도 슬픔을 다루는 방식은 달라질 수 있다. 슬픔의 단계 모델은 이러한 개인차와 문화적 다양성을 충분히 반영하지 못할 가능성이 있다.

마무리: 애도의 여정에 대한 이해

애도의 과정은 정해진 기준에 따라 평가되어야 하는 것이 아니다. 사람마다 자신의 성향과 경험, 문화적 배경, 신앙적 관점에 따라 상실을 다루는 방식이 다르며, 그 누구의 방식도 '틀렸다'고 할 수 없다. 오히려 애도는 각자의 고유한 감정 여정이며, 그 여정 속에서 우리는 다시 자신과 마주하고, 사랑했던 존재와 맺었던 관계의 깊이를 되새기게 된다.

그러므로 슬픔을 겪는 이에게 우리가 건넬 수 있는 가장 큰 선물은 그 감정을 있는 그대로 존중해 주는 태도다. 서둘러 괜찮아지기를 요구하기보다, 충분히 슬퍼할 수 있는 공간과 시간에서 함께 머물러 주는 일. 그리고 그 감정들이 어떤 모습으로든 안전하게 흘러가도록 지켜봐 주는 일이다.

상실은 삶을 흔드는 강력한 사건이다. 그러나 그 안에는 성찰과 회복, 새로운 의미의 씨앗이 함께 담겨 있다. 애도를 지나며 사람은 상처 안에서 자라나고, 상실을 통해 더 깊은 사랑과 이해의 자리로 나아간다. 그것이 이 애도의 여정이 우리에게 남기는 가장 귀한 유산이다.

상실과 슬픔을 어떻게 끌어안을 수 있는가?

상실이 찾아올 때 우리는 그것과 싸울 필요가 없다. 상실을 외면하거나 거부할수록, 그것의 영향력은 더욱 강해지고 결국 자신을 지치게 만든다. 이는 마치 밀려오는 파도를 온몸으로 막으려 하는 것과 같다. 나에게 다가오는 파도를 저항할수록 나는 더 깊은 피로에 빠지게 된다. 파도를 밀어내려 하기보다는, 그 흐름을 받아들이는 편이 훨씬 지혜롭다. 상실의 순간에도 마찬가지다. 우리가 해야 할 일은 바로 '대항'이 아니라 '항복(yield)'이다. 상실이 닥쳐오면, 충분히 슬퍼하고, 깊이 애도할 시간을 갖는 것이 중요하다. 하지만 많은 이는 슬픔을 외면하고 억누르려 한다.

인간이 경험하는 모든 종류의 상실에 대한 정서적 반응과 그 상실과 함께 살아가는 내면의 여정을 우리는 '애도'라고 부른다. 애도는 인간 삶의 필연적인 일부이며, 그 자체는 나이, 성별, 문화의 차이를 넘어서는 보편적인 과정으로 자리 잡는다. 다만 애도하는 방식만이 저마다 다를 뿐이다. 우리 중 누구도 상실을 피해 인생의 여정을 마칠 수는 없다. 아무리 완벽한 삶을 살아간다 해도, 결국 다양한 형태의 상실을 마주하게 된다. 그러나 우리에게 위로가 되는 사실이 하나 있다. 상실은 결코 혼자의 이야기가 아니라는 점이다. 만약 이 고통이 오직 나만의 것이라면, 그것을 이겨 내는 일은 훨씬 더 버거워질 것이다. 나 혼자만이 아닌, 함께 상실을 안고 살아가는 이들이 있다는 사실은 큰 위로가 된다.

그렇다면 우리는 이 깊은 상실감에서 어떻게 빠져나올 수 있을까?

우선, 상실을 부인하거나 거부해서는 안 된다. 상실의 위기를 지나가는 첫걸음은 그것을 정면으로 마주하고, 균형 잡힌 시각으로 바라보는 데서 시작된다. 앞서 언급한 부인, 분노, 타협, 절망, 재조직의 각 단계를 거칠 수 있다. 이것은 이상한 것도, 잘못된 것도 아니다. 오히려 어떤 감정적 반응도 없다는 것이 더 비정상적일 수 있다. 우리는 상실을 회피하려는 태도를 경계해야 한다. 상실을 외면하고 부정하려는 시도는 오히려 더 깊은 절망을 불러온다.

미국에서 사역하던 시절 만난 한 형의 모습이 아직도 뚜렷하게 떠오른다. 그에게는 하나뿐인 남동생이 있었으며, 어린 시절 아버지를 여읜 그는 동생을 마치 아들처럼 품고 성장시켰다. 동생은 건강하게 자라 존경받는 소방관이 되었고, 신앙도 깊어 교회 생활에도 성실했다. 그런데 어느 날, 갑작스러운 어지럼증을 호소하며 병원에 들렀고, 며칠 뒤 형은 병원으로부터 절망적인 소식을 들었다. 동생은 간암 말기였고, 이미 여러 부위로 전이되어 있었다. 형은 그 자리에서 무너져 내렸다. 강인한 동생이 왜 이런 고통을 겪어야 하는지 도저히 받아들일 수 없었고, 그는 절망 속에서 깊이 통곡했다. 그리고 몇 달 후, 동생은 세상을 떠났다.

필자가 다시 그 형을 만난 곳은 병원이었다. 동생의 시신이 안치된 병실로 향하는 길 내내 불안과 두려움이 교차했다. 어떤 말로 위로를 건네야 할지, 무엇을 해 줄 수 있을지 복잡한 생각이 뒤엉켜 있었다. 그러나 형의 얼굴은 의외로 평온해 보였고, 필자에게 걱정하지 말라는 위로의 말까지 건넸다. 그 순간, 필자의 마음에는 그에게 꼭 들려주고 싶은 한마디가 떠올랐다. 사람 틈을 벗어나 조용한 가족실로 그를 데리고 간 뒤, 따뜻하게 안아주며 말했다. "You do not have to be strong." 강한 척하지 않아도 괜찮다는 뜻이었다. "울고 싶으면 마음껏 울어도 돼요. 저는 곁에 있을게요." 그가 가장 필요로 했던 건 바로 그런 말이었다.

그는 내 말이 떨어지자마자 갑자기 울기 시작했다. 필자는 이제까지 그처럼 깊은 슬픔 속에서 울부짖는 남자를 본 적이 없었다. 그는 감정을 숨기지 않고, 고통을 있는 그대로 드러내며 애도했다. 실컷 울고 난 후, 그는 감사의 인사를 전하며 한층 가벼워진 마음으로 다시 사람을 향해 걸어 나갔다. 그날 필자는 깨달았다. 인간은 때때로 강해야 한다는 부담 가운데 감정을 억누르며 살아간다. 하지만 진정한 애도는 슬픔을 받아들이고, 그 흐름 속에서 감정을 흘려보낼 때 이루어진다.

상실을 겪을 때 가장 필요한 것은 충분한 애도의 시간이다. 사랑하는 존재를 잃고 슬퍼하는 감정은 자연스럽고 건강한 반응이며, 결코 나약함의 표시가 아니다. 예수님께서도 "애통하는 자는 복이 있나니 그들이 위로를 받을 것임이요"(마 5:4)라고 말씀하셨다.

아무리 신실한 믿음을 가진 이라도, 상처를 입으면 아프고, 슬픔이 찾아오면 눈물을 흘린다. 상실을 겪는 이에게 필요한 것은 단순한 격려가 아니라, 그 감정을 인정해 주고 공감해 주는 따뜻한 말이다. "힘내요"라는 말보다, "힘들지요. 울고 싶으면 울어도 괜찮아요"라는 말이 더 진한 위로로 다가온다. 슬퍼하는 것에 대해 죄책감이나 비난을 느끼지 않도록 돕는 것, 그것이 진정한 위로다. 감정을 억누를수록 슬픔의 시간은 길어진다. 애도의 여정은 그 감정에 솔직할 때 비로소 시작된다.

언제쯤이면 일상을 회복할 수 있을까?

상실을 경험한 사람이라면 누구나 한 번쯤 이런 질문을 던진다. "이 고통은 얼마나 지속될까?" "나는 언제쯤이면 다시 일상을 살아갈 수 있을까?" "완전히 회복되려면 얼마의 시간이 필요한 걸까?" 이러한 물음은 상실의 고통을 겪는 여정에서 자연스럽게 떠오르는 생각이며, 각자의 깊이와 방식은 다르다.

전문가들에 따르면, 사랑하는 이를 자연스럽게 떠나보낸 경우, 평균적으로 약 2년의 회복 시간이 필요하다고 한다. 예상치 못한 사고나 질병 등으로 인한 갑작스러운 이별은 더 긴 치유의 시간을 요구하며, 상황에 따라 3년 이상 걸리는 경우도 드물지 않다. 또 하나의 연구는, 잊기 힘든 기억이 가라앉고 감정적 기능을 회복하는 데 평균적으로 관계의 지속 기간의 절반 정도가 걸린다는 연구 결과도 있다.

그러나 상실의 회복은 시간이라는 단위만으로 설명되지 않는다. 애도의 과정은 사람마다 다르며, 속도의 차이가 있다. 어떤 사람은 비교적 빠르게 회복의 실마리를 찾고, 어떤 사람은 오랜 시간이 흐른 뒤에도 여전히 슬픔과 함께 살아간다. 중요한 것은 정해진 틀이나 일정한 시간표를 따르는 게 아니라, 자신의 감정과 경험에 따라 그 흐름을 온전히 받아들이는 것이다. 그렇기에 회복은 '고통을 없애는 것'이 아니다. 그것은 '고통과 함께 살아가는 방법'을 배우는 과정이다. 빠르게 잊으려 애쓰기보다, 때로는 충분히 울고, 슬픔을 이야기하며 내면의 감정을 표현할 수 있어야 한다.

전문가들은 상실 이후 약 3개월이 지나면 가장 어려운 시기가 찾아온다고 말한다. 이는 충격(shock) 상태에서 자신을 보호해 주던 무감각(numbness)이 점차 사라지기 때문이다. 이 시기에는 상실의 현실을 온전히 받아들이게 되며, 깊은 슬픔에 종일 잠기기도 한다. 6~9개월 사이에는 면역력이 저하된다. 첫 번째 기일(anniversary)은 특히 고통스럽게 다가오는데 그날이 되면 잊고 있던 감정들이 생생하게 되살아나기 때문이다. 이 시점에 이르면 다음과 같은 질문들이 마음 깊숙이 떠오른다. "뭐가 문제일까?" "내가 정신적으로 무너지는 건 아닐까?" "이렇게 계속 살아갈 수 있을까?" 하지만 이러한 반응은 지극히 자연스럽고, 상실을 겪는 모든 사람이 통과하는 과정이라는 점을 잊지 말아야 한다.

일반적으로 18개월이 지나면 서서히 일상의 흐름에 적응하기 시작한다. 여전히 슬픈 날도 존재하지만, 점차 평온한 날이 늘어간다. 그럼에도 불구하고 어떤 날은 갑작스레 슬픔이 몰려오거나, 잃어버린 이만 종일 생각나는 시간이 있을 수 있다. 그러나 이것은 회복의 후퇴가 아닌, 오히려 앞으로 나아가는 증거이기도 하다.

이쯤 되면 주변에서 "이제 그만 슬퍼하고 일어나라"는 말을 들을지도 모른다. 하지만 그런 말에 흔들릴 필요는 없다. 애도의 여정은 온전히 자신의 것이며, 그 과정을 주도하는 사람도 바로 자신이다. 누구도 대신 살아줄 수 없는 감정의 시간이고, 그만큼 존중받아야 마땅하다.

미국의 대표적 교회인 새들백 교회의 릭 워렌(Richard Duane Warren) 목사님의 아내, 케이 워렌(Kay Warren)은 막내아들을 잃은 후 깊은 슬픔을 경험하면서 느낀 자신을 향한 주변 사람의 반응에 대해 이야기했다. 그녀는 SNS를 통해 "제발 그만 슬퍼하고 일어나라"는 말을 하지 말아 달라고 간곡히 부탁했다. 사랑하는 이를 잃은 슬픔은 단순히 시간이 지나면 사라지는 것이 아니라, 충분히 애도하고 받아들여야만 치유가 이루어진다는 점을 강조했다. 그녀는 애도하는 이들의 슬픔을 조급하게 판단하지 말고, 충분히 느낄 수 있도록 기다려 달라고 당부했다. 다음은 그녀의 글 중 마지막 부분이다:

> "…이것이 나의 간청입니다. 누군가가 상실한 것을 애도할 시간을 갖기 전에 남아 있는 것에 감사하라고 절대 강요하지 마십시오. 그 과정은 여러분이 생각하는 것보다 훨씬 오래 걸릴 것이며, 합리적이지 않거나 옳지 않다고 여겨질 수도 있습니다. 하지만 괜찮습니다. 진정한 친구는—욥의 친구들과 같은 형편없는 친구가 아니라—언제나 사랑하며, 형제와 자매는 어려운 시기에 돕기 위해 존재합니다(잠 17:17 LB). 가장 진실한 친구와 '돕는 자'는, 슬픔에 잠긴 이들이 가장 깊은 어둠 속에서 헤어 나올 때까지 두려워하거나 초조해하지 않으며, 인내심을 가지고 기다려 주는 사람입니다. 그들은 친구가 예전의 익숙한 모습으로 돌아오기를 강요하지 않습니다. 오히려 변화된 현실을 받아들이고, 상처를 안고 살아가는 사랑하는 이를 있는 그대로 품어 줍니다. 그들의 자비롭고 요구하지 않는 존재 자체가 고통받는 친구에게 가장 확실한 하나님의 긍휼을 표현하는 방법임을 믿는 자들입니다. 그들은 혼란스럽고 더디고 답이 적은 과정도 기꺼이 받아들이며, 결코 '이제 그만 잊고 나아가라(move on)'는 말을 하지 않습니다."

또 다른 사례를 소개하면, 필자는 미국에서 사역하던 시기에 남편을 사별한 한 집사님을 만난 적이 있다. 남편과의 이별이 있은 지 2년이 지난 시점이었지만, 집사님의 표정과 모습은 여전히 깊은 슬픔을 품고 있었다. 그녀는 주일 예배에만 겨우 참석할 정도로 조용히 교회 생활을 이어 가고 있었으며, 이전과 같은 공동체 참여는 찾아보기 어려웠다.

그동안 여러 목회자가 집사님을 찾아와 위로의 말을 전하고, 다시 교회 활동에 참여하도록 격려했다. 많은 이는 집사님이 사역을 맡거나 소그룹에 참여하면 슬픔의 시간을 빠르게 지나갈 수 있을 것이라 기대했다. 일반적으로 공동체 활동이 회복을 돕는다는 믿음이 있었기 때문이었다. 그러나 집사님은 점차 교회를 향한 마음을 닫아갔고, 오히려 더 깊은 내면으로 침잠해 갔다.

필자는 그녀를 만나기 전, 한 가지 중요한 사실을 기억해 냈다. 그녀는 아직 충분한 애도의 시간을 갖지 못했으며, 스스로 감정을 정리할 시간이 더 필요하다는 것이었다. 내가 생각하는 것보다 훨씬 더 긴 시간이 필요할 수도 있다는 점을 인식하고, 조급한 마음을 내려놓았다.

그리하여 내가 한 일은 아주 단순했다. 집사님에게 남편의 이야기를 들려 달라고 요청했고, 그녀가 울고 싶을 때는 함께 울었고, 웃고 싶을 때는 함께 웃었다. 어떤 조언도, 특별한 위로의 말도 건네지 않았다. 그저 그녀의 감정이 자연스럽게 흘러갈 수 있도록 곁에 머물렀고, 회복을 서두를 필요가 없으며 충분한 시간이 허락된다고 조용히 격려했다. 그 후 몇 달이 지나, 어느 주일 아침 집사님이 필자를 찾아와 소그룹에 참여하고 싶다고 말했다. 그 순간은 애도의 시간이 끝났다는 선언이 아니라, 그녀가 스스로 회복을 향해 조심스럽게 한 걸음 내딛었다는 표지였다. 그렇게 그녀는 다시 공동체와 신앙의 자리로 나아가기 시작했다.

이 경험을 비추어 목회자들이 꼭 기억해야 할 교훈이 있다. 애도의 시간은 목회자가 정하는 것이 아니다. 애도의 시간은 상실을 경험한 성도 개인에게 속한 것이다. 목회자의 역할은 그 시간을 기다려 주고, 성도가 자신의 속도와 방식대로 슬픔을 충분히 표현하며, 애도의 여정을 안전하게 걸을 수 있도록 존중하는 것이다. 빠른 회복을 강요하는 것이 아니라, 슬픔을 담아낼 수 있는 공간을 마련해 주는 것, 그것이 진정한 목회적 돌봄이다.

또한 심리 상담 전문가 주디스 바이올스트(Judith Viorst)는 『상처 입은 나를 위로하라』(Necessary Losses)에서 사랑하는 사람과의 이별 이후 무감각, 방향 감각 상실, 공허감, 불안 등의 감정이 복합적으로 나타나는 상태를 '사랑의 쇼크(love shock)'라고 정의한다. 이 상태에서 벗어나기까지는 평균적으로 약 1년이 필요하며, 경우에 따라 훨씬 더 오랜 시간이 소요되기도 한다.

슬픔은 애도의 과정을 거치면서 서서히 받아들이게 된다. 그리고 자신이 느끼는 감정이 '정상적'이라는 사실을 인식하기 시작할 때, 그 불안은 점차 사라진다. 실컷 울고 나면 슬픔은 조금씩 가벼워지며, 그 감정은 흐름에서 약해진다. 반면 슬픔을 억누르거나 밀어내려 할 경우, 그 감정은 오히려 더 강하게 되돌아올 수 있다.

하지만 슬픔 속에서도 반드시 평온한 순간이 존재한다. 그리움의 감정에서 우리는 떠나간 사람을 기억하고, 함께했던 시간에 감사할 수 있다. 슬픔 속에서도 우리는 우리를 위로하고 곁에 있어 주는 사람의 따뜻한 사랑을 느끼게 된다. 실컷 울고 난 후에는 다시 웃을 수 있는 힘이 생긴다. 그렇게 우리는 슬픔과 함께 살아가는 법을 배워나가게 된다.

많은 사람은 상실을 경험한 후 처음에는 과거로 돌아가기를 간절히 바라지만, 그것은 가능하지 않다. 상실 이후의 '정상적인(normal)' 삶이란, 과거의 삶을 그대로 되찾는 것이 아니라, 그 사람이 없는 현실에서 새로운 질서를 세워 가는 과정을 의미한다.

신학자 니콜라스 월터스토프(Nicholas Paul Wolterstorff)는 아들을 잃은 후 자신의 애도의 여정을 담은 책 『나는 사랑하는 사람을 잃었습니다』

(Lament for a son)에서 다음과 같이 고백한다. 누군가가 자신에게 "당신은 누구입니까?"라고 묻는다면, "나는 아들을 잃은 아버지입니다. 이제 아들을 잃은 아버지로서 다시 살아갈 것입니다"라고 대답할 것이라고 말이다. 그에게 있어 '정상적인 삶'이란 사랑하는 아들이 다시 돌아오는 것이 아니라, 아들이 없는 현실을 받아들이고, 그 속에서 충분한 애도의 시간을 거치며 삶을 새롭게 재구성해 가는 것이다. 그는 상실을 외면하지 않고, '아들을 잃은 아버지'로서의 삶을 새로운 정상(new normal)으로 받아들이며 묵묵히 나아간다. 그것이 애도의 과정이며, 상실 이후의 삶을 다시 세워 가는 방식이다. 결국 우리는 '이전으로 돌아가는 삶'을 사는 것이 아니라, '변화된 삶에서 새로운 방식으로 살아가는' 존재가 되어 간다.

상실로 인한 슬픔은 극복하거나 제거해야 할 문제가 아니다. 모든 상실에는 슬픔이 따르며, 소중한 것을 잃고 애통해하는 것은 지극히 인간적인 반응이다. 이는 결코 정신적으로 나약하거나 신앙적으로 부족한 모습이 아니라, 오히려 인간다운 감정의 건강한 흐름이라 할 수 있다. 이런 애도의 시간을 혼자가 아닌 누군가와 함께 걸어갈 수 있다면, 그 여정은 훨씬 더 따뜻하고 풍요로울 수 있다. 애도의 시간은 사람마다 다르며, 상실의 깊이에 따라 더욱 긴 여정을 필요로 하기도 한다.

목회자와 목회 상담자들을 위한 상실과 애도에 대한 신학적 이해

창세기는 인류 최초의 사람인 아담과 하와가 죄로 인해 에덴동산을 상실하고 살아가는 모습을 생생히 보여 준다. 이담의 죄는 단순한 실수가 아니라 하나님과의 관계를 잃게 만든 근본적인 상실이며, 이는 인간 존재의 본질적 고통을 드러내는 출발점이다. 인간이 경험하는 모든 상실은 궁극적으로 죄의 결과이며, 유한한 존재인 인간은 태생적으로 상실을 피할 수 없도록 구성되어 있다. 이와 같은 본질적 조건에서 인간의 삶은 끊임없이 상실을 마주하고, 그 안에서 서로를 돌아보며 관계를 회복하는 여정이라 할 수 있다.

목회자들은 상실과 관련된 사역을 자주 맡는다. 장례식 집례나 병원 심방 등은 목회 활동의 중심적인 부분을 차지하며, 교회 공동체 역시 상실을 경험하는 이들에게 가까이 다가가는 역할을 담당한다. 그러나 때로는 애도자를 위한 목회 돌봄이 너무 형식적인 말씀 선포와 기도 중심으로만 이루어지는 위험이 존재한다.

물론, 말씀과 기도는 애도자들에게 깊은 위로가 될 수 있으며, 신앙적 관점에서 중요한 사역이다. 그러나 깊은 상실 속에 놓인 사람에게는 그것만으로 충분하지 않을 수도 있다. 때로는 전통적인 교회의 접근 방식이 애도자의 고통을 충분히 반영하지 못하고, 피상적인 위로에 그칠 가능성도 염두에 두어야 한다. 오히려 일방적인 설교는 때때로 유족들에게 추가적인 상처를 남길 수 있으며, 신앙의 언어가 슬픔을 억누르거나 왜곡하는 도구가 되어서는 안 된다.

특히 장례식장에서 목회자가 유족을 위로하기란 결코 쉬운 일이 아니다. 일부 목회자들은 깊은 슬픔을 다룰 능력이 부족하여, "천국에는 슬픔이 없다"는 종교적 언어만 반복하는 경우가 있다. 하지만 유족이 눈물을 흘리는 이유는 천국의 존재를 의심해서가 아니라, 사랑하는 사람이 더 이상 곁에 없기 때문이다. 즉, 슬픔은 신앙의 결여가 아닌 관계의 단절에서 비롯되는 인간적 반응이며, 이를 진지하게 받아들이는 자세가 필요하다.

이제 교회 공동체는 '울어도 된다'는 메시지를 선포해야 한다. 애도자가 슬픔을 극복해야만 한다는 압박을 가하는 대신, 그들이 충분히 슬퍼하고 애도할 수 있도록 돕는 것이 목회의 본질적인 역할이 되어야 한다. 애도자의 눈물을 있는 그대로 바라보고, 슬픔의 자리에 함께 머무르는 것이야말로 하나님 나라의 따뜻한 위로를 가장 잘 드러내는 모습이라 할 수 있다.

상실과 애도의 신학적 이해: 하나님의 임재, 기억, 그리고 소망

상실과 애도에 대한 신학적 이해의 첫 번째 요소는 '임마누엘의 하나님(God-with-us)'이다. 이는 하나님께서 고통 속에 함께 계시는 분이라는 신앙 고백이며, 목회 상담의 역할 중 하나인 상실과 애도의 과정에서 그 하나님의 임재를 드러내는 데 있다. 하나님은 우리가 슬픔을 겪을 때도 변함없이 곁에 계시며, 그분의 동행은 애도자의 상실을 단순한 고통으로 남기지 않고, 거룩한 만남의 자리로 전환시키는 힘을 지닌다.

시편은 애도와 관련된 깊은 신학적 의미를 내포한다. 시편 150편 중에 61편이 애도에 관한 내용으로 구성되어 있다는 사실은 우리에게 강한 신학적 메시지를 전달한다. 이는 하나님께서 고통받는 개인과 공동체의 감정을 있는 그대로 들으시는 분임을 보여 준다. 시편의 기도는 슬픔을 감추거나 억누르려 하지 않는다. 오히려 상실의 감정을 여과 없이 솔직하게 표현하며, 하나님 앞에서 애통하는 모습을 생생하게 그려낸다. 이러한 기도는 애도자가 자신의 감정을 하나님께 드리는 정직한 예배로 기능하며, 상실을 통한 관계 회복의 신앙적 여정을 가능하게 한다.

예수님 역시 상실을 직접 마주하셨다. 요한복음 11장 35절, "예수께서 눈물을 흘리시더라"는 짧지만 강렬한 이 구절은 애도의 본질을 느러내며, 우리에게 깊은 신학적 울림을 준다. 예수님은 사랑하는 나사로의 죽음을 맞아 눈물을 흘리셨으며, 이는 단순한 인간적 연민의 표현을 넘어, 애도하는 자들과 함께 슬퍼하고 그들의 슬픔을 온전히 공감하신 하나님의 모습을 보여 준다. 그분은 '슬퍼하지 말라'는 훈계를 건네지 않으셨고, 오히려 친히 눈물을 흘리시며 그들의 슬픔에 동참하셨다.

애도의 자리에 나타나는 하나님의 임재는 애도자의 고통을 외롭게 방치하지 않는다. 하나님은 그들의 눈물에서 함께 울며, 슬픔의 자리를 거룩하게 변화시키신다. 이러한 신학적 관점은 애도자의 슬픔이 무가치하거나 극복해야 할 감정이 아니라, 하나님의 깊은 사랑과 돌봄에서 품어지는 고귀한 정서임을 일깨운다. 하나님은 우리가 슬퍼하는 그 자리에 함께하시며, 우리의 상실조차 하나님의 임재 안에서 다시 해석되도록 이끄신다.

상실의 치유 과정에서 핵심이 되는 두 번째 요소는 바로 '기억'이다. 시편 기자는 과거의 고난을 회상하며, 그 안에서 하나님께서 신실하게 인도해 오신 은혜를 기억한다. 성경 곳곳에서는 하나님이 '기억하시겠다'는 표현이 반복적으로 등장하며, 인간 역시 하나님의 은혜와 언약을 기억할 것을 명령받는다. 가장 대표적인 기억의 상징은 무지개다. 하나님은 무지개를 볼 때마다 자신의 언약을 기억하시겠다고 하셨으며, 이는 기억이 단순한 회상이 아니라 하나님과의 관계를 지속시키는 성경적 수단임을 보여 준다.

애도의 여정에서도 중요한 것은 '망각'이 아니라 '기억'이다. 사랑하는 사람과 함께했던 시간, 나누었던 정서와 추억을 기억하는 행위는 애도의 필수적인 과정이며, 그 기억을 통해 인간은 상실의 고통을 넘어서 삶을 긍정하고 하나님의 신실하심을 다시금 확신하게 된다. 기억은 상실을 지워 버리기 위한 도구가 아니라, 고통을 통과하여 관계를 회복하고, 잃어버린 존재를 사랑 안에서 계속 품는 신학적 도구로 기능한다.

애도의 신학은 결국, 인간이 상실의 자리에서 슬픔을 진지하게 마주하고, 그 고통을 기억의 언어로 표현하는 과정을 통해 하나님의 위로와 임재를 경험하게끔 이끈다. 하나님은 우리가 잊기를 요구하시지 않으며, 오히려 기억하셔서 만나주시고, 그 기억을 회복의 은혜로 변화시키신다.

상실과 애도의 신학적 이해에서 세 번째로 주목할 요소는 '소망'이다. 우리는 종종 "그리스도인이라면 모든 상황에서 무조건 기뻐해야 한다"고 말하는 사람을 만나게 된다. 실제로 성경은 "항상 기뻐하라"는 권면을 포함하고 있으며, 기쁨은 신앙인의 삶에서 중요한 덕목이다. 그러나 그와 동시에 성경은 슬픔에 대한 이야기로 가득하다. 슬픔은 단지 피해야 할 감정이 아니라, 성경에서 반복적으로 등장하는 신학적 주제이며, 하나님께서 인간의 상실을 치유하기 위해 주신 선물이다.

슬픔은 하나님과의 관계에서 인간 존재의 연약함을 정직하게 마주하게 하며, 하나님의 위로와 임재를 경험하게 하는 통로가 된다. 성경은 하나님께서 이 슬픔에 어떻게 반응하시는지를 다양한 방식으로 보여 준다.

- 하나님은 슬퍼하신다.
    - 성부 하나님은 노아 시대 인간의 악함을 보고 슬퍼하셨다(창 6:6).
    - 성자 예수님은 나사로의 죽음을 맞아 눈물을 흘리셨다(요 11:35-38).
    - 성령 하나님은 믿는 자들의 죄로 인해 슬퍼하신다(엡 4:30).
- 하나님은 슬픔에 반응하신다.
    - 우리의 눈물을 기억하시고(시 56:8),
    - 우리의 고통을 동정하시며(히 4:15-16),
    - 결국 우리의 슬픔을 영원히 끝내신다(사 65:19; 계 21:4).
- 슬픔은 애착의 깊이를 드러낸다.
    - 친구를 향한 애착(요 11:36),
    - 가족을 향한 애착(창 50:1)은 슬픔을 사랑의 증표로 나타난다.
- 슬픔은 일상을 뒤흔든다.
    - 식욕 부진(삼하 12:17),

- 죽음을 바라는 절망(삼하 18:33),
- 병과 죽음으로 이어지기도 한다(삼상 4:18-22).
• 슬픔은 장기간 지속될 수 있다.
 - 7일(창 50:10), 30일(민 20:29), 70일(창 50:3)에 걸친 애도의 기간은 슬픔의 깊이를 상징한다.
• 슬픔은 다양한 정서적 반응으로 나타난다.
 - 상실 이전의 불안과 고통(마 26:37-38),
 - 충격과 부정(막 8:31-32),
 - 분노(욥 10:9),
 - 협상(사 38:1-22),
 - 우울함(삼하 12:16-18),
 - 수용과 영적 평안(빌 1:12, 21-24; 4:11-13) 등이 그 예다.
• 슬픔은 예술적 방식으로 표현된다.
 - 노래를 통한 애도(삼하 1:17-27),
 - 시문학으로 드러난 애통의 감정(애 1~5장)은 슬픔의 깊이를 예술로 승화시킨다.

이처럼 슬픔은 인간 삶의 일부이며, 신앙 안에서 의미 있는 여정으로 받아들여져야 한다. 그러나 상실을 경험하는 사람은 때때로 희망을 찾기 어려워한다. 그럼에도 불구하고, 건강한 애도 과정은 점차 '소망'을 형성하는 방향으로 나아가게 된다.

데살로니가전서 4장 13절에서 사도 바울은 다음과 같이 권면한다.

"형제들아 자는 자들에 관하여는 너희가 알지 못함을 우리가 원하지 아니하노니 이는 소망 없는 다른 이와 같이 슬퍼하지 않게 하려 함이라"

바울이 강조하는 것은 '슬퍼하지 말라'는 것이 아니라, '소망 없는 방식'으로 슬퍼하지 말라는 것이다. 이는 신앙인의 슬픔이 소망과 분리되어서는 안 된다는 점을 강조하며, 애도에서도 믿음을 통해 다시 만날 소망을 품도록 이끈다. 부활하신 예수 그리스도에 대한 신앙은 단순한 기대(wish)가 아니라, 하나님께서 주신 언약에 근거한 분명한 확신(confidence)이며, 상실에서도 흔들리지 않는 소망이다.

믿음은 현실의 고통을 제거하는 만병통치약이 아니다. 오히려 믿음은 인간의 유한함을 받아들이도록 도우며, 그 연약함에서 하나님의 위로와 은혜를 붙들게 한다. 목회적 돌봄은 인간이 죽음을 초월하는 존재처럼 살아가는 것이 아니라, 죽음과 함께 걸어가는 현실을 마주하도록 돕는 사역이다.

그렇기에 애도자를 위로할 때, 우리는 단순한 말이나 성경 구절만을 반복해서는 안 된다. 진정한 위로는 고통의 자리에서 함께 머물고, 유한성을 인정하면서, 하나님의 은혜와 소망이 여전히 그 자리에 함께하고 있음을 보여 주는 데서 시작된다. 애도자의 눈물에서 하나님께서도 함께 눈물 흘리신다는 메시지를 전할 수 있을 때, 그 슬픔은 영적 회복과 관계의 깊은 재구성으로 이어진다. 이것이 바로 목회적 애도의 본질이며, 슬픔을 통해 소망으로 이끄시는 하나님의 선하심을 전하는 진정한 돌봄의 길이다.

힘있는 이야기와 위험한 의식

상실을 경험할 때, 개인이 자신의 감정을 있는 그대로 표현할 수 있도록 돕는 중요한 도구 중 하나가 의식(ritual)이다. 의식은 단순한 형식적 절차가 아니다. 그것은 인간의 유한함과 하나님의 은혜가 맞닿는 신비로운 순간을 가능케 하는 영적 통로다. 의식을 통해 우리는 상실의 아픔을 정직하게 직면하고, 신앙 공동체에서 그 슬픔을 함께 나누며 치유의 여정을 시작할 수 있다. 슬픔을 억누르기보다 표현할 수 있도록 돕는 것이야말로 의식의 본질적 기능이라 할 수 있다.

허버트 앤더슨(Herbert Anderson)과 에드워드 폴리(Edward Foley)가 쓴 『예배와 목회상담: 힘 있는 이야기, 위험한 의례』(*Mighty Stories, Dangerous Rituals: Weaving Together the Human and the Divine*)에서는 의식이 개인의 삶과 깊이 연결될 때, 더 강력하고 위로가 되는 경험으로 확장된다고 설명한다. 두 저자는 이 책에서 '신화(myth)'와 '우화(parable)'를 구분하여 설명한다. 신화는 영웅적이고 승리의 서사를 지닌 이야기이며, 반면 우화는 인간의 연약함과 현실을 진솔하게 드러내는 이야기다.

상실과 애도를 다룰 때, 우리는 종종 신화에 치우쳐 삶의 실제적인 현실을 충분히 담아내지 못하는 실수를 범한다. 위대한 승리의 이야기만을 강조하다 보면, 작고 연약해 보이며 때로는 '위험해' 보이는 우리의 실제 삶의 이야기들이 주변으로 밀려나기 쉽다. 그러나 그러한 '위험한 이야기'야말로 진짜 인간의 삶이며, 바로 그런 이야기를 의식을 통해 정직하게 담아내야 한다.

의식은 인간이 살아가는 현실을 부정하는 수단이 아니라, 그 현실을 신앙의 언어로 직면하게 하고, 그 안에서 하나님의 위대한 이야기를 발견하게 하는 장이다. 앤더슨과 폴리의 통찰에 비추어 볼 때, 교회 공동체에서 행해지는 예배, 세례, 결혼식, 장례식 등 다양한 의식은 단순한 반복이 아니라, 신앙과 삶, 상실과 회복이 교차하는 거룩한 자리로 기능한다. 지금부터 필자가 경험한 실제 사례와 신학적 논의를 토대로, 교회에서 행해지는 이러한 의식들이 어떻게 '힘 있는 이야기'와 '위험한 이야기'를 품고, 인간과 하나님의 만남을 가능케 하는지를 살펴보고자 한다.

의미를 담은 의식: 세례와 결혼식에 대한 신학적 성찰

기억에 남는 세례식을 경험한 적이 있는가? 많은 교회에서는 세례식이 정해진 예배 순서에서 형식적으로 진행되는 경우가 적지 않다. 주일 예배 내에서 진행되는 세례식은 시간의 제약으로 인해, 목회자들이 그 의미를 충분히 전달하기 어려운 경우가 많다. 세례는 단순히 물을 뿌리는 행위가 아니라, 한 개인의 삶과 신앙 여정을 담는 거룩한 순간이 되어야 한다.

미국 뉴욕의 한 교회를 방문한 필자는, 인상 깊은 세례식을 경험하였다. 그 세례는 주일 예배가 아닌 토요일 오후, 따로 정해진 시간에 진행되었다. 당시 담임목사는 세례를 받을 이들을 강단으로 초청했고, 한 사람 한 사람과 눈을 맞추며 따뜻하게 세례의 의미를 충분히 설명했다. 세례 후에는 예배에 참석한 모든 성도가 일어나 세례받은 이들을 향해 축복하며 함께 기도했고, 직접 손을 잡고 어깨를 감싸는 공동체적 환영의 표현이 이어졌다.

이와 같은 세례식은 단순한 교회 의례가 아닌, 하나님의 구원과 새로운 삶에 대한 신앙 공동체의 공적인 선언으로 기능했다. 개인의 믿음 고백을 공동체가 함께 받아들이고 지지하는 거룩한 경험으로 확장되었으며, 그 감격스러운 순간은 지금까지도 필자의 마음속 깊이 살아 있는 감동으로 남아 있다.

결혼식 역시 단순한 절차를 넘어, 신랑과 신부의 사랑과 삶의 여정을 축복하는 영적 사건이 되어야 한다. 두 사람이 함께 걸어온 여정을 되돌아보며, 그동안의 기쁨과 어려움을 나누는 순간이 결혼 예식 안에 포함될 때, 그 의식은 단순한 서약을 넘어서 감동의 시간이 된다. 교회 공동체에서 치러지는 결혼식은 개인적인 약속을 넘어 하나님 앞에서 맺는 신성한 연합이며, 영적 의미가 담긴 시작이다.

성경은 결혼의 시작을 "부모를 떠남"(창 2:24)으로 설명한다. 결혼 예식은 부모가 자녀를 떠나보내는 눈물의 시간이며, 자녀는 새로운 가정을 이루기 위해 부모를 떠나는 용기를 표현하는 자리이다. 따라서 결혼식은 단지 축제의 시간이 아니라 슬픔의 공간이기도 하다. 결혼식 안에는 마음껏 기뻐할 수 있어야 하고, 동시에 자유롭게 울 수 있는 자리가 있어야 한다. 이 감정의 결은 결혼의 본질을 더욱 선명하게 드러낸다.

또한 결혼은 단지 두 사람의 결합이 아니라, 두 가족의 연합이며, 신앙 공동체가 그 여정을 함께 축복하고 지지하는 시간이다. 결혼식은 정해진 순서를 따라 진행되는 의례로 머무르는 것이 아니라, 신랑과 신부의 삶과 사랑의 이야기, 가족과 친구들의 축복, 그리고 하나님의 언약이 어우러지는 감동적인 순간으로 구성되어야 한다.

결혼은 새로운 시작이며 떠남이며 약속이다. 두 사람이 서로를 존중하며 한 길을 걸어가는 이 여정은 그들만의 것이 아니라, 그들을 사랑하고 지지하는 모든 사람과 함께 이루어지는 것이며, 공동체에서 축복받고 연결되는 순간이 될 때, 결혼의 의미는 더욱 깊어지고, 신앙 공동체에서 새롭게 시작되는 삶의 장으로 자리매김하게 된다.

장례식을 통한 위로와 연결

장례식은 단순한 이별의 순간이 아니라, 고인의 삶을 기억하고 유가족과 함께 애도하며 위로를 나누는 소중한 시간이다. 그러나 장례식이 형식적인 절차에 머물 경우, 슬픔을 충분히 표현하지 못하고 애도의 과정이 제한되기 쉽다.

필자가 참석했던 한 장례식이 기억에 남는다. 예배 장소에 들어서자, 고인의 생전 모습이 사진과 영상으로 스크린에 비추어졌다. 필자는 그 모습을 바라보며 깊은 슬픔이 밀려왔고, 한참 동안 눈물을 흘렸다. 그러나 그 눈물은 단순한 이별의 아쉬움만이 아니었다. 고인의 삶을 되새기며 감사하는 마음이 함께 자리하고 있었다. 이후 가족과 친구들이 나서서 고인과 함께했던 기억을 나누었고, 그들의 이야기는 웃음과 눈물이 뒤섞이며 고인을 향한 사랑과 존경을 생생히 드러냈다. 그 순간 장례식장은 단순한 상실의 자리를 넘어서, 사랑과 기억이 살아 숨 쉬는 공간이 되었다.

말씀 선포가 시작되자 목회자는 유가족의 깊은 슬픔을 먼저 인정하였다. 그는 "슬퍼하는 것이 틀린 것이 아니다"라고 말하며, 눈물을 흘리는 것이 자연스러운 애도 과정임을 따뜻하게 위로하였다. 이어서 그는 부활과 천국의 소망을 나누며, 슬픔 속에서도 희망을 발견하도록 인도하였다. 그 장례식은 단순한 이별의 자리가 아니라, 고인의 삶과 그가 남긴 의미를 다시 조명하는 시간이 되었고, 참석자들은 각자의 방식으로 애도의 감정을 자유롭게 표현할 수 있었다. 눈물이 흐르는 순간에도 절망이 아닌 소망이 함께 있었고, 믿음 안에서 회복을 향한 길이 열렸다.

필자는 신학교에서 가르칠 때, 목회자는 장례식을 준비할 때 두 가지 중요한 현실을 조화롭게 전달해야 한다고 강조한다. 하나는 천국에 대한 소망, 다른 하나는 사랑하는 이를 잃은 슬픔이다. 앞서 이미 설명한 대로, 유가족이 슬퍼하는 이유는 소망이 없기 때문이 아니라, 더 이상 사랑하는 사람이 곁에 없기 때문이다. 그러므로 장례식은 단순히 소망을 선포하는 것으로 끝나서는 안 된다. 예수 그리스도 안에서 영원한 생명을 누린다는 믿음은 분명 중요한 메시지이지만, 동시에 슬픔을 있는 그대로 표현할 수 있도록 하는 공간도 마련해야 한다. 유족이 자유롭게 울 수 있도록 돕고, 함께 눈물을 흘리며 애도하는 것은 목회의 본질적인 역할이다.

장례식은 단순한 인간적 이별이 아니라, 예수 그리스도의 복음이 선포되는 시간이다. 우리는 타인의 죽음을 마주하며 결국 자신의 죽음 또한 피할 수 없는 현실임을 자연스럽게 떠올리게 된다. 평소 우리 삶과는 멀게 느껴졌던 죽음이 장례식장에서 갑작스럽게 현실로 다가오면서, 우리는 이 땅에서 영원히 살 수 없는 유한한 존재임을 깨닫게 된다.

바로 그 절박한 깨달음에서 예수 그리스도의 복음은 깊은 울림으로 우리의 가슴에 전해진다. 인간의 유한함을 정직하게 마주하고, 죽음 앞에서 자신의 연약한 존재를 인식하는 순간, 우리는 더욱 간절하게 예수 그리스도의 생명과 구원의 필요성을 절감하게 된다. 이런 의미에서 장례식은 단순히 유족을 위로하기 위한 자리에 그치지 않는다. 이 자리에서 우리는 영원한 생명과 부활의 소망을 선포하게 되며, 예수 그리스도를 주로 고백하는 자들에게 주어지는 하나님 나라의 약속을 재확인하게 된다.

목회자는 장례 예배를 준비할 때, 믿지 않는 자들에게도 복음이 명확하게 전달될 수 있도록 섬세하게 메시지를 고민해야 한다. 복음의 중심은 단순한 위로를 넘어서, 삶의 유한성에서 선명하게 드러나는 생명의 은혜다. 장례식은 복음을 가장 강력하게 전할 수 있는 기회이며, 이 시간을 통해 죽음을 넘어서는 하나님의 구원의 이야기를 세상에 전해야 한다.

결국 장례식은 슬픔 속에서 소망을 발견하고, 하나님의 은혜를 경험하는 자리이며, 인간의 유한성을 마주하는 순간에 복음을 더욱 깊이 새길 수 있는 시간이다. 목회자는 이 균형을 지혜롭게 맞추어, 유가족이 충분히 애도할 수 있도록 돕는 동시에, 영원한 소망을 붙들 수 있도록 장례 예배를 정성껏 준비해야 한다.

삶과 의식을 연결하는 목회자의 사명

결론적으로, 목회자와 목회 상담자는 신앙 공동체에서 성도들의 삶과 신성한 의식을 연결하는 중요한 사명을 감당한다. 특히 사랑하는 사람을 잃고 깊은 슬픔 속에 있는 성도에게 의식(ritual)은 단순한 위로의 시간이 아니라, 하나님의 은혜를 경험하고 공동체에서 치유를 얻는 영적인 공간이 된다.

그러나 한국 교회에서는 이러한 의미 있는 의식들이 충분히 활용되지 못하고 있는 현실이 안타깝게 느껴진다. 세례식, 결혼식, 장례식과 같은 중요한 예식들이 종종 형식적 절차에 머물며, 그 안에 담겨야 할 깊은 신앙적 의미를 충분히 담아내지 못하는 경우가 많다. 의식이 단순한 종교 행사로 전락할 때, 성도는 공동체에서 더 깊은 연결과 치유를 경험하기 어렵게 된다.

의식의 힘은 단순히 전통을 유지하는 데 있지 않다. 진정한 의식은 개인의 삶의 이야기와 하나님의 구원의 이야기가 맞닿는 순간을 창조하며, 그 순간은 거룩하고 회복적인 신앙 경험으로 이어진다. 앞서 설명한 대로, 세례식은 새로운 시작을 축복하는 자리이고, 결혼식은 신성한 연합을 기념하며, 장례식은 상실 속에서 공동체의 위로와 하나님의 부활 소망을 선포하는 시간이 되어야 한다. 그러나 많은 경우, 이러한 예식들이 개인의 서사 없이 기계적으로 진행되면서 본래 지닌 영적 힘을 잃는 안타까운 모습이 발견된다.

이제라도 목회자와 목회 상담자는 성도들의 삶의 이야기에 더욱 귀 기울이며, 신앙의 의식을 통해 하나님의 은혜가 삶의 구체적인 자리에 닿도록 돕는 역할을 적극적으로 감당해야 한다. 애도의 과정은 상실을 단지 감내해야 할 시간이 아니라, 공동체에서 재조명되고 충분히 표현되어야 할 신앙적 여정이다.

그렇기에 교회는 단순한 위로를 넘어서, 성도들이 슬퍼할 수 있는 공간을 마련해야 한다. 성도가 자신의 감정을 숨기지 않고, 울고 기도하며 함께 애도할 수 있도록 인도하는 것이 중요하다. 신성한 의식이 단순한 형식을 넘어, 개인의 삶을 조명하고 하나님의 은혜와 연결될 때, 애도와 치유는 더욱 온전한 회복으로 이어지게 된다.

애도 사역의 실제: 목회자와 공동체를 위한 지침서

그렇다면 목회자나 상담자가 애도자들에게 제공할 수 있는 가장 깊은 도움은 무엇일까? 그것은 바로 "당신은 지금 올바르게 슬퍼하고 있습니다"라고 말해 주는 것이다. 슬픔을 외면하거나 억누르게 하는 것이 아니라, 그들이 방해받지 않고 자신의 감정을 충분히 표현할 수 있도록 시간과 공간을 마련해 주는 일이야말로 본질적인 역할이다. 애도자의 이야기를 경청하며, 그들에게 안전하고 신뢰할 수 있는 공감의 환경을 제공하는 것—그것이 진정한 돕는 자세다.

'울지 마라'보다 더 깊은 위로, '실컷 울어도 된다'

우리는 그동안 얼마나 슬퍼하는 이들의 눈물을 닦아 주기 위해 애써 왔는가? 필자 역시 오랫동안 그렇게 해 왔다. 그러나 이제는 눈물을 닦아 주는 사람이 아니라, 함께 눈물 흘려주는 사람이 되고 싶다. 눈물은 하나님께서 인간에게 주신 가장 위대한 선물 중 하나라고 믿는다. 만약 눈물이 없었다면, 우리는 슬픔을 어떻게 견뎌낼 수 있었을까?

시편 기자는 자신의 눈물을 병에 담아 기억해 달라고 하나님께 요청한다(시 56:8). 다른 번역에서는 하나님께 자신의 눈물을 책에 기록해달라는 뜻으로 표현하기도 한다. 하나님은 우리의 눈물을 병에 담아 간직하실 만큼 소중히 여기신다. 그렇기에 슬픔이 찾아오면 우리는 마음껏 울 수 있다. 그리고 그렇게 울 수 있었기에, 우리는 여전히 살아갈 수 있다.

이런 의미에서 우리는 더 자주, 더 깊이 울어야 한다. 독자 여러분은 언제 마지막으로 실컷 울어본 적이 있는가? 눈물을 흘릴 수 있는 시간과 공간은 충분히 갖고 있는가? 어떤 이들은 "울음은 그치기 위해 우는 것이다"라고 말한다. 실컷 울고 나면 더 이상 울지 않아도 되기에 우는 것이라 한다. 그러나 필자는 그렇게 생각하지 않는다. 울음은 그 자체로 소중하다. 단순히 감정을 해소하는 수단이 아니라, 슬픔을 자연스럽게 표현하는 인간적인 방식이다. 우리는 기쁘면 웃고, 슬프면 운다.

그리고 울다 보면 상실의 대상이 돌아올 수 없다는 현실을 받아들이게 된다. 그 과정을 통과하며 우리는 서서히 상실을 품고 살아가는 법을 배운다. 이것이 애도의 여정이며, 상처를 딛고 다시 일어서는 길이다. "실컷 울어도 된다"는 말은 우리에게 깊은 위로가 되며, 우리가 살아갈 수 있는 힘이 되어 준다.

애도자에게 진정으로 필요한 '말'과 '곁'의 힘

애도의 과정에서 가장 중요한 것은, 슬퍼하는 사람의 곁에서 진정한 위로자가 되어 주는 것이다. 우리는 상실을 겪고 있는 이가 충분히 울 수 있도록 돕고, 그들이 슬픔을 있는 그대로 표현할 수 있도록 지지하는 역할을 감당해야 한다. 에베소서 4장 29절에서 사도 바울은 이렇게 권면한다. "여러분의 말하는 습관을 살피십시오. 여러분의 입에서 불쾌하고 더러운 말이 나오지 않게 하십시오. 도움이 되는 말만 하고 여러분의 말 한마디 한마디가 선물이 되게 하십시오"(메시지 성경). 이는 애도자에게 더 세심하고 따뜻한 말이 필요함을 보여 준다.

필자는 욥과 그의 친구들의 대화에서 중요한 원리를 발견한다. 욥은 "…실망한 자의 말은 바람에 날아가느니라"(욥 6:26)라고 말하며, 감정의 순간에는 말보다 공감이 더 중요하다는 사실을 강조한다. 슬픔에 빠진 사람에게 불필요한 말보다, 그 감정을 있는 그대로 받아들이며 공감으로 반응하는 것이 더 효과적이다. 예수님도 마리아와 마르다가 나사로의 죽음을 전했을 때, 말씀 대신 눈물로 함께하셨다(요 11:35). 사도 바울은 "즐거워하는 자들과 함께 즐거워하고 우는 자들과 함께 울라"(롬 12:15)라고 권면하며, 공감의 자세를 강조한다. 상실을 겪는 사람에게 가장 큰 위로는 말이 아니라, 감정을 이해하고 곁에 있어 주는 것이다.

애도자는 종종 "왜 하나님이 이렇게 하신 거죠?"와 같은 질문을 던진다. 이때 즉각적인 답을 찾으려 하기보다, 그 감정을 존중하는 것이 우선이다. 이러한 질문은 논리적인 답을 요구하기보다는, 극심한 고통 가운데서 흘러나오는 감정의 외침이기 때문이다. 오히려 그들의 감정에 깊이 공감하고 함께 있어 주는 것이 진정한 위로가 된다.

그렇다면 슬픔 속에 있는 이에게 어떤 말이 위로가 될 수 있을까? 다음과 같은 표현이 도움이 된다:

- 당신이 얼마나 힘들지 상상이 안 됩니다.
- 받아들이기 힘든 시간이겠지요.
- 그분과 매우 가까운 사이셨지요.
- 어떻게 도와드리면 좋을까요?
- 우리는 당신을 사랑합니다.
- 당신은 혼자가 아닙니다.
- 그분에 대해 이야기해 주세요.
- 그분과 함께한 가장 행복했던 기억은 무엇인가요?

특히 "그분에 대해 이야기해 주세요"라는 말은 애도자에게 큰 힘이 된다. 상실한 사람을 추억하며 그 기억을 함께 나누는 과정은 치유의 첫 걸음이 될 수 있다.

반대로 다음과 같은 말은 위로보다는 오히려 상처가 될 수 있다:

- 힘내세요.
- 울지 마세요.
- 그분은 천국에 계시니 더 이상 슬퍼할 필요 없어요.
- 하나님이 계획하신 일이에요.

- 이제 그만 일어나야 할 때에요.

이러한 말들은 애도자의 감정을 억누를 수 있으며, 오히려 고통을 더욱 깊게 만들 수 있다.

결국 슬픔 속에 있는 이에게 가장 큰 위로는 말이 아니라 '곁에 있어 주는 것'이다. 단순히 위로의 말을 전하는 것보다, 그들이 혼자가 아니라는 사실을 보여 주는 것이 중요하다. 함께 시간을 보내며, 예상치 못한 상실의 고통을 견디는 동반자가 되어 주는 것이 가장 깊은 위로가 된다.

한 사람과 함께하는 것의 가치가 얼마나 중요한지를 깨달으면, 우리는 애도의 과정에서 무엇을 해야 하는지 더 명확하게 이해하게 된다. 상실을 경험한 사람 곁에서 어떤 말을 해야 할지 몰라 당황할 수도 있다. 그러나 때로는 아무 말 없이 함께 있는 것이 가장 큰 힘이 된다. 침묵은 때로 가장 깊은 공감의 언어가 되며, '신성한 침묵'은 사랑이 머무는 공간을 만들어 준다.

물론 상실의 고통을 혼자 감당할 시간이 필요한 경우도 있다. 어떤 이는 슬픔은 결국 홀로 견뎌야 한다고 생각하며, 자신의 이야기를 나눠봐야 소용없다고 느끼기도 한다. 그러나 "슬픔을 나누면 반이 된다"는 말처럼, 고통을 함께 나눌 때 우리는 그 시간을 더 온전히 지나갈 수 있다.

『고통은 나눌 수 있는가』라는 책의 저자인 엄기호는 '곁을 내준다'는 개념을 소개한다. 여기서 말하는 '곁'은 단순한 물리적 공간이 아니라, 상대를 환대하고 돌보는 마음이다. 애도자의 곁을 지켜준다는 것은 그들에게 가장 먼저 따뜻한 공감을 보내고, 함께 아파해 주는 것이다. 우리는 혼자서는 상실의 고통을 온전히 감당하기 어려울 수 있다. 그러나 곁에 함께할 사람이 있다면, 우리는 다시 걸어갈 힘을 얻는다. 그 시간에 의미를 부여하고, 상실이 난순한 아픔으로 끝나지 않도록 한다. 우리가 겪은 상실이 삶의 중요한 이야기로 남을 때, 그것은 더 이상 고통만으로 존재하지 않는다.

"혼자가 아니라는 위로"

사별 직후, 사랑하는 이를 잃은 유족은 깊은 슬픔과 상실감 가운데서 혼란스러운 시간을 지나게 된다. 이때 주변 사람은 유족에게 어떤 위로를 전해야 할지, 어떻게 도움을 줄 수 있을지를 고민하지만, 진심 어린 위로가 때로는 엉뚱한 방식으로 전달되는 경우도 있다.

많은 목회 상담 전문가는 유족을 돕고자 하는 이들에게 가장 본질적이고 실질적인 조언으로 한 가지를 강조한다. 그것은 바로 고인에 관한 이야기를 경청하는 것이다. 고인과 함께한 추억을 묻고, 유족이 나누는 기억을 있는 그대로 들어 주는 행위만으로도 유족은 깊은 위로를 경험한다. 그러나 한국 문화에서는 상실과 죽음에 대해 직접 이야기하는 것을 꺼리는 경향이 있으며, 심지어 장례식장에서도 고인에 대한 언급을 피하려는 모습이 종종 나타난다.

그러나 유족에게 정말로 필요한 것은 바로 고인을 자유롭게 기억할 수 있는 시간과 공간이다. 고인과의 추억을 쪽지에 담아 건네주는 행위는 단순한 기념을 넘어서 유족에게 큰 위로가 된다. 그 기억이 얼마나 소중했는지, 어떤 장면이 인상 깊게 남아 있는지를 진심으로 표현할 때, 유족은 자신만이 고인을 기억하는 것이 아님을 느끼며 따뜻한 위로를 경험한다. 이러한 '기억을 나눔'은 애도의 핵심적 과정이며, 슬픔을 정직하게 표현하고 마음을 정리하는 회복의 단계가 된다.

필자 역시 아버님을 떠나보낸 후, 가장 고통스러웠던 순간은 아무도 아버지에 대해 묻지 않았다는 사실이었다. 나는 아버지와의 추억을 나누고 싶었고, 그와 함께한 즐거운 순간뿐 아니라 때때로 복잡했던 감정들까지도 이야기하고 싶었다. 그러나 대부분의 사람은 "괜찮으세요?", "요즘은 좀 어떠세요?"라는 질문만 건넬 뿐, 정작 내가 필요했던 '함께 기억해 주는 존재'는 없었다. 내가 원했던 것은 "당신은 혼자가 아닙니다"라는 말보다, 함께 앉아 아버지 이야기를 들으며 울어 줄 수 있는 동행자였다.

애도자를 위한 목회적 질문들

목회자들은 유가족과 대화할 때 아래와 같은 질문들을 통해 자연스럽게 기억을 나눌 수 있도록 돕는다:

- 고인은 어떤 분이셨나요?
- 함께했던 추억 중 가장 기억에 남는 순간은 무엇인가요?
- 즐겨 부르던 찬송이나 소중히 여겼던 성경 구절이 있으셨나요?
- 고인의 신앙생활은 어떤 모습이었나요?
- 장례에 관해 남기신 뜻이나 유언이 있었나요?
- 장례 설교에서 반드시 언급되었으면 하는 이야기가 있다면 무엇인가요?

이러한 질문은 유가족의 슬픔을 말로 풀어낼 수 있도록 돕고, 애도의 여정을 존중하며 함께 걸어가는 목회의 실제적인 방법이 된다. 이야기가 오가는 자리에서 우리는 단순한 위로를 넘어 공감과 동행의 은혜를 경험하게 된다.

실질적인 위로의 방법들

고인을 기억하는 대화 외에도 유족에게 위로가 될 수 있는 실제적 행동은 다음과 같다:

- 직접 만든 음식을 준비해 전해 주되, 함께 먹자고 강요하지 않는다.

- 유족이 원할 때 스스로 먹을 수 있도록 배려한다.
- 음악, 책, 잡지 등 감정을 환기시킬 수 있는 작은 선물을 건넨다.
- 간단한 집안일을 도와준다: 설거지, 반려동물 돌봄, 아이들과 놀아 주기 등.
- 장례 절차와 사후 행정 업무(사망신고, 계좌 해지 등)를 함께 해결해 주는 것도 매우 유익하다.

침묵 속의 동행

때로는 말보다 함께 있는 시간이 더 깊은 위로를 준다. 책 한 권을 들고 조용히 곁에 있어 주거나, "오늘 밤 여기서 자도 될까요?"라고 물으며 슬픔의 자리에 머물러 주는 것만으로 유족은 '혼자가 아니다'라는 깊은 안정감을 느낀다.

일부 유가족은 식탁에서 음식이 준비되는 소리를 들으며 자신은 조용히 소파에 누워 있는 시간이 가장 필요하다고 말한다. 또 다른 유가족은 주변 친구들이 대화를 나누는 동안 자신에게는 말을 걸지 않았으면 좋겠다는 바람을 표현한다. 이 말은 유족이 '함께 있고 싶으면서도 동시에 혼자 있고 싶은' 복합적인 감정을 지닌다는 사실을 보여 준다. 목회적 동행은 바로 이러한 양가감정의 공간에 조용히 머무는 태도에서 시작된다.

지속적인 사랑의 표현

무엇보다 중요한 것은, 시간이 지나도 계속 사랑을 표현하는 것이다. "우리는 당신을 사랑합니다"라는 말을 반복해서 전하며, 그들이 혼자가 아니라는 사실을 끊임없이 상기시켜야 한다. 산책에 초대하거나 함께 영화관을 가는 등 일상의 작은 전환은 유족에게 삶을 다시 살아갈 용기를 준다.

결국 유족은 두려움과 고통에서 힘겨운 시간을 지나고 있다. 우리가 할 수 있는 가장 깊은 위로는, 그들의 곁에서 진심을 다해 함께 있어 주는 것이다. 말보다 '곁'이, 조언보다 '함께함'이 더 깊은 위로가 된다. 위에 제시한 구체적인 실천은 모두, 유족에게 "당신은 혼자가 아닙니다"라는 메시지를 전하는 가장 따뜻한 방식이다.

애도자를 위한 1주기의 기억과 동행

장례 후 1주기는 유가족에게 있어 특히 깊은 의미를 지닌 시기다. 사랑하는 사람을 떠나보낸 기억이 더욱 선명해지며, 슬픔이 다시금 찾아오는 이 시점은 애도의 흐름에서 가장 중요한 순간 중 하나로 간주된다. 이때 목회자는 단순한 추모를 넘어, 성도들이 자신의 슬픔을 온전히 표현하고 받아들일 수 있도록 도와야 한다.

필자가 미국에서 사역하던 시절, 교회는 목회자들이 성도들의 1주기, 2주기, 3주기를 잊지 않도록 돕기 위해 전산 시스템을 도입한 바 있다. 목회자들이 여러 사역을 동시에 담당하다 보니 기억해야 할 중요한 순간을 놓치는 경우가 발생했고, 이를 방지하기 위해 특정 성도의 사망 1주기가 되는 날 컴퓨터 화면에 알림이 뜨도록 설정해 둔 것이다. 그날 담당 목회자는 반드시 유가족을 심방하거나 전화로 위로의 시간을 가졌다. 그리하여 함께 기도하며 그 고통의 날을 잊지 않도록 하는 것이 중요한 사역이 되었다.

어느 성도는 아버지를 떠나보낸 지 3년이 지났지만 주변에서 그 상실을 기억해 주는 이가 거의 없어서 서운함을 느꼈다고 했다. 하지만 담당 목회자만은 그날을 잊지 않고 매해 찾아와 따뜻한 위로의 말을 건네자, 그는 "내 아버지를 기억해 주셔서 정말 감사하다"고 말하며 눈시울을 붉혔다. 이처럼 사랑하는 사람을 떠난 시간을 함께 기억하는 행위는 목회자의 돌봄에서 가장 본질적인 요소 중 하나다. 그것은 단순한 관심을 넘어서, 성도의 상실을 존중하고 그의 슬픔을 함께 나누는 공동체적 신앙 행위가 된다.

목회자들은 성도의 상실의 시간을 반드시 기억해야 한다. 상실은 단일 사건이 아니라, 오래도록 지속되는 감정의 여정이다. 목회자는 성도가 충분히 애도할 수 있도록 기다려 주며, 그 상실의 기억에서 위로받을 수 있도록 돕는 사람이어야 한다. 진정한 목회적 돌봄은 빠른 회복을 요구하거나 조급함을 드러내는 것이 아니라, 고통의 시간을 함께 걸어가는 인내의 실천에서 비롯된다.

애도 사역(Grief Sharing)

목회자가 감당해야 할 중요한 돌봄 중 하나는 바로 애도 중에 있는 성도들을 위한 실천적 사역이다. 교회에서 사랑하는 이를 떠나보낸 성도들은 깊은 상실감과 혼란을 경험하며, 그 슬픔을 안전하게 나누고 위로받을 수 있는 공간을 절실히 필요로 한다.

필자는 한국의 한 교회에서 진행된 애도 사역 세미나에 강사로 초청받아 참여한 적이 있다. 세미나를 인도하던 중, 한 성도가 나눈 이야기가 마음 깊이 남았다. 그는 가까운 가족을 잃은 후, 그 슬픔을 함께 나눌 수 있는 공동체적 자리가 교회 안에 없다는 사실에 당황했고, 오히려 그 감정이 고립된 채 남겨지는 경험을 했다. 슬픔을 표현하고 싶었지만 그가 다니던 교회에는 이를 품어 줄 공간이 없었기에, 그는 애도 사역을 운영하는 다른 교회를 찾아가 한동안 그곳에서 예배하고 모임에 참여하였다.

하지만 결국 그는 원래 자신이 속해 있던 교회로 돌아가 담임목사님께 요청했다. "우리 교회에서도 애도 사역을 시작할 수 있도록 도와달라"고 정중하게 부탁한 것이다. 담임목사는 그 요청을 흔쾌히 받아들였고, 이후 교회는 사별자와 애도자를 위한 정기 모임을 운영하기 시작했다. 그 모임은 사랑하는 이를 잃은 성도들이 함께 울고 웃으며, 전화와 편지, 기도와 나눔을 통해 서로를 기억하고 위로하는 공간으로 자리 잡게 되었다.

그들은 그 공동체에 '카나프(Kanaph)'라는 이름을 붙였다. 이는 히브리어로 '하나님의 날개'를 뜻하는 말로, 성도들이 마음껏 울 수 있고, 슬퍼할 수 있으며, 있는 그대로의 감정을 드러낼 수 있는 하나님의 날개 아래의 공간을 상징했다.

필자는 이 이야기를 들으며 깊은 감동을 받았다. 애도 사역은 단순한 프로그램이 아닌, 슬픔 속에서 하나님의 치유와 공동체의 품이 만나는 실천적 은혜의 장이라는 사실을 실감했다. 애도의 필요성을 가진 성도가 직접 교회에 요청할 만큼 그 사역은 절실하며, 교회는 그 요청에 귀 기울일 수 있어야 한다.

이제 교회는 성도들이 슬픔을 표현하기 위해 교회를 떠나야 하는 것이 아니라, 교회 안으로 들어와 마음껏 울 수 있는 자리를 마련해야 한다. 애도 사역은 그 어떤 사역보다도 따뜻한 공동체적 품이 필요하다. 하나님의 날개 아래 슬퍼할 수 있는 곳, 눈물을 정죄하지 않고 위로로 감싸는 공간―그것이 애도 사역의 본질이며, 바로 그곳에서 하나님의 치유가 시작된다.

부록 1

자신을 위한 저널 작성해 보기

상실을 경험하는 사람에게 아래의 글을 쓸 수 있도록 격려해 보라. 그리고 그 글을 누군가와 나눌 수 있으면 좋다.

당신의 삶을 돌아보면서 마음속에 떠오르는 생각을 써 보라.

1. 나의 상실을 나열해 보라(List your losses). 얼마나 힘들었는지 점수

를 매겨 보라. 태어날 때부터 지금까지 상실 역사(loss line)를 그려 보라. 상실 역사에서 성장하면서 필요했던 상실과 크게 트라우마를 겪는 상실을 표시해 보라. 힘든 정도를 1-5점으로 매겨 보라. 1점은 아주 평범한 상실이고 5점은 재난에 가까운 상실 정도다.

2. 당신이 배운 것을 나열해 보라(List your learnings). 이러한 상실이 나를 어떻게 만들어 갔고, 어떻게 새롭게 빚어 갔는가?

3. 상실을 통해서 많이 혹은 갑자기 성장했던 부분을 나열해 보라(List your leaps forward). 상실을 통해서 특정한 부분에서 성장이 있었는가? 상실과 성장(loss and gain)이 어떻게 연결이 되는가?

4. 앞으로 다가올 상실에 대한 두려움을 나열해 보라(List your fears of loss to come). 당신에게 앞으로 다가올 것이라고 예상하는 상실이 무엇인가? 어떤 것이 당신을 가장 두렵게 하는가? 당신은 어떤 준비를 하고 있는가? 당신은 그것에 대해서 어떻게 대처해야 한다고 배웠는가?

5. 당신을 붙들고 있는 가치를 나열해 보라(List your sustaining values). 당신이 상실을 통해서 배운 것들 중에 어떤 가치나 의미를 붙들고 있는가? 지금 당신을 붙들고 있는 가치나 의미는 무엇이 있는가?

부록 2

병리적인 애도로 나아가고 있다고 진단 가능한 단서들
(Clues in diagnosing complicated grief)

1. 상실의 시간이 몇 년이 지난 지금도 사별한 사람에 대해 이야기할 때마다 강렬하고 생생한 비애를 경험한다. 감정이 너무 깊고 생생하여 그 사람을 언급하는 것 자체가 어렵게 느껴진다.

2. 영화 감상이나 타인의 상실 이야기처럼 비교적 심각하지 않은 사건에도 강력한 애도 반응을 보인다.
3. 대화를 나눌 때 상실에 대한 주제가 반복적으로 등장한다. 직접적으로 상실이나 죽음에 대해 이야기하기도 하고, 관련 없는 주제를 다루다가도 결국 상실과 연결된 내용으로 흐름이 이어진다.
4. 설명할 수 없는 슬픔이나 질병, 결혼생활의 갈등 또는 별거가 반복적으로 나타나며, 특정한 휴일이나 과거에 상실이 발생했던 때가 되면 매년 위기 상황이 되풀이된다.
5. 삶의 방식이 갑작스럽게 변화하며, 불륜, 별거, 이혼, 특별한 이유 없이 직장을 그만두는 등의 행동이 나타난다. 이러한 변화는 몇 년이 지난 후에도 상실이 발생했던 때가 되면 반복적으로 위기 상황으로 이어진다.
6. 사별한 사람이 생전에 사용하던 물건을 버리지 못하고, 이사를 거부한다. 마치 '미이라'를 보관하듯, 죽은 사람의 생활 환경을 그대로 유지하려는 경향을 보인다.
7. 사별한 사람이 생전에 앓았던 질병과 유사한 증상이 본인에게서 나타난다.
8. 친구, 가족, 그리고 상실과 관련된 사람들과의 정서적 연결이 끊기며, 점차적으로 관계가 단절된다.
9. 지속적인 죄책감, 만성적인 낮은 자존감, 무력감, 그리고 희망이 보이지 않는 자기 평가가 반복적으로 나타난다. 동시에 갑작스러운 희열감, 조증(manic elation), 과잉활동(hyperactivity) 등의 준임상적 우울증 증상도 함께 동반된다.
10. 사별한 사람이 생전에 관심을 가졌던 행동이나 활동을 강박적으로 따라 하려는 경향이 나타난다. 이전에는 해당 활동에 흥미도 없었고, 연습한 적도 없었음에도 불구하고 반복적으로 그 행동을

시도한다.
11. 과거에는 사별한 사람의 성격적 특성을 비판하거나 거부했지만, 이후에는 오히려 그 특성을 따라 하려고 노력한다.
12. 자신을 파괴하거나 훼손하려는 행동과 충동이 나타나며, 고의로 사고를 유발하거나 죽음과 자살에 대한 이야기 또는 위협을 통해 위험한 상황을 조성하려 한다.
13. 특정 질병이나 상황, 혹은 사별한 사람의 죽음을 연상시키는 잠재적인 죽음의 원인에 대해 극심한 공포(phobia)를 느낀다.
14. 죽음과 관련된 정상적인 애도 의식—예를 들어 장례식이나 추모예배 참석—에 대한 기억이 희미하거나, 그 경험 자체를 잊어버린다.
15. 사별한 사람과 함께했던 좋은 시간을 기억하지 못하고, 늘 우울한 기억만을 떠올린다. 그로 인해 양면적인 감정을 조화롭게 다루는 능력이 부족하다.
16. 사별한 사람의 어두운 면과 이상화된 면, 또는 애도 의식에서 나타나는 칭송을 함께 표현하지 못한다.

10장

무엇이 용서이고, 무엇이 용서가 아닌가?:

관계 회복을 위한 진정한 용서의 여정

용서가 필요한 이유

우리가 살아가는 세상은 언제든지 정의가 실현되는 공간이 아니기에 살아가는 과정에서 반드시 용서가 필요한 상황을 맞이하곤 한다. 우리가 원하든 원하지 않든, 가까운 가족 관계에서든 전혀 모르는 타인과의 관계에서든, 부당한 대우나 억울한 누명을 통해 물질적·정신적 피해를 경험하게 된다. 이러한 상황에서 용서를 선택하지 않는다면, 피해의식과 원망이라는 감옥에 갇혀 자유롭지 못한 존재로 살아가게 된다.

이런 점에서 볼 때, 용서는 인간으로서 이 세상에서 살아가는 데 있어 필수적인 덕목이라 할 수 있다. 그러나 우리는 때때로 용서의 문제를 지나치게 단순하게 다루려고 한다. 상처를 준 상대를 빨리 잊고 싶다는 이유로, 혹은 문제를 빨리 해결하고, 상황을 빠르게 정리하려는 욕망에서 용서를 선택하는 경우가 적지 않다. 반면에, 용서가 지나치게 어렵고 복잡하게 느껴지고, 긴 시간이 필요한 문제이며, 때로는 상처가 너무 심해 용서가 불가능하다고 판단하기도 한다.

특히 우리 사회, 즉 한국 문화에서는 용서하고 용서받는 문화를 활발히 실천하기보다는, 보복하거나 잘못을 덮고 화해로 얼버무리는 경향이 짙다. 그러나 이러한 방식은 갈등을 근본적으로 해결하지 못하며, 내면의 상처를 온전히 치유하지 못하게 만든다. 용서는 단순히 타인을 향한 관대한 행위가 아니라, 자기 자신을 위한 깊은 치유의 과정이기도 하기 때문이다. 우리는 용서를 통해 과거의 상처를 내려놓고, 현재와 미래를 향해 다시 나아갈 수 있는 힘을 얻게 된다. 결국 보복이나 은폐로는 진정한 문제 해결에 도달할 수 없다.

그렇다면 우리는 과연 진정한 용서를 실천할 수 있는가? 용서란 우리 삶에서 어떤 의미를 지니며, 그것이 선택 가능한 하나의 대응 방식일 수 있는가? 이러한 질문들은 용서의 본질을 향한 깊은 성찰이 필요하며, 기독교 신학은 이에 대해 어떻게 가르치는지를 함께 고찰할 필요가 있다.

기독교 신학에서 용서는 오랜 시간 동안 핵심적인 교훈으로 강조되어 왔다. 예수 그리스도께서는 십자가 위에서 "아버지 저들을 사하여 주옵소서 자기들이 하는 것을 알지 못함이니이다"(눅 23:34)라고 기도하며, 조건 없는 용서와 즉각적인 사랑을 실천하셨다. 또한 "일곱 번을 일흔 번까지라도"(마 18:21-22)라는 용서하라는 가르침을 통해, 용서의 반복성과 중요성을 강하게 일깨우셨다.

이러한 가르침을 바탕으로 교회는 피해자에게 가해자를 용서하라고 권유해 왔으며, 예수님의 십자가를 통한 즉각적인 용서의 본보기를 강조해 왔다. 빠른 용서를 통해 내면의 평안을 얻고, 일상의 삶으로 돌아가기를 권장해 온 것이다. 그러나 만약 이러한 가르침이 일방적인 즉각적 용서를 피해자의 책임으로만 강조한다면, 피해자에게 더 큰 심리적 부담과 고통을 초래할 수 있으며, 반복적 가해를 야기할 위험도 있다.

이제 우리는 보다 균형 잡힌 신학적 용서의 이해가 필요하다. 용서는 단순한 윤리적 명제나 신학적 책임으로 국한되지 않으며, 반드시 깊은 내면의 성찰과 치유의 과정을 동반해야 한다. 상처와 아픔을 명확하게 인식하고, 고통을 충분히 경험한 이후, 피해자와 가해자가 진정한 회복과 연합의 단계로 나아갈 때, 용서라는 행위는 비로소 참된 의미를 갖게 된다.

용서는 단순한 선언이나 형식적인 제스처로 끝나는 것이 아니라, 상처 입은 사람이 자신의 감정을 충분히 표현하고, 공정하고 평등한 관계 회복이 이루어질 때 온전한 가치로 실현된다. 그러므로 용서는 빨리 끝내야 할 의무가 아니라, 피해자와 가해자 모두에게 치유와 회복의 문을 열어 주는 진정성 있는 과정이어야 한다.

삶과 연결된 용서 신학

앞서 언급했듯, 용서의 실천 과정에서 목회자나 목회 상담학자가 예수 그리스도의 십자가 용서 모델만을 강조하면서 용서를 단순한 의무나 명령으로 가르칠 경우, 피해자는 오히려 더 깊은 고통과 죄책감에서 살아가게 된다. 자신의 피해 경험에도 불구하고 용서하지 못하는 자신을 바라보며 죄책감을 느끼게 되고, 그 감정에서 벗어나기 위해 억지로 용서를 시도하지만, 마음의 평안은커녕 분노와 원망만이 남아 더 큰 고통으로 이어진다. 때로는 상처를 준 가해자를 마주할 용기가 없어, 그들의 잘못을 묵인하고 덮어두며 살아가는 악순환이 반복되기도 한다. 이러한 용서 실천은 피해자의 마음을 더욱 황폐하게 만들며, 결국 용서 자체를 포기하게 만드는 결과를 초래한다.

삶과 단절된 신학, 피해자와 가해자의 고통을 외면하고 오직 용서의 책임과 결과만을 강조하는 신학, 단순한 개념과 신념에 머무는 신학은 회복을 위한 실질적 역할을 하지 못하며, 종교적 형식주의로 전락한다. 진정한 용서란 피해자와 가해자가 그리스도 안에서 새로운 생명과 미래를 함께 열어가는 능동적 여정이다. 껍데기뿐인 "죽은 용서"는 오히려 피해자를 또 다른 가해자로 전락시키는 악순환을 낳는다.

따라서 목회자와 목회 상담학자들은 용서를 단순하고 추상적인 개념으로 접근하거나, 그리스도인의 당연한 의무로만 강조하는 태도를 경계해야 한다. 물론 용서는 그리스도인의 삶에서 중요한 요소이나, 그것이

'마땅히 해야 할 일'로만 인식되는 순간 본래의 치유적이고 관계 회복적 의미는 사라지게 된다.

또한, 용서를 단순히 부정적 감정을 극복하는 개인적 치유의 도구로 보는 시각도 조심해야 한다. 심리학적 접근에서 용서는 종종 개인의 평안과 자유, 스트레스 해소의 수단으로 논의되는데, 이는 자칫 용서가 자신에게 고통을 주거나 자존감을 해친다고 판단될 경우, 용서하지 않는 것이 더 나은 선택이라는 결론에 도달하게 만들 수도 있다.

그러나 진정한 용서는 단순한 감정 해소가 아니라, 관계 회복과 정의로운 치유의 과정으로 이해해야 한다. 피해자의 상처와 고통을 충분히 인식하고, 가해자가 책임을 진정성 있게 받아들일 때 새로운 관계와 공동체 회복이 가능해진다. 이러한 조건이 충족되지 않는 한, 용서는 강요될 수 없으며, 온전한 정의와 치유가 동반되어야만 비로소 진정한 의미를 획득한다.

용서란 단순히 피해자의 내적인 자유를 위한 행위가 아니라, 인간관계의 회복과 공동체의 화해를 위한 본질적인 과정이다. 그렇다면, 그리스도인에게 있어 용서는 언제나 반드시 실천해야 하는 절대 명령인가? 아니면 상황에 따라 선택할 수 있는 대응인가? 용서는 즉각적인 결단이어야 하는가, 아니면 성숙과 시간이 요구되는 여정인가?

데이비드 옥스버거(David Augsburger)는 그의 저서 *The Freedom of Forgiveness*(용서를 통한 자유)에서 용서를 단순한 내적 평안이나 개인적 양심의 문제로 이해하는 접근을 경계하면서, 용서가 인간관계에서 중요한 역할을 수행한다고 강조한다. 용서는 피해자의 내면 치유에 그치는 것이 아니라, 관계의 복원과 화해라는 목적을 향해 나아가는 실천이다. 물론, 용서는 가해자에 대한 보복을 포기함으로써 피해자가 부정적인 감정을 극복하는 데 도움을 준다. 그러나 그것이 자기중심적인 치유 행위에만 머무르게 되면, 용서의 본질을 왜곡하게 된다. 그런 용서는 가해자의 잘못과 그로 인한 고통을 외면하며, 정직한 인정과 반성이 없는 상태에서 형식적으로 이루어질 위험을 동반한다. 하나님의 사랑과 용서 앞에 겸손히 무릎 꿇는 자세를 갖지 않는다면, 진정한 용서로 나아갈 수 없으며, 결국 자기 위안에 불과한 행위로 전락할 수밖에 없다. 또한 루이스 스메데스(Lewis Smedes)는 그의 저서 『용서의 기술』(The Art of Forgiving)에서 용서가 단순한 심리 기법과 결합되어 인간관계의 문제를 경시하는 방향으로 흐르지 않도록 경계하면서, 과거의 상처가 치유될 수 있는 가능성을 열린 마음으로 받아들여야 한다고 강조한다.

다시 강조하건대, 용서는 개인적인 치유를 넘어서 인간관계의 회복과 공동체의 화해를 실현하는 필수적인 신앙 여정이다. 용서를 통해 우리는 서로를 이해하고 사랑하며, 상대의 아픔을 함께 짊어지는 존재로 성장한다. 우리는 예수 그리스도의 십자가에서 용서의 본질을 배우며, 그 은혜를 통해 타인을 용서할 수 있는 힘을 얻게 된다. 그러므로 목회자들과 목회 상담학자들은 용서의 문제로 어려움을 겪는 이들을 만날 때, 용서의 참된 의미와 균형 잡힌 과정, 그리고 실천할 수 있는 구체적 방법을 제시해야 한다. 용서는 단순한 도덕적 의무나 개인적 치유 도구가 아니라, 신앙의 깊은 의미와 인간관계의 회복을 지향하는 영적 행위이자 공동체를 되살리는 은혜의 사건이 되어야 한다.

무엇이 용서이고, 무엇이 용서가 아닌가

용서의 본질을 올바르게 이해하려면, 먼저 용서가 무엇이고, 무엇이 아닌지 깊이 성찰해야 한다. 심리학자 로버트 엔라이트(Robert Enright)는 그의 저서 『용서하는 삶』(The forgiving life)에서 상담자와 내담자의 대화를 소개하며 이와 같은 오해를 조명한다. 내담자는 용서를 "패배를 인정하는 행위"로 간주하고, 가해자를 용서하는 것이 결국 자기기만과 손해라고 느낀다. 이는 용서를 단순한 힘의 균형 문제로 바라보는 데서 생긴 오류다. 그러나 실제로 용서는 가해자의 승리를 의미하는 것이 아니라, 피해자가 자신의 내면 상처를 치유하고 자유를 회복해 가는 능동적 과정이다.

또한, 어떤 이들은 용서를 즉각적인 해결책으로 받아들이며, 그 과정에서 발생하는 감정 인식과 정리라는 필수 단계를 생략하려 한다. 하지만 용서는 순간적인 결단으로 이루어지는 것이 아니라, 시간이 필요하며, 깊은 내적 변화와 성숙이 요구되는 여정이다. 만약 용서를 너무 쉽게 정의하거나 특정 방식으로 강요한다면, 오히려 더 큰 원망과 감정적 상처가 남게 되어 참된 회복을 이루지 못할 가능성이 커진다.

이러한 이유로 우리는 용서를 제대로 이해하기 위해, 그동안 용서라고 믿어온 것들이 과연 진정한 용서였는지 되돌아보아야 한다. 많은 사람이 용서를 단순한 감정의 포기나 패배로 여겨 왔지만, 이러한 시각은 용서의 본질과는 거리가 먼 접근이다. 우리가 먼저 '용서가 아닌 것'에 대해 성찰하게 될 때, 진정한 용서의 의미가 더욱 분명하게 드러나게 된다.

이제 용서에 대한 잘못된 인식을 하나씩 짚어보고, 참된 용서로 나아가는 여정을 시작할 때다. 그 여정은 단순한 감정 해소가 아니라, 관계의 회복과 존재의 자유를 향한 깊고 정직한 치유의 길이어야 한다.

용서가 아닌 것

1. 용서는 잊어버리는 것이 아니다

많은 사람은 용서하면 모든 것이 잊힌다고 생각한다. 혹은 고통스러운 기억을 지워 버리고 싶어 용서를 시도하기도 한다. 그러나 용서는 단순히 '잊는 것'이 아니다. 피해자가 경험한 외적·내적 폭력은 의식적이든 무의식적이든 그의 기억 속에 남아 있으며, 가해자를 용서한다고 해서 그 기억이 자동으로 사라지는 것은 아니다.

실제로 망각은 내면의 깊은 치유 과정인 용서를 회피하려는 가장 효과적인 도피 방법이 되기도 한다. 상처가 크지 않아, 큰 문제가 아니라고 느껴지는 경우는 시간이 흐르면 자연스러운 망각이 일어날 수 있다. 그러나 고통이 깊고 상처가 크다면, 이를 억지로 잊으려 하는 것은 오히려 더 위험한 선택이 된다.

우리가 상처를 잊으려 하는 이유는, 과거의 끔찍한 고통을 다시 마주하는 일이 두렵기 때문이다. 인간은 이 아픔을 외면하기 위해 무의식적으로 기억을 깊은 내면에 묻어두려 한다. 하지만 해결되지 않은 상처를 억지로 감추려는 시도는 마치 '생매장'과도 같다. 상처는 사라진 것이 아니라, 단지 보이지 않게 숨겨진 상태이며 여전히 살아 있다. 이러한 감정 억제는 엄청난 내적 에너지를 소모하게 만든다. 겉으로는 아무 일도 없는 듯 보일 수 있지만, 내면에서는 분노와 원망, 억눌린 상처를 감당하기 위해 끊임없는 감정적 비용을 치르게 된다. 특별한 이유가 없이 우울감을 느끼기도 하며, 무슨 일을 하든지 의욕이 생기지 않고 쉽게 포기하고 싶어진다. 결국 억눌러 온 감정은 어떤 계기를 통해 폭발적으로 표출되며, 삶의 흐름을 근본적으로 흔들어 놓게 된다. 이렇듯, 우리는 치유되지 않은 감정을 억누른 대가로 매우 큰 비용을 치르게 된다.

용서와 망각은 본질적으로 다르다. 우리가 용서를 결단하더라도, 그 기억 자체를 완전히 지워 버릴 수는 없다. 진정한 용서는 기억을 삭제하는 것이 아니라, 그 기억을 치유의 방향으로 전환하는 과정이다. 고통스러운 기억을 억누르거나 도피하는 것이 아니라, 그것을 직면하고, 수용하고, 이해하며 회복하는 여정에서 용서는 이루어진다. 과거를 기억하는 행위는 피해자의 내면에서 중요한 의미를 지닌다. 용서란 기억을 제거하는 것이 아니라, 그 기억이 더 이상 현재를 지배하지 않도록 만드는 능동적 선택이다. 만약 피해자가 과거를 무작정 잊으려 하거나 부정하려 한다면, 오히려 그 기억은 더 강력한 힘으로 삶을 지배할 위험이 있다.

진정한 용서는 기억을 받아들이는 데서 시작된다. 따라서 용서는 괴로웠던 기억을 밀어내는 것이 아니라, 그 기억을 품고 치유해 가는 과정을 포함해야 한다. 용서를 통해 피해자는 자신의 아픔을 정직하게 바라보며, 그 상처를 극복하고 더 나은 미래를 향해 나아갈 수 있게 된다. 결국, 용서는 고통을 회피하는 것이 아니라 그 고통을 직면하고 극복하는 성숙한 회복의 길이다. 진정한 용서를 갈망한다면, 먼저 잊으려 하지 말고, 용기를 내어 기억해야 한다. 루이스 스메데스는 다음과 같이 조언한다.

"상처가 기억나느냐, 기억나지 않느냐로 내가 용서했는지, 용서하지 않았는지를 판단하지 마라."

다시금 강조하건대, 용서는 망각이 아니다. 과거를 기억하되, 그 기억이 우리의 삶을 지배하지 못하도록 만드는 것, 그것이 바로 진정한 용서의 핵심이다.

2. 용서는 묵인이 아니다

우리는 종종 용서를 잘못된 행위를 눈감아 주는 것으로 오해한다. 그러나 진정한 용서란 단순히 악을 묵인하는 것이 아니라, 그것을 직시하고 책임을 분명히 묻는 과정이다. 피해자는 자신의 아픔을 인정하면서도, 가해자의 부당한 행동을 정당화하거나 과도하게 관대하게 받아들일 필요는 없다.

묵인이란 결국 가해자의 악한 행동을 사실상 허용하는 것으로 이어진다. 반면, 용서는 눈을 뜨고 그 잘못을 분명하게 바라보는 태도에서 시작된다. 하나님께서 아담의 죄를 용서하셨으나 결코 그 죄를 묵인하지 않으셨던 것처럼(창 3장), 예수님께서도 죄인을 용서하셨지만, 그들의 죄를 가볍게 여기지 않으셨다(요 8:1-11). 즉, 하나님의 용서는 사랑이지만,

그것은 항상 정의와 책임 인식을 동반하는 용서였다. 따라서 피해자가 '용서'라는 이름 아래 잘못된 행위를 묵인하게 될 경우, 가해자는 자신의 책임을 회피할 수 있는 기회를 얻게 된다. 심지어 더 큰 피해로 이어질 위험도 존재한다. 이는 가해자가 온전한 치유와 회복으로 나아가는 데 도움이 되지 않으며, 피해자 역시 용서를 통해 자신을 보호하지 못하는 부작용을 초래한다.

묵인은 종종 학대를 용인하는 결과를 낳는다. 피해자는 자신이 받은 고통과 상처를 아무렇지 않게 받아들이게 되며, 때로는 스스로 상처를 받아도 괜찮다는 잘못된 인식을 갖게 된다. 예를 들어, 배우자의 외도 사실을 알게 되었음에도 그것을 아무 일도 아닌 듯 묵인한다면, 그 당사자는 외도를 사소한 일로 여기게 되며 반복적 행동을 이어갈 가능성이 높아진다. 이러한 태도는 피해자 개인을 넘어 가족과 공동체, 나아가 사회 전반에도 심각한 파장을 일으킬 수 있다.

진정한 용서는 정의와 치유를 이끌어 낸다. 그것은 이미 발생한 잘못을 분명히 인식하고, 반복되지 않도록 책임을 묻는 과정에서 완성된다. 이러한 용서는 피해자와 가해자 모두가 진정한 회복과 변화의 길을 걸을 수 있도록 돕는다. 따라서 용서는 단순한 묵인이 아니라, 정의와 치유를 실현하는 능동적이고 책임 있는 선택이 되어야 한다. 결론적으로, 용서는 가해자의 죄를 덮어 버리는 것이 아니라, 그 죄를 직시하고 책임을 묻는 정직한 과정에서만 진정한 의미를 갖는다.

3. 용서는 성급한 결단이 아니다

우리는 흔히 용서는 가능한 한 빨리하는 것이 좋다고 생각한다. 그래서 때때로 상처와 원한이 깊어 고통을 견디기 어려운 순간에도 빠르게 용서를 결정하려는 경향을 보인다. 가해자와의 관계 회복이 자신에게 유리하다고 판단될 때도, 충분한 내면의 준비 없이 성급하게 용서를 시도하는 일이 벌어진다.

그러나 관계를 회복하고자 하는 열망이 개인의 자기 존중감을 훼손하는 방식으로 이어진다면, 그것은 심각한 문제를 야기할 수 있다. 신학자 레이 앤더슨(Ray Anderson)은 그의 저서 *The Shape of Practical Theology*(실천신학의 형태: 신학적 실천으로 사역을 강화하기)에서 이러한 성급한 용서가 오히려 관계를 더 악화시키는 위험이 있다고 경고하며, 사람이 고통을 피하려는 욕구 때문에 용서를 서두르지만, 이 선택은 내면의 치유를 충분히 경험하지 못하게 만든다고 지적한다.

성급한 용서에는 또 다른 위험이 따른다. 피해자가 용서를 감정적으로 베푸는 것이 치유가 아니라, 가해자를 통제하거나 관계를 유지하려는 수단으로 작동할 경우, 그 용서는 왜곡된 동기에서 비롯된 것이며, 결국 관계를 더욱 병들게 하고 인격적·사회적 회복을 어렵게 만든다. 더 나아가 이러한 방식은 하나님 앞에서 진실하게 나아가는 영적 여정에도 장애가 될 수 있다.

독일의 신학자 디트리히 본회퍼(Dietrich Bonhoeffer)는 용서와 고백의 관계에 대해 *Life Together: The Classic Exploration of Christian Community*(성도의 교제)에서 다음과 같이 질문을 던진다.

> "왜 우리는 상대방에게 우리의 죄를 고백하는 것보다 하나님에게 우리의 죄를 고백하는 것이 더 쉬운가? 만약 그렇다면, 우리는 우리의 죄를 하나님 앞에 고백함으로써 우리 자신을 속이고 있지는 않는지 질문해야 한다. 혹은 우리 자신에게 죄를 고백하지 않고 우리에게 사면을 베풀려고 하는 것인지도 물어보아야 한다."

그는 진정한 용서가 상호적인 고백에서 시작되며, 그 과정에서 하나님의 임재를 경험하게 된다고 강조한다. 용서는 일방적인 선언이 아니라, 관계의 깊이와 정직함을 요구하는 상호적 과정이다.

심리학자 데이비드 스툽(David Stoop) 또한 그의 저서『몰라서 못하고 알면서도 안 하는 용서이야기』(Forgiving the unforgivable)에서 하나님께서 에덴동산에서 인간을 용서하기로 결정하셨지만, 그 용서가 그리스도의 십자가라는 깊은 희생을 통해 완성되었다는 점을 강조한다. 이를 통해 그는 용서가 단순한 감정적 결단이 아니라, 시간과 과정이 필요한 깊은 치유의 여정임을 설명한다.

이러한 맥락에서 볼 때, 너무 성급하게 이루어지는 용서는 피해자에게 인격적 회복과 화해의 기회를 앗아갈 수 있으며, 이는 '용서'라는 이름으로 이루어지는 또 다른 형태의 상처 유발적 접근이 될 수 있다.

4. 용서와 화해는 다르다

많은 사람은 용서하면 반드시 화해까지 이루어져야 한다고 오해한다. 이러한 기대 때문에 용서가 더욱 어렵게 느껴지기도 한다. 그러나 용서와 화해는 본질적으로 다른 과정이며, 용서가 반드시 화해로 이어져야 하는 것은 아니다.

화해는 관계의 회복을 의미하며, 이를 이루기 위해서는 가해자의 진정성 있는 참여가 필수적이다. 반면, 용서는 피해자의 내면에서 이루어지는 치유 과정으로, 가해자의 반응이나 태도와 상관없이 실행될 수 있다. 용서란 피해자가 자신의 상처를 마주하고, 원망과 고통으로부터 자유를 찾는 과정이다. 그러나 화해는 쌍방의 노력과 변화가 필요하며, 가해자가 자신의 잘못을 인정하고 책임을 질 때에만 가능해진다. 즉, 용서는 가해자가 자신의 잘못을 뉘우치지 않거나, 관계 회복을 원치 않더라도, 피해자는 자신의 내면에서 독립적으로 용서를 선택함으로써 자유와 평온을 경험할 수 있다. 용서는 우리가 온전한 관계를 회복하고 싶다는 마음의 표현일 수 있으나, 반드시 즉각적인 화해로 연결되어야만 의미가 생기는 것은 아니다.

오히려 용서를 반드시 화해로 연결해야 한다고 강요하는 것은 피해자에게 더 큰 부담을 줄 수 있다. 화해를 전제하며 용서를 고려할 경우, 피해자는 마음의 준비조차 하기 어렵다. 그렇기에 용서는 화해보다 앞서 고려되어야 하며, 피해자가 자신의 감정을 정리하고 내면의 평화를 회복할 시간을 충분히 확보해야 한다.

용서와 화해의 차이를 명확히 이해하는 것은 용서를 시작하는 데 있어서 매우 중요하다. 시간이 흐름에 따라 화해가 가능해질 수도 있지만, 그렇지 않더라도 용서는 여전히 의미 있는 행위로 남는다. 관계 회복 여부에 관계없이 피해자가 용서를 통해 자신을 위한 자유와 평온을 회복할 수 있다면, 그것만으로도 깊은 가치가 있는 것이다.

결국 용서는 관계를 회복하기 위한 필수 조건이 아니라, 개인의 내면 치유와 회복을 위한 은혜로운 여정이다. 피해자가 용서를 통해 자신을 위한 평화와 자유를 얻을 때, 진정한 의미의 회복이 이루어진다. 그러므로 용서를 화해의 수단으로만 여기는 접근보다는, 자신을 치유하고 성숙하게 만드는 깊은 내면의 여정으로 이해하는 것이 필요하다.

가짜 용서란 무엇인가?

어떤 사람은 "난 당신을 용서합니다"라는 말을 너무 쉽게 선언한다. 때로는 시간이 지나면 가능한 일이겠지만, 당장 용서가 불가능한 상황에서도 용서를 선포하는 경우가 있다. 용서 심리학자들은 이러한 상황을 "진정으로 용서하지 않았음에도 이미 용서했다고 믿는 경우"라고 진단하며, 이를 가짜 용서(pseudo forgiveness)라고 부른다. 가짜 용서란 내면의 감정적 치유가 충분히 이루어지지 않은 상태에서 용서를 선언하는

것을 의미하며, 이는 다양한 심리적 방어기제와 깊이 연결되어 있다. 대표적인 형태는 다음과 같다:

1) 반동형성

반동형성(Reaction Formation)이란 무의식적으로 억압된 감정이나 욕구를 극복하기 위해, 그 감정과 정반대되는 욕구나 행동으로 반응하는 심리적 방어기제를 의미한다. 쉽게 말해, 마음속에는 분노·불신·비난이 가득함에도 불구하고, 이를 제대로 인식하지 못한 채 겉으로는 오히려 용서와 이해를 표출하려는 태도를 말한다.

우리나라 속담에 "미운 자식 떡 하나 더 준다"라는 말이 있다. 이 속담은 일반적으로 '미운 자식이라도 잘 대해줘야 나중에 엇나가지 않고 올바른 사람으로 성장한다'는 의미로 이해되며, 혹은 '미운 사람이라도 적대하지 말고 원만한 관계를 유지해야 훗날 우군으로 활용할 수 있다'는 실용적 지혜를 담고 있다. 그러나 만약 이 속담을 자신의 내면에 존재하는 '미움'이라는 감정을 외면하거나 억압한 채, 그저 좋은 행동을 선택하는 방식으로 실천한다면, 이는 반동형성의 전형적 예라 할 수 있다. 왜냐하면 이 행동은 내면의 분노를 인정하지 않은 채 부정하고 억눌러, 결국 상처를 직면하지 못한 채 감정을 외적으로 포장하는 방향으로 흘러가기 때문이다.

그 결과, 억눌린 감정은 점차 심리적 갈등을 심화시키며, 진정한 감정의 해소와 치유는 이루어지지 않는다. 용서가 감정을 억압하거나 외면하는 수단으로 사용될 때, 그것은 더 이상 치유로 향하는 과정이 아니라, 내면의 회피와 부인의 기제로 전락하게 된다.

2) 부인

부인(Denial)은 자신의 진짜 감정을 인정하지 않고, 마치 문제가 전혀 없는 것처럼 행동하는 심리적 기제다. 감정을 억누르고 괜찮은 척하는 이 방식은 진정한 감정 처리와 치유를 방해하며, 내면의 상처를 더욱 깊게 만들 수 있다. 용서를 선언했음에도 불구하고 마음속에 분노와 상처가 여전히 남아 있다면, 그것은 결코 온전한 용서가 아니며, 오히려 더 큰 심리적 부담과 혼란을 초래할 수 있다.

이러한 방식은 결국 진정한 용서와는 거리가 먼 접근이며, 관계를 더 악화시키는 위험을 동반한다. 가짜 용서는 자신의 상처를 제대로 직면하지 않은 채, 외형적으로 감정을 포장하는 과정에 불과하다. 진정한 용서는 단순한 선언으로 이루어지는 것이 아니며, 억지로 마음을 누른다고 완성되는 것도 아니다. 용서는 깊은 내면의 성찰과 감정적 치유의 과정을 반드시 포함해야 한다. 그것은 자신을 속이지 않고 정직하게 마주하는 용기에서 시작하며, 참된 회복은 그 진실함 위에 세워진다.

영화 〈밀양〉에서 드러나는 가짜 용서

영화 〈밀양〉은 한국 사회와 교회 공동체에 큰 반향을 일으켰으며, 용서가 단순한 결단이 아니라 깊은 치유의 과정임을 보여 준다. 동시에 그 치유의 과정이 충분히 경험되지 않은 상태에서 이루어지는 '가짜 용서'의 단면을 섬세하게 그려낸다.

영화의 주인공 신애는 남편을 잃고 어린 아들과 함께 남편의 고향인 밀양으로 이사하며 새로운 삶을 시작한다. 그러나 예기치 못한 비극이 그녀를 덮친다. 아들이 납치되고, 결국 목숨을 잃게 되면서 신애는 극심한 슬픔과 분노 속에 내던져진다. 절망 중에 그녀는 교회에 발걸음을 옮기며, 신앙을 통해 상처를 치유하고자 한다. 교회 공동체에서는 "용서해야 한다"는 가르침이 반복적으로 주어지고, 신애는 마침내 아들을 죽인 범인을 용서하겠다는 결심에 이른다. 용서를 실천하기 위해 교도소를 찾아가 직접 가해자와 마주하지만, 그는 놀랍도록 담담한 태도로 "나는 이미 하나님께 용서받았다"고 말한다. 신애는 충격을 받는다. 그녀는 아직 그를 용서할 준비가 되지 않았는데, 하나님께서는 이미 용서를 베푸셨다는 사실을 받아들이기가 쉽지 않았다. 그 순간 그녀는 다시 극도의 혼란과 분노에 휩싸이며, 그 자리에서 용서를 포기하게 된다.

이 장면을 통해 중요한 질문을 던질 수 있다. 신애는 그를 진정으로 용서한 상태였을까? 그녀의 결심은 내면 깊은 곳에서의 변화에 기반한 진정한 용서였을까? 겉으로는 용서를 말했지만, 그녀의 내면에서는 그 과정이 실제로 이루어지지 않았을 가능성이 크다. 그녀의 결심은 앞서 언급한 심리적 방어기제—반동형성과 부인—에 근거한 선택이었을 수도 있다. 즉, 신애는 진정으로 용서한 것이 아니라, 자신의 고통을 빠르게 덮고 신앙적 틀 안에서 형식적으로 해결하려 했던 것일지도 모른다.

이처럼 심리적 방어기제를 활용해 용서를 시도하는 사람은 겉으로는 용서한 것처럼 행동하지만, 내면에서는 여전히 그 과정을 충분히 통과하지 못한 상태일 수 있다. 용서가 깊은 상처에 대한 회피 수단으로 사용될 경우, 결국 가짜 용서로 이어지며, 진정한 치유와 회복을 방해하게 된다.

다른 사람을 통제하는 수단으로서의 가짜 용서

또 다른 형태의 가짜 용서(pseudo forgiveness)는 자신의 도덕적 우월성을 드러내거나 상대를 통제하려는 목적에서 비롯된다. 이는 진정한 용서와는 거리가 먼 접근이다. 심리학자 로버트 엔라이트는 사람이 실제로는 상대를 용서하지 않았음에도 불구하고 "난 당신을 용서해요"라고 말하며, 자신의 도덕적 우위를 유지하려 한다고 설명한다.

그는 우리가 흔히 사용하는 "난 당신을 용서해요"라는 표현이 때로는 숨겨진 메시지를 담을 수 있다고 지적한다. 예를 들어, 이 말은 다음과 같은 암시를 내포할 수 있다: "당신은 죄책감을 느껴야 할 끔찍한 사람이며, 내가 그것을 잊을 것이라 기대하지 말라."

이러한 표현은 용서라는 명목으로 상대방에게 죄책감을 부여하는 기제로 작용하며, 진정한 용서와는 본질적으로 다르다.

일상적인 예를 보자. 아내가 남편의 잘못을 용서해 주면서 다음과 같은 말을 덧붙일 수 있다: "내가 당신을 용서했다는 사실을 절대로 잊지 마세요. 앞으로 당신은 나에게 잘해야 돼요." "당신이 나에게 잘못한 것을 잘 알지요. 앞으로 지켜볼 거예요."

이러한 표현은 상대에게 죄책감을 심어 주고, 용서를 관계에서의 우위 확보 수단으로 사용하는 태도를 반영한다. 이처럼 용서를 감정적으로 통제하거나 관계 지배의 도구로 삼는 방식은 관계를 더욱 병들게 하고, 건강한 회복을 어렵게 만든다.

또한, 이러한 가짜 용서는 가해자가 지속적이고 진정성 있는 변화를 보여 주더라도 화해를 거부하는 방식으로 작용할 수 있다. 이때 용서는 더 이상 치유나 회복을 위한 여정이 아니라, 지배력을 유지하려는 정서적 전략이 된다.

"난 당신을 용서해요"라는 말이 때로는 "나를 해치지 말라"는 간접적 경고로 작용할 수도 있다. 용서를 통해 상대방에게 경계심을 심어 주거나, 자신을 방어하려는 심리적 기제로 기능하는 것이다. 그러나 이러한 방식은 용서의 본질을 왜곡하며, 불신과 거리감을 강화해 관계 회복을 더욱 어렵게 만든다.

따라서 우리는 용서를 베풀 때, 그 동기가 무엇인지 성찰할 필요가 있다. 진정한 용서란 상대를 조종하거나 죄책감을 부여하는 것이 아니라, 자신의 내면을 치유하고 평온과 자유를 회복하는 과정이어야 한다. 용서의 본질은 힘의 균형이 아닌, 정직한 회복과 인간적인 성숙으로 향하는 여정임을 기억해야 한다.

나르시시즘적 성향에서 비롯된 가짜 용서

가짜 용서는 종종 나르시시즘적 성향과 밀접한 관련을 가진다. 나르시시즘(Narcissism)은 자신을 특별하고 우월한 존재로 인식하며, 타인의 감정에 대해 이해하거나 공감하는 능력이 부족한 성향을 의미한다. 이러한 성향을 가진 사람은 자신의 이미지를 보호하기 위해 용서를 도구로 활용하는 경향이 있으며, 이는 진정한 용서의 본질과는 거리가 멀다.

심리학자 로버트 커닝햄(Robert Cunningham)은 사람이 자신이 상처받았다는 사실을 인정하기 어려울 때, 가짜 용서를 실행한다고 설명한다. 이는 심리적 방어기제로 작동하며, 용서를 활용하여 자신을 완전하고 흠 없는 존재로 유지하려는 욕망에서 비롯된다.

1) 자기 이미지 유지와 가짜 용서

나르시시스트는 자신의 도덕적 우월성과 흠 없는 이미지를 유지하려 한다. 이러한 심리는 가짜 용서를 부추길 수 있다. 예를 들어, 누군가 자신에게 상처를 주었거나 실수를 저질렀을 때, 나르시시스트는 "나는 너를 용서해"라고 말하며 자신의 도덕적 위치를 강조한다. 그러나 그 말이 내면의 진정한 치유 과정을 수반하지 않는다면, 단지 자기 이미지를 방어하려는 행위일 뿐이다.

2) 감정 회피와 억압된 분노

나르시시스트는 자신의 취약함을 인정하기 어려워하며, 상처받았음을 드러내는 것 자체를 약함으로 여긴다. 따라서 내면의 상처를 직면하는 대신, 겉으로만 용서를 선언하는 방식으로 심리적 방어를 시도한다. 그러나 이 방식은 내면의 분노와 상처를 억누르게 만들며, 결국 더 큰 정서적 갈등과 관계의 파열을 초래할 수 있다.

3) 자기 합리화를 통한 가짜 용서

나르시시즘적 성향을 가진 사람은 자신의 실수를 인정하는 것보다 상대를 용서하는 역할을 맡는 것을 선호한다. 이는 용서를 통해 자신이 도덕적으로 더 우월한 위치에 있다는 점을 과시하려는 태도로 이어진다. 예를 들어, 상대가 상처를 주었을 때 "괜찮아, 난 너를 용서할 수 있어"라고 말하지만, 실제로는 "난 너보다 더 나은 사람이다"라는 메시지를 암묵적으로 전달하려 한다. 이는 용서를 빙자한 심리적 지배 기제에 가깝다.

이러한 형태의 가짜 용서는 진정한 감정적 치유를 방해하며, 관계를 더욱 악화시킬 가능성이 크다. 특히 나르시시즘적 성향을 가진 사람이 용서를 선언할 때, 정말로 내면적 회복을 위한 선택인지, 아니면 자신의 우월성을 유지하고 상대를 통제하려는 의도인지 면밀히 성찰할 필요가 있다.

진정한 용서는 단순한 선언이나 자기 보호 전략이 아니라 내면의 성찰과 상대방과의 관계 회복을 동반하는 과정이어야 한다. 용서를 빙자해 통제하거나 우월성을 표현하려는 태도는 용서가 아닌 지배의 또 다른 형태이며, 결국 용서를 실천하는 사람의 내면을 더욱 황폐하게 만드는 결과를 초래한다. 용서는 권력을 행사하는 도구가 아니라, 상처를 치유하고 자유를 회복하는 깊은 인간적 여정이어야 한다.

진정한 용서로 나아가는 길

지금까지 우리는 용서의 본질을 깊이 있게 탐구하면서 가짜 용서가 인간의 내면과 관계에 어떠한 왜곡과 위험을 초래하는지 면밀히 살펴보았다. 이를 통해 가짜 용서가 치유를 방해하고 감정을 억압하며, 궁극적으로 인간관계를 더욱 복잡하게 만들 수 있음을 확인하였다.

이제 우리는 용서가 단순한 선언이나 결심만으로 완성되는 것이 아님을 분명히 인식하였다. 용서는 결코 도덕적 우월성을 과시하는 수단이 되어서는 안 되며, 부정적인 감정을 억누르거나 애써 잊으려는 방어적 방식으로 사용해서도 안 된다. 또한 상대의 잘못을 묵인하거나, 관계의 주도권을 쥐기 위한 전략적 수단으로 이용되는 것이 아니라, 자신의 내면을 깊이 들여다보고 정직하게 마주하는 과정이어야 한다. 진정한 용서는 단순한 행위가 아니라, 깊은 성찰과 감정적 회복이 동반되는 여정이다. 이 치유적 여정을 통해 우리는 과거의 상처로부터 점차 자유로워지고, 더 성숙한 내면을 구축하며, 인간관계에서도 보다 건강한 방향으로 나아갈 수 있는 힘을 얻게 된다.

용서는 첫 번째 단계가 아니고 마지막 단계가 되어야 한다

우리는 일반적으로 누군가로부터 상처를 받고, 그 고통이 너무 클 때 가장 먼저 '용서'를 떠올린다. 용서하지 않으면 오히려 죄책감이 밀려오기 때문이며, 교회에서도 용서가 가져오는 유익이 강조하며 먼저 용서할 것을 권고하기 때문이다. 하나님께서는 이러한 용서를 기뻐하시며, 용서를 실천하는 자에게 풍성한 삶이 열릴 것이라 말씀하신다. 실제로 용서는 많은 유익을 가져오며, 하나님께서 우리에게 허락하신 치유의 선물임은 분명하다. 그리스도인들이 용서의 삶을 살아가야 한다는 진리 역시 누구도 부인할 수 없다.

그러나 우리가 상처를 받았을 때, 가장 먼저 선택해야 할 일이 과연 '용서'인가? 왜냐하면, 용서를 선택했음에도 불구하고 마음이 평온하지 않으며 자신이 진정으로 용서의 길을 걷고 있는지 확신이 서지 않을 때가 많기 때문이다. 이럴 경우, 용서는 오히려 혼란을 더 깊게 만들기도 한다.

이에 대해 마리 포춘(Marie Fortune)은 그녀의 논문 "*Forgiveness: The Last Step*"(용서는 마지막 단계다)에서 용서가 치유 여정의 첫 번째 단계가 아닌 마지막 단계여야 한다고 주장한다. 그녀는 "정의를 추구하기 전에 용서하는 것은 값싼 은혜이며, 이는 피해자나 가해자의 온전한 회복에 도움이 되지 않는다"고 말한다. 그녀의 주장처럼 정의(justice)가 없는 용서는 쉽게 공허한 행위(empty exercise)로 전락할 수 있다.

예수님께서는 누가복음에서, 우리가 먼저 가해자의 행동에 대해 분명한 입장을 정리한 후, 그가 회개할 때는 몇 번이라도 용서하라고 가르치신다(눅 17:3-4). 포춘은 성경 속 용서의 구조를 분석하며, 진정한 용서가 이루어지기 위해 피해자와 가해자가 반드시 거쳐야 할 세 가지 전 단계를 제시한다:

- 고백(confession): 가해자는 자신이 저지른 잘못을 솔직하게 인정해야 한다.
- 회개(repentance): 단순한 후회가 아닌 본질적인 변화가 반드시 동반되어야 한다.
- 보상(restitution): 가해자가 물질적·정신적 피해를 입힌 경우, 회복하려는 책임 있는 태도를 보여야 한다. 이는 과거를 완전히 지울 수는 없지만, 피해자의 고통을 인정하고 잘못된 일을 바로잡으려는 의지를 나타낸다.

마리 포춘은 이 과정을 통해 용서가 더욱 의미 있고 지속 가능하게 되며, 반드시 정의의 실현 이후에 이루어져야 한다고 강조한다. 정의 없이 이루어진 용서는 피해자를 더욱 깊은 고통으로 몰아넣을 수 있고, 가해자에게는 책임 회피의 길을 열어 줄 수 있기 때문이다. 결국 용서와 정의, 치유의 복잡한 관계를 이해함으로써 우리는 진정한 회복에 가까워진다. 용서는 단순한 행위가 아니라, 깊은 통찰과 성찰을 동반해야 하는 여정이다. 진정한 용서가 이루어지기 위해서는 정의가 반드시 동반되어야 한다.

또한 앨런 리차드슨(Alan Richardson)은 그의 저서 *A Theological Word Book of the Bible*(성경 속 신학 용어 해설)에서 성경 속 회개의 의미를 설명하며 이렇게 주장한다. "용서라는 단어는 구약과 신약에서 거의 동일한 의미로 사용되며, 그 안에는 반드시 생각과 의도의 변화가 포함되어야 한다." 그는 "예수 그리스도께서 가르치신 용서는 한계가 없지만, 진정한 용서에는 반드시 진실한 회개가 수반되어야 한다"고 덧붙인다. 우리가 익히 알고 있듯, 회개는 단순한 반성으로 끝나지 않으며 반드시 행동의 변화로 이어져야 한다. 피해자와 가해자의 관계 속에 발생한 상처를 마주하고, 이에 대한 진정성 있는 고백과 실질적인 변화가 동반될 때만, 참된 회개가 이루어진다고 할 수 있다. 그러나 이러한 변화는 단순한 의도만으로 성취되지 않는다. 진정한 용서란 반드시 시간과 노력을 요하며, 때로는 심리적 치료와 회복의 과정을 필요로 한다. 리차드슨은 용서를 단순한 행위로 보지 않고, 근본적인 변화가 수반되는 회개의 과정으로 해석한다. 이러한 과정이 이루어질 때, 용서는 비로소 의미 있는 행위로 자리 잡게 되며, 피해자와 가해자 모두가 참된 치유를 경험할 수 있게 된다.

포춘과 리차드슨의 주장은 깊이 공감할 만하다. 그러나 여기서 우리는 새로운 질문에 직면하게 된다. 만약 가해자의 회개가 없다면, 진정한 용서는 불가능한 것인가? 피해자가 용서를 갈망하더라도, 가해자의 회개가 없을 경우 용서를 유보해야만 하는가? 앞으로 우리는 이 질문들을 더욱 깊이 성찰하고, 정의와 용서, 그 사이에 존재하는 신학적 여백을 함께 탐구해 보려 한다.

용서, 회개, 그리고 화해로 나아가는 길

현실적으로 용서의 문제를 논의할 때 우리는 결코 단순하지 않은 질문들과 마주하게 된다. 가해자가 회개하지 않는다면 용서가 가능한가? 그가 잘못을 인정하지 않아도 피해자는 용서를 베풀어야 하는가? 그리고 만약 피해자가 용서를 선택했을지라도, 가해자와 화해해야 할 의무가 따르는가? 결국, 용서의 과정에서 가해자의 회개는 필수적인 요소인가?

이러한 질문들에 답을 찾기 위해서는 용서의 구조에서 회개의 위치를 정립하고, 용서와 화해의 본질적 차이를 분명히 이해해야 한다. 이러한 이해는 우리에게 다음과 같은 깨달음을 준다: 진정한 용서는 상대의 회개를 필수로 요구하지 않지만, 진정한 화해에 이르기 위해서는 가해자와 피해자 양측의 참여와 변화가 반드시 필요하다. 용서란 단순히 개인의 내면적 평온을 위한 행위가 아니라, 관계를 회복하고 온전한 인간성을 구현하기 위한 깊은 여정이며, 이 과정에서 우리는 다시 용서하는 삶을 선택할 수 있는 용기와 소망을 얻게 된다.

회개 없는 용서가 가능한가?

많은 그리스도인은 상처를 준 사람을 아무 조건 없이 용서하는 것이 신앙의 참된 덕목이라고 믿는다. 이러한 태도는 종종 용서를 무조건적인 사랑(unconditional love)과 동일시하며, 가해자의 회개 여부를 고려하지 않는 방향으로 흐르기도 한다. 만약 용서가 단지 무조건적인 사랑의 표현이라면, 가해자가 자신의 잘못을 전혀 인정하지 않아도 피해자는 반드시 용서를 베풀어야 한다는 결론이 된다. 이에 대해 일부는 이렇게 반문한다:

- "용서는 불공평한 일이야. 정의롭지 못하고, 인간의 논리와 이성을

무시하는 행위야."
- "가해자가 참회하지 않는다면 용서를 말해서는 안 돼. 용서에는 반드시 조건이 따라야 해. 그가 뉘우쳐야만 용서할 수 있어."

그렇다면 가해자의 회개가 없는 상황에서 피해자는 어떻게 행동해야 하는가? 이러한 갈등 속에서, 우리는 용서를 '유보해야 하는가?'라는 질문을 피할 수 없게 된다.

어떤 이들은 하나님께서 죄인인 우리에게 무조건적인 사랑을 베푸셨으니, 우리도 그와 같이 해야 한다고 주장한다. 반면, 인간의 감정적 한계와 상처의 깊이를 고려할 때, 하나님처럼 용서하는 것이 현실적으로 어렵다고 보는 관점도 있다.

이처럼 논란은 있으나, 그리스도인이 예수 그리스도의 용서를 받은 존재라면, 우리 역시 그와 같은 용서의 삶을 살아가야 한다는 점은 명확하다. 물론, 가해자가 자신의 잘못을 인정하고 회개할 때 피해자가 용서하는 것은 심리적·논리적으로 자연스럽고 수용 가능해 보인다. 그러나 예수님은 우리가 그보다 더 깊고 높은 수준의 용서를 실천하기를 바라신다.

회개 없는 용서의 가능성과 한계

상대방이 자신의 잘못을 인정하지 않더라도, 우리는 긍휼과 무조건적인 사랑으로 그의 잘못을 덮어 줄 수 있다. 그러나 이것이 과연 진정한 '용서'인가? 이에 대해 데이비드 옥스버거(David Augsburge)는 그의 저서 *Caring Enough to Forgive – Caring Enough Not to Forgive*(용서할 만큼 사랑하기 – 용서하지 않을 만큼 사랑하기)에서 회개의 단계를 무시하고 그냥 넘어가는 반응은 무조건적인 사랑이지, 용서가 아니라고 말한다.

그는 무조건적인 사랑이 용서에 있어 필수적인 태도임을 인정하면서도, 용서의 완성은 아니며 출발점에 불과하다고 강조한다. 데이비드 스툽 또한 다음과 같은 질문을 던진다: "무조건적인 용서가 피해자를 수동적인 희생자로 만드는 것이 아닌가?"

결국 회개 없이도 용서는 가능할 수는 있지만, 진정한 용서가 되기 위해서는 회개의 과정이 반드시 수반되어야 한다는 점을 간과해서는 안 된다. 여기서 말하는 회개는 단순한 후회나 감정의 표현이 아니라, 자신의 행동을 직면하고 인정하며, 변화와 책임 있는 태도로 관계 회복을 시도하려는 행동을 포함한다. 즉, 회개가 있어야만 용서가 성립하는 것은 아니지만, 회개는 용서로 향하는 첫걸음이며, 그 과정을 통해 용서는 더욱 온전하고 진정한 회복의 의미를 갖게 된다.

회개가 없는 '일방적인' 용서는 어쩌면 가장 기초적인 용서의 단계라고 할 수 있다. 이 단계에서 피해자는 가해자가 자신의 잘못을 회개하지 않았음에도 불구하고, 그를 가치 있는 존재로 바라보며 일방적인 사랑을 베풀 수 있다. 그러나 이러한 용서는 아직 관계 회복이나 신뢰로 나아갈 수 없는 상태이며, 화해의 실현은 불가능하다. 따라서 일방적인 용서가 '상호적인' 용서로 발전하려면, 그 사이에 반드시 회개의 과정이 포함되어야 한다. 가해자가 진정으로 회개하고, 자신의 잘못을 정직하게 인정하고 고백하며, 다시는 같은 행동을 반복하지 않겠다고 결단하고, 행동의 변화로 그 의지를 보여줄 때—비로소 피해자는 다시 신뢰할 위험을 감수할 용기를 얻게 된다.

이러한 과정은 용서가 단순히 내면의 해방에 그치는 것이 아니라, 관계 속에서 서로를 다시 만나는 용기 있는 여정으로 나아갈 수 있도록 만든다. 필자는 이처럼 쌍방의 정직한 참여와 책임이 수반된 상호적인 용서를 '화해'라고 부르고 싶다. 화해는 단순한 감정적 동의가 아니라, 상호 간의 이해와 책임, 그리고 회복을 향한 약속의 실천이기 때문이다.

용서와 화해의 신학적 연결

옥스버거는 진정한 용서를 *Helping People Forgive*(사람들을 용서하도록 돕기)에서 다음과 같이 정의한다:

> "용서란 자신에게 일어난 일에 대한 분명한 인식을 가지고, 상처와 고통을 외면하는 것이 아니라 그것을 정직하게 받아들이며, 상처를 준 상대와 진실하게 마주하고, 함께 새로운 미래를 소망하는 것이다."
>
> "용서의 목표는 단순한 석방(release)이 아니라 화해(reconciliation)에 이르는 것이다. 용서는 관계를 다시 세우는 것이며, 단순한 후회가 아니다."

그는 용서의 신학적 의미가 사랑보다도 화해에 더 가까운 개념임을 설명하며, 성경에서 용서가 사용된 문맥을 분석할 때 관계적인(relational) 의미가 더욱 강조됨을 밝힌다. 예수 그리스도 안에서 하나님께서 우리를 용서하신 이유 역시 결국 하나님과 우리의 관계 회복을 위한 것이었다. 하나님은 우리에게 화해의 사역과 말씀을 맡기셨다(고후 5:19-20). 성경은 용서의 최종 목적이 결국 형제와 자매를 다시 얻는 것임을 선포한다.

그러나 우리 중 누구도 혼자서 화해를 이룰 수는 없다. 피해자는 혼자서라도 가해자를 사랑으로 대하며, 일방적으로 용서를 베풀 수 있다. 하지만 새로운 관계를 형성하는 일은 반드시 상호적으로 참여해야 한다. 앞서 언급했듯, 화해란 피해자와 가해자가 함께 이루어야 하는 과정이다. 진정한 용서에는 진정한 회개가 동반되며, 관계를 새롭게 세우기 위한 쌍방의 인식과 책임감 있는 행동이 요구된다. 용서란 상대의 회개를 신뢰와 존중 속에 받아들일 준비가 되어 있을 때, 그 용서는 비로소 화해의 여정으로 나아갈 수 있게 된다. 이러한 맥락에서 볼 때, 은혜, 진실, 용납, 직면, 희생, 책망 등 모든 요소가 용서의 성숙한 과정 속에 포함되어야 한다.

용서와 회개, 그리고 화해의 관계 정리

첫째, 진정한 용서는 상대방의 회개를 반드시 요구하지 않는다. 용서는 피해자의 선택이며, 이는 피해자가 자신의 내면적 평온을 회복하고자 결정하는 행동이다. 용서는 더 이상 가해자의 행동에 따라 좌우되지 않는 자유로운 선언이며, 피해자가 더 이상 분노와 상처에 매여 있지 않겠다는 의지의 표현이다. 가해자가 회개하지 않더라도, 피해자는 상처를 딛고 앞으로 나아갈 수 있으며, 그렇게 선택하는 것은 자기 회복의 출발점이 된다.

둘째, 그러나 진정한 화해를 이루기 위해서는 피해자와 가해자 모두의 참여와 변화가 필요하다. 화해는 단순히 용서를 선언하는 것으로 끝나는 것이 아니라, 관계의 회복을 지향하는 과정 중심의 여정이다. 진정한 화해는 가해자가 자신의 잘못을 인정하고, 책임을 감당하며, 피해자와 새로운 관계를 맺고자 하는 의지를 보여야만 가능하다. 피해자 역시 자신의 감정을 정리하며, 가해자의 진정한 변화와 회개를 받아들일 준비가 되어 있어야 한다.

이러한 이해를 통해, 우리는 용서가 단순한 감정적 해방이 아니라 관계의 회복과 공동체적 치유를 향한 깊은 과정임을 깨닫게 된다. 용서는 개인적인 결단일 수 있지만, 화해는 양측의 협력과 변화 없이는 이루어질 수 없다.

어떻게 하면 진정한 용서로 나아갈 수 있는가?: 용서로 나아가는 실천적인 과정과 단계

우리는 앞에서 용서가 무엇이 아닌지를 분석하고, 일방적인 용서가 지닌 한계를 이해하며, 어떻게 상호적인 용서로 발전할 수 있는지 살펴보았다. 이러한 탐구를 통해, 용서가 단순한 한 번의 결단이 아니라, 깊고 지속적인 내면의 여정이라는 사실을 깨닫게 된다. 이제 우리는 진정한 용서로 나아가기 위한 다양한 접근 방식을 검토하고자 한다. 용서는 단순한 감정적 반응이 아니라, 성숙과 회복을 향해 나아가는 복합적인 과정이며, 이를 깊이 이해하기 위해 다음의 요소들을 살펴본다:

- 용서의 다양한 스타일
- 용서에 대한 관점
- 용서로 나아가는 구체적 단계

이러한 분석은 용서의 본질을 더욱 깊이 통찰하게 만들며, 삶에서 실천할 수 있는 구체적인 방법을 정리해 준다. 아울러, 용서의 문제로 인해 고통과 갈등을 겪고 있는 이들에게 실질적 도움을 줄 수 있는 방향을 제시한다. 이를 통해 우리는 용서가 단순한 개인의 선택을 넘어서, 관계를 회복하고 공동체를 치유하는 강력한 힘을 지닌 행위임을 인식하게 된다.

엔라이트의 여섯 가지 용서 스타일

진정한 용서를 실천하기 위해서는, 우리가 용서를 선택하는 과정과 그 깊이, 그리고 각자의 용서 수준을 이해하는 태도가 반드시 필요하다. 용서 심리학자 로버트 엔라이트는 그의 저서 『용서 심리학: 내담자의 분노 해결하기』(Helping clients forgive)에서 인간이 사회적·도덕적으로 성장함에 따라 용서의 방식도 변화한다고 주장하며, 이를 바탕으로 여섯 가지 용서 스타일을 제시한다.

그는 용서가 단순한 감정적 반응이 아니라, 인간의 내면에서 점진적으로 형성되는 복합적 과정임을 강조한다. 이 여섯 가지 스타일을 살펴보는 것은 우리가 현재 어떤 위치에 있는지를 점검하고, 더 성숙한 용서의 방식으로 나아가기 위해 필요한 태도와 노력을 되짚는 데 큰 도움이 된다. 필자는 그의 용서 스타일을 바탕으로 신학적 관점과 실제적 사례를 결합하여 함께 고찰해 보고자 한다.

복수적 용서: 왜곡된 감정의 응답

첫째로 '복수적 용서(revengeful forgiveness)'는 용서와 보복을 동일시하는 미성숙하고 왜곡된 용서 방식이다. 이 스타일을 지닌 사람은 용서의 출발점에 서는 것조차 큰 어려움을 겪는다. 예를 들어, 누군가에게 상처를 입었을 때 "너가 나에게 했던 것처럼, 나도 똑같이 너를 때리면 용서해 줄게"라고 말하는 경우, 혹은 배우자의 외도를 알게 된 뒤 동일한 방식으로 복수하려는 심리는 복수적 용서의 대표적인 사례라 할 수 있다. 이러한 방식은 용서라기보다는 감정적인 응징이며, 복수를 통해 상처를 되갚으려는 충동이며 내면이 증오로 가득 차 있음을 보여 주는 신호다. 실제로 피해자는 복수를 통해 감정적 보상을 얻으려 하지만, 결국 내면의 상처를 더욱 깊게 만들 뿐이며, 결국 복수는 피해자를 가해자의 자리에 서게 만든다. 그 결과, 감정적 갈등은 더욱 악화되어 악순환 속으로 빠져들게 된다. 상담자는 내담자가 복수를 통해 상처를 극복하려는 시도가 공격적이고 파괴적인 방향으로 흘러가지 않도록 주의 깊게 살펴야 하며, 복수라는 심리적 메커니즘이 어떻게 내면의 지유를 방해하는지 평가할 필요가 있다.

성경에서도 "눈은 눈으로, 이는 이로, 손은 손으로, 발은 발로"(출 21:24) 라는 구절이 등장하지만, 이는 단순한 복수를 의미하는 것이 아니다. 이 원칙은 당시 과도한 폭력을 억제하고, 처벌과 보상의 균형을 유지하기 위한 법적 규범으로 해석되어야 한다. 즉, 복수의 정당화를 위한 근거가 아니라, 공정함과 절제를 위한 지혜의 표현이다.

솔직히 말해, 우리는 종종 용서보다 복수가 더 자연스럽게 느껴지는 존재다. 많은 이가 복수의 감정을 내면적으로 수용하며, 복수심을 자극하는 조폭 영화나 폭력적 서사에 열광하는 이유도 이러한 본능과 연관되어 있다. 그러나 아무리 타당한 복수라 해도, 진정한 만족을 제공하지는 않는다. 이미 파괴된 것은 어떤 방식으로도 완전히 복구될 수 없기 때문이다. 더 위험한 것은 복수가 피해자를 가해자의 위치로 이끌며, 관계와 존재의 윤리를 더 깊은 혼란으로 밀어 넣는다는 점이다. 중국의 격언에 다음과 같은 말이 있다: "복수를 꾀하는 자는 무덤을 두 개 파야 한다."

이는 복수가 결국 자신까지 파괴하는 결과를 낳을 수 있다는 강력한 경고의 메시지다. 따라서 우리는 복수적 용서의 위험성을 인식하고, 용서란 단순한 응징이나 지배가 아니라 자기 내면을 위한 치유 과정이라는 사실을 깊이 자각해야 한다. 진정한 용서란 상대를 벌하는 것이 아니라, 내면의 자유와 평온을 되찾는 길이다. 용서는 고통을 반복하는 수단이 아니라, 그것으로부터 벗어나는 결단이며 희망의 출발점이다.

보상적 용서: 상처의 균형을 찾으려는 내면의 움직임

둘째로 '보상적 용서(restitutional or compensational forgiveness)'는 복수적 용서만큼 강압적이지는 않지만, 여전히 빼앗긴 것을 되찾고자 하는 심리가 깊이 자리 잡고 있는 형태의 용서다. 예를 들어, 누군가 내 자전거를 훔쳐 갔다면, 단순히 용서하는 것만으로는 부족하며, 반드시 내 자전거를 다시 돌려받아야 한다고 생각하는 방식이 이에 해당한다. 이때 중요한 점은 보상이 반드시 물질적인 형태로 이루어질 필요는 없다는 사실이다. 누군가에게 심리적으로 상처를 입었다면, 그 상처에 대한 어떤 형태의 보상이 있어야 한다고 믿는 내면의 기제가 작동할 수 있다.

만약 상대방이 직접적인 보상—예컨대 사과, 재정적 배상, 관계 회복의 제안—등을 제공하지 않는다면, 피해자는 자기 내면에서 심리적 보상 시스템을 작동시키려 한다. 예를 들어, 원한과 분노를 해소하기 위해 용서를 선택하는 그 자체가 하나의 '내적 보상'이 될 수 있으며, 이는 자기 위로와 감정 정리의 일환으로 작용한다. 그리스도인의 경우, 상대를 용서하지 못했다는 죄책감으로 인해 깊은 내면적 갈등을 겪을 수 있으며, 이 죄책감을 해소하는 방법 중 하나가 용서의 실천이 되어, 내면의 평화로 나아가는 길이 된다. 이처럼 용서는 때로 '생존 기제'로 작동하며, 심리적 균형을 회복하려는 '자기 보호 전략'으로 사용되기도 한다.

그러나 용서를 보상의 수단으로만 바라볼 경우, 몇 가지 심각한 문제가 발생할 수 있다. 가장 대표적인 예는, 아무런 보상이 주어지지 않았을 때 피해자가 용서 이후 오히려 더 큰 좌절을 경험한다는 점이다. 다음과 같은 내면의 목소리가 들려올 수 있다:

- "나는 용서했는데 왜 여전히 이렇게 괴로운가?"
- "내가 용서했지만, 아무것도 달라진 게 없다."

이러한 심리적 충돌은 용서를 진정한 치유의 과정이 아니라 일종의 거래 혹은 대가를 기대하는 행위로 인식할 때 더욱 심화된다. 보상을 기대하고 용서했음에도 불구하고 보상이 이루어지지 않을 경우, 그 용서 자체가 좌절과 실망으로 변질될 수 있다. 따라서 보상적 용서의 초기 동기가 용서의 본질을 흐리지 않도록 주의하는 것이 매우 중요하다. 용서란 궁극적으로 내면의 자유와 치유를 향해 나아가는 선택이어야 하며, 외적인 보상 여부에 따라 흔들리는 조건부 감정이 되어서는 안 된다.

기대에 따른 용서: 외적 압력 속에서 흔들리는 내면

세 번째 용서의 방식은 '기대에 따른 용서(expectional forgiveness)'다. 이 형태의 용서는 개인의 진심보다는 주변 집단—가족, 교회, 공동체—의 조언이나 분위기를 따라 용서 여부를 결정하는 과정이다. 이러한 상황에서는 종종 다음과 같은 말을 듣게 된다:

- "가족의 평화를 위해 참아야 한다."
- "모두가 조용히 넘어가길 바라니 용서하는 게 맞아."

이러한 형태의 용서는 본질적으로 가해자와 피해자 사이의 관계에서 비롯된 것이 아니라, 사회적 기대나 환경적 압력에서 발생하는 경우가 많다. 즉, 용서의 결정이 자신의 내면에서 우러난 것이 아니라, 외부 분위기에 의해 좌우될 가능성이 높다.

이러한 방식으로 이루어진 용서는 진정한 변화를 이끌어 내기 어렵다. 가해자의 반성과 행동 개선을 기대하기 어렵고, 피해자 역시 마음 깊은 곳에서 우러나온 용서가 아닌, 거짓된 선언을 하게 될 위험이 있다. 겉으로는 자신이 진심으로 용서했다고 믿지만, 내면의 상처는 아직도 아물지 않았을 수 있다. 이럴 경우, 실제로는 감정이 해결되지 않은 상태임에도 불구하고 외적 평화만을 위한 선언적 용서가 이루어지며, 이는 억압된 감정으로 남아 또 다른 갈등을 유발할 수 있다.

따라서 주변 사람은 그가 말하는 "용서"와 실제 느끼는 감정 사이에 차이가 있는지 세심하게 살펴볼 필요가 있다. 형식적으로는 용서를 선언했더라도, 마음속 깊은 상처가 그대로 남아 있다면, 그 용서는 치유가 아니라 잠재된 갈등의 씨앗이 될 수 있다.

용서란 절대 타인에 의해 강요될 수 없는 행위다. 물론 가까운 사람의 따뜻한 격려나 지지는 용서의 과정에서 중요한 역할을 할 수 있다. 그러나 피해자의 감정과 회복 상태를 충분히 고려하지 않은 채, 단지 공동체의 평화를 위한 명목으로 용서를 요구하는 것은 바람직하지 않다. 진정한 용서란 오롯이 자신의 내면에서 비롯될 때에만 의미를 갖는다. 그것은 회피가 아니라 직면이며, 억압이 아니라 자유를 향한 선택이다.

법적인 기대에 따른 용서: 명령과 유익 사이의 경계

네 번째 용서의 방식은 '법적인 기대에 따른 용서(lawful forgiveness)'다. 이는 개인적인 감정보다는 도덕적 책임과 공동체의 규범에 의해 용서의 여부를 결정하는 방식을 의미한다. 특히 기독교 신앙 안에서 살아가는 이들에게서 이러한 용서 스타일이 자주 나타나는 경향이 있다. 이런 경우, 용서의 동기가 단순한 감정이나 결단에서 비롯된 것이 아니라 "명령"에서 비롯되었는지를 살펴볼 필요가 있다. 물론 명령 자체가 반드시 부정적이지만은 않다. 그러나 그 명령이 잔혹한 강요인지, 아니면 진정한 유익과 회복을 위한 원리인지에 대한 분별은 반드시 필요하다.

이 지점에서 우리는 다음과 같은 질문을 던져야 한다:

- 교회는 왜 성도들에게 용서를 요구하는가?
- 피해자가 용서할 때, 그의 자유로운 선택이 작동하는가?
- 그가 시도하는 용서가 정말로 내면의 치유로 연결되는가?
- 아니면 단지 교회 공동체의 안정과 화합을 위한 도구에 불과한가?

단지 부조건석인 용서를 강조하는 공동체와 자비와 사랑의 원리에 기초하여 용서를 실천하는 공동체는 분명히 다르다. 그러므로 용서를 강요하기 전에, 이러한 질문들을 충분히 숙고할 필요가 있다. 만약 한 성도가 해당 도덕적 원리를 깊이 이해하지 못했거나, 상처가 너무 깊어 아직 받아들일 준비가 되어 있지 않다면, 용서를 요구하기보다 정서적 여백과 시간, 그리고 내면적 질문을 성찰할 수 있는 공간을 제공해야 한다. 그렇지 않으면 피해자는 용서하지 않는 죄인이라는 낙인을 받게 되고, 다시 한번 피해자임에도 불구하고 심리적으로 고립되는 고통을 겪게 된다.

이 지점에서 존 패튼(John Pattn)의 통찰은 특별한 울림을 준다. 그는 그의 저서 *Is Human Forgiveness Possible?*(인간의 용서는 가능한가?)에서 다음과 같이 말한다: "용서는 무언가를 행하는(doing) 것보다, 공동체에서 발견되는(being found) 것이다."

이 말은 용서를 개인의 결단이나 집단적 명령으로 접근하는 것이 아니라, 공동체에서 치유되고 받아들여지는 여정에서 자연스럽게 발견되는 경험임을 강조한다. 피해자는 공동체의 따뜻한 돌봄과 이해 속에서, 다음과 같은 변화의 흐름을 겪게 된다:

- 마음속에 응어리졌던 원한이 서서히 사라지고,
- 자신의 아픔이 인정되고 수용받는 경험을 하며,
- 고통이 견딜 만해지고,
- 가해자에 대한 공감과 동정심이 점차 증가하고,
- 상처 속에서 새로운 자아가 자라나는 회복의 순간을 맞이하게 된다.

이러한 흐름에서 피해자는 어느 순간, 자기 내면 깊숙한 곳에서 용서할 힘이 있다는 사실을 '발견'하게 된다.

필자가 만난 한 내담자는 어릴 적 자신을 버리고 떠난 아버지를 도저히 용서할 수 없었다. 그는 그 상처 때문에 오랜 시간 고통스러운 삶을 살아야 했다. 우리는 함께 용서의 여정을 오래도록 걸었고, 그 과정은 절대 단순하지 않았다. 깊은 분노와 상처, 부정과 저항, 때로는 절망에 가까운 침묵 속을 함께 지나온 후, 용서의 마지막 단계에서 그는 다음과 같은 말을 꺼냈다: "교수님, 제 안에 어처구니없는 일이 일어났어요. 도저히 용서할 수 없을 줄 알았던 아빠에게 불쌍한 마음이 들었어요. 아빠가 보고 싶은 마음이 생겼어요. 저에게 무슨 일이 일어났는지 모르겠어요."

그의 이 고백은 용서가 결코 외부의 압력이나 인위적인 결정으로 이루어지는 것이 아니라, 내면 깊은 곳에서 예기치 않게 솟아오르는 생명의 반응이라는 사실을 보여 준다. 그것은 정리된 말이 아니라, 감정의 울림이며, 단어를 넘어서는 존재의 변화다. 이처럼 용서는 때때로 우리가 준비하지 않았을 때 찾아오며, 예기치 않은 방식으로 내면의 깊은 곳에서 조용히 솟아난다. 단 한 사람의 따뜻한 지지, 혹은 공동체 전체가 품어 주는 사랑과 안전 안에서 나도 몰랐던 내면의 용서의 힘을 '발견하는' 경험이다.

사회적 조화로서의 용서: 외적 반응이 아니라 내적 조화

다섯 번째 용서의 방식은 '사회적 조화로서의 용서(forgiveness as social harmony)'다. 심리학자 로버트 엔라이트는 이러한 형태의 용서를 도덕적 원리의 초기 수준으로 보며, 용서를 실천하는 사람은 "용서는 좋은 것이다"라는 기본적인 믿음에서 출발한다고 설명한다.

그러나 단순히 "용서는 좋은 결과를 가져오므로 해야 한다"고 믿는 태도는 오히려 용서의 조건을 왜곡시키는 결과를 초래할 수 있다. 용서하는 사람은 용서를 통해 관계가 개선될 것이라는 기대를 가질 수 있지만, 현실에서는 용서가 즉각적인 긍정적 효과를 가져오지 않는 경우가 많다. 예를 들어, 배우자가 기대했던 대로 변화하지 않거나 협력하지 않을 경우, 오히려 더 큰 좌절과 분노, 심지어 배신감을 느낄 수 있다. 이러

한 상황에서는 용서를 실천하려는 사람에게 다음의 사실을 분명히 인식시킬 필요가 있다:

- 용서는 관계에서 항상 선한 열매를 맺는 것이 아니다.
- 용서 자체가 중요한 것이지, 그 결과가 반드시 긍정적일 필요는 없다.

용서는 상대방의 행동 변화나 관계 개선을 보장하는 마법 같은 해결책이 아니다. 사회적 조화를 이루기 위한 용서라면, 무엇보다도 결과보다 용서 자체의 의미에 집중하는 태도가 요구된다. 용서의 본질은 나의 내면에서 평화를 되찾고, 상처를 극복하며, 성숙으로 나아가는 데 있다. 상대방이 즉각적으로 변화하지 않더라도, 용서를 실천하는 과정에서 자신의 내면을 정리하고 성장해 나가는 경험이 이루어진다. 그리하여 비로소 진정한 용서의 힘을 실감하게 된다.

사랑으로서의 용서: 삶의 방식으로서의 용서

여섯 번째 용서의 방식은 '사랑으로서의 용서(forgiveness as love)'다. 이 단계의 용서는 외부의 상황이나 조건에 좌우되지 않으며, 도덕적 사랑의 실천으로서 용서의 본질적 가치를 깊이 이해하는 수준을 의미한다. 이러한 수준에 도달한 사람은 용서를 단순히 좋은 결과를 가져오는 수단으로 여기지 않는다. 대신 용서의 '선함 그 자체'에 더 깊은 의미를 부여한다.

이 수준에서 실천되는 용서는 이전 단계의 사회적 용서와 달리, 상대방의 반응에 의존하지 않는다. 즉, 상대가 변하지 않더라도, 용서를 받아들이지 않더라도, 심지어 같은 행동을 반복하더라도, 용서를 실천하는 사람은 자기 내면의 평화와 사랑을 기반으로 용서를 지속할 수 있다.

이러한 수준에 도달한 사람은 용서를 통해 분노, 불안, 심리적 우울감이 점차 사라지는 경험을 한다. 왜냐하면 용서가 더 이상 외적 조건에 따라 움직이는 것이 아니라, 내면의 평온을 유지하는 생활양식으로 자리 잡았기 때문이다. 용서는 더 이상 강요되거나 의무로 실천되는 것이 아니라, 삶 속에 자연스럽게 녹아드는 상태로 변모한다. 즉, 용서는 단순한 행위가 아니라 삶의 태도이자 존재 방식이 된다. 용서는 특정한 순간에만 필요한 대응이 아니라, 삶 그 자체가 된다. 그리고 바로 이 경지가 그리스도인이 도달해야 할 용서의 궁극적 모습이라고 믿는다.

용서의 스펙트럼: 내면에서 일어나는 다차원적 관점

앞서 살펴본 용서의 다양한 스타일을 통해, 우리는 용서가 내적으로 어떤 동기에서 비롯되는지를 탐색해 왔다. 그러나 용서를 보다 깊이 이해하기 위해서는 다양한 관점에서 바라보는 것이 중요하다. 용서는 단순히 결단의 문제가 아니라, 개인의 내면에서 점진적으로 일어나는 복합적인 과정이기 때문이다.

이러한 점에서 용서는 '행하는 행위'라는 좁은 의미를 넘어서, 다양한 계층에서 경험되는 과정으로 확장된다. 필자는 용서를 고민하는 내담자들과의 상담 과정에서 용서의 스펙트럼에 대한 설명을 반드시 포함하려 한다. 내담자들은 용서가 하나의 순간적인 결정이 아니라 다차원적인 여정임을 깨닫고 놀라움을 표현한다. 자신이 현재 용서의 어느 지점에 위치하는지를 점검하고, 앞으로 나아갈 방향과 실천 가능한 구체적 방법을 탐색하게 된다. 이러한 과정은 내담자가 용서를 보다 유연하게 받아들이고, 자신의 상황에 맞는 방식으로 실천할 수 있도록 돕는다.

데이비드 옥스버거는 *Hate-Work: Working through the Pain and*

Pleasures of Hate(증오 작업: 증오의 고통과 쾌락을 통과하는 여정)에서 용서란 단일한 행위가 아니라, 상대방에게 보이는 작은 예의에서 시작해 깊이 회복된 관계에 이르기까지 광범위한 스펙트럼을 포함한다고 설명한다. 관계의 유형과 맥락에 따라 용서의 목표와 반응은 다양하게 나타나며, 이를 인식함으로써 우리는 용서의 과정을 더욱 풍부하게 이해할 수 있다. 용서의 스펙트럼을 더 세밀하게 살펴보면 다음과 같은 여러 단계가 있다.

1) 예의(Civility)
   - 공손함과 친절함을 바탕으로 하는 표면적이고 즉각적인 용서로 나타난다.
   - 죄책감이나 책임에 대한 깊은 성찰 없이, 사회적 융화를 도모하는 방식으로 이루어진다.

2) 참기(Tolerance)
   - 부정(denial), 묵과(overlooking), 또는 단순한 마무리(closing)의 형태로 용서가 나타날 수 있다.
   - 감정적 고통을 억누르거나 단절시키려는 본능적인 대응이지만, 용서를 단순한 종결로 정의하는 것은 바람직하지 않을 수 있다.
   - 해결되지 않은 상처와 함께 살아가며 그 속에서 의미를 찾는 과정이 요구되기도 한다.

3) 수용(Acceptance)
   - 무조건적인 긍정적 존중과 자비, 자애(benevolence)로 표현된다.
   - 상대방이 실수할 수 있는 존재임을 인정하면서도, 여전히 가치 있는 존재로 받아들이는 태도를 포함한다.

- "잘못한 행동이라도 나는 평화를 위해 당신을 받아들인다"는 깊은 결단이 담긴다.

4) 사면(Pardon)
- 가해자에게 요구하고 싶은 것을 내려놓으며, 사건에 대한 분노로부터 스스로를 해방한다.
- 복수나 분노를 포기하고 내면의 평화를 향해 나아가는 과정으로 이해된다.

5) 범인간애(Cohumanity)
- 상대방을 평등한 인간으로 인정하고 인간의 존엄성과 가치를 회복하는 여정을 의미한다.
- 감정적 용서를 넘어서, 깊은 인간적 이해에 기반한 용서로 발전한다.

6) 과정(Process)으로서의 용서
- 가해자와 피해자가 함께 위험을 감수하며 용서의 과정을 공동으로 진행한다.
- 용서는 고정된 결과가 아니라, 서로의 상처를 직면하고 나아가는 진행 중인 여정으로 이해된다.

7) 연결(Connection)로서의 용서
- 가해자와 피해자가 다시 관계를 맺으며, 새로운 이해 속에서 화해와 연결을 이루게 된다.

이렇듯 다양한 단계와 스펙트럼을 탐구하는 것은 우리 내면 깊숙이 자리한 증오와 상처를 정면으로 바라보게 한다. 이를 회피하거나 부정하지 않음으로써, 새로운 관계 회복의 가능성을 열어 주고 상처를 치유할 수 있는 통로를 마련하게 된다. 이 과정을 통해 우리는 용서를 단순한 행위가 아니라, 깊고도 역동적인 인간 경험으로 받아들이게 된다.

용서를 스펙트럼으로 이해하게 되면, 단일한 형태로 정의될 수 없는 복합적인 현상임을 깨닫는다. 용서는 단지 '용서를 하느냐 하지 않느냐'의 문제가 아니며, 다층적이고 다면적인 과정을 포함하고, 각각의 수준과 맥락에 따라 서로 다른 양상으로 나타난다. 이러한 관점에서 우리는 용서를 단순한 결단이 아닌 점진적이고 심화되는 하나의 여정으로 인식하게 된다.

앞서 잠깐 언급했듯이, 필자는 용서를 힘들어하는 내담자를 만날 때, 그들이 용서를 어떻게 이해하고 있는지를 면밀히 탐색하는 대화를 시도한다. 이러한 대화를 통해 내담자는 자신이 용서의 어느 단계에 있는지를 자각하고, 이를 보다 자연스럽고 수용적으로 다룰 수 있게 된다. 용서를 삶의 일부로 받아들이고 천천히 그 과정을 체험하는 동안, 내담자는 복수적 감정을 토대로 한 용서에서 시작하여 자기 자신에 대한 연민, 그리고 궁극적으로 가해자를 용서하는 단계로까지 성장해 나가는 모습을 보여 준다.

예를 들면, 내담자가 예의(Civility), 인내(Tolerance), 혹은 일방적인 사면(Pardon)과 같은 초기 단계에 머무르고 있다면, 필자는 그들에게 보다 깊고 폭넓은 용서의 관점을 제시하는 데 중점을 둔다. 만약 내담자가 용서에 대해 제한된 인식을 가지고 있을 경우, 이를 확장하고 교정할 수 있도록 돕는다. 그렇게 함으로써 내담자는 부정하거나 억눌러왔던 상처와 아픔을 직면하게 되고, 그 감정을 정직하게 바라보며 슬퍼하는 시간을 가지도록 격려받는다.

이처럼 용서를 스펙트럼의 관점에서 바라보는 경험은 내담자가 상처를 넘어 새로운 관계로 나아가는 진정한 용서의 여정을 시작하는 계기가 된다. 결국 용서는 단순히 과거를 마무리하는 행위가 아니라, 현재와 미래를 향해 관계를 재구성하고, 상호 신뢰를 회복하는 데 필요한 살아 있는 과정이 된다.

용서로 나아가기 위한 단계:
루이스 스메데스와 로버트 엔라이트의 용서 이론

이제 용서의 구체적인 단계를 살펴볼 때가 되었다. 여기에서는 신학자이자 윤리학자인 루이스 스메데스와 심리학자인 로버트 엔라이트의 이론을 토대로, 용서의 시작과 결심, 그리고 용서 작업을 실행하는 실제적인 과정을 정리하려고 한다. 이 설명은 "용서를 하고 싶지만 어디서부터 시작해야 할지 모르겠다"고 고민하는 독자에게 실질적인 길잡이가 될 것이다.

루이스 스메데스의 용서에 관한 4단계

루이스 스메데스는 『용서의 기술』에서 용서를 단순한 행동이 아닌, 내면의 치유 과정으로 바라본다. 그는 용서가 상처를 덮는 수준을 넘어 관계 회복까지 포함하는 포괄적인 여정임을 강조한다. 이러한 관점은 용서를 통해 인간관계에 본질적인 변화가 일어나야 한다고 주장하는 그의 입장을 분명히 드러낸다.

그가 제시한 용서의 네 단계는 감정적 반응을 넘어서, 상처를 직면하는 순간에서 시작해 내면의 해방을 거쳐 관계를 재정립하는 과정 전반을 아우른다. 이 구조는 용서의 본실을 보나 분명히 이해하고 실천할 수 있는 기반을 제공하며, 각 단계는 실질적이고 체계적인 치유 흐름을 형

성한다. 다음은 그가 제안한 네 가지 단계다:

1. 상처를 인식하는 단계(Acknowledging the Pain)

우리는 종종 용서를 단순히 상처를 잊어버리는 것이라고 오해한다. 그러나 진정한 용서의 여정은 자신이 받은 상처를 정확히 인식하는 데서 시작한다. 누군가로 인해 깊은 상처를 받을 때, 그 고통을 외면하거나 억누르는 것이 아니라, 이를 정면으로 바라보고 우리에게 미친 영향을 온전히 인정하는 자세가 필요하다.

용서는 단순히 상처를 덮는 행동이 아니다. 오히려 용서는 그 고통을 마주하고 받아들이는 데서 출발한다. 이는 감정을 억누르는 것이 아니라, 자신의 아픔을 있는 그대로 직면하고 바라보는 과정이며, 동시에 치유의 출발점이 된다. 상처를 인식하는 행위는 자기 자신을 보호하고 성장으로 나아가게 하는 첫걸음이 된다. 진정한 용서란 스스로의 상처를 부정하는 것이 아니라, 있는 그대로 인정하고 받아들이는 데서 시작한다.

2. 미움의 단계(Facing the Anger)

용서의 두 번째 단계는 자신이 받은 상처에 대한 감정적 반응을 인식하는 것이다. 우리는 종종 용서를 생각할 때, 상처를 준 사람에 대한 미움과 분노는 용서와 어울리지 않는다고 여긴다. 그래서 이러한 감정을 느낄 때 혼란스러워하거나, 용서를 포기하기도 한다. 용서에 '미움의 단계'가 존재한다는 사실이 어색하게 느껴질 수도 있으며, 오히려 미움을 제거하는 것이 먼저라고 생각할지도 모른다.

그러나 상처를 준 사람에 대한 분노와 미움은 지극히 자연스러운 감정이다. 이는 상처받은 마음이 보내는 솔직한 신호이며, 용서를 향한 중요한 과정이기도 하다. 용서는 이러한 감정을 억누르는 것이 아니라, 오히려 가해자에 대한 미움과 분노를 인정하고 직면하는 데서 시작한다.

이 단계에서 우리는 "내가 받은 고통을 그 사람도 반드시 느끼게 해줘야 한다"는 생각을 할 수 있다. 이는 정당한 분노일 수 있으나, 중요한 것은 이 감정에 매몰되지 않고 건강하게 정리하는 것이다. 용서는 분노를 없애는 것이 아니라, 건강하게 다룰 수 있는 힘을 기르는 여정이다. 미움과 분노의 감정은 용서의 필수적인 일부일 수 있다. 그렇기에 이를 부정하거나 억압하지 않고, 자연스럽게 인정하고 안전하게 다루는 방법을 찾는 것이 필요하다.

3. 치유의 단계(Healing the Wound)

이제 우리는 고통과 분노를 넘어 진정한 치유의 과정으로 나아간다. 이 단계에서 상처를 준 상대를 이전과는 다른 새로운 시각으로 바라보기 시작하며, 용서가 단순한 감정적 반응이 아니라 깊은 내면의 변화임을 깨닫는다. 루이스 스메데스는 이러한 변화를 '마법의 눈(The Magic Eyes)'이라고 표현한다. 이는 용서의 과정에서 핵심적인 개념으로 작용한다. '마법의 눈'을 갖게 되면, 우리는 상대를 단순한 가해자로 규정하지 않고, 그의 행동 이면에 숨겨진 결핍과 약점을 이해하는 시야를 갖게 된다. 우리가 한때 원수로 여겼던 사람을 전혀 다른 시각에서 바라보면서, 그들 또한 연약하고 도움이 필요한 존재임을 인식하게 된다.

마법의 눈은 상처를 준 사람을 완전히 새로운 방식으로 이해하도록 돕는다. 상대가 왜 그러한 행동을 했는지, 어떤 환경과 감정이 그 행동을 유발했는지, 그의 결핍과 상처는 무엇이었는지를 깊이 들여다볼 수 있도록 한다. 물론 우리가 마법의 눈을 가진다고 해서, 모든 상처의 기억이 사라지는 것은 아니다. 모든 미움과 분노가 사라지는 것도 아니다. 마법의 눈을 통해서도 여전히 아픈 기억과 감정은 남아 있을 수 있다. 그러나 감정의 강도는 점차 약해지고, 마음은 이전보다 더 자유로워지기 시작한다.

이렇듯 용서의 여정을 걸어가다 보면, 우리는 과거의 기억이 여전히 남아 있더라도 그 고통으로부터 자유로워지는 경험을 하게 된다. 과거의 상처가 우리를 묶어두지 않도록, 우리는 그것을 딛고 성장하는 새로운 마음가짐을 형성하여 상처받았던 기억을 새로운 의미로 받아들일 수 있게 된다. 예를 들어, 우리가 상처를 준 사람을 떠올렸을 때, 그 사람이 잘되기를 바라는 마음이 생긴다면, 용서가 우리를 치유하고 있다는 강력한 징후이다. 이처럼 용서는 증오의 독성을 해소하는 해독제가 된다. 상처받은 기억이 여전히 남아 있더라도 우리의 현재와 미래를 제한하지 않으며, 우리는 더 이상 과거의 아픔에 사로잡히지 않고 스스로를 자유롭게 한다.

그러나 이 단계가 용서의 절정은 아니다. 진정한 용서는 피해자와 가해자가 완전히 해방되어 서로를 포용할 수 있을 때 비로소 이루어진다. 만약 두 사람이 아직 완전히 받아들이는 단계에 이르지 않았다면, 치유의 과정은 계속해서 진행될 필요가 있다.

4. 연합의 단계 (Reunion or Release)

용서의 궁극적인 단계는 상처를 입힌 상대와의 관계를 새롭게 정의하는 과정이다. 용서는 단순히 감정을 정리하는 것으로 끝나는 것이 아니라, 깨진 관계를 어떻게 다룰 것인지에 대한 결정을 포함한다. 상처를 준 사람이 정직한 마음으로 자신의 잘못을 인정하고, 관계 회복을 위해 진심 어린 노력을 기울인다면, 두 사람은 치유된 관계로 나아갈 수 있다. 이때 가장 중요한 요소는 가해자의 진실한 태도다. 용서는 항상 관계 회복을 의미하지는 않지만, 가해자가 진정성 있는 회개와 변화를 보이는 경우, 관계는 새롭게 정의될 가능성을 갖는다.

진정한 화해와 연합은 단순히 '마법의 눈'을 갖는 것만으로 이루어지지 않는다. 피해자와 가해자 모두가 진실을 가지고 마주해야만 관계 회복이 가능하다. 가해자가 자신의 잘못을 인정하고 진실한 태도로 회개할 때, 관계 복원이 이루어질 수 있다. 그러나 가해자가 회복을 거부하거나 불성실한 태도를 보이는 경우, 피해자는 결국 혼자서 치유받는 것으로 만족할 수밖에 없다. 진실의 직면이 없다면, 두 사람이 다시 화합하는 것은 불가능하다.

따라서 용서는 반드시 상대방과의 관계 회복을 동반해야 하는 것은 아니다. 오히려 피해자가 독립적으로 자신의 치유를 완성하는 과정이 될 수도 있다. 우리는 피해자가 일방적으로 용서를 행한다고 해서 관계가 반드시 회복되는 것이 아니라는 사실을 기억해야 한다. 관계 회복 가능성은 상대방의 태도에 따라 결정되며, 때로는 관계 자체가 현실적으로 회복될 수 없는 경우도 있다. 이럴 때라도 피해자는 스스로 용서를 완성할 수 있다. 왜냐하면 과거의 상처를 딛고 성장하는 여정 자체가 용서의 중요한 일부가 되기 때문이다. 용서는 내면의 평화를 찾는 여정이며, 관계 회복 여부와 상관없이 자신을 위한 치유의 과정이 된다. 관계가 회복되지 않더라도 우리는 용서를 통해 상처를 극복하고, 더 자유로운 삶으로 나아갈 수 있다.

연합과 화해는 용서의 절정이자 완성이다. 그러나 화해가 이루어지지 않았다고 해서 용서가 불가능한 것은 아니다. 용서를 통해 우리는 과거와 똑같은 자리에서 출발하지 않는다. 우리가 바라는 자리에서 출발하지도 않는다. 용서는 우리가 현재 서 있는 자리에서 새로운 출발을 가능하게 한다. 우리는 고통과 상처가 있는 현실을 있는 그대로 인정하고, 때로는 슬퍼하면서 받아들이며, 그 안에서 새로운 삶을 시작할 수 있다. 용서는 상처를 제거하는 것이 아니라, 상처와 함께 살아갈 힘을 부여한다. 이것이 우리가 걸어가야 하는 용서의 길이며, 또한 용서의 삶이다.

로버트 엔라이트의 용서의 4단계

용서 심리학자인 엔라이트는 용서를 단순한 도덕적 선택으로 보지 않고, 분노와 적개심을 다루는 심리적 과정으로 이해한다. 그는 용서가 이루어지기 위해 거쳐야 할 심리적 단계를 체계적으로 정리하며, 감정의 흐름과 내면의 변화가 핵심임을 강조한다.

그가 제시하는 용서의 네 단계는 고정된 순서를 따르는 것이 아니라, 개인의 상황과 경험에 따라 유동적으로 진행되는 열린 구조를 갖는다. 어떤 사람은 특정 단계를 건너뛰기도 하고, 이미 지나온 단계를 되돌아가기도 한다. 용서하는 데 걸리는 시간 또한 사람마다 다르며, 누군가는 몇 달 혹은 몇 년을 요하는 반면, 또 다른 사람은 비교적 짧은 시간 안에 내면의 갈등을 정리하기도 한다.

이렇듯 용서는 각자의 감정과 기억에 따라 속도와 방식이 다르게 전개된다. 중요한 것은, 용서의 여정 중에 다시 분노가 생기더라도 용기를 잃지 않는 것이다. 이는 자신이 여전히 용서의 과정 안에 있다는 증거이며, 그러한 감정의 변화를 자연스럽게 받아들이는 자세가 필요하다.

엔라이트는 용서가 대인관계(interpersonal)에서 시작되는 것이 아니라, 내면적인 변화(intrapersonal)에서 시작된다고 강조한다. 즉, 용서는 상처를 준 가해자의 태도나 반응과 무관하게, 피해자가 스스로 겪어야 하는 개인적이고 심리적인 여정이다. 이러한 이유로 그는 상담을 진행할 때 피해자와 가해자의 즉각적인 대면을 오히려 제한하기도 한다. 그에 따르면, 피해자는 충분한 시간을 가지고 용서의 내적 과정을 완전히 마친 후에야 가해자와의 대면을 고려해야 한다. 그렇지 않고 너무 이른 시점에 상대를 만나게 되면, 가해자의 반응에 따라 피해자는 또 다른 심리적 상처를 입을 가능성이 있으며, 경우에 따라 용서의 과정을 중단하는 위험도 존재한다.

이제 그가 제안한 용서의 4단계를 정리한다. 더 깊은 내용을 알고 싶다면, 그의 저서 『용서 심리학』을 참고하기 바란다.

1. 개방 단계: 분노를 인식하며 용서의 문을 열다

용서의 여정은 단순한 감정의 발산으로 시작하지 않는다. 오히려 첫 번째 단계는 '분노'라는 감정을 인식하고 받아들이는 것에서 출발한다. 피해자는 자신이 겪은 부당함과 상처가 삶에 어떤 영향을 주었는지를 깊이 성찰하게 된다. 불공정한 사건이 자신의 정신 건강과 일상에 어떤 흔적을 남겼는지 이해하려고 노력하며, 그 속에서 여러 감정적 반응을 겪는다.

이 과정에서 피해자는 분노뿐 아니라 수치심, 삶의 에너지 감소, 반복적인 부정적 사고, 자신과 가해자를 끊임없이 비교하는 감정, 그리고 상처가 앞으로도 계속될 수 있다는 불안감 등을 경험하게 된다. 이러한 감정들은 단순히 피하거나 억누를 수 있는 것이 아니며, 오히려 이를 정직하게 바라보는 것에서 치유의 시작이 된다.

시간이 흐르면서 피해자는 분노의 강도가 조금씩 약해짐을 느끼고, 적대감과 복수심을 내려놓고자 하는 의지가 생긴다. 마음 깊은 곳에서 "이제는 이 상처를 붙잡고 살아가기보다, 내면의 평화를 향해 나아가고 싶다"는 생각이 떠오른다. 이는 용서의 방향으로 나아가는 첫 신호이자, 감정적 전환점이 된다.

용서를 향해 나아가기 위해서는 반드시 자신의 분노가 얼마나 남아 있는지, 혹은 마음속 어딘가에 어떻게 숨어 있는지를 점검해야 한다. 이는 단순한 감정의 정리 수준이 아니라, 내면의 상처와 마주하고 이를 해석하며, 용서의 문을 여는 과정 그 자체다.

2. 결정 단계: 용서를 선택하며 마음의 방향을 재설정하다

결정 단계는 용서를 의식적으로 선택하는 과정이다. 이 단계에 이르면 내담자는 자신이 느껴온 고통을 더 이상 회피하거나 억누르지 않고, 정직하게 받아들이기 시작한다. 그동안 고통을 감추며 살아왔던 시간들이 자신에게 어떤 영향을 미쳤는지를 되짚고, 이제는 더 이상 그 방식이 유효하지 않음을 깨닫는다. 과거의 해결 방식이 지속적인 괴로움과 왜곡된 자아 인식만을 만들어 냈다는 점을 인식하는 순간, 용서는 단지 도덕적 행위가 아니라 삶을 다시 회복하기 위한 실질적인 선택지로 떠오르게 된다.

내담자들은 종종 이런 혼란을 겪는다. "난 사랑받을 자격이 없어," "저 사람은 용서받을 만한 가치가 없어." 이러한 왜곡된 생각은 시간이 흐르면서 자신과 타인에 대한 신뢰를 무너뜨리고, 세상과의 연결고리를 점차 단절시키는 결과를 낳는다. 특히 이 감정이 오랫동안 지속되면, 사랑하는 이들—가족, 친구, 연인—에게까지 분노와 불안을 투사하는 자신을 발견하게 된다.

실제로 필자를 찾아온 많은 내담자는 상처를 견디는 것이 어려워서가 아니라, 그 상처에서 파생된 감정을 사랑하는 사람에게 쏟아내는 자신을 더 이상 참을 수 없다고 말한다. 그들은 분노가 자신만을 해치는 것이 아니라 관계를 망치고, 삶을 고립시키고 있다는 사실을 자각한 뒤에야 비로소 "나는 용서를 하고 싶다"고 말한다. 용서란 결국, 그 분노와 상처를 더 이상 가슴에 품고 살지 않겠다는 결심에서 비롯된다.

이때 내담자는 상처를 준 사람을 용서하기로 마음먹는다. 하지만 이 결정은 단 한 번의 결심으로 끝나지 않는다. 오히려 이 선택은 이후에도 여러 번, 순간마다 반복해서 다시 내려야 하는 결정이다. 용서의 여정은 흔들리는 감정과 맞서야 하는 과정이며, 용서하기로 했던 마음을 유지하기 위한 지속적인 연습이 필요하다.

3. 작업 단계: 새로운 시각으로 상처를 바라보기 시작하다

작업 단계는 용서의 여정 중 가장 내적인 변화가 활발히 일어나는 시기다. 용서를 결심한 사람이라 하더라도 이 단계에 들어서면 예상보다 더 큰 심리적 저항을 경험할 수 있다. 특히 앞선 개방 단계에서 자신의 분노와 상처를 충분히 직면하지 못했다면, 가해자를 새로운 시각으로 바라보는 일은 매우 어렵게 느껴질 수 있다.

이 과정에서 용서자는 상처를 준 사람을 '가해자'로만 보던 기존의 시선에서 벗어나, 그 사람이 처했던 상황과 맥락을 조금씩 이해하려고 노력한다. 처음에는 그저 설명할 수 없던 적대감과 거리감만 있었지만, 점차 "그가 왜 그런 행동을 했을까?"라는 질문을 자신에게 던지게 된다. 이 질문은 가해자의 행동을 정당화하려는 것이 아니라, 내면의 고통을 다른 방식으로 해석하려는 감정적 탐색이다.

가해자에 대한 공감과 동정심이 가능해지는 순간도 있다. 물론 이것이 쉽게 일어나는 변화는 아니다. 그럼에도 불구하고, 용서자는 가해자의 결핍, 상처, 혹은 당시의 무지한 선택에 대해 다시 생각하게 되며, 그 역시 복잡한 감정을 안고 있는 인간이라는 사실을 인지하게 된다.

이 과정에서 또 하나 중요한 변화는 자신의 고통을 다른 사람에게 전가하지 않기 위한 의식적인 노력이 시작된다는 점이다. 용서를 실천하고자 하는 사람은 내면의 고통을 스스로 수용하려고 시도하며, 그 고통이 더 이상 무고한 타인에게 흘러가지 않도록 자각한다.

흥미롭게도, 작업 단계를 계속 진행하다 보면 용서가 단지 내면에서만 일어나는 것이 아니라는 사실을 깨닫게 된다. 용서는 '선'을 베푸는 행위가 되며, 이 선은 때로 상대에게 실질적으로 전달되고 표현된다. 간혹 자신에게 상처를 준 사람에게 '도덕적 선물'을 건네고 싶은 마음이 생겨나는 순간도 있다. 처음에는 이해하기 어려운 감정처럼 느껴지지만, 매우 인간적인 변화이며, 용서의 진정한 본질과 닿아 있는 움직임이다.

상처를 준 사람에게 선물을 베풀고 싶다는 마음은 단순한 자비나 감정의 약화가 아니라, 자신의 분노를 초월한 회복의 의지다. 이것이 바로 용서가 단지 피해자의 감정을 치유하는 과정이 아니라, 타인을 향한 깊은 존중과 확장된 공감으로 이어지는 단계임을 보여 준다.

4. 심화 단계: 용서의 삶을 재정의하는 내적 성장의 여정

심화 단계는 용서의 의미를 근본적으로 다시 정의하는 시점이다. 앞의 세 단계—분노의 인식, 결심, 작업 단계를 성실히 지나온 사람만이 이 지점에서 보다 깊은 내적 변화를 경험하게 된다. 이때 내담자는 단지 고통을 다루는 것에 그치지 않고, 삶을 바라보는 관점 전체가 서서히 바뀌는 자신을 발견하게 된다.

먼저, 내담자는 과거에 자신 또한 누군가에게 용서를 필요로 했던 순간이 있었음을 깨닫는다. 타인의 잘못을 받아들이기 어려웠던 그 순간, 실제로 자신도 다른 사람에게 상처를 주었던 기억이 다시 떠오르며, 인간관계의 복잡성과 상호성을 인식하게 된다. 이 깨달음은 '나는 완벽하지 않으며, 타인의 도움과 용서 없이는 온전히 살아갈 수 없다'는 감정으로 이어진다.

상처는 단순히 아픈 기억이 아니다. 성숙을 촉진시키고, 삶의 새로운 의미와 방향성을 형성하는 발판이 된다. 내담자는 우선 자신의 고통과 화해하면서, 이전에는 느껴보지 못했던 삶의 목표를 떠올리기도 한다. "나도 누군가에게 용서받았던 존재였다면, 이 아픔을 통해 더 깊은 사랑과 연민을 나눌 수 있지 않을까"라는 생각은 내면의 회복과 재구성의 순간이다.

이 시점에서 피해자는 가해자에 대한 부정적인 감정이 점차 줄어드는 자신을 발견한다. 적대감이 옅어지고, 때로는 연민과 긍정적인 감정이 자리 잡기도 한다. 일부 내담자는 "누군가에게 따뜻한 말을 건네고 싶다"거나 "작은 선물을 주고 싶다"는 생각이 자신 안에서 떠오른다고 이야기한다. 이러한 마음은 용서의 결과라기보다는, 용서를 살아가는 삶이 자신에게 가져다준 변화 그 자체다.

마지막으로, 이 단계에 이른 사람은 현재의 삶이 용서를 통해 어떻게 달라졌는지를 인식한다. 단지 과거를 넘어서기 위한 행위가 아니라, 지금의 자신을 더욱 온전하게 만들어 주는 선택이었음을 깨닫는다. 용서는 이제 특정한 사건이나 인물과 연결된 작업을 넘어서, 자신이 살아가고 있는 방식과 사람과 관계 맺는 태도를 변화시키는 삶의 근본적인 힘으로 자리 잡는다.

결론: 용서, 가장 깊은 회복의 여정

용서의 과정은 우리 모두가 현실에서 살아가며 맞닥뜨리는 생생한 감정의 여정이다. 때로는 그 상처가 오래도록 우리 안에 머물고, 분노가 다시 떠오를 때마다 우리는 용서의 길을 반복해서 걸어야 한다. 그러나 그 긴 여정에서 우리는 점차 깨닫게 된다. 용서는 우리 내면을 정화하고, 더 자유로운 삶으로 이끄는 하나의 깊은 선택임을.

그렇게 용서는 더 이상 의무가 아니다. 우리 삶의 특권이자, 존재의 목적이 된다. 우리는 용서를 통해 과거의 고통을 넘어설 수 있으며, 새로운 삶의 의미와 방향을 발견할 수 있다. 그리고 마침내, 우리가 상처를 준 사람에게 용서라는 선물을 건넸을 때, 진정한 치유와 회복을 경험하는 것은 바로 우리 자신의 마음이다. 이것이 용서가 가진 놀라운 힘이자 역설이다. 용서는 단순한 감정의 해방을 넘어, 삶을 새롭게 하고 상처를 품으며 더 강하고 따뜻한 존재로 거듭나는 과정이다.

그 과정에서 우리는 더 이상 단순히 '용서하는 사람'이 아니다. 이제 우리는 진심으로 용서할 줄 아는 사람이 되어 간다. 상처를 안고 살아가는 것이 인생이라면, 용서는 그 상처와 함께 새로운 삶을 선택하는 길이다. 그리고 그 선택은 언제나 우리 손안에 있다.

피해자가 아닌 가해자의 시선에서 바라본 용서

지금까지 우리는 주로 피해자의 관점에서 용서를 다루어 왔다. 피해자가 가해자를 어떻게 용서하는지, 그 과정을 통해 어떤 치유와 회복을 경험하는지를 중심으로 이야기해 왔지만, 가해자의 역할은 상대적으로 충분히 조명되지 못했다. 그러나 진정한 용서란 피해자의 결단만으로 완성되는 것이 아니다. 가해자가 자신의 잘못을 직시하고, 변화하려는 진정성 있는 태도와 책임 있는 행동을 보일 때, 용서는 더욱 깊고 진실한 의미를 갖게 된다.

현실적으로 교회나 상담 현장에서도 용서의 주체로서 가해자가 수행해야 할 역할이나 회복 가능성에 대한 논의는 여전히 부족한 실정이다. 하지만 그들의 행동을 심층적으로 이해하려는 시도가 필요하다. 상처를 준 가해자라고 해서 언제나 악의적 동기만을 가진 사람이라고 단정할 수는 없다. 그는 성장 과정에서 건강한 감정 표현을 배우지 못했을 수도 있고, 친밀한 관계에 대한 깊은 두려움을 품고 있을 수도 있으며, 자신의 결핍과 약점을 감추기 위해 다른 사람에게 상처를 주는 방식으로 대응했을 가능성도 있다. 이런 맥락에서 볼 때, 가해자 역시 또 다른 형태의 희생자일 수 있다.

마치 가정폭력 피해자를 돕는 과정에서 그 폭력을 행했던 사람의 치유 또한 고려해야 하듯, 용서의 과정에서도 가해자의 내적 변화와 책임을 함께 다루는 것이 필수적이다. 진정한 용서는 단순히 피해자가 관대함으로 상대를 품어 주는 행동이 아니다. 피해자가 자기 삶을 회복하는 만큼, 가해자도 자신의 책임을 무겁게 받아들이고 스스로 변화를 추구할 수 있어야 한다.

    이러한 이유로 용서와 회개는 분리되어서는 안 된다. 만약 우리가 용서를 단지 피해자의 너그러운 결단으로만 이해한다면, 피해자는 또다시 상처를 입게 될 가능성이 있고, 가해자는 자신의 행동에 책임을 지지 않은 채 변화의 기회를 상실하게 된다. 그럴 경우, 용서는 오히려 가해자의 잘못을 묵인하는 면죄부로 기능할 수 있다. 필자는 용서의 과정에서 가해자의 '진정한 회개'가 반드시 포함되어야 한다고 믿는다. 진정한 회개란 단순한 후회가 아니라, 자신의 잘못을 있는 그대로 인정하고, 변화시키기 위한 능동적인 행동으로 이어지는 과정이다. 가해자가 피해자에게 상처를 보상하려는 의지를 갖고, 다시 올바른 관계를 형성하려는 진정한 노력을 기울일 때, 용서와 화해는 현실적으로 가능해진다.

    그렇다면 용서의 여정에서 가해자에게 요구되는 태도와 실천은 무엇일까? 지금부터 그 질문에 깊이 있게 다가가고자 한다.

가해자에게 요구되는 진실: 책임, 공감, 경청 그리고 변화

    루이스 스메데스는 그의 저서 『용서의 기술』에서 진정한 용서가 이루어지기 위해서는 가해자의 내적 성찰과 책임 있는 태도가 반드시 필요하다고 강조한다. 그는 가해자가 용서의 과정에서 마주해야 할 진실을 다음과 같은 네 가지 원칙으로 정리한다.

    첫째, 가해자는 자신의 잘못을 솔직하게 인정해야 한다. 단순한 실수라는 표현으로 회피하거나, 상황을 설명하며 정당화하려는 태도는 오히려 피해자에게 또 다른 상처를 남긴다. 가해자는 자신이 저지른 행위로 인해 피해자가 깊은 상처를 입었다는 사실을 있는 그대로 받아들여야 하며, 그로 인해 더 이상 이전과 같은 관계를 유지하기 어렵다는 현실 역시 인식해야 한다. 피해자는 바로 그 '인정의 순간'을 목격했을 때, 비로소 신뢰 회복의 실마리를 발견할 수 있다.

둘째, 가해자는 피해자의 고통에 대해 진심 어린 공감을 느낄 수 있어야 한다. 여기서 말하는 공감은 단순한 동정이 아니다. 피해자가 겪은 감정과 상처의 깊이를 있는 그대로 존중하며, 가해자로서 자신의 마음을 그 아픔에 맞춰내려는 정서적 노력이다. "나는 당신의 상처를 알고 있습니다. 그 고통에 대해 책임을 느끼고 있습니다"라는 태도가 없다면 회개의 문은 결코 열리지 않는다.

셋째, 가해자는 피해자의 말에 끝까지 귀 기울여야 한다. 피해자가 얼마나 오랫동안 아파했는지, 그 고통이 어떤 방식으로 일상에 영향을 미쳤는지를 있는 그대로 받아들이는 것이 중요하다. 변명을 서둘러 말하기보다, 먼저 피해자의 감정을 경청하며 자신이 어떤 영향을 주었는지를 진지하게 받아들이는 태도가 필요하다. 경청은 단지 말을 듣는 것이 아니라, 그 말에 깃든 감정과 맥락을 함께 이해하려는 자세다.

마지막으로, 가해자와 피해자 모두 미래에 대해 진실해야 한다. 진정한 용서는 '앞으로의 변화 가능성'과 '신뢰 회복의 과정'을 함께 열어가는 것이다. 가해자는 자신의 행동을 되풀이하지 않겠다는 약속을 단순한 말이 아닌, 지속적인 태도 변화로 보여 주어야 하며, 피해자는 그러한 변화가 신뢰할 만한 것인지 판단할 기회를 가져야 한다. "내가 이 사람을 다시 신뢰할 수 있을까?"라는 질문에 대한 답을 찾아가는 과정은 용서가 단순한 결단이 아닌 관계 회복의 실제적 기반이 되는 순간이다.

이렇게 가해자가 용서의 과정에 성실히 참여하고 책임을 다할 때, 우리는 용서가 피해자만의 결심이 아니라, 인간관계를 다시 세우는 두 사람의 공동 작업임을 분명히 깨닫게 된다.

피해자가 가해자의 문제를 지적할 때, 가해자는 어떻게 반응해야 하는가?

용서의 과정에서 피해자가 자신의 상처와 고통을 표현하는 순간, 가해자의 반응은 그 여정의 방향을 결정짓는 핵심 요인이 된다. 심리학자 에버렛 워딩턴(Everett L. Worthington)은 『용서와 화해』(Forgiving and reconciling: bridges to wholeness and hope)에서 "가해자가 피해자의 지적을 어떻게 받아들이는가"가 용서와 화해의 깊이를 좌우한다고 강조한다.

피해자의 말이 가해자에게 불편하게 들릴 수도 있다. 어떤 경우에는 가해자가 피해자의 지적을 정당하지 않다고 느낄 수도 있다. 하지만 바로 그 순간, 가해자가 보여 주는 태도는 결정적이다. 용서의 문은 가해자가 자신의 행동을 성찰하며, 피해자의 감정을 진지하게 존중할 때 비로소 열리기 시작한다. 그들의 생각을 바로잡으려 하기에 앞서, 자신의 행동이 상대에게 어떤 영향을 미쳤는지 진심으로 돌아보는 과정이 먼저 이루어져야 한다.

여기서 가장 중요한 것은 진심 어린 사과다. 단순히 "미안합니다"라는 말로는 부족하다. 사과는 자신의 잘못을 깊이 인식하고 후회하는 마음이 언어를 넘어 태도로 전달될 때 진정성을 얻게 된다. 반성 없는 사과는 오히려 피해자의 상처를 더 깊게 만들 수 있으며, 용서의 기회를 멀어지게 만든다.

워딩턴은 또한 가해자의 보상 제안이 용서의 여정을 돕는 중요한 열쇠라고 설명한다. 보상은 단지 물질적인 해결책이 아니라, 정의의 균형을 회복하기 위한 상징적 행위다. 피해자는 자신의 상실과 감정을 애도하고, 가해자의 변화가 단순한 말이 아닌 실질적인 행동으로 이어지고 있음을 확인하고 싶어 한다. 예를 들어, 가해자가 피해자에게 "내 행동을 보상하기 위해 내가 무엇을 할 수 있겠습니까?"라고 묻는다면, 상대방의 감정을 존중하는 강력한 표현이자 회복을 위한 문을 여는 행동이다. 물론 보상이 모든 것을 원상 복구할 수는 없다. 하지만 피해자는 그 과정을 통해 가해자의 진심을 엿보게 되고, 더 나아가 용서를 결정하는 과정에서 내면적으로 더욱 안전함과 신뢰를 느낄 수 있게 된다.

나의 용서: 긴 여행과 같은 회복의 길

용서란 단번의 결단으로 완성되지 않으며 마치 긴 여행을 하는 것과 같은 하나의 과정이다. 우리는 종종 용서를 빠른 해결책으로 오해하지만, 용서는 상처로부터 도망치는 행동이 아니며, 문제를 속히 덮기 위한 도구도 아니다. 진정한 용서는 상처와 분노, 슬픔을 무시하는 것이 아니라, 정직하게 마주하고 직면하는 것이다. 서로를 새로운 눈으로 바라보며, 오랜 시간이 걸리더라도 열린 미래를 함께 바라보는 선택—그것이 용서다. 그렇게 우리는 자신을 살리고, 관계를 유지하며, 삶을 회복시켜 나간다.

나의 용서 또한 단 한 번의 사건이 아니라 연속된 과정이었다. 앞선 장에서 나는 아버지와의 힘든 관계에 대해 고백한 바 있다. 상처를 치유하고자 수없이 "아버지를 용서합니다"라고 선언했지만, 그 말은 완성이 아닌 시작이었다. 교회에서, 기도 시간마다, 수련회에서—나는 용서의 말을 되뇌었지만, 그것이 나를 변화시키지는 않았다.

결심은 쉬웠지만 분노는 깊었다. 더 이상 자녀들에게 분노를 쏟아내고 싶지 않았고, 나 자신이 그런 모습으로 살아가는 것도 참을 수 없었기에, 나는 아버지를 용서하기로 마음먹었다. 그러나 그 감정을 다루는 일은 오래 걸렸다. 수년간 나는 믿을 수 있는 상담자와 대화하고, 내면의 분노와 슬픔을 천천히 바라보며, 아버지를 다시 이해하기 위한 시간을 가졌다.

그 과정에서 나는 상처받은 나를 인정하게 되었고, 가해자로 보았던 아버지의 입장을 이해하려고 노력했다. 그리고 관계에서 내가 어떤 책임을 지고 있었는지도 깨닫게 되었다. 그 책임을 떠넘기기보다 스스로 감당하기로 결심했을 때, 놀랍게도 "아버지를 안아드리고 싶다"는 마음이 내게 찾아왔다. 아버지를 향한 미움이 그리움으로 바뀐 순간, 나는 그분을 더욱 애틋하게 기억하게 되었다.

아버지를 용서한 이후, 나는 타인을 용서하는 일이 조금씩 쉬워졌다. 고통은 반복되지만, 이제 나는 그 고통을 준비할 수 있고, 감정을 다룰 수 있으며, 용서라는 이름으로 자유로워질 수 있다는 확신이 생겼다. 나에게 용서란 단순한 행위가 아니라 삶의 양식이 되었다. 나는 이제 "용서하는 사람"이 아니라, "용서하며 살아가는 사람"이 되고 싶다. 그렇게 되자, 미래에 대한 새로운 이야기를 쓸 수 있는 힘이 생겼고, 상처에 머무르지 않고, 그 상처와 함께 살아갈 수 있는 용기를 얻었다.

용서는 결코 쉬운 일이 아니지만, 그 길을 시작하고 계속해서 걸어갈 때, 우리는 상처를 넘어서 더 자유롭고 따뜻한 삶으로 나아갈 수 있다. 지금 이 순간부터, 우리는 더 이상 단순히 용서하는 사람이 아니라, 진심으로 용서의 삶을 살아가는 사람이 되어 간다.

11장

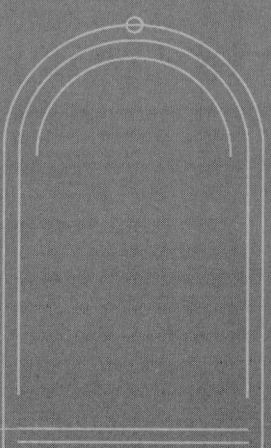

우울증을 다시 이해하다:
우울증과 함께 살아가기

인터넷 검색창에 '우울증'을 입력하면 수많은 정보가 쏟아져 나온다. 그만큼 우울증은 우리 모두에게 익숙한 단어가 되었으며, 이제는 그저 전문적인 진단 용어에 머무르지 않는다. 세계보건기구(WHO)의 보고에 따르면, 2012년 기준으로 전 세계 우울증 환자는 약 3억 5천만 명에 달한다고 한다. 하지만 치료를 받는 사람은 절반에도 미치지 못한다. 더불어 2016년 통계에 따르면, 우울증과 불안장애로 인해 전 세계적으로 매년 천조 원의 치료비가 지출된다고 보고한다. 2014년 통계에서는 십대 청소년 질병 중 우울증이 1위를 차지한다는 사실도 쉽게 지나칠 수 없는 중요한 정보다. 더욱 심각한 문제는 우울증 환자가 급증하는데 환자의 15%가 실제로 자살을 시도하고 있다는 점이며, 우울증을 겪는 사람 중 80%는 일상에서 제 기능을 하지 못한다는 보고도 존재한다.

이처럼 우울증은 우리 삶의 한가운데에 자리하고 있다. 어떤 조사에서는 6명 중 1명꼴로 우울증을 경험한다고 이야기한다. 사실 우리 중 누구도 '나는 우울증과 무관하다'고 단언할 수 있는 사람은 없다. 목회자라고 해서 예외일 수는 없다. 우울증은 나이, 성별, 인종, 사회적 지위, 건강 상태와 무관하게 누구에게든 찾아올 수 있는 질병이다. 실제로 교회에서도 많은 사람이 우울증으로 고통받고 있는 현실을 감안해 볼 때, 목회자들은 더 이상 침묵해서는 안 된다. 물론 목회자들이 우울증을 전문적으로 다룰 수 있다면 좋겠지만, 현실적으로 그들은 해당 분야의 전문 교육을 받지 못했을 뿐 아니라 그런 시간을 갖기조차 어렵다.

이번 장에서는 우울증에 대해 세부적인 의학적 지식을 깊이 다루지는 않을 것이다. 목회자나 교회에서 성도들을 섬기는 사역자들이 우울증에 대해 최소한의 이해를 갖추고 있다면, 교회 공동체에서 혹은 그 주변에서 우울증으로 힘겨워하는 이들을 돕는 데 충분한 디딤돌이 될 수 있다고 믿는다.

이번 장에서는 먼저 우리가 우울증에 관해 반드시 던져야 할 여섯 가지 질문을 제시하고, 이에 대해 간결하면서도 꼭 필요한 논의를 정리하려고 한다. 이어서 교회에서 우울증으로 고통받는 이들을 어떻게 도울 수 있을지를 함께 고민하며, 마지막으로 '우울증은 반드시 제거해야 할 삶의 장애물'이라는 기존의 관점을 넘어서 '우울증도 함께 살아가는 삶의 일부'로 받아들이는 새로운 시각을 제안할 것이다.

우울증에 대해서 우리가 꼭 물어야 하는 질문

첫 번째 질문: 우울증과 우울감은 어떻게 다를까?

많은 사람이 우울증과 우울감을 동일한 개념으로 오해한다. 이러한 오해는 교회나 공동체에서 단지 기분이 가라앉아 보이는 사람에게도 우울증 환자라는 낙인을 찍게 만든다. 필자는 '우울증'이라는 단어 자체를 좋아하지 않는다. 'Depression'이라는 용어는 우울한 감정 그 자체가 곧 우울증의 증상이라고 여기도록 만들기 때문이다. 하지만 실제로 우울증은 단지 우울한 감정만의 문제가 아니다. 이 질병은 우리의 신체, 정서, 생각을 비롯한 삶의 모든 영역에 영향을 미친다.

우울한 감정과 우울증은 분명히 구분되는 개념이다. 우울감은 누구에게나 찾아올 수 있는 자연스러운 감정이며, 일시적으로 느끼는 슬픔이나 침체된 기분을 의미한다. 반면 우울증은 단순한 감정 상태를 넘어서, 본인의 의지만으로는 극복하기 어렵고, 전문적인 치료가 필요한 정신 질환이다.

우울한 감정과 우울증을 명확히 구분하기 위해서는, 사람이 일상 속에서 경험하는 감정이 어떻게 변화하는지를 먼저 이해할 필요가 있다. 인간의 감정은 일반적으로 세 가지 수준으로 나뉜다. 첫 번째는 즐겁고 신나는 상태다. 이 상태가 강해지면 단순한 기쁨을 넘어서 극적인 감정인 '희열'로 이어진다. 이때 사람은 고양된 기분을 느끼며 삶의 활력이 커진다. 두 번째는 감정의 중간 지점이라고 볼 수 있다. 특별히 기쁘지도 않고, 그렇다고 우울하지도 않은 상태다. 흔히 말하는 '평상시 기분'으로서 일상적인 안정감과 균형 속에 머무는 상태다. 세 번째는 슬픔의 단계다. 이 감정은 누구나 경험할 수 있는 자연스러운 정서지만, 일정 기간 지속되고 더욱 심화될 경우 정신적으로 마음이 굳어지는 상태로 이어진다. 이러한 상태는 단순히 우울한 기분을 넘어서, 감정이 마치 얼어붙은 듯 외부의 자극에 무력하게 반응하는 상태가 된다. 이를 '굳어진 마음(immobilized)'이라고 표현한다. 우리가 흔히 우울증이라고 부르는 증상은 바로 이 굳어진 마음의 상태를 의미한다. 이처럼 우울증은 단순한 기분 변화나 감정의 일시적 기복이 아니라, 신체와 정서, 인지 기능을 모두 침범하는 만성 정신 기분장애로 분류되는 질병이다.

가장 큰 문제는 우울증이라는 질환을 겪고 있는 사람 중 많은 이가 적절한 치료를 받지 못하고 있다는 것이다. 이는 단순한 의료 접근성의 문제라기보다는, 사람의 인식과 태도에서 비롯된 심각한 현실이다. 보고에 따르면, 우울한 기분을 지속적으로 경험하는 사람의 약 80%는 치료를 전혀 받지 않는다. 이들은 증상을 방치하거나, 스스로 감당하려고 시도한다. 그런데 더욱 심각한 점은, 이들 중 절반 이상인 약 54%가 우울증을 '개인의 약점'으로 인식한다는 것이다. 이로 인해 상태를 주변에 알리지 않고, 숨긴 채 살아가는 사람이 많다. 통계적으로도 우울증의 경험은 결코 드문 일이 아니다. 여성의 약 25%, 남성의 약 12%가 평생 한 번 이상 우울증을 겪는다고 알려져 있다. 사회 전반에서 우울증에 대한 인식과 대응이 절실히 개선되어야 하는 이유다.

우울한 감정과 임상적으로 진단되는 우울증 사이를 구분하기 위해서는 몇 가지 기준을 살펴볼 필요가 있다.

첫째, 우울한 상태가 얼마나 오래 지속되는지 확인한다.

둘째, 감정이나 행동의 변화가 일상에 어떤 영향을 줄 만큼 심각한지를 파악한다.

셋째, 나타나는 증상의 종류가 얼마나 다양한지 검토한다.

이러한 기준을 통해, 우리는 단순한 기분 저하와 치료가 필요한 정신 질환을 명확히 구별할 수 있다. 그리고 그에 맞는 접근과 도움을 받을 수 있어야 한다.

사람은 때로, 단순히 우울한 기분이 들었을 때도 자신이 우울증이라고 진단한다. 하지만 우울증은 그렇게 쉽게 판단할 수 있는 상태가 아니다. 의학적 훈련을 받은 전문가에 의해 정확하게 진단되어야 한다. 우울증을 정확히 이해하고 진단하기 위해서는 반복적으로 나타나는 감정과 행동의 변화를 살펴봐야 한다. 다음은 전문가들이 우울증 진단의 기준으로 사용하는 주요 증상들이다. 지난 일주일 동안 얼마나 자주 일어났었는지 점수를 매겨 보라(1일 이하: 0점 / 1-2일: 1점 / 3-4일: 2점 / 5일 이상: 3점).

우울증 진단 체크리스트

1. 평소에는 아무렇지도 않던 일들이 괴롭고 귀찮게 느껴졌다.
2. 음식을 먹고 싶지 않았고, 식욕이 없었다.
3. 어느 누가 도와준다 하더라도, 나의 울적한 기분을 떨쳐 버릴 수 없을 것 같았다.
4. 무슨 일을 하든 정신을 집중하기가 힘들었다.

5. 비교적 잘 지냈다.
6. 상당히 우울했다.
7. 모든 일이 힘들게 느껴졌다.
8. 앞일이 암담하게 느껴졌다.
9. 지금까지의 내 인생은 실패작이라는 생각이 들었다.
10. 나한테는 적어도 보통 사람들만큼의 능력은 있었다고 생각한다.
11. 잠을 설쳤다(잠을 잘 이루지 못했다).
12. 두려움을 느꼈다.
13. 평소에 비해 말수가 줄었다.
14. 세상에 홀로 있는 듯한 외로움을 느꼈다.
15. 큰 불만 없이 생활했다.
16. 사람들이 나에게 차갑게 대하는 것 같았다.
17. 갑자기 울음이 나왔다.
18. 마음이 슬펐다.
19. 사람들이 나를 싫어하는 것 같았다.
20. 도무지 무엇을 해 나갈 엄두가 나지 않았다.

채점 결과

- 0-15점: 일상적인 경험으로 인해 때때로 기분이 나빠질 수 있지만, 우울한 상태는 아니다. 기분 좋은 일을 하면서 기분을 전환해 보라.
- 16-20점: 살짝 기분이 가라앉아 있는 상태. 현재 심각하게 우울한 상태는 아니지만, 이러한 기분이 지속되거나 더 악화된다면, 전문적인 도움을 받는 것이 바람직하다.
- 21점 이상: 임상적인 수준에서 우울증을 의심해 볼 수 있는 상태다. 전문가와 의논을 통해 도움을 받는 것이 필요하다.

(출처: 연세대학교 심리상담센터 / 원래 출처: 조맹제, 김계희(1993): 중요 우울증 환자 예비 평가에서 the Center for Epidemiologic Studies Depression Scale(CES-D)의 진단적 타당성 연구, 「신경정신의학」 32, 381-399)

두 번째 질문: 언제 도움을 받아야 하나?

우울증으로 인해 삶이 점점 어려워지는 상황에 놓였을 때, 우리는 과연 언제 전문가의 도움을 받아야 할까? 많은 사람이 이 질문 앞에서 망설이고, 고통을 혼자 짊어지려 한다. 하지만 도움을 받는 것은 결코 부끄러운 일이 아니다.

우울증 연구의 세계적인 권위자이고, 미국의 플러신학대학 심리학 대학원장을 역임한 아치볼드 하트 박사(Archibald D. Hart)는 수많은 임상 경험을 통해, 『숨겨진 감정의 회복』(Unlocking the mystery of your emotions)에서 이렇게 말한다: "만일 시력이 나빠지면 안경을 쓸 것이다. 당뇨로 고생하면 인슐린을 맞을 것이다. 그렇다면 우울증도 그렇게 도움을 받으면 된다."

우리가 쉽게 도움을 받을 수 있는데 자신의 삶을 비참하게 만들 이유가 없다. 우울증 역시 우리가 아플 때 병원을 찾는 것처럼, 자연스럽게 전문적인 도움을 받아야 하는 질환이다. 우울한 감정이 일시적인 기분 변화로 그치지 않고, 오랫동안 지속되며 일상생활에 지장을 줄 정도라면, 지체하지 말고 전문가를 찾는 것이 필요하다.

우울한 상태를 그저 스스로 참아내며 살아갈 필요는 없다. 오히려 그 상태를 방치할수록 증상은 깊어질 수 있다. 반면, 정직하게 자신의 상태를 받아들이고 적절한 상담과 치료를 받는다면, 누구나 우울증으로부터 회복할 수 있다.

세 번째 질문: 우울증에 걸리는 사람이 따로 있다?

많은 사람이 우울증에 걸리는 사람은 유난히 약하거나 감정적으로 불안정한 사람일 것이라 생각한다. 하지만 실제로 우울증은 특정 성격이나 환경에 국한된 병이 아니라, 누구에게나 찾아올 수 있는 복합적인 질환이다. 감정을 잘 숨기는 사람도, 밝아 보이는 사람도 그 안에 깊은 우울감을 품고 있을 수 있다. 이처럼 우울증은 개인의 성향이나 의지로만 설명할 수 있는 문제가 아니다. 다양한 원인이 서로 얽히며 복합적으로 작용하기 때문에, 그 원인을 이해하고 접근하는 데 있어 통합적인 관점이 필요하다.

일반적으로 우울증의 원인은 크게 네 가지로 나뉜다. 첫째는 신체적인 요인이며, 둘째는 생화학적 장애나 유전적 요인이다. 셋째는 심리사회적인 배경이고, 넷째는 영적인 요인이다.

간단히 말해 우울증은 생물학적 유전적 요인과 심리사회적 요인이 함께 작용하는 총체적인 정신질환이다. 특히 유전적인 요인은 전체 발병 원인의 60~70%를 차지한다고 알려져 있다. 그렇기에 치료 역시 단순한 접근으로는 한계가 있다. 뇌의 구조와 신경 전달 물질의 균형이 깨졌을 경우에는, 약물 치료 등 생물학적 치료가 꼭 필요하다. 동시에 심리 상담을 통해 내면의 감정과 삶의 의미를 함께 탐색해야 한다.

우울증의 다양한 원인들

생화학적 원인

우울증을 보다 깊이 이해하려면 그 뿌리를 구성하는 생화학적 메커니즘을 살펴볼 필요가 있다. 특별한 이유 없이 기분이 지속적으로 가라앉고, 만사가 귀찮게 느껴진다면 이는 뇌 속의 신경 전달 물질, 즉 세로토닌과 노르에피네프린의 활성도가 떨어졌다는 신호일 수 있다.

뇌는 감정과 생리적 반응을 조절하기 위해 다양한 신경 전달 물질을 사용하는데, 그중 세로토닌은 수면, 식욕, 성욕 등을 조절하는 핵심 물질이다. 세로토닌의 균형이 깨지면 노르아드레날린의 수준이 변하게 되고, 이것은 감정 기복과 무드 조절에 직접적인 영향을 준다. 또한 도파민의 결핍은 개인이 삶에서 기쁨을 느끼는 능력을 악화시키기도 한다.

이처럼 뇌의 화학작용은 우리의 생각, 행동, 감정에 큰 영향을 미친다. 하지만 이 관계는 일방적인 것이 아니라 상호 작용을 일으킨다. 즉, 우리의 사고방식과 행동이 뇌의 화학작용을 다시 변화시키기도 한다. 그러므로 우울증을 치유하기 위해서는 생물학적 접근과 심리적·영적 접근이 함께 이뤄져야 한다. 적절한 약물 치료는 삶과 죽음 사이에서 신체적 균형을 회복하는 데 실질적인 도움을 준다. 뇌의 화학작용이 무너졌을 때, 약물은 뇌 내 신경 전달 물질의 기능을 회복시키며 증상을 완화하는 역할을 한다. 그러나 진정한 회복은 여기서 끝나지 않는다. 심리 상담을 통해 자신의 내면을 탐색하고, 삶의 의미와 방향성을 재정립하는 과정은 그 균형을 더욱 견고하게 만든다. 약물과 상담이 함께 작동할 때, 단순한 증상 조절을 넘어, 존재 그 자체를 회복해 가는 깊은 여정이 시작된다.

신체적 원인

우울증의 원인 가운데 중요한 하나는 바로 신체적 질병이다. 때로는 뚜렷한 발병 이유 없이도 다양한 질환들이 우울증을 유발한다. 특히 알코올 중독이나 약물 의존과 같은 행동 기반 질환뿐 아니라, 뇌 질환, 소화기 질환, 심장 질환, 내분비계 장애 등 신체의 여러 기관에서 발생하는 질환들이 우울증의 원인이 되기도 한다.

신체적 이상이 있을 때, 그로 인한 불편함과 고통은 단순히 육체에만 머물지 않는다. 반복되는 증상과 만성적인 질환이 정서적으로 무기력과 우울감을 불러오며, 결국 정신적인 균형마저 흔들리게 만든다. 우울증과 관련해 자주 보고되는 신체 증상들은 다음과 같다:

- 복통, 요통, 현기증, 두통 같은 지속적인 통증
- 식욕부진 또는 과식으로 인한 체중 변화
- 불면 혹은 나른함, 피로감

- 소화불량, 변비, 구토 등 위장 문제
- 발기부전, 성적 무반응, 월경 변화 등의 성적 기능 저하

이러한 증상들이 특별한 의학적 원인 없이 2주 이상 계속될 경우, 단순한 신체 질환을 넘어 우울증을 의심해 볼 필요가 있다. 이때 중요한 것은 증상의 지속성과 반복성, 그리고 삶의 질을 얼마나 떨어뜨리는지를 잘 살펴보는 것이다. 우울증은 마음의 병이면서도 동시에 몸에도 강력하게 반응한다. 정신과 육체가 연결되어 있다는 사실을 기억하며, 눈에 보이는 증상들 뒤에 숨어 있는 마음의 신호에도 귀를 기울여야 한다.

호르몬 변화와 우울증: 여성의 경우

우울증의 원인 중에 하나는 호르몬의 변화다. 특히 여성의 경우, 생애 주기에서 겪는 다양한 생리적 전환은 정서적인 균형에도 큰 영향을 미친다. 대표적인 예로 출산 이후와 폐경 시기가 있다. 이때 호르몬 체계에 급격한 변화가 생기면서 감정의 기복이 심해지고, 우울증 증상이 나타나기도 한다.

산후 우울증은 이러한 호르몬 변화의 대표적인 예다. 출산 후 여성은 육체적으로는 극심한 피로를 겪고, 정신적으로는 모성에 대한 책임감과 변화된 일상에 적응해야 하는 과제에 직면한다. 여기에 호르몬 수치의 급격한 변동이 더해지면, 정서적 불안정과 함께 우울감을 느끼게 된다. 단순히 피로하거나 힘든 상태라고 치부하기보다, 산후 우울증 역시 전문적인 도움과 공감이 필요한 상태로 바라봐야 한다.

호르몬 변화는 내분비적 요인이지만, 이는 신체와 감정의 복합적인 연결고리를 통해 정신 건강에도 영향을 준다. 여성의 심리적 안정과 감정 조절을 위해, 생애 전환기마다 정서적 돌봄과 열린 이해가 함께 따라야 한다.

환경적 요인: 절과 빛이 감정에 미치는 변화

우울증의 네 번째 주요 원인은 환경적인 요인, 그중에서도 햇빛의 양과 관련이 있다. 특히 가을과 겨울처럼 일조량이 줄어드는 계절에는 감정의 안정성이 흔들릴 수 있다. 이는 단순한 계절적 기분 변화가 아니라, 실제로 뇌의 생체 리듬과 화학작용에 영향을 주는 요인으로 작용한다.

우리 몸은 햇빛을 통해 멜라토닌과 세로토닌 같은 중요한 호르몬을 생성한다. 멜라토닌은 수면 주기를 조절하며, 세로토닌은 감정의 균형을 유지하는 데 관여한다. 그런데 빛의 양이 줄어들게 되면, 이 호르몬들의 생성이 저하되면서 신체의 생체 리듬이 무너지고, 감정 또한 쉽게 가라앉게 된다.

실제로 1년 내내 비가 자주 내리는 도시의 사람이 우울증에 취약하다는 연구 보고도 있다. 필자의 친구 역시 영국으로 유학을 떠났다가, 1년 만에 다시 한국으로 돌아온 일이 있었다. 귀국 이유를 묻자, 그는 "비가 너무 자주 내려서 마음이 너무 우울해졌고, 견디기 어려웠다"고 털어놓았다.

이처럼 계절과 날씨, 특히 햇빛의 부족은 사람의 정서에 의외로 강한 영향을 준다. 가을이나 겨울철이 되면 유난히 무기력해지고 우울한 기분을 느끼는 사람이 있다. 이러한 상태가 반복되고 일정 기간 이상 지속된다면, 단순한 계절적 기분 변화가 아닌 '계절성 우울증(Seasonal Affective Disorder)'으로 진단될 수 있다. 계절성 우울증은 흔히 "겨울이라서 기분이 안 좋아" 또는 "가을이 되니까 우울해져"라고 가볍게 넘겨서는 안 될 문제다. 이는 기분장애의 일종으로 분류되며, 조명 치료(light therapy) 또는 상담 치료 등으로 충분히 회복이 가능한 질환이다.

이처럼 우리의 환경과 햇빛의 양, 즉 빛의 리듬도 감정의 안정성에 밀접하게 연결되어 있다는 사실을 기억할 필요가 있다. 계절은 바뀌지만, 우리의 마음은 정지된 채 겨울을 지나고 있을 수도 있다. 무기력함과 우울감을 단지 계절 탓으로만 치부하지 말고, 내 몸과 마음이 보내는 신호로 받아들이는 자세가 필요하다.

스트레스가 만들어 내는 삶의 균열

스트레스는 우울증을 유발하는 핵심 요인 중 하나로 작용한다. 특히 갑작스럽고 충격적인 사건이나 장기간 반복되는 스트레스는 뇌의 신경 전달 물질의 균형을 무너뜨리고, 이는 결국 우울증으로 이어질 수 있다. 부모나 배우자를 잃은 슬픔, 이혼과 같은 관계의 파괴, 사회적 실패를 겪는 순간들은 감정적으로 매우 큰 타격을 주며, 이러한 경험을 계기로 우울증이 시작되기도 한다.

한편, 개인의 성격적 특성 역시 중요한 역할을 한다. 예를 들어 부정적인 사고방식을 가진 사람은 작은 실망이나 어려움조차 확대 해석하는 경향이 있으며, 반복적으로 부정적인 경험을 마주하다 보면 세상 전체를 어둡게 바라보게 된다. 이로 인해 자신의 과거를 후회하고, 현재를 불만스럽게 여기며, 미래에 대해서도 희망을 갖기 어려워진다. 결국 이런 전반적인 인식의 흐름이 우울증이라는 감정적 고립으로 이어진다.

영적 침체: 기쁨과 감사를 가두어 버리는 힘

우울증의 원인을 이해하는 데 있어, 영적 요인을 함께 살펴보는 것은 반드시 필요하다. 목회 현장에서는 자기 비판과 자기 정죄, 그리고 자기혐오의 감정으로 고통받는 이들을 자주 마주하게 된다. 우울은 단지 감정적 저하만을 말하지 않는다. 때로 신앙의 가장 깊은 자리까지 스며들며, 기쁨과 감사를 표현하지 못하게 만드는 내면의 가뭄으로 나타난다. "마음이 무겁다"는 말로 자신의 상태를 설명하지만, 그 이면에는 하나님과의 연결이 끊어진 듯한 영적 단절감이 자리하고 있다.

이러한 영적 침체는 하나님께서 멀리 계시다는 느낌, 내 삶에 관심이 없으시다는 오해에서 비롯되기도 한다. 신앙생활에 대한 흥미는 점차 사라지고, 예배의 자리가 부담으로 변하며, 기도하는 일도 감정적으로 버겁게 느껴진다. 하나님을 사랑과 은혜의 하나님으로 경험하기보다, 심판자나 침묵하시는 분으로 인식하는 경우도 있다.

이런 상황에서 "말씀을 봐야 한다"거나 "기도해야 한다"는 요구는 오히려 더 깊은 죄책감을 심어 줄 수 있다. 실제로 우울의 고통을 겪는 이들은 집중력이 저하되고 감정이 메마르기 때문에, 경건한 훈련조차 큰 부담으로 다가온다. 이 시기에 필요한 것은 조용한 동행과 은혜로운 공간이다. 짧은 말씀 구절 하나, 잔잔한 찬양 한 곡이 살아있는 하나님의 숨결처럼 다가올 수 있다. 목회자의 역할은 성도를 영적 훈련으로 몰아가는 것이 아니라, 그들의 삶 속에 하나님이 어떻게 여전히 역사하고 계신지를 조용히 일깨워 주는 것이다. 그리고 무엇보다 중요한 것은, 그들의 이야기를 조용히 들어 주고, 말없이 곁에 있어 주는 동행자다. 영적 침체에서도 하나님의 임재를 다시 느낄 수 있도록 돕는 일은, 그 무엇보다 깊은 목회적 사명이다.

우울의 신호: 회피가 아닌 이해와 수용의 시작

우울증을 이해할 때, 우리 몸과 마음이 보내는 중요한 경고로 받아들이는 태도는 회복의 첫걸음이 된다. 우울의 증상은 우리에게 "지금, 당신의 내면에 주의가 필요하다"는 메시지를 던지는 것이다. 지나친 부담 속에서 잠시 멈추고, 감정의 속도를 늦추라는 하나님의 손짓일지도 모른다. 이러한 신호는 스트레스로 가득 찬 삶의 자리에서 벗어나, 치유가 가능한 환경으로 우리를 이끄는 방향표 역할을 한다. 이처럼 우울은 도망쳐야 할 대상이 아니라, 우리로 하여금 내면을 돌아보고 회복의 길로 나아가도록 돕는 조용한 안내자다.

목회적 관점에서는 우울을 단지 '신앙의 실패'로 해석하기보다, 하나님께서 사랑하는 자녀에게 주시는 멈춤의 기회로 이해할 필요가 있다. 스스로 자신의 상태를 고백하고, 자신을 돌볼 수 있도록 인도하는 일은 영적 돌봄의 핵심이다. 우울증은 때로 너무 오래 미루어 두었던 '쉼'을 요구하는 내면의 신호다. 그 신호 앞에서 우리는 조용히 귀 기울이고, 자신을 향한 하나님의 위로와 회복을 다시 발견해야 한다.

네 번째 질문: 우울증은 완치 가능한 병인가?

우울증은 분명히 회복이 가능한 질환이다. 그러나 단순히 마음을 단단히 먹는 것만으로는 완전한 극복에 이를 수 없다. 무엇보다도 적극적인 치료와 적절한 돌봄이 함께 이루어져야 진정한 회복의 여정을 시작할 수 있다. 초기 우울증은 종종 증상이 약하게 나타나기 때문에 "마음만 잘 다잡으면 지나갈 거야"라고 생각하는 경향이 있다. 그러나 이런 태도는 오히려 증상을 악화시킬 수 있고, 무심코 방치하면 더 깊은 고통으로 이어질 수 있다.

물론 회복은 가능하다. 그러나 문제는 재발의 위험이다. 연구에 따르면, 한 번 우울증을 경험한 이들 중 절반 이상이 두 번째 에피소드를 겪었고, 그중 다수는 세 번째, 심지어 네 번째 이상의 반복을 경험했다고 한다. 이처럼 우울증은 일회성으로 끝나지 않고 반복되는 경향이 있어, 지속적인 관리와 돌봄이 필수적이다. 이러한 통계는 우리에게 중요한 메시지를 준다—회복은 단발적인 사건이 아니라 지속적인 과정이며, 자신의 내면을 잘 돌보는 것이 곧 하나님께서 주시는 은혜의 자리를 지키는 일이다.

다섯 번째 질문: 우울하다는 말을 입에 달고 다니는 사람은 우울증인가?

우울하다는 말을 자주 한다고 해서 반드시 우울증을 겪고 있는 것은 아니다. 오히려 실제로 우울증을 앓고 있는 이들은 자신의 고통을 직접적으로 표현하지 못하는 경우가 많다. "우울하다"라는 단어가 입에 익숙한 이들보다, 말할 수 없는 감정을 안고 조용히 앓는 이들이 더 깊은 고통 속에 있을 수 있다.

그렇다면 우울증을 경험하는 이들은 자신의 상태를 어떻게 표현할까? 그들은 흔히 추상적인 말이나 신체적인 증상으로 자신의 내면을 드러낸다. 삶의 의욕이 없다는 표현, 사는 게 지겹다는 말, 만사가 귀찮다는 고백은 감정을 직접적으로 드러내기보다는 삶에 대한 무력감과 의미 상실을 반영한다. 이는 단순한 피로가 아니라, 내면의 어두운 흐름을 말없이 흘려보내는 방식이다.

또한 "속이 답답하다", "머리가 아프다", "가슴이 벌렁거린다", "몸이 쑤신다" 같은 신체적인 호소는 감정의 통로가 막힌 사람이 고통을 몸의 언어로 바꿔 표현하는 모습이다. 이처럼 우울증의 언어는 감정의 언어가 아니라, 침묵 속에 숨은 몸의 신호로 존재할 수 있다.

목회적 관점에서 볼 때, 이러한 표현들에 귀 기울이고 그 말의 이면을 읽는 민감함이 필요하다. 그들이 무심코 던진 말 속에 숨어 있는 내면의 고통을 분별하고, 말하지 못한 마음을 품어 주는 것이 진정한 돌봄의 시작이다. 우울의 언어는 반드시 '우울하다'고 말하지 않는다. 때로는 가장 조용한 표현 속에 가장 깊은 고통이 담겨 있다. 우울증의 언어를 이해하는 것은, 곁에 있는 이들의 고통을 미리 인식하고, 그들의 마음에 다가갈 수 있는 목회의 중요한 첫걸음이다.

여섯 번째 질문: 우울증 환자가 자살하는 확률은?

우울증은 그 자체로도 깊은 고통이지만, 자살이라는 극단적인 선택과 연관될 수 있다는 점에서 매우 주의 깊게 다루어야 한다. 실제로 통계에 따르면 우울증 환자의 약 3분의 2가 자살에 대한 생각을 한 번 이상 가지고 있으며, 그중 15~20%는 실제로 자살을 시도한다고 알려져 있다. 이 중에 약 3%는 자살에 성공하는 안타까운 결과로 이어진다.

흥미롭고도 안타까운 사실은, 자살 시도가 가장 많이 이루어지는 시점이 '회복기'라는 점이다. 우울증이 극심할 때는 무력감과 에너지 고갈로 인해 행동력이 떨어지지만, 회복의 단계로 접어들면서 다시 에너지가 생기는 시점에 오히려 자살을 실행할 가능성이 높아진다는 것이다. 이것은 겉으로 보기엔 상태가 호전되고 있는 것처럼 보이지만, 내면에서는 여전히 깊은 절망과 미해결된 고통이 자리 잡고 있을 수 있음을 시사한다.

따라서 우울증 치료를 받는 사람에게는 단지 초기 진단이나 집중 치료 기간만이 아니라, 회복기의 돌봄이 더욱 절실히 요구된다. 목회자는 이 시기에 더욱 민감하게 반응하며, 자신과 자신이 소속된 공동체가 지속적인 관심과 사랑으로 함께해야 한다. 회복의 순간이 곧 위험의 순간이 될 수 있다는 사실을 기억하고, 생명을 살리는 돌봄의 사역에 더욱 힘을 기울여야 할 때다.

우울증을 가진 사람에게 필요한 말들

많은 사람이 우울증과 슬픔을 같은 감정이라고 생각한다. 그저 일시적인 감정의 기복이라 여겨 "누구나 한 번쯤 겪는 슬픔"이라고 치부하기도 한다. 하지만 정신 건강 전문가들은 이러한 인식에 대해 분명히 선을 긋는다. 우울증은 단순한 슬픔이 아니다. 개인의 정신과 삶을 심각하게 침체시키는 질병이며, 그 자체로 치료와 돌봄이 필요한 중대한 상태다.

우울증을 앓는 사람을 대할 때 우리는 종종 선의에서 비롯된 위로의 말을 건넨다. "힘내", "금방 괜찮아질 거야", "네 의지로 이겨 낼 수 있어" "하나님께 기도하면 괜찮아질 거예요"와 같은 말들이다. 이런 말들이 겉으로 보기엔 따뜻한 격려처럼 보일 수 있지만, 그 안에는 당사자의 고통을 너무 쉽게 판단하고 해석하는 위험이 담겨 있다. 이러한 위로는 상대가 단순한 슬픔에 빠졌다는 전제에서 출발하기 때문에, '금방 나을 것'이라는 오해를 불러일으킬 수 있다.

이에 전문가들은 우울증 환자에게는 말보다는 '행동'이 더 큰 위로가 되며 옆에 있어 주는 것, 말없이 함께 시간을 보내는 것, 생활에서 작게나마 도움을 주는 행동들은 말로 할 수 있는 어떤 위로보다 더 깊은 울림을 준다고 말한다. 이 점은 특히 목회자들이 신중하게 받아들여야 할 부분이다. 때로는 종교적 위안이나 조언이 환자에게 도움이 되기는커녕 부담이 되고, 죄책감을 느끼게 할 수 있기 때문이다.

허핑턴포스트 US는 존스홉킨스 대학의 정신과 전문의 아담 캐플린 박사가 정리한 '우울증 환자에게 절대 해서는 안 되는 말' 여섯 가지를 소개했다.

- "너의 기분을 잘 알아."
- "자신의 감정은 네가 스스로 다스려야지."
- "기운 내."
- "아이들을 생각해서라도 네가 더 강해져야지."
- "결국은 네 마음에 달린 거야."
- "너보다 더 힘든 사람도 있어. 그들을 생각해 봐."

이러한 표현은 감정의 깊이를 축소시키고, 환자가 처한 상황을 충분히 이해하지 못한 채 단정짓는 말이다. 그보다는 더 적절하고 진심 어린 관심을 담은 질문들이 필요하다. 예를 들어,

- "기분이 언제부터 그런가요?"

- "우울한 감정이 자주 찾아오나요?"
- "이전에 우울증을 겪은 적이 있었나요?"
- "스스로를 어떻게 묘사하고 싶으신가요?"
- "자유시간을 보낼 때 어떤 활동을 하시나요?"
- "지지해 주는 가족이나 친구가 계신가요?"

이런 질문들은 상대방의 감정을 가볍게 넘기지 않고, 그들이 현재 처한 내면의 상태를 성실하게 들어 주고자 하는 태도를 보여 준다. 그 자체가 하나의 치유의 시작이며, 관계에서 건네는 가장 따뜻한 손길이 될 수 있다.

우울증으로 힘들어하는 사람을 이해하는 세 가지 신앙적 접근: 과거, 현재, 미래

우울증을 겪는 사람을 만나게 될 때, 그들의 내면을 더 깊이 이해하기 위해 세 가지 시간적 접근—과거, 현재, 미래를 함께 살펴보는 것이 도움이 된다. 이 과정은 단순한 상담이 아니라, 그들의 삶의 이야기에서 하나님의 손길을 함께 발견하려는 신앙적 여정이기도 하다.

첫째, 과거를 함께 돌아본다

우울증은 종종 과거의 기억과 연결되어 있으며, 왜곡된 자아 인식이나 후회, 실패의 그림자가 지금의 정서적 어려움을 키우는 경우가 많다. 환자가 자란 원가족의 분위기, 교육적 배경, 과거의 트라우마나 상처들을 함께 조명해 보는 시간은 매우 의미 있다. 그들이 경험했던 실수와 실패가 현재 삶에 어떤 영향을 끼치고 있는지 묻는 것은 단순한 정보 수집이 아니라, 그 안에서 하나님께서 여전히 함께하셨음을 깨닫게 하는 과정이다. 시편 기자가 "고난 당한 것이 내게 유익이라 이로 말미암아 내가 주의 율례들을 배우게 되었나이다"(시 119:71)라고 고백했듯이, 고통의 기억을 마주하고 해석해 주는 일이 곧 치유의 첫걸음이 된다.

둘째, 현재를 진심으로 들어 준다

지금 그들이 일상에서 느끼는 불만족과 스트레스, 관계의 단절은 우울한 감정을 지속시키는 핵심 요인이 된다. 특히 직장, 가정, 재정 문제에서의 갈등과 압박은 감정적으로 큰 짐이 될 수 있다. 이때 우리는 판단하거나 고치려고 하기보다는, '긍휼의 마음'을 가지고 그들의 이야기에 귀를 기울여야 한다. 예수님께서 병든 자를 바라보실 때 품으셨던 그 연민의 시선처럼, 교회와 성도는 고통받는 자의 삶을 있는 그대로 받아들일 용기를 가져야 한다. 이 진심 어린 경청에서 하나님의 위로가 흐른다.

셋째, 미래를 함께 바라본다

우울증은 미래에 대한 희망의 빛을 차단해 버리기도 한다. 그러므로 우리는 그들이 기대하는 바가 무엇인지, 어떤 불안이 마음을 지배하는지 조심스럽게 물어볼 필요가 있다. 하나님께서 계획하신 삶의 목적을 다시금 되새기며, "여호와의 말씀이니라 너희를 향한 나의 생각을 내가 아나니 평안이요 재앙이 아니니라 너희에게 미래와 희망을 주는 것이니라"(렘 29:11)는 말씀처럼, 절망 너머로 소망을 볼 수 있게 돕는 일이야말로 진정한 동행이다. 그들이 어떤 일을 기대하고 있고, 어떤 일이 두려운지 함께 나누다 보면, 희망의 불씨가 서서히 되살아날 수 있다.

그리스도인들이 우울증을 대하는 주술적 태도에 대한 성찰

로뎀신경정신과의원 이만홍 원장은 「교회와 신앙」 인터뷰에서 그리스도인들이 우울증을 어떻게 대해야 하는지에 대해 깊은 통찰을 제시한다. 그는 한때 심각한 우울증을 겪었고, 지금도 그 질병과 함께 살아가고 있다. 그렇기에 그의 시선은 단순한 이론이나 거리감 있는 관찰이 아니라, 실제 삶에서 나온 신앙적 고백이라 할 수 있다.

그는 한국 교회가 우울증을 포함한 정신질환에 대해 '주술적' 치유 방식에 치우쳐 있다는 점을 우려한다. 여기서 '주술적'이라는 표현은 고통에서 가능한 한 빨리 벗어나고자 하는 태도—즉, 한순간의 기적적 치유만을 기대하는 자세를 뜻한다. 물론 그 역시 성령의 직접적인 역사로 인한 즉각적인 치유가 일어날 수 있다는 점은 인정한다. 그러나 우리의 신앙이 오직 신속하고 강력한 결과에만 몰두한다면, 신앙의 순수성은 사라지고 단순한 문제 해결의 수단으로 축소될 수 있다.

삶의 여정에서 고통을 만나게 될 때, 벗어나길 바라는 심정으로 기도에 매진하는 것은 지극히 자연스러운 반응이다. 그러나 그 기도가 오로지 고통의 제거에만 초점을 맞춘다면, 하나님께서 그 고통을 통해 말씀하시려는 뜻을 놓칠 수 있다. 치유되지 않을 때 쉽게 낙심하고, 때로는 신앙에서 멀어지기도 한다. 이런 모습은 성취와 효율 중심의 사회문화가 교회 안에도 스며들어, 신앙조차 빠른 결과만을 기대하는 풍토로 왜곡되는 건 아닌지 우리 스스로 되돌아보게 만든다.

그런 맥락에서 이 원장의 고백은 매우 인상 깊다. 그는 "우울증이 있기에 감사한다"고 말하며, 우울증을 오히려 축복으로 가는 문이라고 받아들인다. 사도 바울이 육체의 가시를 통해 하나님의 은혜를 깊이 체험했듯, 그 역시도 자신의 약함 속에서 하나님과 더욱 가까워지는 은혜를 누리고 있다.

"우울증 때문에 2년 6개월을 묵상하면서 주님과 더 가까워짐을 느꼈어요. 우울증은 나의 약함을 통해 주님께 더 나아가는 축복의 문입니다. 진정한 치유는 고통을 벗어나는 것에 있지 않고 고통 너머에 있는 의미를 깨닫는 것입니다. 고통의 해소가 아니라 이를 통한 성숙의 문제가 더 중요합니다."

그리스도인들은 이 고백 앞에서 겸손하게 귀를 기울여야 한다. 우리는 고통을 너무 쉽게 외면하려 하고, 빠른 회복과 치유만을 기대하는데 하나님의 뜻을 좁게 해석하고 있지는 않은지 스스로 질문해 보아야 한다. 우울증은 단순히 제거되어야 할 질병이 아니라, 그 속에서 하나님이 빚어 가시는 성숙의 통로가 될 수 있다. 고통을 없애는 것만이 진정한 치유가 아니며, 고통을 이해하고 함께 살아갈 수 있는 신앙의 자세가 더욱 중요하다.

앞으로 다룰 '우울증과 함께 살아가는 방법'은 이러한 고민에 대한 하나의 응답이 될 것이다. 하나님과 함께 걸어가는 이 여정에서, 고통은 우리를 무너뜨리기 위한 것이 아니라 성숙으로 이끄는 하나님의 도구가 될 수 있다.

굿바이 블랙독, 우울증과 함께 살아가기

우리는 흔히 우울증을 정신병리적인 증상으로만 바라보며, 이를 부끄러운 문제로 여긴다. 안타깝게도 교회에서는 이러한 시선이 더욱 강력하다. "믿음으로 이겨 내야 한다"는 말이 반복되며, 우울증을 겪는 사람은 마치 신앙이 부족한 사람처럼 취급받곤 한다. 그래서 많은 이가 자신이 겪고 있는 정서적 고통을 말하지 못하고, 남몰래 고립된 시간 속에서 홀로 고통을 감당한다.

하지만 우울증을 향한 우리의 시선이 조금 달라질 수는 없을까? 필자는 매튜 존스톤(Matthew Johnstone)의 『굿바이 블랙독: 내 안의 우울과 이별하기』(I Had a Black Dog)라는 책을 통해 새로운 시각을 얻게 되었다. 이 책은 우울감을 제거해야 할 적으로만 보지 않고, 때로는 품어야 할 감정으로 이해하게 만든다.

"블랙독(Black Dog)"이라는 표현은 윈스턴 처칠이 자신의 우울증을 표현하며 사용한 용어로, 이후 우울증의 상징으로 자리 잡았다. 이 책의 저자는 9.11 테러 현장 인근에서 그 충격적인 사건을 직접 경험했으며, 그 일을 계기로 인생의 전환점을 맞게 되었다고 고백한다. 그는 지난 18년 동안 자신이 겪었던 우울증이라는 블랙독과의 싸움을 조심스럽게 풀어낸다. 블랙독은 그의 일상을 그림자처럼 따라다녔고, 삶의 즐거움을 앗아갔다. 좋아하던 활동들도 더 이상 즐겁지 않았으며, 음식조차 맛이 없었다. 집중력과 기억력은 약해졌고, 블랙독은 인간관계마저 무너뜨렸다. 그의 가장 큰 두려움은 사람들이 자신을 주목하는 것이었다. 그는 사람들에게 자신의 우울증을 들킬까 봐 두려워했고, 숨기기 위해 거짓말을 하기도 했다. 하지만 그럴수록 자신은 점점 더 지쳐 갔다. 사람들과의 관계에서는 부정적인 말들만 내뱉었고, 분노에 휩싸인 모습으로 사랑하는 이들과의 친밀함을 잃어버렸다. 결국 그는 블랙독이 단순히 감정의 침체가 아니라, 자신을 세상에서 고립시키는 존재로 자리 잡게 되었다고 고백한다.

시간이 흐를수록 블랙독은 그의 삶을 더욱 장악했고, 그는 모든 것을 걸고 그 블랙독을 쫓아내려 했다. 하지만 노력할수록 오히려 더 깊은 고통 속으로 빠져들었다. 그렇게 살아갈 이유와 삶의 의미마저 잃어가던 그는, 9.11 이후 전문가의 도움을 받기로 결심한다. 우울증을 숨기지 않고, 상담과 명상, 운동, 감정기록 등의 실질적인 실천을 통해 조금씩 회복의 길로 들어서게 된다. 그는 자신의 삶을 통째로 지배하고, 앗아갔던 거대한 블랙독이 점점 작아지는 경험을 하게 된다. 블랙독을 완전히 없앤 것이 아니라, 조절하고 관리할 수 있게 된 것이다. 그는 다음과 같은 의미 있는 고백을 남긴다.

"나에게 블랙독이 있었다는 것을 감사하다고 말할 수는 없다. 하지만 그 녀석 덕분에 내가 잃은 것을 다른 방법으로 얻을 수 있었다. 지난 삶을 다시 돌아보게 되었고, 내 삶을 단순화시켰으며, 내가 가진 문제로부터 도망가기보다는 문제를 인정하고 받아들이는 법을 배웠다."

이 고백은 우리 모두에게 중요한 질문을 던진다. 블랙독을 숨기고 회피하기만 하는 것이 정말 최선일까? 당신이 누구이든지 간에, 목회자이든, 그리스도인이든 상관없이 블랙독이 당신의 인생에 불쑥 나타날 수 있다. 블랙독을 이기는 방법은 싸우는 것이 아니다. 오히려 그것을 마주하는 용기를 갖는 것이야말로 블랙독을 이기는 시작이다. 우울한 감정과 정직하게 마주하고, 나 자신을 돌보려는 마음이 블랙독과의 건강한 관계를 가능케 한다. 즉 블랙독을 길들이는 방법이 된다.

저자가 제안한 실천적인 방법들—몸을 움직이고, 감정을 기록하며, 전문가의 도움을 받고, 가까운 이들과 감정을 나누는 것, 그리고 스트레스를 멀리하며 명상이나 묵상에 집중하는 것—은 블랙독을 길들이는 효과적인 방법들이다. 이는 단지 자신에게만 해당되는 것이 아니라, 주변의 누군가가 우울증을 겪고 있을 때 우리가 실제로 도울 수 있는 아주 효과적인 방법이기도 하다.

무엇보다 기억해야 할 것은, 올바른 치료와 상담을 받으면 누구든지 블랙독의 지배에서 벗어날 수 있다는 점이다. 블랙독으로 인해 감사까지는 할 수 없겠지만, 우울증을 겪는 것이 결코 부끄러운 일이 아니다. 도움을 받는 것은 오히려 용기 있는 결정이다. 자신을 소중하게 여기는 것을 부끄러워하지 마라. 반대로, 도움을 받지 않고 자신을 외면하고 방치하는 것이 진짜 부끄러운 일이다. 이제는 블랙독을 완전히 쫓아내려는 노력보다, 블랙독과 함께 살아가는 법을 배우는 시간이 필요하다. 마치 코로나 이후 '위드(with) 코로나'라는 삶의 방식처럼, 우리도 '위드 블랙독'이라는 태도로 전환해야 할 때다. 매튜 존스톤이 블랙독과 잘 지내는 법을 알려 준 것처럼, 우리도 두려워하지 않고 함께 걸어가는 법을 배워야 한다.

혹시 지금 블랙독이 너무 커져서 감당하기 어렵다면, 주저하지 말고 도움을 받아야 한다. 그 누구도 혼자 싸우지 않아도 된다. 그리고 우리 모두는 고백할 수 있다. 블랙독은 단지 삶의 고통이 아니라, 우리를 돌아보게 하고 성숙하게 만드는 삶의 동반자일 수도 있다고.

블랙독을 이기는 결정적인 한 방: '함께 걷는 사람'

우울증, 즉 블랙독을 이기는 가장 강력한 힘은 생각보다 단순한 곳에서 시작된다. 그것은 바로 '나와 연결되어 있는 사람'이다. 많은 정신과 의사들은 자주 만나지는 못하더라도, 전화나 문자, 메신저 등을 통해 지속적으로 친밀감을 유지하는 것이 심리적 안정감을 높이고 우울증을 예방하는 데 효과적이라고 말한다. 이런 면에서 교회 공동체는 블랙독으로부터 우리를 지키는 최고의 심리적 방역 공간이 될 수 있다.

교회 안에는 함께 기도하고, 아픔을 나누며, 손잡아 줄 수 있는 소그룹들이 존재한다. 앞서 여러 차례 언급했듯이, 우울증을 겪는 이들에게는 혼자 있고 싶다는 유혹, 얼굴을 숨기고 공동체에서 빠져나오고 싶다는 충동이 자연스럽게 찾아온다. 하지만 그렇게 스스로 고립되고, 관계를 단절하면 치유와 회복은 더욱 멀어진다.

그러나 여기에 복음적인 희망이 있다. 교회 공동체 안에는 당신의 이야기를 끝까지 들어 주고, 기꺼이 자신의 아픔도 나누고, 함께 기도하면서 걸어갈 수 있는 '작은 예수'들이 있다. 필자가 미국에서 사역할 당시 들었던 한 교회 기도팀의 이야기는 지금도 마음 깊은 울림으로 남아 있다. 그 팀의 이름은 "Walk and Pray", 즉 "걸으면서 기도하자"였다. 이 기도팀은 단지 은유적인 표현을 넘어서, 실제로 매주 한 번씩 만나서 걷는다. 치유와 회복이라는 거창한 말을 외치지 않고, 그저 걷고, 나누고, 기도할 뿐이다. 함께 걷는 그 시간이 사람의 삶을 조금씩 변화시킨다. 걸으면서 파트너의 삶의 이야기를 듣고, 그를 위해 마음을 담아 기도하는 것—어찌 보면 작은 일처럼 보이지만, 이 과정을 통해 마음의 문이 열리고, 하나님의 위로가 흘러들어온다.

우리는 종종 회복과 치유를 거창한 '치유세미나', '회복캠프' 같은 제목을 붙이고, 짧은 시간 안에 묵은 상처를 해결하려는 기대를 갖는다. 하지만 수십 년 쌓여 온 아픔과 감정이 그렇게 간단하게 풀릴 리는 없다. 치유는 본질적으로 느리고 섬세한 과정이다.

"걷고 기도하자"는 접근은 그 느린 치유의 상징이다. 걷는 일은 단번에 끝나지 않는다. 첫걸음부터 한 걸음씩 쌓아가야 목적지에 도달한다. 느리게 걷다 보면 길가에 핀 꽃도 보고, 흘러가는 구름도 바라보게 된다. 사람의 얼굴, 아이들의 웃음소리, 그리고 나의 내면도 다시 볼 수 있다. 회복은 그렇게 걸으며 자연스럽게 일어난다. 함께 걷는 이들과 나의 이야기를 나누고, 그 속에 있는 상처를 하나님께 올려드리는 것이다.

한국 교회에서도 이러한 사역이 시작되면 좋겠다. 크고 멋진 프로그램이 아니어도 된다. 그저 작고 따뜻한 '함께 걷고 기도하는 모임'이 있다면, 그것이야말로 블랙독을 이기는 결정적인 한 방이 될 것이다.

12장

중독을 다시 이해하다:

중독, 가족, 그리고 공동체

교회와 목회자의 바른 이해를 위한 서문

우리는 '중독'이라는 단어를 매우 자주, 그리고 때때로 지나치게 쉽게 사용한다. 어떤 행동이 조금 과하거나 특정 대상을 자주 사용할 때, 이를 중독'이라고 말하는 경우가 많다. 그러나 중독은 단지 습관의 과잉을 뜻하는 용어가 아니라, 생물학적·심리적·사회적 요소가 결합된 복잡한 현상이다. 중독이라는 개념을 정확히 이해하지 않고 남용하는 것은 문제의 본질을 흐리고, 도움을 받아야 할 이들을 오해하게 만든다.

중독은 특정한 성격이나 특정 계층의 사람에게만 나타나는 현상이 아니다. 중독은 누구에게나 일어날 수 있다. 사회적 통념은 종종 중독자를 향해 '의지가 약한 사람', '마음이 나약한 사람', '삶의 목표가 없는 사람'이라는 낙인을 찍곤 한다. 신앙 공동체에서도 중독을 겪는 사람을 믿음이 부족하거나 결단력이 없는 이로 간주하는 경우가 있다. 이러한 시선은 결국 중독자들에게 스스로의 문제를 감추고 살아가게 만들고, 그들은 공동체에서 점점 더 외롭게 고립된다.

하지만 중독은 단순한 결심이나 의지력 부족의 문제가 아니다. 현대 의학은 중독을 뇌의 생화학적 반응과 해부학적 구조를 중심으로 설명하고 있으며, 강박과 집착 같은 현상들도 뇌의 특정 과정과 깊이 연관되어 있다. 또한 중독은 개인의 문제라기보다 가족과 공동체에서 형성된 상호 작용의 결과라는 '가족 체계적 관점'이 점점 더 중요한 설명 틀로 자리 잡고 있다. 중독은 신체적·심리적·관계적 요인이 서로 얽힌 복합적인 질병이다. 그렇기에 단순한 도덕적 판단이나 개인적 비난으로 접근하는 것은 오히려 그 회복의 길을 더 멀게 만들 뿐이다.

교회 공동체는 중독의 현실을 성도들뿐만 아니라 목회자들 사이에서도 발생할 수 있기에 더 이상 외면할 수 없다. '나는 중독과는 상관이 없다'는 확신은 위험할 수 있으며, 오히려 누구나 중독에 취약할 수 있다는 점을 진지하게 인식해야 한다. 실제로 교회 안에는 다양한 형태의 중독—알코올, 도박, 성, 디지털, 관계 등—으로 고통받는 이들이 존재한다. 이들을 위한 적절한 돌봄과 이해는 오늘날 교회가 감당해야 할 중요한 사명 중 하나다.

이번 장의 목적은 중독에 대한 전문적 치료 지식을 나열하기보다, 중독에 대해 목회자와 평신도 사역자들이 반드시 알아야 할 기본적이고 핵심적인 시각을 제공하는 데 있다. 중독의 특징을 파악하고, 그것이 어떻게 우상숭배의 과정과 맞물리는지를 이해하며, 중독이 가족 시스템에서 어떻게 형성되고 작동하는지를 탐색하고자 한다. 그리고 마지막으로, 중독으로부터의 회복이 어떻게 이루어질 수 있는지에 대해 실질적이고 신앙적인 관점을 통해 정리할 것이다. 이러한 여정을 통해 독자들이 중독을 깊이 있게 이해하고, 단지 개인의 연약함이 아니라 복합적인 고통의 결과로 바라볼 수 있기를 바란다. 또한 교회 공동체에서 중독으로 고통받는 이들이 정죄나 배척이 아닌, 참된 회복과 동행의 은혜를 경험할 수 있도록 돕는 데 실질적인 밑거름이 되기를 소망한다.

중독의 본질에 대한 이해: 단순한 반복을 넘어선 내면의 결핍

중독은 그저 특정 행동이나 물질 사용이 잦아섰다는 이유만으로 진단되는 현상이 아니다. 우리는 일상에서 '중독'이라는 단어를 너무 자주,

때론 무심코 사용하지만, 중독은 단순한 습관의 과잉이 아니라 삶의 여러 측면에서 기능적 손상을 초래하는 복합적인 질환이다.

본질적으로 중독은 자신이 느끼는 고통이나 감정으로부터 도피하려는 시도에서 시작된다. 특정 물질을 반복적으로 사용하거나 특정 행위를 지속적으로 반복하면, 점차 육체적·정신적으로 삶의 균형과 건강이 무너진다. 중독은 단순히 행동의 반복이 아니라, 내부의 심리적 결핍이 외부의 대상에 강박적으로 집착하면서 나타나는 결과다. 한국심리학회는 중독을 인간 욕구의 자유를 제한하는 강박적인 습관적 행동으로 정의하며, 단순한 행위(action)의 문제가 아닌, 내면 깊숙한 감정적 고갈과 연결된 현상으로 바라본다. 제럴드 메이(Gerald May) 역시 그의 책『중독과 은혜』에서 중독이 단지 물질에 대한 의존을 넘어, 존재의 근원적 결핍을 채우기 위한 시도라고 분석한다.

흥미롭게도, 중독이라는 단어의 한자적 구성은 이러한 본질을 상징적으로 보여 준다. '중독(中毒)'은 말 그대로 '독(毒)'의 한가운데에 빠져 있다'는 뜻을 내포한다. 더욱이 '독(毒)'이라는 글자는 '주인(主)'과 '어머니(母)'가 결합된 형태로, 이 안에 중독의 상징적인 의미가 담겨 있다. 어린 시절 안정감을 주던 존재가 사라지거나 손상되었을 때, 사람은 대체할 다른 무언가를 삶의 중심에 두고 의존하려는 경향을 갖게 된다. 바로 이때 특정 행위나 물질이 내면의 공허함을 메우는 역할을 하며, 점차 삶의 '주인'이 되어 버리는 현상이 중독이라 할 수 있다.

이와 같이 중독은 불안, 우울, 분노, 탈진, 무료함 등 다양한 감정적 반응들이 얽혀 나타나는 복합적인 결과물이며, 그 이면에는 채워지지 않는 존재의 결핍이 자리한다. 그렇기에 중독 문제를 해결하려면 단순히 물질이나 행동만을 제어하려는 접근에서 벗어나, 그 사람의 내면에 존재하는 심리적 갈증과 상처를 이해하는 시선이 필요하다. 중독은 삶의 기능을 떨어뜨리는 증상이지만 동시에 우리에게 질문을 던지는 신호이

기도 하다. "나는 지금 무엇을 갈망하고 있는가?", "무엇이 나의 삶을 붙들고 있으며, 나는 왜 놓지 못하는가?" 이러한 질문을 통해 중독의 뿌리를 직면하고, 그 공허함을 성찰하며, 회복의 여정을 시작하는 것이 중독 문제를 해결하는 첫걸음이다.

중독의 원인

중독은 흔히 나쁜 습관 혹은 개인의 의지 부족으로 오해되곤 한다. 하지만 중독은 단순한 행동의 반복이나 도덕적 결함의 문제가 아니라, 생물학적·심리적·사회적 요인이 복합적으로 얽혀 있는 질환이다. 중독을 올바르게 이해하기 위해서는 뇌의 신경학적 메커니즘과 더불어 인간의 심리와 환경적 요소를 함께 살펴볼 필요가 있다.

뇌의 보상 시스템과 신경학적 변화

우리의 뇌에는 쾌락과 보상을 추구하도록 설계된 '보상 시스템'이 있다. 이 회로는 생존에 필요한 행동을 강화하고, 반복을 유도함으로써 인간의 기본 행동 패턴을 결정짓는 데 핵심적인 역할을 한다. 그러나 이 시스템이 과도하게 자극을 받으면 오히려 통제가 어려운 충동과 집착으로 이어질 수 있다.

1954년, 맥길 대학교에서는 뇌가 중독되는 과정을 이해하는 데 필요한 결정적인 실험이 이루어졌다. 쥐 뇌의 시상하부에 전기 자극을 가했을 때 강렬한 쾌감을 느낀다는 사실이 밝혀졌고, 연구자들은 쥐가 직접 그 자극을 유도할 수 있는 지렛대를 설치했다. 그 결과, 쥐는 끊임없이 지렛대를 눌렀고, 결국 쓰러질 때까지 멈추지 않았다. 놀랍게도 이미 쥐는 갓 태어난 새끼를 돌보는 일조차 중단하며 자극만을 추구했다. 이 실험은 뇌 속의 '쾌감 센터'가 얼마나 강력한 영향을 미치는지를 보여 주었으며, 이후 중독의 생물학적 기전을 규명하는 출발점이 되었다.

인간의 뇌도 마찬가지다. 강한 자극은 도파민이라는 신경 전달 물질을 분비하게 하고, 그 쾌감은 반복 행동을 강화한다. 문제는 이 도파민이 반복적이고 과도한 자극에 노출될수록 민감성을 잃고, 점점 더 강한 자극을 요구하게 된다는 것이다. 이로 인해 쾌락의 기준이 높아지고, 기존의 활동에서는 만족을 느끼기 어려워진다. 더욱이 중독이 심화되면 뇌의 전전두엽—판단력과 충동 억제를 담당하는 영역—의 기능이 저하되어 자기 통제가 어려워진다. 특히 청소년기는 전전두엽이 완전히 발달되지 않았기 때문에, 이 시기에 중독에 노출되면 충동 조절이 더 어려워지고, 평생 뇌 구조에 영향을 미칠 수도 있다.

이처럼 생물학적 관점에서 중독을 바라보면, 단순한 선택의 결과가 아니라 뇌의 구조적 변화로 인한 질병이라는 사실이 더욱 분명해진다. 중독자는 단지 무절제한 행동을 하는 사람이 아니라, 실제로 뇌 속에서 통제를 위한 능력이 약화되어 있는 상태다. 강한 집착과 충동적인 행동은 뇌 내부에서 강화되고 반복되며, 회복을 위해서는 뇌의 회로를 재훈련하는 오랜 과정이 필요하다.

중독의 심리적 원인: 감정 회피와 자존감의 악순환

중독은 단지 생물학적 현상만으로 설명될 수 없다. 내면 깊숙한 심리적 원인들과도 밀접하게 연결된 복합적인 문제다. 많은 중독자가 처음으로 특정 물질이나 행위에 의존하여 중독자가 되는 이유는 스트레스를 해소하려는 욕구 때문이다. 술, 담배, 게임, 도박 등은 단순한 습관적 선택을 넘어, 감정적으로 불안정한 상황을 잠시나마 잊게 해 주는 도피 수단으로 기능한다.

불안, 외로움, 허전함, 분노—이러한 부정적인 감정들은 우리가 직면하기 어려운 내면의 진실이며, 이를 마주하는 일이 고통스럽게 느껴질 때 사람은 회피의 경로를 찾게 된다. 중독은 그렇게 감당하기 어려운 감정을 피하고자 하는 충동에서 출발한다. 잠시 안정감을 느끼고자 하는 인간의 자연스러운 욕구가 중독이라는 왜곡된 방식으로 나타나는 것이다.

특히 자존감의 부족은 중독을 유발하고 지속시키는 가장 강력한 심리적 요인 중 하나다. 자존감이 낮은 사람은 자신의 가치를 확신하지 못하고, 타인의 시선이나 평가에 지나치게 민감해진다. 이들은 실패에 대한 두려움을 크게 느끼며, 사회적 관계에서도 불안을 겪는다. 결국, 자신을 보호하고 싶은 욕구는 현실로부터의 도피를 추구하게 만들고, 이는 반복적인 중독 행동으로 이어질 가능성을 높인다. 예를 들어, 자존감이 낮은 사람은 "나는 사랑받기 어려운 사람"이라는 두려움에서 살아간다. 그러한 감정을 잠재우기 위해 술을 마시고, 게임에 몰두하고, 강한 자극을 찾게 된다. 물론 이러한 행위는 일시적인 안도감을 제공하지만, 장기적으로는 중독의 상태를 더 심화시키고, 반복된 실패와 자기혐오를 불러와 자존감은 더욱 낮아지는 악순환을 초래한다. 캐롤라인 냅(Caroline Knapp)은 그녀의 책 『드링킹: 러브스토리』에서 알코올 중독을 단순한 습관이나 의지의 문제가 아닌, 내면의 결핍과 갈망이 얽힌 복잡한 심리적 방정식으로 풀어낸다. 그녀가 제시하는 첫 번째 방정식은 이렇다: 불편함 + 술 = 불편함 없음. 사람들은 내면의 불편한 감정—불안, 슬픔, 자기혐오 같은 것들—을 잠시라도 지우기 위해 술을 마신다. 술은 그런 감정을 덮어주는 마법처럼 작용한다. 자신에 대한 부정적인 감정을 잠재우고, 마치 자신이 원하는 모습으로 변화시켜주는 수단처럼 느껴지기도 한다. 어떤 경우에는 술이 오히려 내면 깊숙이 숨겨진 '진짜 나'를 꺼내주는 도구처럼 여겨지기도 한다. 그렇게 술은 심리적 안전망이 되어, 우리가 감당하기 어려운 감정들로부터 잠시나마 도피할 수 있게 해준다.

두 번째 방정식은 다음과 같다: 억제 + 술 = 해방. 알코올은 우리 안에 억눌려 있던 감정들—불안, 분노, 외로움—을 풀어주는 역할을 한다. 술을 마시는 동안 우리는 평소에는 꺼내기 어려웠던 감정을 자유롭게 표현할 수 있고, 타인에게 더 가까이 다가갈 수 있으며, 때로는 친밀한 관계를 맺는 데도 용기를 얻는다. 술은 마치 우리를 감싸주는 보호막처럼 작용하며, 그 안에서 우리는 안전하다고 느낀다.

하지만 냅은 이 보호막이 영원하지 않다는 사실을 분명히 경고한다. 술이 주는 위안은 일시적이며, 그 작용이 멈추는 순간부터 비극은 시작된다. 어느 순간을 넘어서면 술은 더 이상 우리를 지켜주는 도구가 아니라, 오히려 모든 것을 망가뜨리는 파괴의 원인이 된다. 그녀의 통찰은 단순히 술에 대한 경고를 넘어서, 우리가 왜 그것에 의존하게 되는지를 깊이 들여다보게 한다. 술은 감정을 마비시키는 도구가 아니라, 우리가 마주해야 할 내면의 진실을 가리는 베일일지도 모른다. 냅은 그 베일을 걷어내고, 우리 각자가 자신을 더 정직하게 바라보기를 조용히 권하고 있다.

따라서 중독 문제를 해결하기 위해서는 단순히 물질적 의존을 끊는 것에만 초점을 맞춰서는 부족하다. 중독이 왜 발생했는지를 이해하고, 그 밑바탕에 자리한 심리적 갈등과 정서적 상처를 돌보는 작업이 필요하다. 자기 이해, 감정 조절, 관계 회복 등은 중독 회복의 핵심적인 요소가 되며, 결국 온전한 치유는 마음을 향한 돌봄에서 출발한다.

중독의 사회적 원인: 환경과 관계에서 비롯되는 위협

중독은 개인의 생물학적·심리적 상태를 넘어서, 그가 속한 사회적 환경에서도 발생하는 복합적 질환이다. 특히 중독을 유발하는 물질이나 행동에 쉽게 노출되는 환경은 개인이 중독에 빠질 위험을 현저히 높인다. 가정 환경은 그중에서도 가장 직접적이고 결정적인 영향을 미치는 영역이다.

　어린 시절부터 부모의 충분한 돌봄을 받지 못하거나 방임, 혹은 학대를 경험한 경우, 또한 부모 간의 잦은 갈등 속에서 자란 사람은 심리적 안정감을 갖기 어려우며 정서적 결핍 상태로 성장한다. 이런 환경은 개인의 내면에 불안을 증폭시키고, 삶의 균형을 잡기 위한 방법으로 술, 담배, 게임, 도박 등 자극적인 요소를 찾게 만든다. 비록 이러한 행위들이 일시적으로 심리적 안정을 주는 것처럼 느껴질 수 있으나, 시간이 지날수록 중독으로 발전해 더 깊은 문제를 유발하게 된다. 특히 안정적인 보호와 지지 없이 성장한 사람은 자기 효능감이 낮아지고, 자기 돌봄의 능력 또한 취약해진다. 이는 중독뿐만 아니라 우울, 불안, 관계 장애 등 다양한 심리적 문제로 이어질 수 있다. 결국 중독은 단순히 개별 행동의 문제라기보다는, 관계와 환경 속에서 형성된 정서적 결핍의 결과로 이해해야 한다.

　사회적 압력 역시 중독을 촉진하는 강력한 요인이 된다. 예를 들어 또래 집단 내에서 반복적으로 음주를 권유받을 경우, 개인은 그 집단에 속해 있고자 하는 욕구 때문에 지속적으로 술자리에 참여하게 된다. 이는 점차 술 문화에 익숙해지는 계기가 되고, 술에 대한 의존도가 높아지는 결과를 낳는다. 쉬운 예로, 직장에서 이러한 사회적 압력을 받는다. 회식 자리에서 음주를 암묵적으로 강요받는 경우, 개인은 자신의 의지와 무관하게 음주를 하게 되고, 과도한 음주가 반복되면서 결국 중독 위험이 높아지게 된다. 이러한 상황이 반복되면, 술을 소비하는 행동이 자연스럽고 당연한 것으로 인식되어, 중독으로 연결될 가능성이 커진다.

　이처럼 사회적 분위기와 환경은 개인의 선택을 제한하고, 특정 행동을 지속적으로 반복하도록 압박함으로써 중독의 가능성을 높인다. 그러므로 중독을 예방하기 위해서는 개인이 사회적 압력으로부터 자유롭게 선택할 수 있는 환경을 만들어야 한다. 또래 집단이나 직장에서 음주를 강요하는 문화를 개선하고, 개인이 자기 결정을 존중받을 수 있는 구조를 마련하는 것이 중요하다. 건강한 사회 환경은 중독 예방의 첫걸음이 되며, 결국 중독에 빠진 사람뿐 아니라 그 주변에 있는 사람 모두의 삶을 더욱 자유롭고 회복력 있게 만들어 주는 중요한 기반이 된다.

중독의 영적 원인: 우상숭배로 향하는 내면의 사슬

중독을 이해할 때 우리는 생물학적·심리적·사회적 요인만이 아니라 영적인 차원 역시 반드시 고려해야 한다. 신앙의 관점에서 바라보면, 중독은 죄의 속성과 깊은 유사성을 지니며, 영적인 반역의 결과로 나타나는 현상으로 볼 수 있다. 단순히 삶의 불균형이나 습관의 문제로 보기엔 너무나 복합적인 실체를 갖고 있으며, 그 중심에는 하나님 아닌 다른 무엇으로 공허함을 채우려는 인간의 시도가 자리한다.

중독은 채워지지 않는 욕구에서 비롯되며, 그 욕구는 본래 하나님께로 향해야 할 갈망이었다. 그러나 인간은 그 갈망을 하나님 외의 것들로 채우려 하면서, 결국 거짓된 욕망에 사로잡히게 된다. 이러한 욕망은 우리의 에너지와 시간, 정신과 육체를 집어삼키고, 삶의 중심을 차지하는 '우상'으로 자리 잡는다. 아치볼드 하트(Archibald D. Hart)는 그의 저서 『참을 수 없는 중독』(Healing life's hidden addictions)에서 인간의 본성은 본래 반역적이며 이기적이고, 자기 만족과 자기 과정을 추구하는 경향이 있다고 말한다. 그는 이러한 본성이 모든 중독의 영적 뿌리가 되며, 중독은 인간의 반역적 본성에 예속된 직접적인 결과라고 주장한다. 나아가 중독은 결국 인간을 지배하게 된다고 경고한다.

중독은 처음엔 단순한 만족을 추구하는 행동으로 시작된다. "한 번만 더"라는 마음이 자극을 유도하고, 그 자극은 잠시 쾌감을 준다. 그러나 그 만족은 오래가지 않는다. 육체는 더 강한 자극을 원하게 되고, 마음은 더 깊은 집착을 가지게 된다. 중독의 강도는 점점 더 깊어지고, 결국 그

대상은 단순한 친구의 역할을 넘어서서 삶의 영광의 자리를 차지하게 된다. 이때 우리는 이미 마음에서 그 중독의 대상을 경배하기 시작한 것이다.

그 결과, 하나님이 앉으셔야 할 자리에 중독이 자리 잡고, 인간은 스스로 만든 우상을 향해 자신의 삶을 헌신하게 된다. 쇼핑센터, 음식점, 놀이공원—우리가 반복적으로 찾아가는 그곳들이 마치 '성전'처럼 기능하며, 그곳에서 위로받고 해방감을 얻는 듯 느끼게 된다. 그러나 진정한 만족이 아니다. 오히려 중독은 갈수록 더 큰 공허를 남기고, 결국 깊은 절망으로 우리를 끌어당긴다.

이제 우리는 분명히 인식해야 한다. 중독은 단순한 습관의 문제가 아니라 영적 역동이다. 우리 내면의 공허를 하나님이 아닌 것들로 채우려 할 때, 중독은 힘을 얻는다. 하지만 진정한 회복은 오직 하나님의 사랑 안에서만 가능하다. 그 사랑은 우리가 다른 것으로 채우려 했던 모든 결핍을 채우고, 우리를 자유케 하는 유일한 은혜다.

중독상태를 보여 주는 주요한 세 가지 특징들

중독 상태를 보여 주는 핵심 특징: 내성

중독을 설명하는 데 있어 가장 중요하게 짚어야 할 특징 중 하나는 바로 '내성(tolerance)'이다. 내성이란 만족감을 얻기 위해 동일한 물질이나 행위만으로는 더 이상 같은 효과를 경험할 수 없게 되어, 그 강도나 빈도를 점점 높여가야 하는 현상을 말한다. 이는 단순한 습관의 강화가 아니라, 우리 몸과 마음에서 일어나는 생리적·심리적 변화의 결과다.

처음에는 소량의 자극으로도 충분한 만속을 얻을 수 있있다. 하지만 자극이 반복될수록 우리의 신체와 감정은 그 강도에 익숙해지고, 이전에 느꼈던 쾌감은 점차 사라진다. 그러면 우리는 더 강한 자극, 더 많은 소비, 더 자주 반복되는 행동을 통해 다시금 만족을 추구하게 된다. 이러한 현상이 지속되면, 개인은 중독 행위에 점점 더 깊게 빠져들게 되고, 결국 삶의 균형을 잃게 된다. 쉽게 말하면, 우리의 뇌와 몸은 일정한 자극에 적응하면서 그 효과가 줄어들고, 이를 보상하기 위해 더 큰 자극을 원하게 된다. 이것이 중독을 강화시키는 대표적인 메커니즘이며, 중독에서 빠져나오기 어렵게 만드는 주요한 원인이기도 하다.

성경에서도 이러한 내성의 상태를 예리하게 묘사하는 구절이 있다.

> "거머리에게는 두 딸이 있어 다오 다오 하느니라 족한 줄을 알지 못하여 족하다 하지 아니하는 것 서넛이 있나니 곧 스올과 아이 배지 못하는 태와 물로 채울 수 없는 땅과 족하다 하지 아니하는 불이니라"(잠 30:15-16)

이 구절은 만족을 모르는 존재들의 상태를 상징적으로 묘사하며, 내성의 본질을 영적으로 설명해 준다. 거머리처럼 계속해서 "다오, 다오(Give, Give)"를 외치는 내면의 욕망은 채워도 채워지지 않는 공허함을 상징한다. 아무리 채워도 만족하지 못하는 욕구는 결국 삶을 잠식하고, 우리를 지치게 만들며, 더 깊은 중독의 늪으로 이끈다.

중독의 두 번째 주요 특징: 금단 현상

중독 상태에서 벗어나려는 사람에게 가장 힘든 단계는 바로 '금단 현상(Withdrawal)'이다. 금단 현상이란 중독의 대상—약물, 습관적 행동, 특정 자극 등을 갑작스럽게 중단할 때 신체적·정서적으로 나타나는 극심한 불안과 고통의 반응이다. 말 그대로, 중독이 제공하던 자극이 사라지는 순간 우리 몸과 마음은 균형을 잃고 격렬하게 저항한다.

우리가 "이제 그만두겠다"라고 결심하고 행동을 멈추면, 초반에는 불안감, 초조함, 짜증, 손 떨림, 불면증 같은 가벼운 증상이 찾아온다. 하지만 중독의 깊이에 따라 그 반응은 훨씬 더 심각해질 수 있다. 빠른 심장 박동, 근육통, 발열, 깊은 우울감, 환각이나 발작 같은 증상까지 나타날 수 있다. 이러한 반응은 단순한 심리적 고통을 넘어서 생리적·신경학적 수준에서의 심각한 반작용이라고 볼 수 있다.

금단 현상이 왜 이렇게 강력하게 나타나는지는 우리 몸의 '균형 시스템'을 이해하면 더 잘 알 수 있다. 중독적인 자극은 오랜 시간 동안 우리의 신체가 일정한 리듬을 만들어 내도록 작동한다. 하지만 그 자극이 갑자기 사라지면, 마치 고속으로 돌던 놀이기구가 급작스레 멈출 때처럼 몸은 방향을 잃고 흔들린다. 그 반응은 매우 강렬하며 때로는 정상적인 일상생활 자체가 어려워질 정도로 우리를 압도한다.

중독의 세 번째 주요 특징: 강한 갈망과 유발 인자

중독의 세 번째 특징은 '강한 갈망(craving)'이다. 이것은 단순한 습관적 충동이 아니라, 신체적·정신적으로 깊이 뿌리내린 강한 욕망이다. 이 갈망은 어느 날 갑자기 스쳐 지나가는 생각이 아니다. 오히려 끊임없이 마음속을 맴돌고, 우리를 그 행동이나 물질로 향하게 만드는 강력한 자극이 된다.

갈망은 중독을 지속시키고 심화시키는 핵심 요소다. 마음에서 그 대상이 계속 떠오르고, 결국 우리는 의지와 상관없이 찾아 나서게 된다. 이때, 갈망을 유도하고 강화시키는 다양한 유발 인자(triggers)가 존재한다. 유발 인자는 중독적 행동을 불러일으키는 외적 또는 내적 자극으로, 생각, 신념, 사람, 장소, 사물, 활동, 그리고 감정적 상태까지 포함된다. 예를 들어, 알코올 의존자에게는 술집 근처를 지나거나 스트레스를 받는 상황이 대표적인 유발 인자가 될 수 있다. 이러한 상황은 단순한 지나가는 환경이 아니라, 마음속에 잠재되어 있던 갈망을 다시 자극하여, 중독적 사고와 행동을 재점화하는 불씨가 된다.

중독의 회복 과정에서는 이 유발인자들을 면밀히 파악하고, 이를 효과적으로 관리하는 것이 매우 중요하다. 자신에게 어떤 상황, 감정, 관계가 갈망을 유발하는지를 인식하고, 그에 대한 대처 전략을 마련하지 않으면 중독으로 다시 되돌아갈 가능성은 매우 높아진다. 결국 강한 갈망은 중독의 가장 지속적이며 은밀한 동력이다. 갈망은 단순히 그 대상을 좋아하는 감정이 아니라, 삶의 중심을 뺏어 가는 무형의 힘이다.

중독의 여러 가지 얼굴들

중독의 첫 번째 얼굴: 자기기만이라는 무의식적 방어

중독에 빠진 사람은 종종 자신이 처한 상황을 제대로 인식하거나 인정하지 못한다. 이것은 단순한 회피나 거짓말이 아니라, 내면 깊숙한 심리적 방어기제가 작동하는 결과다. 중독 상태를 유지하고 싶은 무의식적인 욕망과, 외부의 비난과 판단으로부터 자신을 보호하고 싶은 심리가 맞물리면서 '자기기만'이라는 특유의 행동 양식이 형성된다.

자기기만은 현실을 외면하거나 왜곡함으로써, 중독을 합리화하고 당장의 불편한 진실을 피하려는 심리적 장치다. 처음에는 자신이 중독 상태에 있다는 사실을 완강히 부정하고, 문제 자체를 존재하지 않는 것처럼 취급한다. 예를 들어 도박 중독자가 "나는 재미로 하는 거야. 언제든지 멈출 수 있어"라고 말하며 스스로를 속이는 것이 그 대표적인 모습이다.

하지만 중독이 점점 깊어지면서 정상적인 일상을 유지하기 어려워지고, 그로 인해 불안, 스트레스, 자기혐오와 같은 부정적 감정이 강화된다. 이때 중독자는 그런 현실을 마주하기보다 더 다양한 형태의 자기기만을 사용해 문제를 감추려 한다. 자기기만은 대표적으로 다음 세 가지 형태로 나타난다:

1) 부정(거부)

중독자는 자신의 상태를 인정하지 않고, 문제가 없다고 주장한다. 예컨대 알코올 의존자는 "나는 다른 사람보다 적게 마셔. 진짜 중독자들은 매일 마시는 사람이야"라며 자신의 음주량을 축소하고 현실을 왜곡한다.

2) 합리화

자신의 중독 행동을 정당화하기 위해 외부 환경이나 타인을 탓하는 경우다. "내가 이렇게 술을 마시는 건 전부 직장 때문이야. 여기서 일하면 누구든 술에 기대게 돼"라고 말하며 책임을 회피한다. 또한 자신의 행동을 사회적으로 흔하고 정상적인 것으로 포장하며 문제를 숨긴다. 게임 중독자의 경우, "요즘 다들 게임 하잖아. 나도 그냥 즐기는 거지"라고 말하며 과도한 사용을 합리화한다.

3) 감추기

중독자는 자신의 행동을 들키지 않기 위해 다양한 방식으로 숨기려 한다. 가족이 술을 끊으라고 하면 집에서는 마시지 않고, 밖에서 몰래 마시는 식이다. 지출 내역을 속이거나 거짓말을 통해 행동을 은폐하는 방식도 있다.

이러한 자기기만이 반복될수록 중독은 더욱 강화되며, 회복의 가능성은 희박해진다. 중독자는 점점 현실로부터 멀어지고, 삶의 통제력을 잃어가며 고립되어 간다. 결국 중독의 악순환을 끊어 내기 위해 가장 먼저 필요한 것은, 자신의 상태를 '정직하게 바라보는 용기'다. 자신을 향한 진실된 인식은 회복의 첫걸음이며, 그 용기야말로 중독을 이기고 자유를 되찾는 가장 강력한 열쇠가 된다.

중독의 두 번째 얼굴: 의지력 상실과 회복의 역설

중독된 사람은 흔히 말한다. "마음만 먹으면 언제든 끊을 수 있어." 그러나 이는 자기기만에 가까운 희망일 뿐, 실제 중독의 실체와는 거리가 있다. 중독은 단순한 습관이나 결심 부족이 아니라, 뇌의 보상 체계와 깊이 연결된 강한 의존 상태다. 그런 만큼 단순한 의지력만으로 극복하기엔 턱없이 어려운 것이 현실이다.

역설적으로 중독에서 벗어나기 위한 가장 중요한 첫 단계는, 바로 '자신이 중독을 통제할 수 없다는 현실을 인정하는 것'이다. 많은 중독자는 강한 의지만 있다면 언제든 끊을 수 있다고 믿는다. 그러나 중독은 신체적·정서적 의존이 함께 작용하는 질환이며, 마음의 결심만으로는 쉽게 해결되지 않는다. '익명의 알코올 중독자 모임(AA)'에서 제시하는 회복의 12단계를 보면, 이 회복 여정이 철저한 자기 무력감의 인정으로 시작된다는 사실을 확인할 수 있다. 첫 번째 단계는 이렇게 고백한다: "우리는 알코올에 무력했으며, 우리의 삶을 수습할 수 없게 되었다는 것을 시인하는 바다."

이 고백은 단순한 패배의 선언이 아니라, 오히려 회복의 문을 여는 열쇠가 된다. 자신이 중독을 제어할 수 없다는 사실을 인정하는 것이야말로 회복의 출발점이다. AA는 회복 과정에서 '우리보다 위대한 힘'을 향한 의탁을 강조한다. 이는 종교적 의미를 넘어서, 타인의 지지, 공동체의 도움, 치료적 개입의 필요성을 상징하는 표현이다. "우리보다 위대하신 힘이 우리를 본정신으로 돌아오게 해 주실 수 있다는 것을 믿게 되었다"는 고백은, 회복은 결코 혼자만의 싸움이 아니며, 도움을 받아들이는 용기가 필요하다는 메시지를 담고 있다.

중독 회복은 단순한 결심이나 강한 의지력으로 해결될 수 없다. 오히려 자신의 의지력 상실을 정직하게 인정하는 것, 외부의 도움을 받아들이는 것, 회복을 위한 환경을 마련하는 것—이 모든 과정이 진정한 변화의 출발점이 된다. 중독은 이겨 내는 것이 아니라, 함께 이겨 내야 하는 것이다.

중독의 세 번째 얼굴: 압도적인 몰입과 강박적인 반복성

중독이 가져오는 또 하나의 특징은 '압도적인 몰입'과 '강박적인 반복성'이다. 중독 상태에 놓이면 중독자의 주의력은 특정 대상에 강력하게 집중되고, 점차 그 외의 것들은 시야에서 사라지기 시작한다. 그 대상은 단순한 관심의 수준을 넘어서, 사고와 행동을 지배하며 삶 전체의 균형을 무너뜨리는 중심으로 자리 잡는다.

중독의 본질은 단순한 습관이 아니라, 우리의 뇌와 내면을 지배하는 강한 욕구다. 이 욕구가 충족되지 않으면 불안감과 무력감이 깊어지고, 해소하려는 강박적인 행동이 반복된다. 그러면 중독적 행동은 점점 더 빈번해지고, 자제력은 급격히 약화된다. 특정 물질이나 행위가 없으면 초조하고 불안한 감정을 견디기 어려워지고, 결국 반복적이고 통제되지 않은 행동의 악순환에 빠지게 된다.

중독의 영어 표현인 addiction은 라틴어 접두어 ad-("반복적으로")와 dictio("말하다, 명령하다")가 결합된 형태에서 유래한다. 즉, 중독은 반복적으로 내면에서 내려오는 '명령'에 따르는 상태라는 의미를 내포하고 있다. 이는 중독이 단순한 선택이나 습관이 아니라, 내면의 공허함을 채우라는 강압적인 요청을 따르는 강제적인 상태임을 보여 준다. 우리는 원해서 선택하는 것이 아니라, 마치 '명령을 받아 적는 것'처럼 억누를 수 없는 충동에 따라 행동한다.

이러한 반복적이고 강박적인 몰입은 결국 개인의 정체성에도 심대한 영향을 끼친다. 중독은 단순히 육체적이나 사회적 기능만을 손상시키는 것이 아니라, 개인의 자아상과 영적인 존재감마저 흔들어 놓는다. 중독자들은 종종 스스로를 존중하지 못하고, 자존감을 잃어버린 채 자신을 혐오하는 감정에 휘말린다. 필자는 어떤 그리스도인 중독자의 다음과 같은 아픈 고백을 들은 적이 있다:

"내가 하나님의 자녀라는 사실을 믿을 수가 없어요. 내 안에 하나님의 형상이 있다는 것도 믿을 수가 없어요. 지금 내 모습을 보면 알잖아요. 아무리 발버둥 쳐도 결국 나는 또 그것을 찾고 있어요. 이런 나 자신이 너무 싫어요."

그의 고백은 중독이 불러오는 깊은 절망을 보여 주었다. 이러한 고백은 중독이 개인의 정체성과 신앙의 기반마저 무너뜨릴 수 있다는 점을 알려 준다. 중독은 단지 행동을 수정한다고 끝나는 문제가 아니다. 자신의 내면을 직면하고, 존재 가치를 재확인하며, 깊이 흔들린 자아를 회복하는 과정이 반드시 병행되어야 한다. 중독을 극복한다는 것은 단순히 중독적 행동을 멈추는 것이 아니라, 그 뒤에 숨겨진 상처받은 정체성과 소중한 존재 가치를 회복하는 길을 다시 걷는 것이다. 이 여정은 고통스럽고 더디지만, 그만큼 깊은 회복과 변화를 가능하게 한다.

중독의 네 번째 얼굴: 허구의 만족과 공허함의 심화

중독의 핵심 중 하나는 순간적이지만 강렬한 만족감이다. 그 만족은 종종 부정적인 감정을 잠시나마 누그러뜨려 주며, 외로움이나 불안, 두려움 같은 내면의 결핍을 덮는 역할을 한다. 그러나 그 위안은 근본적으로 건강하지 않은 방식으로 제공되며, 문제를 더 깊게 만든다.

진정한 친밀감을 경험하지 못하고 깊은 외로움을 느낄 때, 인간은 그 공허함을 채우고자 강한 충동을 느낀다. 이런 심리적 갈증은 종종 중독적인 행위로 이어지며, 그중에서도 성중독은 가장 교묘한 방식으로 사람을 유혹한다. 성적 만족은 마치 진정한 관계를 제공하는 듯 속삭이고, 일시적인 위로를 건넨다. 그러나 그것은 허구적인 친밀감이며, 따뜻한 교감이나 안정적인 유대감을 대신할 수 없다. 그 순간적인 쾌락은 더 큰 공허함을 남기고, 내면의 결핍과 수치심을 악화시킨다. 결국 중독 행위는 잠깐의 위안은 줄지언정, 문제를 해결하지 못하고 고통을 심화시키는 악순환을 만들어 낸다.

이 악순환에서 벗어나기 위해서는 외부 자극이 아닌, 내면의 진정한 만족을 추구하는 일이 필요하다. 건강한 인간관계, 자기 이해, 감정 표현의 능력을 기르는 것은 공허함을 올바르게 다루는 중요한 방법이다. 특히 교회 공동체는 그리스도의 사랑 안에서 깊은 연대감을 제공하며, 영적 만족을 통해 마음속 빈 공간을 온전히 채울 수 있는 환경을 만들어 준다.

프랑스의 철학자 파스칼(Blaise Pascal)이 남긴 유명한 통찰에 따르면, 인간의 마음에는 그 어떤 피조물로도 채울 수 없는 빈 공간이 존재한다고 한다. 이 공간은 단순한 감정의 결핍이나 일시적인 공허함이 아니라, 존재의 근원적인 갈망에서 비롯된 것이다. 우리는 그 빈자리를 채우기 위해 성공, 관계, 쾌락, 지식 등 다양한 것들을 추구하지만, 결국 그 어떤 것도 완전한 만족을 주지 못한다. 이러한 갈망은 오직 예수 그리스도를 통해서만 온전히 채워진다고 믿는다. 그분은 인간 존재의 중심을 향해 다가오시는 분이며, 우리 안의 깊은 공허를 생명과 진리로 채우시는 분이다. 우리는 그분의 사랑 안에서 흔들리지 않는 평안을 누릴 수 있으며, 외적인 환경에 좌우되지 않는 기쁨을 경험하게 된다. 우리가 이 사실을 기억할 때, 삶의 방향은 흔들리지 않고, 내면의 평안은 더욱 깊어진다. 이 삶이야말로 중독의 어둠을 밝히는 회복의 빛이다.

중독의 다섯 번째 얼굴: 수치심과 죄책감의 악순환 속에서

중독은 개인의 내면 깊은 곳에 자리한 수치심과 죄책감과 밀접한 연관이 있다. 자신의 중독 문제를 인정하는 일은 쉽지 않으며, 많은 사람이 이를 숨기려 하다가 결국 주변과의 관계를 끊고 고립된 삶으로 빠져든다. 중독은 자신에 대한 강한 수치심을 유발한다. 이는 단지 '실수했다'는 정도를 넘어, '나는 결함 있는 존재다'라는 존재 자체에 대한 부정으로 이어지며, 내면에 깊은 상처를 남긴다. 성경에서도 수치심은 인간의 원초적 감정으로 등장한다. 창세기에서 아담과 하와가 죄를 지은 후, 자신의 벌거벗음을 인식하고 숨으려 했던 모습은 바로 수치심의 본질을 잘 보여 준다.

특히 그리스도인 중독자는 일반적인 중독자보다 훨씬 더 큰 고통을 경험할 수 있다. 신앙적 가치와 도덕적 기준이 높은 교회 공동체에서, 자신의 중독은 단순한 연약함을 넘어 '영적 실패'로 여겨지기 때문이다. 중독 행위는 죄책감을 불러오고, 그 죄책감은 다시 수치심으로 변하며, 수치심은 또다시 중독 행동으로 이어지는 고리처럼 반복되는 악순환을 형성한다. 만약 교회 공동체에서 중독 문제가 드러나게 되면, 중독자는 종종 '낙인'을 경험하게 된다. 사람의 눈빛은 따뜻한 연민보다 정죄의 시선을 띠기 쉽고, 이러한 환경에서는 중독자의 죄책감이 더욱 깊어질 수 있다. 그 결과, 그는 더 깊은 절망으로 빠져들고, 더 심각한 중독 상태로 몰리게 된다.

이러한 현실을 마주하며 필자는 한국 교회에 묻고 싶다. 교회는 중독자들에게 어떤 자세를 취하고 있는가? 그들은 교회에서 자신의 연약함을 정직하게 드러낼 수 있는가? 아니면, 들킬까 두려워하며 자신의 아픔을 숨긴 채 살아가야 하는가? 필자는 미국에서 사역할 당시, 알코올 의존자들을 위한 교회 모임을 준비한 적이 있다. 오랜 기도와 준비 끝에 첫 모임을 시작했지만, 첫날에는 아무도 오지 않았다. 팀원들은 실망했지만, 우리는 아무도 없는 그 자리에서 그들을 위한 기도를 멈추지 않았다. 그다음 주에도, 또 그다음 주에도 아무도 오지 않았다. 그러나 몇 달이 지나고 마침내 단 한 사람이 문을 열고 들어왔다. 그 만남은 단순한 숫자 이상의 의미를 품고 있었다. 우리는 그 순간, 중독자가 교회 공동체에서 자신의 아픔을 꺼내는 일이 얼마나 어려운지를 절실히 깨달았다. 동시에, 교회가 중독 사역을 하려면 얼마나 섬세하고 조심스럽게 접근해야 하는지를 깊이 인식하게 되었다.

교회는 모든 연약한 자들을 품어 줄 수 있는 성숙한 공간이 되어야 한다. 중독의 수치심과 죄책감에서 숨어야 하는 장소가 아니라, 자신의 아픔을 솔직히 나누고 치유 받을 수 있는 안전한 곳이 되어야 한다. 교회가 이러한 돌봄과 환대를 실현할 때, 중독으로 고통받는 이들은 참된 회복과 자유를 경험할 수 있을 것이다.

중독은 개인의 문제인가, 가족 전체의 문제인가?

우리는 종종 알코올 중독이나 기타 중독 문제를 개인의 나약함이나 선택의 결과로만 바라본다. 물론 개인적 요인이 존재하지만, 중독은 그 개인이 속한 가족과 관계 시스템 전체에 영향을 끼치는 복합적인 질환이다. 특히 가족 시스템의 관점에서 중독을 바라볼 때, 동반 의존(co-dependence)이라는 중요한 역학이 드러난다.

동반 의존은 중독자와 그 가족 사이에 형성되는 정서적·행동적 의존 관계를 말한다. 가족은 처음엔 중독자의 회복을 위해 도우려 애쓰고, 문제를 해결하려 노력한다. 그러나 점차 중독자의 행동에 휘말리며 자신을 돌보지 못하게 되고, 감정적으로 깊은 영향을 받게 된다. 중독자가 아닌 가족 구성원도 어느새 중독의 악순환에 참여하는 구조가 형성되는 것이다. 중독자의 가족은 그를 지키고 돕고자 개입하지만 위험한 상황에서 감싸 주고, 실패를 대신 책임지고, 문제를 가려 주려 한다. 하지만 이런 과잉보호는 중독자의 책임감을 약화시키고, 중독 행동을 반복하게 만드는 불건강한 보호 구조가 되기도 한다. 한 중독자의 어머니는 이렇게 말한다: "아들이 멀어지거나 떠난다는 생각만 해도 불안해요. 아들도 엄마라는 끈을 놓기를 두려워하고 있어요."

이 말은 중독자와 가족 사이에 뚜렷한 경계 없이 '공동의 나'처럼 얽혀 있는 의존 관계를 잘 보여 준다. 중독자는 자신의 삶을 책임지는 불안감보다, 무의미하고 형편없는 존재가 되는 쪽을 오히려 선택한다. 그 고통 속에서도 자신을 포기함으로써 관계 안의 '역할'을 유지하려는 것이다. 반면 가족은 희생하며 돌보는 역할을 맡는다. 그 이유를 묻는다면 이런 대답이 돌아올 수 있다: "제가 우리 두 사람의 관계에서 쓸모 있고 강인한 사람이라는 느낌이 들어요. 어떤 일을 장악하고 결정하는 느낌이 아주 좋았어요."

이렇듯 중독의 본질을 들여다보면, 중독은 단순히 개인의 선택이나 의지의 문제가 아니라, 그를 둘러싼 가족 관계에서 형성되고 유지되는 정서적 구조가 함께 작동하고 있음을 알 수 있다. 특히 중독자와 가족 사이에는 '과도하게 책임지는 사람(Over-functioning)'과 '책임을 회피하는 사람(Under-functioning)' 간의 반복적인 심리 역학이 존재한다.

과도하게 책임지는 사람은 중독자의 삶을 조율하고 보호하며, 모든 상황을 장악하려는 태도를 보인다. 이러한 독점적 돌봄을 통해 자신이 쓸모 있고 강인한 존재라는 느낌을 받는다. 반면, 책임을 회피하는 사람은 누군가에게 기대고 의존함으로써 스스로 결정하지 않으려 한다. 이들 모두는 각자의 방식으로 안정감을 확보하며, 그 구조 속에서 살아가는 것이 오히려 편안하게 느껴진다.

문제는 이 안정이 사실상 중독 상태를 고착시키는 구조라는 점이다.

이 관계의 역동 속에서 중독자는 가족의 보호에 기대며 자신의 삶에 책임을 지려 하지 않고, 가족은 그를 돌보는 과정에서 자신만의 효능감과 역할감을 얻는다. 이런 패턴은 쉽사리 깨지지 않는다.

실제로 중독자의 회복이 시작되면, 오히려 가족 구성원이 우울감을 느끼는 경우도 있다. 중독자를 보살피던 역할을 통해 자기 정체성을 유지하던 사람이 갑자기 그 역할을 잃게 되었을 때, 존재 가치와 효능감에 혼란을 느낄 수 있기 때문이다. 더 나아가 중독은 가족의 정서적 패턴으로 각인될 가능성도 있다. 부모가 중독자였던 자녀가 성장하여 또 다른 중독자를 배우자로 선택하는 경우가 종종 보고된다. 이는 중독이 단순한 습관이 아니라, 가족 내에서 반복되는 관계의 구성 방식일 수 있다는 점을 보여 준다.

중독을 가족 시스템으로 바라볼 때, 중독 회복의 핵심은 중독자 한 사람의 변화를 기대하는 것이 아니라, 가족과 공동체가 함께 변화하는 환경을 조성하는 것의 중요성을 알게 된다. 가족은 중독자의 삶을 대신 살아주는 것이 아니라, 건강한 경계와 관계를 설정함으로써 중독자의 책임과 자율을 회복하도록 도와야 한다. 그럴 때, 중독자는 자신이 변화해야 할 이유를 자각하게 되고, 스스로 삶을 회복할 기회를 갖게 된다. 동시에 가족도 죄책감과 정서적 부담에서 벗어나며, 치유의 여정을 함께 걸을 수 있다.

결국 중독은 한 사람의 문제가 아니라, 가족 전체의 문제다. 중독자의 변화뿐 아니라, 가족 관계와 역할의 재정립 없이는 진정한 회복은 이루어질 수 없다. 그러므로 교회와 공동체가 이런 관계의 재구성과 돌봄을 함께 이루어 갈 수 있도록 적극적인 역할을 감당해야 한다.

중독을 이겨 내는 길: 결심이 아니라 과정, 혼자가 아니라 함께

우리는 흔히 중독과 싸워서 이겨 낼 수 있다고 믿는다. 하지만 중독과의 싸움에서 승리를 거두는 길은 단순한 의지력으로 맞서는 것이 아니라, 근본적인 접근 방식을 전환하는 데 있다. 중독을 의지로 극복할 수 있다는 믿음은 실제로 전문가들에 따르면 실패를 불러오는 전략이 되기도 한다. 중독은 단순한 습관이 아니라, 강력한 뇌의 보상 시스템과 깊이 연결된 문제이기 때문에 결심만으로는 벗어나기 어렵다.

이러한 점에서 중독 전문가들은 중독을 극복하는 가장 확실한 방법은 중독의 대상과 철저히 분리하는 것이라고 말한다. 중독과 싸우기보다 벗어나는 전략이 효과적이다. 성경에서도 그 원리를 발견할 수 있다. 보디발의 아내가 요셉을 유혹했을 때, 요셉은 맞서 싸우지 않고 즉시 자리를 떠남으로써 유혹을 피했다. 이처럼 위험한 상황에서 적극적으로 물러나는 선택이 회복의 핵심 전략이 된다. 따라서 중독을 이기려 하기보다 거리를 유지해야 한다.

중독은 우리의 일상 가까이에서 끊임없이 유혹한다. 편의점에서는 술과 담배를 쉽게 구매할 수 있고, TV나 컴퓨터를 켜면 중독적인 콘텐츠들이 쏟아진다. 이러한 환경에서 강한 의지력만으로 중독을 이겨 내려 한다면 실패할 가능성이 높다. 전문가들은 치료보다 '격리'가 먼저라고 강조하며, 물리적으로 중독 환경에서 벗어나는 것이 회복을 위한 첫걸음이라 말한다. 이는 단순한 회피가 아니라, 뇌의 과도하게 활성화된 보상 회로로부터 벗어나 회복의 시간을 확보하는 전략이다. 다시 말하지만, 중독을 이기기 위한 진짜 방법은 싸우는 것이 아니라, 현명하게 거리를 두는 것이다. 결심보다 환경을 조정하는 일이 더 실질적인 해결책임을 기억해야 한다.

공동체는 회복을 위한 공간이다

중독에서의 회복은 혼자 싸우는 일이 아니다. 건강한 공동체에서 회복은 더욱 강력한 힘을 발휘한다. 중독은 종종 역기능적인 관계에서 비롯되고, 그런 관계는 중독을 강화하는 환경으로 작용한다. 따라서 회복을 위해서는 왜곡된 관계에서 벗어나, 사랑과 이해가 있는 안전한 공동체 안으로 다시 들어가야 한다.

중독자들은 실패를 반복하며 좌절한다. 그러기에 실수하더라도 다시 품어 주는 경험이 가능한 공동체가 필요하다. 그 공동체는 중독으로 인해 손상된 자아상을 회복시키는 공간이 되며, 회복의 여정을 함께 걷는 동반자가 된다. 건강한 공동체는 문제를 지적하기보다, 함께 고민하고 기도하며 성장하는 장소가 되어야 한다. 중독자는 부담 없이 자신의 어려움을 나눌 수 있어야 하며, 실패에서도 다시 일어설 수 있도록 격려받아야 한다. 결국 중독에서 벗어나는 힘은 공동체에서 나온다. 회복은 함께 걸을 때 진정한 의미를 얻는다.

마지막으로 강조하고 싶은 것은, 그리스도인이라 해도 중독을 극복하기 위해서는 단순한 의지나 신앙적 결심만으로 해결하려는 접근에서 벗어나야 한다는 것이다. 중독의 원인과 환경을 정확히 분석하고, 단절할 수 있는 강력한 실행 전략을 세워야 한다. 동시에 회복이 점진적으로 이루어진다는 사실을 기억하며, 자신과 타인에게 인내심을 갖고 기다리는 태도가 필요하다. 무엇보다, 내 힘만으로는 불가능하다는 것을 인정하고, 하나님의 도우심과 은혜를 간구해야 한다. 진정한 회복은 결심이 아닌 과정이며, 혼자의 싸움이 아닌 함께 걷는 믿음의 여정이다.

하루하루 살아가기

중독에서 자유로워지기 위한 핵심 전략 중 하나는 바로 '하루하루를 살아가는 것(One at a time)'이다. 중독을 극복하려는 과정에서 모든 것을 한 번에 바꾸는 일은 현실적으로 불가능하다. 치료 초기부터 지나치게 많은 변화를 시도하면 불안과 두려움을 느끼게 되고, 중도에 포기할 위험이 커진다. 그렇기에 필자는 언제나 "한 번에 하나씩, 하루에 하나씩, 하루하루 살아가기"라는 원칙을 강조한다.

이 원칙은 중독자들이 치료 과정에서 느끼는 심리적 부담을 줄이는 데 매우 효과적이다. 예를 들어, 알코올 의존자에게 처음부터 '영원히 술을 끊어야 한다'고 말하면, 그 막대한 부담 때문에 치료를 시작하기도 전에 포기하고 싶어질 수 있다. 그렇기에 치료 초기에는 목표를 단순화하는 것이 중요하다. '영원히 중독에서 벗어나야 한다'는 강박보다, '오늘 하루'에 집중하는 것이 훨씬 더 현실적인 접근법이다. 단 하루라도 중독에 빠지지 않고 잠드는 것을 목표로 삼고, 그 목표를 지키지 못한 날이 있더라도 다시 '오늘'을 시작하는 것이 회복의 핵심 과정이다. 실패하더라도 포기하지 않고 다시 시도한다는 결심 자체가 치유를 향한 힘이 된다.

필자가 미국에서 사역하던 시절, 한 교회의 중독자 모임을 방문한 적이 있다. 그곳에서는 참석자들이 각기 다른 색깔의 이름표를 달고 있었고, 그 색은 단주한 기간을 의미했다. 노란색은 하루, 파란색은 1개월, 빨간색은 6개월, 금색은 1년이었다(이름표 색상은 필자가 예시로 든 것이다). 놀라웠던 점은, 참석자들의 이름표 색이 자주 바뀌었다는 사실이다. 지난주에 빨간색을 달고 있던 사람이 이번 주에는 다시 노란색을 달고 온 경우가 많았다. 필자가 어느 참석자에게 이유를 묻자, 그는 며칠 전 금주에 실패했다고 너스레를 떨며 답했다. 그러나 그 모습은 단순한 후퇴가 아니었다. 그는 다시 하루를 살아가기 위해 모임에 나왔고, '오늘'을 다시 시작하겠다는 결심을 실천하고 있었다. 이 장면은 중독 극복의 본질을 보여 준다. 완벽하게 성공하는 것이 아니라, 포기하지 않고 다시 시작하는 용기야말로 회복을 만들어 내는 힘이다.

앞서 살펴보았듯, 중독을 이겨 내기 위해서는 전문적인 치료와 적절한 목표 설정이 필요하다. 그러나 그에 못지않게 중요한 것은 바로 '하루하루를 살아가는 삶'을 실천하는 것이다. 그리스도인이라면 하루를 살아 낼 은혜를 간구하며 나아가야 한다. 예레미야의 이 고백처럼 말이다.

> "여호와의 인자와 긍휼이 무궁하시므로 우리가 진멸되지 아니함이니이다 이것들이 아침마다 새로우니 주의 성실하심이 크시도소이다"(애 3:22-23)

우리에게는 아침마다 새로운 은혜가 주어진다. 그 은혜로 하루씩 살아가다 보면, 결국 중독으로부터 성공적인 회복에 하루 더 가까워진다. 회복은 포기하지 않는 과정이며, 다시 '오늘'을 살아가기로 결심하는 순간에 시작된다. 그렇게 오늘 하루를 살아 내는 삶이 우리를 완전한 자유로 이끈다. 중독을 넘어서기 위한 가장 현실적인 길은, 오늘이라는 작은 단위를 믿음으로 걷는 것이다.

13장

셀프 리더십:
나를 이끄는 능력이 나와 너, 우리를 살린다

누군가를 이끌고 싶은가?

"누군가를 이끌고 싶다면 자기 자신을 먼저 이끌라"는 말이 있다("You cannot lead others if you cannot lead yourself. Lead yourself first"). 이 말은 중요한 진리를 담고 있으며, 다른 사람을 이끌고자 한다면 먼저 자기 자신을 이끌 수 있는 능력을 갖추어야 함을 강조한다. 이는 다른 사람을 돌보기에 앞서 스스로를 성찰하고 이해할 수 있어야 한다는 뜻이다.

사람은 누구나 리더가 되기를 원한다. 남에게 통제당하기보다는 통제하려고 하며, 권력을 가지고 명령하기를 좋아한다. 우리 그리스도인들도 "여호와께서 너를 머리가 되고 꼬리가 되지 않게 하시며 위에만 있고 아래에 있지 않게 하시리니"(신 28:13)라는 말씀을 붙잡고 높은 자리에 오르기를 기도한다. 그런데 정작 자기 자신을 이끌지 못하는 사람이 리더가 될 경우, 그를 따르는 이들이 불행해지는 상황이 발생한다. 이러한 사람은 공동체나 관계에서 갈등을 유발하며, 건강하지 않은 리더십을 행사하게 된다.

안타깝게도 우리는 현실에서 이런 유형의 사람을 자주 마주한다. 다른 사람을 이끌려는 열망은 크지만, 자기 자신을 제대로 다스리거나 돌보지 못하는 이들이다. 이들은 스스로를 돌보는 능력이 부족하기에, 온 힘을 다해 헌신하고 희생하다가 결국에는 지치고 소진되어 자신에게 남는 것이 아무것도 없게 된다.

누가복음 15장에 등장하는 탕자의 형 이야기를 통해 이러한 문제를 분명하게 확인할 수 있다. 그는 아버지를 위해 모든 것을 희생하지만, 결국에는 자신이 노예처럼 일했다고 여기며 불행을 호소한다.

"아버지께 대답하여 이르되 내가 여러 해 아버지를 섬겨 명을 어김이 없거늘 내게는 염소 새끼라도 주어 나와 내 벗으로 즐기게 하신 일이 없더니"(눅 15:29)

여기서 "섬긴다"는 표현은 "나는 당신을 위해 노예처럼 일했다"는 의미를 내포한다. 그는 스스로를 희생자처럼 인식하며 아버지에게 불만을 품는다. 이에 아버지는 다음과 같이 답한다.

"아버지가 이르되 얘 너는 항상 나와 함께 있으니 내 것이 다 네 것이로되"(눅 15:31)

이 말씀은 "너는 나에게 인정받기 위해 노예처럼 일할 필요가 없다. 내 모든 것은 이미 너의 것이다"라는 깊은 사랑의 메시지를 전한다.

우리도 종종 탕자의 형처럼 원망과 억울함, 분노를 느끼게 된다. 지금까지 누군가를 위해 헌신해 왔지만, 자신을 제대로 돌아보지 못했는지, 관계와 믿음을 소홀히 한 것은 아닌지 고민하게 된다. 사랑과 헌신으로 인정받고 싶어 했지만, 결국 자신에게 남은 것이 아무것도 없는 것처럼 느껴본 적도 있을 것이다. "어떻게 하면 나의 삶이 다른 이들에게 축복이 될 수 있을까?"라는 질문 앞에서, 가장 중요한 것은 자신의 감정을 솔직하게 표현하며, 자신을 돌보고, 하나님과의 올바른 관계를 맺어 가는 것이다. 그렇게 할 때 우리는 진정으로 다른 사람에게 축복이 되는 삶을 살아갈 것이다.

셀프 리더십의 시대

요즘 우리는 '셀프 리더십'의 시대를 살아간다고 한다. 리더십을 연구하는 사람은 리더십을 다음과 같이 네 가지 방향으로 구분한다:

1. 상향 리더십(Leading up) – 윗사람을 이끌어 가는 영향력
2. 하향 리더십(Leading down) – 아랫사람을 책임지는 리더십
3. 측면 리더십(Sideways leadership) – 동료와의 협력 속 리더십
4. 셀프 리더십(Toward self) – 자기 자신을 다스리는 리더십

1. 상향 리더십

상향 리더십(Leading up)은 윗사람에게 긍정적인 영향력을 미치고, 그들과 효과적으로 관계를 맺는 능력을 의미한다. 이는 조직 내에서 위계적 관계를 능동적으로 활용하며, 윗사람과의 상호 작용을 전략적으로 이끌어 내는 중요한 리더십 역량으로 작용한다.

상향 리더십의 핵심은 윗사람을 존중하고 그들과의 관계를 강화하는 데 있다. 나는 많은 사람이 상향 리더십의 개념을 제대로 인식하지 못한 채 살아간다는 사실에 놀라움을 느낀다. 솔직하게 이야기하자면, 나 또한 이 개념을 처음 접한 것은 미국에서 공부할 때였다. 그전까지는 '상향 리더십'이라는 표현조차 들어본 적이 없었고, 개인적으로는 아버지와의 관계가 힘들었기에, 윗사람과의 관계를 어떻게 맺어 가야 하는지 막막하게 느껴졌던 것 같다. 윗사람을 마주하면 회피하고 싶다는 생각이 들었고, 그들 앞에서는 마음을 열거나 나의 생각을 선뜻 표현하기 어려웠다. 지금도 누군가 권위적인 분위기를 풍기면, 순간적으로 입을 닫게 되는 내 모습을 발견한다. 당신은 어떤가? 당신은 상향 리더십을 얼마나 인식하고 있으며, 이 능력이 자신의 삶 속에서 얼마나 작동하고 있다고

느끼는가? 1에서 10까지 점수를 매긴다면 몇 점을 주겠는가?

성경은 윗사람과의 관계에서 우리가 어떤 태도를 가져야 하는지를 명확히 제시한다:

> "심중에라도 왕을 저주하지 말며 침실에서라도 부자를 저주하지 말라 공중의 새가 그 소리를 전하고 날짐승이 그 일을 전파할 것임이니라"(전 10:20)
>
> "내 선생의 목소리를 청종하지 아니하며 나를 가르치는 이에게 귀를 기울이지 아니하였던고 많은 무리들이 모인 중에서 큰 악에 빠지게 되었노라 하게 될까 염려하노라"(잠 5:13-14)
>
> "종들아 두려워하고 떨며 성실한 마음으로 육체의 상전에게 순종하기를 그리스도께 하듯 하라"(엡 6:5)

학교에서 만나는 학생들은 "좋은 멘토가 있으면 좋겠다"는 고민을 자주 털어놓는다. 그러나 좋은 멘토를 얻는 가장 좋은 방법은 단순히 기다리는 것이 아니라, 직접 찾아나서는 것이다. 당신이 멘토를 원한다면, 당신 스스로가 멘토에게 먼저 다가가야 한다. 이것이 바로 상향 리더십의 본질이며, 당신은 이 능력을 의식적으로 개발하고 극대화해야 한다.

2. 하향 리더십

하향 리더십(Leading down)은 윗사람이 아랫사람에게 미치는 영향력과, 그들과 맺는 관계를 의미한다. 이는 조직 내에서 리더가 아랫사람을 이끌고 지원하는 방식과 태도를 포함하며, 우리가 리더십을 떠올릴 때 가장 먼저 생각나는 유형이기도 하다.

현대 사회에서는 리더십의 정의가 변화하여 '섬기는 리더십(Servant Leadership)'이 핵심 가치로 부각된다. 과거에는 리더를 명령하고 통제하는 보스로 여겼지만, 이제는 리더가 먼저 듣고, 함께 걷는 사람이 되어야 한다고 믿는다. 이러한 리더십의 본보기는 예수 그리스도의 삶에서 발견된다. 주님은 제자들과 함께 걸으며 웃고, 때로는 무릎을 꿇고 제자들의 발을 씻기신다. 나아가 우리의 죄를 위해 십자가를 지시는 섬김의 리더십을 실천하셨다.

진정한 하향 리더십은 이처럼 먼저 다가서고, 함께 걷고, 헌신하는 모습으로 드러난다. 리더는 단순히 지시만 하는 존재가 아니라, 먼저 사람의 이야기를 듣고, 그들의 의견을 존중하며, 필요를 헤아려 그들의 성장을 돕는다. 또한 리더는 "나를 따르라"고 명령하는 자가 아니라, "함께 가자"고 말하며 그들의 여정을 동행하는 사람이어야 한다.

하향 리더십은 두 가지 방식으로 나타난다. 첫째는 '부모처럼 행하기(Mothering)'다. 이 방식의 리더는 구성원을 세세하게 챙기고 모든 상황을 관리한다. 이러한 리더는 신뢰를 줄 수 있지만, 때로는 아랫사람에게 자율적으로 성장할 기회를 제한하는 경향을 보인다. 둘째는 '힘 실어 주기(Empowering)'다. 이 리더는 아랫사람의 잠재력을 인정하고, 책임을 위임하며, 그들의 실패마저도 성장의 과정으로 받아들인다. 이러한 환경에서는 아랫사람이 주도적으로 성장하며, 자신감을 쌓는다.

결국 하향 리더십은 아랫사람을 지지하고, 그들의 목소리에 귀 기울이며, 함께 걸어가는 리더십이다. 진정한 리더는 아랫사람을 섬기고 그들의 삶에 관심을 갖고, 동행하는 모습을 통해 영향력을 발휘한다.

3. 측면 리더십

측면 리더십(Sideways Leadership)은 조직 내에서 동료 혹은 동등한 위치에 있는 사람과 맺는 관계와 협력을 의미한다. 이는 주로 협업과 팀워크를 통해 공동의 목표를 달성하는 데 중점을 두며, 상호 존중과 신뢰를 기반으로 이루어진다. 쉽게 말해, 측면 리더십은 동료에게 미치는 영향력을 뜻한다.

측면 리더십을 잘 발휘하는 사람은 동료들의 의견을 경청하며, 그들의 생각과 감정을 이해하려고 노력한다. 이들은 약속을 성실히 지키고, 책임감 있게 행동함으로써 신뢰를 구축한다. 때로는 동료들에게 건설적인 피드백을 제공하여 그들의 성장에 기여한다. 조직 내에 문제가 발생할 경우, 이들은 팀원들과 함께 적극적으로 해결책을 모색하고 도전을 극복한다.

그러나 우리 주변에는 윗사람에게도 잘하고, 아랫사람에게도 친절하지만, 동료에게는 인정받지 못하는 사람이 존재한다. 그들은 동료를 경쟁자로 여기고, 소통과 협력보다는 거리를 두려 한다. 하지만 우리에게는 윗사람의 지지와 아랫사람의 응원 못지않게, 동료들의 지지와 후원이 매우 중요하다.

나는 측면 리더십을 생각할 때마다 자기심리학의 창시자인 하인즈 코헛(Heinz Kohut)의 '쌍둥이 대상' 개념을 떠올린다. 쌍둥이 대상은 개인이 자신과 유사한 존재들과의 관계를 통해 자기(self)를 확인하고 강화하는 심리적 메커니즘이다. 이러한 유사성은 개인에게 안정감과 소속감을 제공하며, 감정과 경험을 공유하는 관계에서 공감과 위로를 얻게 한다. 결국 쌍둥이 대상은 개인의 정서적 안정과 자기 존중감을 향상시키는 중요한 역할을 한다. 이러한 관계는 우리가 자신의 능력과 잠재력을 인식하고 자존감을 높이는 데 큰 도움을 준다.

우리 모두에게는 이러한 '쌍둥이 대상'이 필요하다. 자신과 비슷한 처지에 있는 동료와 맺는 좋은 관계는 마음을 나누고 지지와 후원을 받는 귀한 기회를 제공한다. 때로는 동료들과 나누는 소소한 대화가 큰 위로와 치유가 되기도 한다. 솔직히, 때때로 동료들과 윗사람의 뒷담화를 나누는 것조차 우리에게 감정적 해방과 유대감을 선물하지 않는가?

우리가 아플 때 가장 큰 위로를 주는 존재는 완벽하게 건강한 사람이 아니라, 함께 아픔을 겪는 사람이다. 오래전 인기 드라마 <다모> 속 명대사—황보 윤(이서진 분)이 채옥(하지원 분)에게 건넨 말, "아프냐? 나도 아프다"—는 바로 이러한 감정적 연결과 공감의 힘을 보여 준다. 시간이 많이 흐른 지금도 나는 그 대사를 기억한다. 누군가가 나의 아픔을 이해하고, 함께 아파해 준다는 사실은 그 자체로 깊은 위로가 된다. 많은 전문 상담자가 말하길, 내담자가 상담을 통해 힘과 위로를 얻는 이유는 자신이 혼자가 아니라는 사실을 깨닫고, 자신의 이야기가 의미 있고 존중받는다는 느낌을 받기 때문이라고 한다.

4. 셀프 리더십

셀프 리더십(Toward Self)은 자기 자신을 이끄는 능력을 뜻한다. 이는 단순히 자기 관리만을 의미하지 않는다. 자기 자신을 깊이 이해하고, 동기를 부여하며, 스스로를 성장시켜 나가는 복합적인 힘이다. 쉽게 말해, 셀프 리더십은 내가 나에게 끼치는 영향력을 말한다. 이 영향력은 내가 누구인지, 어디로 가는지, 무엇을 원하는지를 스스로 파악하는 데서 비롯된다.

강한 셀프 리더십을 가진 사람은 스스로에게 끊임없이 질문한다. "나는 어떤 사람인가?", "내가 지금 어디쯤 와 있는가?", "나의 강점과 약점은 무엇인가?" 이러한 질문을 던짐으로써 자기 삶을 주도적으로 이끌어 간다. 그들은 단지 남을 어떻게 이끌 것인지 고민하지 않고, 먼저 자신을 어떻게 이끌 것인지 성찰한다. 그러한 성찰이 바로 리더십의 출발점이다.

셀프 리더십은 다섯 가지 주요 능력을 기반으로 한다. 먼저 '자기 인식의 힘'이다. 자신을 있는 그대로 바라보고, 감정과 행동의 흐름을 이해할 수 있어야 한다. 다음은 '자기 동기부여 능력'이다. 타인의 인정이나 보상이 없어도 스스로를 움직이게 만드는 힘이다. 이어서 '목표 설정'과

'자기 관리,' 그리고 '자기 계발'이 뒤따른다. 목표를 명확히 세우고, 그 목표를 향해 자신을 조절하며, 지속적으로 배움을 통해 성장해 나가는 것이다.

흥미로운 점은 셀프 리더십이 다른 모든 리더십의 기초가 된다는 사실이다. 자기 자신을 이끌 수 있는 사람만이, 진정으로 타인을 이끌 수 있다. 셀프 리더십이 흔들리면 상향, 하향, 측면 리더십 모두 무너진다. 예를 들어, 셀프 리더십이 부족한 사람은 윗사람을 회피하거나 비판하게 되고, 아랫사람에게 권위적으로 대하며 통제하려 한다. 동료와는 신뢰를 구축하지 못하고 고립되는 경우도 많다. 결국, 셀프 리더십이 무너진 사람은 관계에서 '안전하지 않은 존재'가 된다. 주변 사람은 그에게 마음을 열지 못하고, 그는 점점 더 외로워지고 고립된다.

평범한 리더는 늘 주변을 살핀다. "내가 뭘 도와주면 좋을까?", "일하면서 필요한 것은 없니?", "혹시 힘든 일은 없니?"라고 묻는다. 이런 질문을 건네는 리더는 분명 좋은 리더다. 그는 타인의 상황을 헤아리려 하고, 함께 걷는 사람을 돕고자 한다. 그의 따뜻한 배려는 공동체를 지탱하는 중요한 힘이 된다.

하지만 위대한 리더는 질문의 방향이 다르다. 그는 먼저 자신에 대해서 묻는다. "내가 무엇을 바꿔야 할까?" 이 질문은 리더십의 깊이를 가늠하게 한다. 위대한 리더는 타인을 돕기 전에, 자신을 성찰하고 변화시키는 데 관심을 기울인다. 자신의 신체적 상태는 물론, 감정의 흐름, 관계의 질, 영적 방향성을 정직하게 들여다본다. 그리고 날마다 자신을 조율하고 가다듬으며, 내면의 질서를 세워 간다. 그것이야말로 다른 사람을 더 깊이 이해하고, 더 온전히 돌볼 수 있는 기반이 된다고 믿기 때문이다. 결국, 좋은 리더는 다른 사람을 돕는 데서 그치지만, 위대한 리더는 자신을 바꿈으로써 주변을 변화시킨다.

셀프 리더십은 리더십의 첫걸음이자 마지막 기반이다. 외적 영향력은 내면의 정직함에서 시작된다. 결국 세상을 움직이는 힘은, 타인을 바꾸는 것보다 자신을 먼저 바꾸려는 사람에게서 나온다.

산소마스크를 먼저 쓰라: 셀프 리더십이 중요한 이유

어느 글에서 이런 이야기를 접한 적이 있다. 비행기를 타면, 이륙 전 반드시 듣게 되는 안내 방송이 있다. "급박한 상황이 발생하면 산소마스크가 머리 위 선반에서 자동으로 내려옵니다. 먼저 본인이 산소마스크를 착용하신 후, 동반하신 어린아이나 도움이 필요한 분을 도와주시기 바랍니다." 처음 이 이야기를 들었을 때, 저자는 이상하게 느꼈다고 한다. '너무 이기적인 안내가 아닌가? 먼저 약자를 도와야 하는 것 아닌가?' 그렇게 생각했지만, 이내 마음이 바뀌었다. 숨을 제대로 쉴 수 없다면, 아무리 도와주고 싶어도 도울 수 없다는 단순하면서도 강력한 진실 때문이다.

필자 역시 이 이야기에 깊은 공감을 느낀다. 산소마스크를 먼저 착용하라는 요청은 단순히 나 혼자만 살기 위한 이기적인 선택이 아니다. 진정으로 주변 사람을 돕고 싶다면, 내가 먼저 건강해야 한다는 삶의 원리를 알려 준다. 나의 신체적·정서적·관계적·영적인 건강은 곧 내가 사랑하는 사람의 삶에 직접적인 영향을 미친다. 내가 지치고 무너지면, 내 안의 선한 의도도 실행에 옮기지 못한 채 사라져 버린다.

이렇게 셀프 리더십은 나 하나를 위한 것이 아니라, 공동체 전체를 지키기 위한 시작점이다. 내가 먼저 숨을 쉬어야, 내 아이도 숨을 쉴 수 있다. 내가 먼저 살아 있어야, 다른 사람도 살릴 수 있다. 그렇기에 우리는 매일 산소마스크가 제대로 작동하고 있는지를 확인해야 한다.

이것은 단지 비행기 안에서의 안전 수칙이 아니다. 우리 삶 전반에 걸친 태도이며, 셀프 리더십의 핵심이다. 내 삶이 안전하고 정돈되어야, 다른 사람의 삶도 품을 수 있다. 산소마스크를 착용한다는 의미는 숨 쉬는 것만을 뜻하지 않는다. 나의 영적·정서적·관계적·신체적 상태를 스스로 점검하며, 필요한 것을 채우는 행위다. 하지만 우리는 이 '자기 점검'을 낯설어하고, 불편해한다. 누군가를 돕기 위해서 먼저 자신을 챙기는 일이 마치 이기적인 것처럼 느껴지기도 한다. 그러나 진실은 그 반대다. 셀프 리더십은 결국 이타적인 삶의 가장 깊은 토대다.

'자신을 먼저 사랑하라'는 말이 거북한가?

'자신을 사랑하라'는 말을 들었을 때, 어딘가 불편하게 느껴진 적이 있는가? 만약 그렇다면, 당신은 아마도 참 착한 사람일 것이다. 많은 사람이 이 말을 듣고 이기적으로 행동하라는 뜻으로 오해하곤 한다. 마치 자기 자신만을 중심에 두고 살아가라는 말처럼 느껴지는 것이다. 그러나 '자신을 사랑하라'는 말은 그런 의미가 아니다. 이 말은 남을 배려하지 말라는 것이 아니며, 자기만 생각하며 살아가라는 조언은 더더욱 아니다.

진정으로 자신을 사랑한다는 것은, 자기 자신에게 관심을 갖고 자신을 돌볼 줄 아는 능력을 말한다. 더 나아가 자기 자신을 있는 그대로 바라보고 인정하며, 때로는 부족함과 연약함까지 받아들이는 태도다. 이런 태도를 가진 사람만이 타인을 진심으로 사랑할 수 있다.

자신을 사랑하지 못하는 사람은 종종 모든 상황에서 남을 먼저 생각해야 한다고 믿는다. 그들은 늘 타인의 감정을 우선하고, 자신은 뒤로 물러난다. 이로 인해 자존감은 낮아지고, 스스로의 존재를 하찮게 여기게 된다. 어떤 문제가 생기면 모든 책임을 스스로 떠안고 "다 내 잘못이다",

"나는 아무것도 아니다", "난 중요하지 않다"라는 말을 습관처럼 내뱉는다. 겉으로 보기엔 겸손하게 느껴질 수 있지만, 이것은 겸손을 가장한 회피일 뿐이다.

필자가 한국으로 오기 전, 평소에 존경하던 (고) 이원상 목사님을 뵌 적이 있다. 목사님과 사모님은 필자 가족을 따뜻하게 식사 자리에 초대해 주셨고, 그 자리에서 목사님은 마지막으로 한 가지 당부를 남기셨다. "한국에 가시면 늘 겸손하세요." 필자는 이 말씀을 낮은 자세로 섬기라는 뜻으로 받아들였다. 그런데 목사님은 다시 이렇게 덧붙이셨다. "제가 말하는 겸손은, 있는 것은 있다고 말하고, 없는 것은 없다고 말하는 겁니다."

그 순간, 필자는 마음 깊은 곳에서 뭔가가 깨지는 듯한 충격을 받았다. 돌아보니 나는 지금껏 있는 것을 숨기고, 없는 것을 꾸며가며 살았던 적이 많았다. 있는 그대로의 나를 인정하지 않고, 무언가를 가장하거나 부풀리며 살았던 것이다. 목사님의 말은 필자가 설교를 하든, 강의를 하든, 학생을 만나든, 자기 자신을 진심으로 받아들이면서 살아가기를 바란 속 깊은 바람이었다. 그것이야말로 진짜 겸손한 삶이다.

이런 의미에서 '자신을 사랑하라'는 말은 곧 겸손한 삶을 살라는 말이다. 자신을 사랑하고 받아들이고, 용서할 줄 아는 사람만이 진정으로 건강해질 수 있고, 그러한 건강함으로 다른 사람을 품고 도울 수 있다. 자신을 받아들이지 못하는 사람이 어떻게 타인을 진심으로 받아들일 수 있겠는가?

하나님을 사랑한다는 것은 곧 자신과 이웃을 사랑하는 것이다

우리는 흔히 하나님을 사랑하는 것을 가장 높은 가치로 여긴다. 성경 역시 이를 강조한다. 그러나 성경은 하나님 사랑이 단독으로 존재하는 것이 아니라, 반드시 이웃 사랑으로 이어지며, 그 이웃 사랑은 결국 자기 자신을 사랑하는 데서 비롯된다고 말한다. 다시 말해, 세 가지 사랑—하나님 사랑, 이웃 사랑, 그리고 자기 사랑—은 서로 깊이 연결되어 있으며, 하나가 빠지면 다른 두 사랑 역시 온전히 실현될 수 없다. 마태복음 22장 37-39절에서 예수님은 우리에게 이렇게 말씀하셨다.

> "예수께서 이르시되 네 마음을 다하고 목숨을 다하고 뜻을 다하여 주 너의 하나님을 사랑하라 하셨으니 이것이 크고 첫째 되는 계명이요 둘째도 그와 같으니 네 이웃을 네 자신 같이 사랑하라 하셨으니"

여기서 눈에 띄는 표현은 '네 자신 같이'다. 이는 이웃을 사랑하기 위해서는 먼저 자신을 사랑하는 태도가 전제되어야 한다는 뜻이다. 어떤 신학자는 이 구절 속 '그리고'라는 연결어에 대해 '앞에서 말한 것을 다른 방식으로 표현한 것'이라고 해석했다. 하나님을 사랑한다는 것은 이웃과 자신을 사랑하는 것과 분리될 수 없다는 말이다. 요한일서 4장 20절은 더욱 강하게 강조한다.

> "누구든지 하나님을 사랑하노라 하고 그 형제를 미워하면 이는 거짓말하는 자니 보는 바 그 형제를 사랑하지 아니하는 자는 보지 못하는 바 하나님을 사랑할 수 없느니라"

이는 사랑이 삶의 관계 속에서 드러나야 하며, 종교적 열심만으로는 진정한 하나님 사랑을 입증할 수 없다는 메시지다.

하지만 오늘날 많은 그리스도인은 이 사랑의 삼각형 중 한 축을 잊은 채 살아간다. 하나님 사랑과 이웃 사랑은 강조하면서도, 자기 사랑에 대해서는 소홀하거나 오해하곤 한다. 자신을 사랑하는 것이 마치 이기적인 행동처럼 느껴지기도 한다. 하지만 진정한 자기 사랑은 자신을 아끼고, 돌보며, 있는 그대로 수용하는 태도를 말한다. 바로 그런 사람이 타인을 이해하고 사랑할 수 있다. 자기 사랑이 빠진 삶은 결국 균형을 잃는다. 실제로 우리는 사랑의 균형이 무너진 사람을 자주 마주하게 된다.

예를 들어, '하나님만 사랑하는' 사람은 경건 생활에는 열심이지만 인간관계에는 어려움을 겪는다. 늘 기도하고 금식하며 헌신하지만, 교인들과의 관계는 불편하고, 얼굴에는 분노가 자리 잡고 있다. 그들이 속한 공동체에는 갈등이 잦다. 또 다른 부류는 '이웃만 사랑하는' 사람이다. 그들은 늘 헌신하고 봉사하지만, 자존감이 낮고 늘 지쳐 있다. 자신의 분노를 우울 속에 감추고 살아가며, 언제든 도망치고 싶은 마음을 안고 있다. 그리고 '자기 자신만' 사랑하는 사람도 있다. 이들은 이기적이고 자기중심적이다. 주변 사람의 감정을 헤아리지 못하며, 결국 관계에서 고립된다.

결국 진정한 사랑의 삶은 이 세 방향이 균형 있게 흐를 때 가능해진다. 우리가 하나님을 사랑한다고 말할 때, 그 사랑은 추상적인 개념이 아니라 실제 관계에서 증명되어야 한다. 그 사랑은 가정에서—배우자와 자녀를 향한 따뜻한 태도에서 드러나야 하고, 친구와의 나눔에서도, 직장 동료와의 협력에서도 흘러나와야 한다. 무엇보다도, 그 사랑은 자기 자신에게도 흘리기야 한다. 자신의 부족함을 있는 그대로 인정하고, 자기를 돌보며, 아끼는 내면의 태도에서 시작된다. 그리고 그 모든 사랑의 중심에는 하나님을 기뻐하고 사랑하는 마음이 자리 잡고 있어야 한다. 하나님을 사랑하는 삶은, 결국 모든 사랑의 뿌리가 된다.

당신에게 필요한 네 가지 균형

지금 이 순간, 우리는 어떤 모습으로 살아가고 있을까? 우리는 하나님을 사랑하고, 이웃을 사랑하며, 삶에서 사랑을 실천하려고 애쓴다. 그러나 가만히 들여다보면, 세 가지 사랑 중 어느 하나에만 치우쳐 있는 자신을 발견하게 될지도 모른다. 그런 사람에게 가장 필요한 것이 있다면, 그것은 바로 '균형'이다. 만약 누군가 필자에게 건강한 삶을 유지하는 데 있어 가장 중요한 한 가지를 묻는다면, 필자는 주저 없이 "균형"이라고 말할 것이다. 균형 잡힌 삶은 마치 깊은 숨처럼, 뿌리처럼, 인생 전체를 떠받치는 중심축이다. 그런 면에서 가장 이상적인 균형을 보여 주는 모델은 바로 예수 그리스도다. 누가복음 2장 52절에서 우리는 예수님의 성장에 대한 짧지만 강력한 묘사를 접할 수 있다:

"예수는 지혜와 키가 자라 가며 하나님과 사람에게 더욱 사랑스러워 가시더라"

예수님의 균형 잡힌 네 가지 삶은 다음과 같다.

- 신체적 건강: '키가 자라 가며'
- 지적·정서적 건강: '지혜가 자라 가며'
- 관계적 건강: '사람 앞에서 더욱 사랑스러워 가시더라'
- 영적 건강: '하나님 앞에서 더욱 사랑스러워 가시더라'

1. '키가 자라셨다': 신체적 측면(physical)

예수님께서 "키가 자라셨다"라는 말은 우리의 신체적 돌봄과 성장을 의미한다. 우리의 몸은 하나님께서 주신 생명의 도구이며, 단지 기능적으로 존재하는 구조물이 아니다. 성경은 분명하게 말한다.

"너희 몸은 너희가 하나님께로부터 받은 바 너희 가운데 계신 성령의 전인 줄을 알지 못하느냐 너희는 너희 자신의 것이 아니라"(고전 6:19)

우리 몸을 함부로 여기는 것은 성경이 말하는 바가 아니다. 하나님은 우리가 걷고, 움직이며, 운동하는 것을 중요하게 보신다. 단지 체력을 위해서가 아니라, 그 활동을 통해 우리가 주님과 연결되고 삶을 회복하기 때문이다. 몸의 에너지가 떨어지면 마음도 무뎌지고, 결국 영적인 침체로 이어진다. 몸이 지치면 기도하는 힘도 약해지고, 섬기는 손길도 자연스럽게 멈추게 된다. 결국 몸을 돌보는 일은 그리스도인 삶의 기초다. 그리스도를 따르는 삶은 영적인 열심뿐 아니라, 신체적인 돌봄을 통해 더욱 온전히 완성된다. 그러므로 신체의 회복은 단지 체력 회복이 아니라, 마음과 사역 전체의 회복과 직접적으로 연결되어 있다.

필자가 신학교에서 강의할 때마다 학생들에게 특별한 경우가 아니면 엘리베이터 대신 계단을 이용해 보라고 조언한다. 혼잡한 엘리베이터 안에서 땀을 흘리며 올라오느니, 조금 일찍 서둘러 조용히 계단을 걸으며 기도하는 시간을 갖는 것이 훨씬 더 좋은 영적인 습관이다. 걸음을 옮길 때마다 하나님을 생각하고 마음을 다잡을 수 있는 이 단순한 행위가, 생각보다 큰 의미를 지닌다. 그런데도 학생들은 필자의 눈을 피해 슬며시 엘리베이터를 타는 경우가 적지 않다.

걷는 것, 운동하는 것은 단순한 건강관리 수단이 아니다. 그것은 나 자신을 위한 것이기도 하지만, 동시에 나의 가족을 위한 것이며, 하나님께서 맡기신 사명을 감당하기 위한 기초가 된다. 미국에서 필자가 우연히 본 피트니스 센터 앞의 문구는 여전히 마음에 남아 있다: "운동은 내가 할 수 있는 것에 대한 축하지, 내가 먹은 것에 대한 처벌이 아니다." Exercise is a celebration of what you can do. Not a punishment for what you ate.

참으로 맞는 말이다. 우리는 종종 운동을 우리가 먹은 것에 대한 처벌처럼 느끼기도 하지만, 사실 운동은 내가 건강하게 살아 있다는 것을 기뻐하며 내 몸에게 선물하는 축하 같은 행위다. 그것은 벌이 아니라 축복이다. 이런 생각은 단순한 슬로건을 넘어 필자 자신의 삶의 태도에까지 영향을 미친다. 필자는 운동을 통해 하나님께서 주신 삶을 유지하고, 가족들과 더 오래 건강하게 함께하기 위해 노력한다. 그리고 강의 준비를 하며 밤늦게 라면이 생각날 때면, 필자의 딸이 자주 해 주는 말이 머릿속을 스쳐 지나간다. "아빠, 입으로 들어가는 것 좀 신경 써 주세요." 그 짧은 말 속에 담긴 사랑과 염려는 필자에게 늘 경각심을 일으킨다.

신체적 소진은 결국 감정적 소진으로 이어지고, 감정적 소진은 헌신의 자발성을 앗아간다. 타인에게 공감하기 어려워지고, 사람을 기계적으로 대하게 된다. 이런 상태가 지속되면, 죄책감과 무력감이 쌓이며 자신을 목회자로서 실패한 존재처럼 느끼게 된다. 그로 인해 더 큰 영적 침체에 빠지고, 사역의 기쁨도 점차 사라진다.

몇 년 전 만난 한 선교사님은 관계의 어려움으로 인해 분노를 조절하지 못하고, 원주민에게 소리를 지르고 나서는 죄책감과 수치감에 빠졌다고 고백했다. 그분은 사랑하지 않는 것이 아니라, 단지 회복이 필요한 상태였다. 그래서 필자는 "선교사님은 현지 영혼을 사랑하지 않는 것이 아닙니다. 다만 지금, 쉼이 필요합니다"라고 말해 주었다.

자신의 육신을 돌보는 것은 결코 이기적인 일이 아니다. 쉼은 하나님의 선물이자, 신앙의 표현이다. 안식일을 명하신 하나님은 쉼을 통해 인간의 한계를 인정하고, 그 속에서 자유를 누리도록 하신다. 쉼을 거부하는 것은 마치 내가 모든 것을 해결할 수 있다는 교만한 환상에 불과하다.

오히려 부족함을 인정하고 하나님께 맡기는 자세야말로 참된 믿음이다.

훌륭한 바이올린 연주자는 연주 후에 반드시 현을 풀어둔다고 한다. 우리도 그렇게 해야 한다. 오늘부터 당신의 몸을 돌보기 시작하자. 우리의 몸은 신호를 보낸다. 그 신호를 무시하지 말고, 그 한계를 인정하며 그 안에서 하나님과의 깊은 연결을 경험하자. 치열함만 추구하지 말고, 삶의 속도를 한 발걸음만 늦추어 보자. 그리고 잊지 말자—하나님은 우리의 몸을 성전으로 삼으셨고, 우리의 신체적 건강에도 깊은 관심을 가지고 계신다.

2. '지혜가 자라셨다': 지적·정서적 영역(mental)

예수님께서 '지혜가 자라셨다'는 말은 단지 지적 성장만을 뜻하는 것이 아니라, 정서적 성숙을 함께 의미하는 표현이다. 셀프 리더십의 두 번째 영역은 바로 정신적·정서적 돌봄이다. 그것은 단순히 많이 아는 것에서 멈추지 않고, 자신의 내면을 들여다보고 마음을 존중하는 삶의 태도다.

이 말을 조금 더 쉽게 풀자면, "당신의 마음을 알아주라"는 말이다. 당신의 마음이 보내는 신호를 무시하지 말고, 그 소리를 잠시 멈춰 서서 들어보자. 많은 이가 감정 앞에서 '뚝' 하고 단절해 버린다. 울컥하는 마음을 억누르고, 아무렇지 않은 척한다. 그러나 하나님은 우리를 감정을 가진 존재로 창조하셨고, 우리의 마음을 세밀하게 들여다보시는 분이다.

성경에서 '마음'이라는 단어는 가장 중요한 단어 중 하나다. 마음은 단지 감정을 넘어서 우리의 동기, 생각, 양심, 열정이 자리하는 내면의 중심이다. 그런데 많은 그리스도인은 감정을 느끼는 것에 대해 불편해하거나 죄악시하는 경향이 있다. 감정을 표현하는 것이 마치 성숙하지 못하거나 믿음이 부족한 듯 여기는 것이다. 예를 들어, 남자에게는 어려서부터 "강한 남자는 울지 않는다"는 말을 수없이 들려준다. 그 결과, 많은 남성이 감정을 표현하지 못한 채 살아가며, 그 안에 쌓인 감정이 정서적 장애로 이어진다. 우리는 이성과 지성을 높이 평가하면서도, 감정과 정서는 억눌러야 할 것처럼 여긴다. 하지만 감정은 하나님께서 인간에게 주신 자연스러운 반응이다. 외부 자극에 의해서든, 내면의 변화에 의해서든, 감정은 우리의 내면에서 일어난다.

우리 안에 생겨나는 감정을 알아준다는 말은, 그 감정을 행동으로 마음껏 표현해도 된다는 뜻과는 다르다. 감정을 인정하는 것과 그것을 행동으로 드러내는 것은 분명히 구분되어야 한다. 예를 들어, 분노나 짜증을 알아준다는 말은, 그 감정이 존재한다는 사실을 정직하게 받아들이고, 그 감정이 나름의 이유와 맥락을 가지고 있다는 점을 인정한다는 뜻이다. 이는 우리가 그 감정을 그대로 행동으로 옮겨도 된다는 허락이 아니다. 오히려, 지금 내 안에 그런 감정이 있다는 것을 솔직하게 바라보고, 그 감정이 어디에서 비롯되었는지를 함께 들여다보자는 초대에 가깝다.

감정을 알아준다는 것은 나 자신을 향한 따뜻한 이해의 시작이다. 그것은 내면의 소리를 무시하지 않고, 그 감정이 말하고자 하는 것을 귀 기울여 듣는 태도다. 때로는 억눌렀던 감정이 나를 향한 중요한 메시지를 품고 있기도 하다. 그 메시지를 놓치지 않기 위해서는, 감정을 판단하거나 억제하기보다, 먼저 인정하고 품어주는 과정이 필요하다. 이러한 감정의 인정은 나를 더 깊이 이해하게 하고, 타인과의 관계에서도 더 성숙하고 책임 있는 방식으로 반응할 수 있도록 돕는다. 감정을 알아주는 일은 곧 나 자신을 돌보는 일이자, 더 건강한 삶을 향한 첫걸음이다.

하나님도 요나가 성내고 있을 때, 그에게 직접 물으셨다. "네가 성내는 것이 옳으냐"(욘 4:4). 이 질문은 단순히 꾸짖는 것이 아니라, 감정의 상태를 묻고 되짚게 하는 하나님의 섬세한 배려다. 하나님은 우리의 감정을 무시하지 않으시며, 오히려 진지하게 다루신다. 우리도 감정을 억누르기보다 인정하는 자세를 갖는 것이 중요하다. "화가 난 것 같아요"라고 말하는 것만으로도 마음이 누그러질 수 있다. 그 감정의 실체를 인정하면, 그 안에 담긴 걱정과 불안, 숨겨진 두려움들을 마주할 수 있게 된다. 그렇게 우리는 더 지혜로운 방향으로 문제를 해결할 수 있고, 갈등도 더 건강하게 풀어 갈 수 있다. 또한 감정을 인정하는 행위는 우울감을 줄이는 데에도 크게 도움이 된다. 마음속에만 머물던 부정적인 생각이 입 밖으로 나오는 순간, 더 이상 우리를 짓누르지 못한다. 빛으로 끌어낸 감정은 서서히 힘을 잃고, 우리는 그 감정 너머에 있는 회복의 길을 걸어갈 수 있게 된다.

그리고 한 가지 더 덧붙이고 싶은 것이 있다. 꾸준히 책을 읽어보자. 독서는 우리 마음을 들여다보는 능력을 키워준다. 사고하고, 질문하고, 해석하는 힘이 자라난다. 우리의 지성은 근육처럼 훈련되고 길러진다. 독서를 통해 삶을 바라보는 깊이도 커지고, 마음을 이해하는 폭도 넓어진다.

3. '사랑스러워 가셨다': 관계적 측면(relational)

예수님께서 "사람에게 더욱 사랑스러워 가시더라"는 말씀은 그분이 관계 속에서 점점 더 성숙하고 아름답게 성장하셨다는 뜻이다. 셀프 리더십의 세 번째 영역은 바로 '관계적 돌봄'이다. 우리는 철저히 관계에서 살아가는 존재이며, 독립적으로 완전한 사람은 없다.

> "혹시 그들이 넘어지면 하나가 그 동무를 붙들어 일으키려니와 홀로 있어 넘어지고 붙들어 일으킬 자가 없는 자에게는 화가 있으리라"(전 4:10)

더 쉽게 말하자면, 우리는 절대로 혼자 살아갈 수 없는 존재라는 말이다. 우리는 관계를 위해 창조되었고, 하나님도 사람을 지으신 이유가 바로 그들과 교제하시기 위해서였다.

당신 삶이 지금 행복한지를 진단하는 가장 단순하면서도 강력한 질문이 있다. "내가 힘들 때, 전화할 사람이 있는가?" 이 질문에 "있다"고 답할 수 있다면, 당신은 이미 행복한 사람이다. 감사한 일이 생겼을 때 함께 나누고 축하할 수 있는 사람이 있다면, 그것이 바로 행복이다. 우리를 진정으로 행복하게 만드는 것은 많은 돈이나 대단한 성취가 아니라, 함께 살아가는 사람과의 따뜻한 연결이다.

의사들조차 건강을 판단할 때 단지 혈압이나 혈당 수치를 보는 것이 아니라, 그 사람이 어떤 관계에서 살아가고 있는지를 살핀다고 말한다. 그만큼 신체적 건강조차도 인간관계와 깊이 연결되어 있다. 그러니 다시 한번 자신에게 조용히 물어보자. "나는 지금 건강한가?"

성경은 다윗이 나라를 세우는 과정에서 함께했던 수많은 사람을 하나하나 소개한다(대상 11-12장). 블레셋과의 전쟁에서 보리밭 한가운데서 굳게 서서 싸운 장수(대상 11:14), 성령의 감동으로 충성을 바쳤던 용사 아미새(대상 12:18), 날마다 다윗을 돕기 위해 찾아온 사람(대상 12:22), 다윗을 왕으로 세우기 위해 결심한 모든 용사(대상 12:38). 그는 혼자서 강한 나라를 만든 것이 아니었다. 다윗은 혼자가 아니었고, 그의 삶에는 함께하는 사람이 있었다. 당신은 어떠한가? 당신도 여기까지 오는 동안 많은 이의 도움이 있었을 것이다. 하나님은 당신에게 사람을 보내주셨다. 지금 당신 곁에는 당신을 지키고 있는 사람이 있는가? 당신을 위해 달려와 줄 사람이 있는가? 하나님의 나라를 함께 이루고자 하는 동역자가 있는가?

그리고 여기서 중요한 질문이 하나 더 있다. 나는 지금 누군가에게 어떤 사람으로 존재하고 있는가? 우리는 흔히 누군가의 헌신을 기대하지만, 정작 스스로 먼저 섬기고 헌신하려는 마음은 부족한 경우가 많다. 칭찬받고 싶고 인정받고 싶은 마음이 앞선다. 마치 상대방을 위하는 듯 행동하면서도, 우리의 마음은 언제나 자신을 우선한다. 다윗의 주변에 사람이 몰려든 이야기를 들으며 우리는 그가 부럽다고 생각하지만, 다윗이 어떤 리더였는지에 대해서는 잘 생각하지 않는다. 그를 부러워하기보다, 그처럼 살아가려는 의지를 품는 것이 더 중요하다. 존경은 요구하는 것이 아니라, 삶으로 얻어지는 것이다.

지금 당신은 어떤 관계를 맺으며 살아가고 있는가? 당신의 인간관계는 신체적·정서적·영적 건강과 깊은 연결이 되어 있다. 예수님께서도 시간이 흐를수록 사람과의 관계 속에서 더욱 사랑스러워지셨다. 그분은 12명의 제자와 깊은 교제를 나누셨고, 마르다, 마리아, 나사로와도 친밀한 관계를 유지하셨다. 예수님은 관계를 소중히 여기셨다. 균형 잡힌 삶을 원한다면, 당신 주위의 사람과 건강한 관계를 맺어 가야 한다. 그들을 아끼고, 돌보는 것이 셀프 리더십의 세 번째 걸음이다.

4. '하나님께 사랑스러워 가셨다': 영적 균형(spiritual)

예수님은 하나님 앞에서 점점 사랑스러워 가셨다. 이 표현은 예수님의 영적 삶이 자라났다는 뜻이며, 우리에게 '영적 돌봄'의 중요성을 보여주는 본보기다. 셀프 리더십의 네 번째 영역은 바로 영적인 건강이다. 이 건강은 말씀과 기도 없이는 결코 유지될 수 없다. 우리가 아무리 바쁜 삶을 살아간다 하더라도, 말씀과 기도를 위한 시간을 따로 떼어 내지 않으면, 영적인 삶을 이어갈 수는 없다. 하루 중 단 5분이라도 하나님과 독대하는 시간이 없다면, "하나님과 동행한다"는 말은 실체 없는 말에 불과하다. 그 시간을 확보하지 못한 채 아무리 종교적인 활동을 해도, 진정한 영적 교제는 이루어지지 않는다.

예수님의 삶을 돌아보자. 주님은 30년 동안은 평범한 목수로 살아가셨고, 마지막 3년 동안 공적인 사역을 하셨다. 청년 시절 필자는 이런 삶의 패턴을 이해하기 어려웠다. "왜 좀 더 일찍 사역을 시작하지 않으셨을까? 더 많은 병자를 고치고, 더 많은 사람에게 복음을 전하셨을 수도 있었잖아"라고 생각하곤 했다. 하지만 시간이 흐르면서 점점 깨닫게 되었다. 예수님은 절대 서두르지 않으셨고 하나님의 뜻을 붙잡고 하나님과 함께하는 시간을 충분히 가지셨다.

예수님은 공생애를 시작하시기 전에도 광야에서 40일을 금식하며 기도하셨고(마 4:1-11), 열두 제자를 선택하기 전에 홀로 산에 올라 하룻밤을 기도하셨다(눅 6:12-13). 오병이어의 기적 이후에도 조용히 제자들과 무리를 먼저 보내고 혼자 기도하셨다(마 14:13-23). 바쁜 일정 중에도 새벽 미명에 한적한 곳을 찾아 하나님 앞에 나아가셨다(막 1:35-37). 십자가의 고난을 앞두고서도, 그분은 겟세마네에서 하나님과 깊은 시간을 가졌다(눅 22:39-46). 예수님에게 하나님과의 조용한 만남은 삶의 중심이었다.

그렇다면 예수님을 따르는 우리는 어떠한가? 나도 당신의 삶이 얼마나 치열하고 바쁜지 잘 안다. 육체적으로 지치고, 정신적으로 피곤한 날들이 이어지는 것도 충분히 이해된다. 하지만 진짜 힘은 바쁜 삶의 한복판에서 잠시 멈춰 하나님과 조용히 독대하는 시간에서 나온다. 그리고 그 시간에서 흘러나오는 감사와 찬양은 세상 그 어떤 것도 막을 수 없다.

필자에게도 잊지 못하는 장소가 하나 있다. 박사 과정을 밟던 시절, 학교 교정 한 편에 작은 기도 동산이 있었다. 물 흐르는 소리가 들리고, 한쪽 벽에 말씀 구절들이 걸려 있었으며, 스테인드글라스를 통해 비친 십자가의 빛이 그 공간을 따뜻하게 감싸주었다. 그곳에서 나는 요란한 기도를 올린 것이 아니라, 조용히 앉아 하나님의 마음을 들으려 했고, 주님의 위로와 지혜를 기다렸다. 사역과 학업, 생계로 지쳐 있었지만, 그곳에 앉아 있을 때마다 하나님은 필요한 힘을 부어 주셨다. 그 공간이 없었다면 지금의 나는 존재하지 않았을지도 모른다.

당신은 어떤가? 당신의 바쁜 삶 속에 이런 시간과 공간이 있는가? 내가 확신하는 것은 단 하나다—사탄은 당신을 끊임없이 바쁘게 만들 것이다. 왜냐하면 당신이 멈추지 않고 계속 달리기만 한다면, 하나님과의 교제가 불가능하다는 사실을 그는 너무나도 잘 알기 때문이다.

당신의 영적인 영역은 건강한가? 만약 그렇지 않다면, 하루에 단 5분이라도 주님 앞에 앉는 시간을 꼭 만들어 내야 한다. 그 시간은 누구도 대신 만들어 줄 수 없다. 당신 자신이 '의도적으로' 확보해야 하는 시간이다. 그리고 바로 그 시간이, 당신의 삶을 붙들어 줄 가장 깊고 가장 소중한 시간이 될 것이다.

자기 돌봄은 관계에서 필수적이다

자기 자신을 돌보는 일은 결코 이기적인 행동이 아니다. 오히려 관계를 유지하고 건강한 삶을 살아가는 데 있어 필수적인 태도다. 당신의 감정이 메말라 있고, 짜증이 많고, 몸도 지쳐 있다면—그런 상태에서 다른 사람을 진정으로 사랑할 수 있을까? 당신이 자신을 싫어하고, 용서하지 못하고, 자신에게 냉정하고 불친절하게 대하며, 심지어 자신을 거부하고 있다면—그 마음으로 다른 사람을 품을 수 있을까?

신학대학원 채플 시간에 오셨던 한 목사님은 학생들에게 "제가 목회하면서 가장 중요하게 생각하는 질문이 무엇인지 아십니까?"라고 질문하셨다. 그분은 누구나 이름만 들어도 알 정도로 유명한 목회자였다. 많은 학생은 "목회 철학은?" "선교 전략은?" "리더십의 핵심은?" 등 다양한 대답을 던졌지만, 목사님의 대답은 뜻밖이었다. 그분이 자신에게 매일 던지는 가장 중요한 질문은 "내가 목사로서 행복한가?"였다. 단지 삶의 일반적인 행복을 말하는 것이 아니었다. 바로 '목사로서'의 행복. 왜냐하면 자신이 목회자로서 행복하지 않으면, 목회 자체가 불행해지고, 성도들에게도 좋은 꼴을 먹일 수 없기 때문이다.

이 질문은 당신에게도 똑같이 던질 수 있다. "당신은 OO로서 행복한가?" 엄마로서, 아빠로서, 리더로서, 제자로서, 동료로서… 그 질문은 단순한 개인의 감정 상태를 넘어, 당신의 사역과 관계 전체에 반향을 일으킨다. 우리의 행복은 나에게 머물지 않고 전염되고 흐른다.

필자가 미국에서 사역할 때 온라인으로 시카고 윌로우크릭 교회의 리더십 콘퍼런스에 참석한 적이 있었다. 그 때, 윌로우크릭을 초대형 교회로 급성장시킨 빌 하이벨스 목사가 이런 말을 한 적이 있다. "교회에 줄 수 있는 최고의 선물은 건강하고, 에너지가 넘치며, 온전히 헌신된 여러분 자신이다. 그리고 그것은 여러분만이 만들어 낼 수 있다." 참 멋진 말이다. 하지만 안타깝게도 그는 자기 관리에 실패했고, 결국 목회를 내려놓았다. 이 일이 우리에게 전하는 교훈은 분명하다. 건강하고, 에너지 넘치고, 헌신 된 삶은 단순한 결심으로 만들어지지 않는다. 매일 나와의 싸움에서, 내가 직접 만들어 가야 하는 길이다.

그리고 다시 질문해 보자. 당신은 당신 자신을 좋아하는가? 필자는 참 감사하게도, "나는 내가 좋다"고 고백할 수 있다. 내가 남들보다 뛰어나서가 아니다. 나는 내 약함도 알고, 부족함도 인정한다. 아빠로서, 남편으로서, 교수로서, 나는 많이 부족하다. 그런데도 나는 내 자신이 좋다. 그냥 내가 '나라서' 좋다. 오늘 아침에도 거울을 보며 이렇게 말했다. "철우야, 넌 참 멋져." 물론 사랑하는 딸은 늘 장난스럽게 "아빠는 못생겼어!"라고 말하지만, 그건 그 딸의 사랑스러운 시선일 뿐이다.

좋은 자기 관리는 어떻게 하는가?

자기 돌봄, 자기 관리는 단순히 '나를 위한 것'으로 끝나지 않고 관계를 위해 꼭 필요한 기반이며, 나 자신뿐 아니라 이웃을 더 잘 사랑하기 위한 시작점이다. 그렇다면 좋은 자기 관리는 어떻게 이루어질까? 여기에 필요한 세 가지 핵심 요소가 있다.

첫 번째: 받을 줄 아는 능력

좋은 자기 관리는 타인으로부터 기꺼이 받고, 받아들일 줄 아는 능력(Receiving)에서 시작된다. 우리가 누군가의 사랑이나 칭찬을 받아들일 줄 알아야, 그 사랑과 따뜻함을 다시 다른 사람에게 나눌 수 있기 때문이다.

필자가 미국에서 공부하던 시절, 친구들이 나에게 "멋있다"라고 칭찬할 때마다 나는 반사적으로 "아니야, 놀리지 마"라고 말하며 손사래를 쳤다. 속으로는 기분이 좋으면서도 그 칭찬을 받는 것이 어색했다. 그러던 어느 날, 한 미국 친구가 조용히 내게 다가와 말했다. "철우, 칭찬을 들으면 그냥 'Thank you' 한마디만 해." 그 짧은 조언이 나의 삶을 바꾸어 주었다.

그 이후로 나는 누군가 나를 칭찬하면 웃으며 "고맙습니다"라고 말하게 되었다. 그 말은 나를 편안하게 만들었고, 칭찬해 준 사람도 더 따뜻하게 느끼게 했다. 나도 자연스럽게 주변 사람을 진심으로 칭찬하게 되었다. 진심을 받아들일 줄 아는 사람만이, 진심을 나눌 수 있다. 자기 관리란, 다른 사람에게 열려 있는 마음부터 시작된다.

두 번째: 자신의 필요를 알아차리고 돌보는 능력

자기 관리의 두 번째 요소는 자신의 필요를 알아차리고, 그 필요를 따뜻하게 돌보는 능력(Attending)이다. 많은 사람은 남의 요구에는 귀 기울이면서 정작 자신의 마음이 무엇을 원하는지 모르고 살아간다.

한번은 학생들에게 "너는 너 자신에게 무엇을 해 주고 있니?"라고 물은 적이 있다. 대부분의 학생은 가족을 위해 무엇을 했는지는 금방 떠올렸지만, 자신을 위해 해 준 것은 쉽게 떠올리지 못했다. 어떤 학생은 그 사실이 안타까웠는지 눈물을 흘리기도 했다. 그 이후 우리는 자신만을 위한 '행복 프로젝트'를 진행해 보기로 했다. 프로젝트의 핵심은 단순했다. 평소에 자신에게 주고 싶었던, 그러나 미루어 왔던 작은 보상을 직접 실천해 보는 것이었다. 한 학기를 마무리하는 날, 각자 자신만의 행복 프로젝트를 나누는 시간을 가졌다. 어떤 학생은 매주 자신에게 향 좋은 커피를 선물했다고 했다. 오래전부터 가보고 싶었던 카페에 직접 찾아가 커피를 주문하는 그 시간이, 생각보다 깊고 진한 행복을 안겨 줬다고 말했다. 또 다른 학생은 한 달에 한 번씩 가족과 서울 근교로 여행을 다녀왔고, 또 다른 학생은 바다를 찾았다고 했다. 평소 마음속에 담아 두었던 작은 소망을 실천하면서, 그 시간이 자기 자신에게 얼마나 의미 있는 보상이 되었는지를 나누었다.

흥미롭게도, 그런 자기 돌봄의 시간은 단지 자기 자신에게만 머물지 않았다. 학생들은 그 시간 덕분에 가족에게 더 깊은 감사도 느꼈고, 일상에서의 관계도 더 풍성해졌다고 고백했다. 이렇듯 자기 자신을 이해하고 돌보는 시간은, 타인을 품고 이해하는 데 있어서도 가장 깊은 밑거름이 된다.

세 번째: 충만한 것을 나누는 능력

마지막으로 자기 관리의 핵심은, 내 안에 채워진 것을 다른 사람과 나누는 능력(Giving)이다. 좋은 자기 관리는 나에게 좋은 것을 해 주는 것으로 끝나지 않으며 반드시 공동체와 연결되어야 한다. 셀프 리더십이 뛰어난 사람은 독립적인 사람이 아니라, 함께 살아가는 사람이다. 그는 자기 필요를 알기에 타인의 필요도 보이고, 그들의 성장을 도울 수 있다. 이런 점에서 자기 관리는 공동체를 움직이는 리더십과 직접 연결된다.

'나눔(giving)'은 자기 돌봄이 지향하는 마지막 목적지다. 왜 자신을 돌보아야 하는가? 바로 세상과 나눌 충만함을 만들기 위해서다. 왜 자신의 감정을 돌봐야 하고, 필요를 살펴야 하는가? 그것도 결국 나눔을 향한 준비다. 하나님께서는 아브라함을 복의 근원으로 삼으셨다. 그 이유는 그 복을 세상에 나누기 위함이었다. 예수님은 우리에게 풍성한 삶을 주시길 원하신다. 그 풍성함은 나 혼자 간직하라고 주신 것이 아니라, 세상을 축복하고 공동체를 세우기 위한 것이었다. 좋은 자기 관리의 마지막 완성은 '주는 것'이다. 그것이 자기 관리의 가장 아름다운 결실이다.

내가 나를 리드하는 구체적이고 실질적인 방법

이제 셀프 리더십이 왜 중요한지 조금은 감이 잡혔을 것이다. 몇 번이고 강조하지만, 자신을 돌보는 일은 결코 이기적인 것이 아니다. 나 자신과의 관계, 타인과의 관계, 그리고 하나님과의 관계에서 필수적인 것이다. 그렇다면 실제 삶에서 자신을 어떻게 돌보아야 할까? 지금부터는 필자가 일상 속에서 직접 실천하고 있는 자기 돌봄의 몇 가지 방법을 소개하고자 한다.

나를 돌보는 첫 번째 방법: 적절한 기대를 가지라

먼저, 나는 '적절한 기대'를 가지려고 노력한다. 오래전에 이런 문장을 어디선가 읽은 적이 있다. "기대하지 않는 자는 복이 있나니, 저희가 실망하지 않을 것임이요." 왠지 예수님의 산상수훈 속의 구절처럼 느껴지지 않는가? 처음 읽었을 때는 '참 재미있는 표현이다'라고 생각했는데, 곰곰이 되짚어 보니 이 말은 우리 삶에 꼭 필요한 지혜를 담고 있었나.

이 문장을 처음 접하면 '아무 기대도 하지 말라'는 말처럼 들릴 수도 있다. 실망을 피하려면 기대 자체를 하지 말라는 조언처럼 느껴지기도 한다. 하지만 이 문장의 진짜 의미는, '지나치고 과도한 기대'를 내려놓고, 삶의 흐름에 어울리는 적절한 기대를 품으라는 뜻이라고 생각한다.

우리의 삶에서 기대는 늘 양면성을 가진다. 기대는 동력이 되기도 하고, 동시에 무게가 되기도 한다. 우리가 어떤 대상이나 상황에 과하게 기대를 걸게 되면, 무너졌을 때의 충격은 단순한 실망을 넘어 삶 전체의 균형을 흔들 수 있다. 반면, 기대를 조율하며 살아갈 수 있다면 우리는 더 건강한 관계와 더 깊은 만족을 누릴 수 있다.

그 기대를 정리해 가는 과정에서 필자는 스스로 한 가지 연습을 해 왔다. 바로 '내 약점은 빨리 들킨다'는 선택이다. 연약함을 숨기려고 할 때 우리는 엄청난 에너지를 소모하게 된다. 그 숨김은 불안과 피로로 이어지고, 결국 스스로를 지치게 만든다. 반면, 내 약점을 조금 빨리 보여 주고 나면 마음은 오히려 편해진다. 부끄러움도 있겠지만, 그 대신 자유가 찾아온다. 솔직해지는 것만큼 나를 해방시키는 일은 없기 때문이다.

예전에 한 청년이 강의 후 조심스럽게 찾아와 질문을 한 적이 있다. 그는 간절히 원하던 직장에 지원했지만 불합격 통보를 받았고, 큰 충격과 슬픔을 겪었다고 했다. "이제는 더 이상 기대를 갖지 않는 게 좋을까요?"라고 물었다. "기대를 가졌다가 또 실망하면 힘드니까…." 그의 눈빛에 담긴 낙심은 진심이었기에, 필자는 조용히 이렇게 답해 주었다. "제가 말하는 건 '기대를 가지지 말라'는 뜻이 아니에요. 너무 지나친 기대를 가지지 말자는 거죠. 그 직장을 원하는 마음은 소중하지만, 그 자리 하나에 인생 전체를 걸 필요는 없어요. 그 직장이 전부가 아니니까요. 떨어졌다고 해서 당신이 실패자가 되는 건 아니잖아요. 오히려 이런 마음을 가져보세요. '이번이 아니면 다음이 있을 수도 있지.' 혹은 '이 직장이 아니라면 더 나에게 맞는 곳이 준비되어 있을지도 몰라.' 하나님은 당신의 삶을 누구보다 잘 아시는 분이고, 반드시 좋은 길로 인도하실 거예요.

그러니 하나님을 내 기대에 끼워 맞추려 하지 말고, 내 기대를 하나님의 시선으로 넓혀보는 건 어떨까요?"

청년은 잠시 침묵하더니 작게 웃으며 고개를 끄덕였다. 아마 기대의 방향을 조금 바꾸는 것만으로도 마음이 조금 가벼워졌을 것이다. 적절한 기대란 나에게 너무 가혹하지 않으면서도, 세상에 대해 균형 있는 시선을 가지는 일이다. 셀프 리더십의 첫걸음은 그 기대를 조율하는 데서 시작된다.

나를 돌보는 두 번째 방법: 나의 한계를 인정하라

두 번째 셀프 리더십의 실천은, 나의 한계를 인정하는 것이다. 다시 말해 '과대적 자기'를 버리는 일이다. 우리는 하나님이 아니다. 아무리 열심히 노력해도, 우리에게 주어진 능력은 유한하며, 모든 것을 얻거나 이룰 수는 없다. 이 당연한 사실을 빨리 인정할수록 우리는 더 평온한 마음을 얻게 된다. 많은 그리스도인이 "내게 능력 주시는 자 안에서 내가 모든 것을 할 수 있느니라"(빌 4:13)는 구절을 사랑한다. 그 이유는 아마도 "모든 것을 할 수 있다"는 부분이 주는 확신 때문일 것이다. 모든 것을 이룰 수 있고, 통제할 수 있다면 마치 무엇이든 할 수 있을 것 같은 기분이 든다. 어떤 기대든 현실로 만들 수 있다면, 심지어 하나님을 내 기대에 끼워 넣고 싶어질 수도 있다. 하지만 그렇게 구절을 해석한다면, 명백한 오해다. 이 구절이 담긴 빌립보서 4장의 문맥을 보면, 사도 바울은 이렇게 고백한다.

> "내가 궁핍하므로 말하는 것이 아니니라 어떠한 형편에든지 나는 자족하기를 배웠노니 나는 비천에 처할 줄도 알고 풍부에 처할 줄도 알아 모든 일 곧 배부름과 배고픔과 풍부와 궁핍에도 처할 줄 아는 일체의 비결을 배웠노라"(빌 4:11-12)

그 뒤에 이어지는 "내게 능력 주시는 자 안에서 내가 모든 것을 할 수 있느니라"(빌 4:13)는 말씀은, 상황을 바꾸는 능력이 아니라, 어떤 상황에서도 만족할 수 있는 능력에 관한 것이다. 바울은 우리에게 모든 것을 갖추게 해 주겠다고 말하지 않는다. 대신에 그는 어떤 환경에서도 자족할 수 있게 해 주시는 하나님을 고백하고 있다. 그러므로 내가 모든 것을 다 할 수 있다는 과대 기대를 내려놓고, 어떤 형편에서도 평안을 누릴 수 있는 힘을 구하는 것이 진짜 셀프 리더십의 길이다. 이런 의미에서 나는 시편 131편을 너무 사랑한다.

"여호와여 내 마음이 교만하지 아니하고 내 눈이 오만하지 아니하오며 내가 큰 일과 감당하지 못할 놀라운 일을 하려고 힘쓰지 아니하나이다 실로 내가 내 영혼으로 고요하고 평온하게 하기를 젖 뗀 아이가 그의 어머니 품에 있음 같게 하였나니 내 영혼이 젖 뗀 아이와 같도다 이스라엘아 지금부터 영원까지 여호와를 바랄지어다"

이 구절은 필자가 여러 사역과 가정의 문제로 힘들어하던 시기에 마치 하나님의 처방처럼 다가왔다. 감당하지도 못할 놀라운 일을 해내려고 애쓰던 나의 모습, 세상을 향해, 또 나 자신을 향해 품었던 높고 교만한 시선이 이 말씀 앞에서 조용히 낮아지기 시작했다. 그리고 그 순간, 내 영혼은 젖 뗀 아이처럼 어머니 품에서 평온을 찾았다.

나를 돌보는 세 번째 방법: 실패를 준비하라

내가 나를 돌보는 세 번째 방법은, 실패를 준비하는 것이다. 이 말을 처음 들으면 어색하게 느껴질 수도 있다. '아니, 실패는 피해야지 왜 미리 준비하란 말인가?'라고 의문을 갖는 것이 자연스럽다. 하지만 잠시 멈춰 생각해 보자. 우리가 실패를 원하지 않는다고 해서 실패가 우리를 피해 가던가? 우리가 간절히 기도한다고 해서 실패하지 않는 삶을 살 수 있을까? 실패가 없는 인생이 과연 성공한 삶일까?

현실은 그렇지 않다. 실패는 늘 우리 삶 앞에 놓여 있다. 그러니까 실패를 피하는 데 모든 에너지를 쏟기보다, 그 실패를 지혜롭게 마주할 준비를 하는 것이 훨씬 현명한 태도다. 실패를 피하려고 애쓰기보다, 실패에서만 얻을 수 있는 귀한 레슨을 배우는 쪽이 우리 삶을 훨씬 더 깊고 단단하게 만들어 준다.

나는 나이가 들어 가면서 'vulnerable'이라는 단어를 좋아하게 되었다. 이 단어는 '넘어지기 쉬운', '취약한', '상처 입을 수 있는' 상태를 뜻한다. 이 표현을 배운 뒤, 나는 내 자신을 조금씩 그대로 받아들이게 되었고 하나님께서 내게 말씀하시는 듯했다. "실패해도 괜찮다. 완벽하지 않아도 괜찮다." 이 단어는 나에게 실패할 수 있는 자유를, 실패해도 괜찮다는 특권을 허락해 주었다.

그래서 나는 내가 가장 사랑하는 내 두 자녀에게 실패하지 말라고 가르친 적이 없다. 대신, 멋지게 실패해 보라고 전해 왔다. 나는 그들이 넘어졌을 때 다시 일어나는 법을 배웠으면 좋겠다. 앞으로의 삶에서 반드시 실패를 만나게 될 텐데, 그 순간에 두려움이나 불안에 휘둘려 주저앉는 것이 아니라, 그 실패를 있는 그대로 받아들이며 다시 일어서는 용기를 품길 바란다. 왜냐하면 그것이야말로 진짜 강한 사람이 되는 길이기 때문이다. 실패를 인정하고 준비하는 태도는 우리를 부드럽게 하면서도 강하게 만든다. 그리고 그 준비가 바로 셀프 리더십의 또 하나의 핵심이다.

나를 돌보는 네 번째 방법: 관계 안에서 숨 쉬기

내가 나를 돌보는 네 번째 방법은, 내 주위 사람과 좋은 관계를 맺는 것이다. 특히 나는 아내와의 관계를 매우 중요하게 생각한다. 바쁜 일정 속에서도 일주일에 한 번은 꼭 아내와 데이트를 하려고 마음을 다해 노력한다. 그 하루는 온전히 아내와 시간을 보내는 날이다. 함께 산책하기도 하고, 맛집을 찾아다니며 사소한 이야기들을 나눈다. 그런 하루가 쌓이면, 함께 웃는 시간도 많아지고 마음도 깊어지는 걸 느낀다.

그리고 특별한 일정이 없는 날이면, 친한 교수님과 커피 타임을 가지곤 한다. 특별한 주제가 없어도 괜찮다. 일주일 동안 학교에서 있었던 소소한 일들을 나누는 시간은 생각보다 깊은 위로가 된다. 그런 대화에서 나의 마음이 한결 가벼워지고, 삶을 함께 살아간다는 실감을 얻게 된다.

나에게 이런 관계는 단순한 활동이 아니라, 나를 붙잡아 주는 정서적 지지의 장치다. 신뢰할 수 있는 관계에서 나는 나의 내면에 쌓여 있던 부정적인 감정도 흘려보낼 수 있고, 다시 삶을 감당할 힘을 얻게 된다.

자신을 돌보려면 반드시 친밀한 관계를 만들어야 한다. 우리는 홀로 설 수 없는 존재다. 앞서 말한 리더십의 개념처럼, 우리에게는 삶을 함께 걸어갈 멘토가 필요하고, 고민을 나눌 친구가 필요하며, 마음을 지켜줄 보호자가 필요하다. 자기 돌봄은 관계 안에서 살아 숨 쉬며, 그 관계가 우리를 회복의 자리로 인도한다.

나를 돌보는 다섯 번째 방법: 혼자만의 시간을 갖기

나는 새로운 학기를 시작하기 전, 반드시 혼자만의 시간을 갖는다. 이 시간은 단순한 휴식이 아니다. 마치 내 삶에 산소를 다시 채우는 시간과도 같다. 이 시간을 위해 여행을 떠날 때는 일부러 컴퓨터나 전자기기들을 모두 두고 간다. 오직 성경과 노트, 펜만을 챙겨든다. 목적은 분명하다—하나님이 속삭이시는 말씀을 듣기 위해서다.

그 고요한 시간, 자연 속의 작은 소리에서 하나님이 주시는 통찰들을 노트에 적어 내려간다. 이 여행은 쉬기 위해서 가는 것이 아니다. 한 학기를 제대로 살아 내기 위해서 가는 것이다. 하나님 앞에 홀로 서는 이 시간은, 단지 나를 붙잡아 줄 뿐만 아니라, 내가 가르치게 될 학생들을 붙잡아주는 시간이기도 하다. 이 고독의 순간에 나는 다시 묻는다. "내가 왜 이렇게 고생하고 있는가?", "내가 어디로 향하고 있는가?" 그리고 그 질문에 분명한 답을 받는다. 그 답은 방향이 되고, 에너지가 되며, 결단이 된다.

이런 의미에서 나를 돌보는 시간은 결코 이기적인 시간이 아니다. 나 자신을 돌볼 줄 알아야, 내가 만나는 학생들을 제대로 돌볼 수 있기 때문이다.

나를 돌보는 여섯 번째 방법: 유산소 운동 속에서 생각을 비우다

내가 실천하고 있는 여섯 번째 자기 돌봄의 습관은, 꾸준한 유산소 운동이다. 특히 등산은 내 마음을 정돈하는 데 아주 유효하다. 한번은 학생이 물은 적이 있다. "교수님은 산에 오르면서 여러 가지 생각을 정리하시겠죠?" 그 질문에 나는 고개를 저으며 웃었다. "아니야. 나는 생각을 정리하려고 산에 오르는 게 아니라, 생각을 비우기 위해서 산에 올라."

우리의 삶은 끊임없는 생각의 소음 속에 있다. 다음 할 일, 해결되지 않은 문제, 쉴 틈 없는 판단들. 그런 생각이 머릿속을 가득 채울 때, 나는 산을 오른다. 산을 오르다 보면 숨 쉬는 것조차 버거울 정도로 힘들다. 하지만 그 숨 가쁜 순간들 사이로, 머릿속의 소음이 조금씩 가라앉는다. 오히려 그렇게 들숨과 날숨에만 집중하며 걷다 보면, 뜻밖의 좋은 아이디어가 떠오르기도 하고, 오랫동안 막혀 있던 문제의 실마리가 저절로 풀리기도 한다. 이런 시간은 단순한 운동 이상의 의미가 있다. 유산소 운동은 내 몸을 돌보는 방법이자, 마음을 정리하는 깊은 자기 돌봄의 순간이다.

그리고 나는 믿는다. 당신이 먼저 자신을 잘 이끌 수 있을 때, 당신은 누군가의 삶에 축복이 될 수 있다고. 쉼은 사치가 아니라 필수다. 단지 놀기 위해 쉬는 것이 아니라, 더 깊이 일하고 창조적으로 살아가기 위해 쉬는 것이다. 그러니 "너무 바빠서 쉴 시간이 없다"는 말은 더 이상 자랑이 아니다. 건강하게 놀 줄 아는 사람이 자기 자신을 잘 돌볼 수 있고, 건강하게 쉬는 사람이 진짜 영성의 깊이를 경험할 수 있다.

나는 당신이 하나님 안에서 건강하고 균형 잡힌 삶을 살아가기를 진심으로 바란다. 자신을 돌보는 것은 이기적인 일이 아니며 오히려 당신이 사랑하는 사람에게 줄 수 있는 가장 큰 선물이다.

마무리하며: 하나님 안에서 진정으로 행복하십시오

셀프 리더십의 실천은 결국 나 자신을 건강하게 돌봄으로써, 하나님께서 내게 맡기신 사명과 사람을 더욱 깊이 사랑하며 살아가는 삶으로 이어진다. 몸과 감정, 지혜와 관계, 영성의 균형 속에서 우리는 자신을 세워 가고, 그 중심에는 언제나 하나님이 계신다.

이 여정의 끝에서 나는 한 인물의 고백을 전하고 싶다. 조지 뮬러. 그는 5만 번 이상의 기도 응답을 받은 것으로 알려져 있으며, 다섯 개의 대형 고아원을 운영하며 만 명이 넘는 아이들을 품었던 믿음의 사람이었다. 누구보다 많은 사역과 현실의 무게를 감당했던 그가, 삶에서 가장 중요하다고 말한 원칙은 놀라울 만큼 단순했다.

> "무엇보다도, 주님 안에서
> 여러분의 영혼이 행복하도록 하십시오.
> 다른 것들이 여러분을 압박할 수도 있습니다.
> 주님의 일이 여러분의 주의를 긴급히 요구할 수도 있습니다.

그러나 저는 의도적으로 반복해서 말씀드립니다.
무엇보다도, 여러분의 영혼이
하나님 안에서 진정으로 행복하도록 하는 것이 가장 중요합니다.
여러분, 행복하십시오.
하나님 안에서 행복하십시오."

이 말씀처럼, 아무리 삶이 바쁘고 버거워도, 때로는 원하지 않던 일이 찾아와도 우리는 하나님 안에서 진정으로 행복할 수 있다. 왜냐하면 주님이 우리와 함께 계시기 때문이다. 몸을 돌보고, 마음을 돌보고, 생각을 정돈하고, 관계를 세우고, 영을 고요히 하는 그 모든 자기 돌봄은 하나님 안에서의 행복으로 이어지는 통로다. 하나님이 주신 사명을 잘 감당하고, 사랑하는 이들을 제대로 돌보기 위해 우리는 먼저 자신을 건강하게 세울 수 있어야 한다.

그리고 잊지 말자. 다른 사람을 변화시키기 전에, 나 자신이 먼저 변화되어야 한다. 내가 하나님 안에서 진정으로 행복할 때, 그분은 나를 가족을, 공동체를, 세상을 돌보시는 도구로 사용하신다.

참고문헌

[국내서]

손운산. 「용서와 치료」. 서울: 이화여대 출판부, 2008.
손철우. 「자기희생이란 무엇인가」. 서울: 학지사, 2016.
엄기호. 「고통은 나눌 수 있는가: 고통과 함께함에 대한 성찰」. 서울: 나무연필, 2018.
이관직. 「개혁주의 목회상담학: 목회상담의 원리와 틀」. 서울: 대서, 2012.

[역서]

고미야 노보루. 「조력 전문가를 위한 공감적 경청」. 이주윤 옮김. 서울: 한국코칭 수퍼비전아카데미, 2021.
Andersen, Hans Christian. 「그림자」. 고정순 그림, 배수아 옮김, 김지은 해설. 서울: 길벗어린이, 2021.
Anderson, Herbert & Edward Foley. 「예배와 목회상담: 힘 있는 이야기, 위험한 의례」. 안석모 옮김. 서울: 학지사, 2012.
Anderson, Neil T. & Mike Quarles. 「중독행동을 극복하기 위한 내가 누구인지 이제 알았습니다」. 정진환 옮김. 서울: 죠이선교회, 2005.
Bates, Sasha. 「상실의 언어」. 신소희 옮김. 파주: 푸른숲, 2021.
Biddulph, Steve. 「남자, 그 잃어버린 진실」. 박미낭 옮김. 서울: 젠북, 2009.
Bloom, Paul. 「공감의 배신」. 이은진 옮김. 서울: 시공사, 2019.
Calvin, John. 「기독교 강요」. 이종성 옮김. 서울: 대한기독교서회, 2006.
Cloud, Henry & John Townsend. 「NO! 라고 말할 줄 아는 그리스도인」. 차성구 옮김. 서울: 좋은씨앗, 2000.
_____. 「성장 프로젝트」. 정영재 옮김. 서울: 좋은 씨앗, 2003.
Collins, Gary R. 「크리스천 카운슬링」. 한국기독교상담·심리치료학회 옮김. 서울: 두란노, 2008.
Crabb, Larry & Dan Allender. 「성덤과 치유공동체」. 정동섭 옮김. 서울: 요단출판사, 1999.

Crabb, Lawrence J. 「인간 이해와 상담」. 윤종석 옮김. 서울: 두란노, 1987.

Devine, Megan. 「슬픔의 위로」. 김난령 옮김. 서울: 반니, 2020.

Enright, Robert D. 「용서치유: 용서는 선택이다」. 채규만 옮김. 서울: 학지사, 2004.

_____. 「용서하는 삶」. 김광수, 박종효, 오영희, 정성진 옮김. 서울: 학지사, 2014.

Enright, Robert D. & Richard P. Fitzgibbons, 「용서 심리학: 내담자의 분노해결하기」. 방기연 옮김. 서울: 시그마프레스, 2011.

Gerkin, Charles V. 「목회적 돌봄의 개론」. 유영권 옮김. 서울: 은성, 1999.

Hart, Archibald D. 「참을 수 없는 중독」. 온누리회복사역부 옮김. 서울: 두란노, 2005.

_____. 「숨겨진 감정의 회복」. 정성준 옮김. 서울: 두란노, 2005.

James, John W. & Russell Friedman. 「슬픔이 내게 말을 거네: 내 안의 슬픔을 치유하는 방법」. 장석훈 옮김. 파주: 북하우스, 2004.

Johnstone, Matthew, 「굿바이 블랙독: 내 안의 우울과 이별하기」. 채정호 옮김. 서울: 생각속의집, 2015.

Knapp, Carolline. 「드링킹: 러브스토리」. 고정아 옮김. 고양: 나무처럼, 2009.

Kubler-Ross, Elisabeth & David Kessler. 「상실수업」. 김소향 옮김. 파주: 이레, 2007.

Lewis, Clive Staples. 「헤아려 본 슬픔」. 강유나 옮김. 서울: 홍성사, 2004.

Luskin, Fred. 「용서」. 장현숙 옮김. 서울: 중앙M&B, 2003.

Martin, Grant L. 「가정폭력과 학대」. 김연 옮김. 서울: 두란노, 1995.

May, Gerald G. 「중독과 은혜」. 이지영 옮김. 서울: 한국기독학생회출판부, 2002.

Müller, George. 「조지 뮬러의 자서전」. 김진우 옮김. 서울: 생명의말씀사, 2003.

_____. 「먼저 기도하라」. 유재덕 옮김. 서울: 샘솟는 기쁨, 2016.

Nichols, Michael P. 「듣는 것만으로 마음을 얻는다: 35년 연구로 증명한 기적의 소통법」. 이은경 옮김. 서울: 한국경제신문사, 2016.

_____. 「가족 치료 이론과 실제」. 김영애 옮김. 서울: 시그마프레스, 2015.

Rogers, Carl R. 「진정한 사람 되기: 칼 로저스의 원리와 실제」. 주은선 옮김. 서울: 학지사, 2009.

Ryan, Dale. 「중독, 그리고 회복」. 정동섭 옮김. 서울: 예찬사, 2005.

Smedes, Lewis B. 「용서의 기술」. 배응준 옮김. 서울: 규장, 2004,

Stoop, David. 「몰라서 못하고 알면서도 안 하는 용서이야기: 용서에 대한 오해와 진실, 그 속에 담긴 성경적인 지혜」. 정성준 옮김. 고양: 예수전도단, 2005.

Swihart, Judson J. 「위기상담」. 정태기 옮김. 서울: 두란노, 1995.

Tibbits, Dick. 「용서의 기술」. 한미영 옮김. 파주: 알마, 2008.

Tournier, Paul. 「죄책감과 은혜」. 추교석 옮김. 서울: 한국기독학생회출판부, 2001.

Trent, John & Gary Smalley. 「축복의 언어」. 최예자 옮김. 서울: 프리셉트, 2005.

Tripp, Paul David. 「치유와 회복의 동반자: 건강한 교회 공동체를 세우는 상담 프로젝트」. 황규명 옮김. 서울: 디모데, 2007.

Trobisch, Walter. 「나는 너와 결혼하였다」. 양은순 옮김. 서울: 생명의말씀사, 1973.

Viorst, Judith. 「상처 입은 나를 위로하라: 관계 맺기에 서툰 당신을 위한 심리 카운슬링」. 오혜경 옮김. 서울: Y브릭로드, 2009.

Wolterstorff, Nicholas. 「나는 사랑하는 사람을 잃었습니다」. 박혜경 옮김. 서울: 좋은씨앗, 2003.

Worthington, Everett L. 「용서와 화해」. 윤종석 옮김. 서울: 한국기독학생회출판부, 2006.

Wright, Norman. H. 「트라우마 상담법」. 금병달, 구혜선 옮김. 서울: 두란노, 2010.

[원서]

Anderson, Ray S. *The Shape of Practical Theology: Empowering Ministry with Theological Praxis*. Downers Grove: InterVarsity Press, 2001.

_____. *Theology, Death and Dying*. Oxford, UK: Basil Blackwell, 1986.

Augsburger, David W. *Caring Enough to Forgive – Caring Enough Not to Forgive*. Ventura, CA: Regal Books, 1981.

_____. *Hate-Work: Working Through the Pain and Pleasure of Hate*. Louisville: Westminster-John Knox, 2000.

_____. *Helping People Forgive*. Louisville: Westminster John Knox Press, 1996.

_____. *The Freedom of Forgiveness*. Moody Press: Chicago, 1988.

_____. *Sustaining Love: Healing & Growth In the Passages of Marriage*. Ventura, CA: Regal Books, 1988.

B. B. Cunningham, "The Will to Forgive: A Pastoral Theological View of Forgiving." The Journal of Pastoral Care 39, no. 2 (1985): 141–149.

Bonhoeffer, Dietrich. *Life Together: The Classic Exploration of Christian Community*. Translated by John W. Doberstein. New York: Harper & Row, 1954. Originally published as Gemeinsames Leben, 1939.

Boss, Pauline. *Ambiguous Loss: Learning to Live with Unresolved Grief*. Harvard University Press, 1999.

Clebsch, William A. and Charles R. Jaekle. Pastoral Care in Historical Perspective. Harper & Row, New York. 1994.

Cobb, John B. *The Structure of Christian Existence*. Philadelphia: Westminster Press, 1967.

Cole, Allan Hugh Jr. *Good Mourning: Getting through Your Grief. Louisville*: Westminster John Knox Press, 2008.

Crabb, Larry. *Effective Biblical Counseling: A Model for Helping Caring Christians Become Capable Counselors*. Grand Rapids: Zondervan Corporation, 1977.

Davidson, Glen W. *Understanding Mourning: A Guide for Those Who Grieve*. Minneapolis: Augsburg Publishing House, 1984.

Fitzgiboons, Richard P. "The Cognitive and Emotional Uses of Forgiveness in the Treatment of Anger." *Psychotherapy* 23 (1986): 629-633.

Fortune, Marie M. *"Forgiveness: The Last Step." In Abuse and religion: When Praying Isn't Enough.* Eds. Anne L. Horton and Judith A. Williamson. Lexington, MA: Lexington Books, 1988, 215-220.

Gill-Austern, Brita L.(1990). Love Understood as Self-Sacrifice and Self-Denial: What Does It Do to Women. In Jeanne Stevenson Moessner (Ed.), *Through the Eyes of Women: Insights for Pastoral Care.* Minneapolis, MN: Fortress Press.

Gurman, Alan S. ed. *Clinical Handbook of Couple Therapy.* New York: Guilford Press, 2008.

Howell, Patty & Ralph Jones. *World Class Marriage: How to Have the Relationship You Always Wanted with the Partner You Already Have.* Leucadia, CA: HJ Books, 2009.

Hunsinger, Deborah V. *Theology and Pastoral Counseling: A New Interdisciplinary Approach.* Grand Rapids, MI: William B. Eerdmans Publishing Company, 1995.

Ivy, Steven. "Pastoral Diagnosis as Pastoral Caring." *The Journal of Pastoral Care* 42, no. 1 Spring 1988.

Jones, L. Gregory. *Embodying Forgiveness: A Theological Analysis.* Grand Rapids: William B. Eerdmans Publishing Company, 1995.

Katz, Jennifer, Amy E. Street, and Ileana Arias. "Individual Differences in Self-Appraisals and Responses to Dating Violence Scenarios." *Violence and Victims* 12, no. 3 (1997): 265-276.

Kavanaugh, Robert E. *Facing Death.* New York: Penguin Books, 1974.

Kohut, Heinz. *The Restoration of the Self.* New York: International Universities Press, 1977.

Kornfeld, Margaret. *Cultivating Wholeness: A Guide to Care and Counseling in Faith Communities.* New York: The Continuum International Publishing Group, 2001.

Kubler-Ross, Elisabeth & David Kessler. *On Grief and Grieving: Finding the Meaning of Grief Through the Five Stages of Loss*. New York: Scribner, 2005.

McCullough, Michael E. at el. *To Forgive Is Human: How to Put Your Past in the Past*. Downers Grove: InterVarsity Press, 1997.

Nason-Clark, Nancy. *The Battered Wife: How Christian Confront Family Violence*. Louisville: Westminster John Knox Press, 1997.

Noddings, N. Caring: *A Feminine Approach to Ethics & Moral Education*. Los Angeles: University of California Press, 1984.

North, Joanna. "Wrongdoing and Forgiveness." *Philosophy* 62 (1987): 499-508.

Nouwen, Henri J. *Making All Things New: An Invitation to the Spiritual Life*. Harper & Row, 1981.

Oden, Thomas C. *Classical Pastoral Care*. New York: Harper & Row, 1994.

Patterson, C. H. *Theories of Counseling and Psychotherapy*. New York: Harper & Row, 1973.

Patton, John. *Is Human Forgiveness Possible?*. Colorado Springs: Academic Renewal Press, 2003.

Pelt, Nancy V. *Smart Listening for Couple: Strengthen Your Marriage with Loving Communication*. Grand Rapids: Baker Book House Company, 1989.

Richardson, Alan. Ed. *A Theological Word Book of the Bible*. London: Macmillan Co., 1950.

Rogers, Carl R. & David E. Russell. *Carl Rogers: The Quiet Revolutionary-an oral history*. Penmarin Books, 2003.

Savage, John. *Listening & Caring Skills: A Guide for Groups and Leaders*. Abingdon Press, 1996.

Shults, F. LeRon and Steven J. Sandage. *The Faces of Forgiveness: Searching for Wholeness and Salvation*. Grand Rapids: Baker Academic, 2003.

Smedes, Lewis B. *The Art of Forgiving: When You Need to Forgive and Don't Know How*. New York: Moorings, 1996.

Stir, Virgina. *The New People Making*. Mountain View, CA: Science and Behavior Books, 1988.

Stone, Howard W. *Theological Context for Pastoral Caregiving: Word in Deed*. Binghamton, NY: The Haworth Press, 1996.

Welch, Edward T. Addictions: *A Banquet in the Grave*. Phillipsburg, New Jersey: P&R Publishing, 2001.

Wiersbe, David W. *The Dynamics of Pastoral Care*. Grand Rapids: Baker Books, 2000.

Wright, Norman H. *Experiencing Grief*. Nashville: B&H Publishing Group, 2004.